■2025年度高等学校受験用

獨協埼玉高等学校

収録内容一覧

★この問題集は以下の収録内容となっています。また、編集の都合上、解説、解答用紙を省略させていただいている場合もございますのでご了承ください。

（○印は収録、一印は未収録）

入試問題と解説・解答の収録内容			解答用紙
2024年度	第1回	英語・数学・国語	○
	第2回	英語・数学・国語	○
2023年度	第1回	英語・数学・国語	○
	第2回	英語・数学・国語	○
2022年度	第1回	英語・数学・国語	○
	第2回	英語・数学・国語	○
2021年度	第1回	英語・数学・国語	○
	第2回	英語・数学・国語	○
2020年度	第1回	英語・数学・国語	○
	第2回	英語・数学・国語	○
2019年度	第1回	英語・数学・国語	○

★当問題集のバックナンバーは在庫がございません。あらかじめご了承ください。

JN004660

●凡例●

【英語】

≪解答≫

〔　〕　①別解

②置き換え可能な語句（なお下線は置き換える箇所が2語以上の場合）

（例）I am〔I'm〕glad〔happy〕to ~

（　）　省略可能な言葉

≪解説≫

1，2…　本文の段落（ただし本文が会話文の場合は話者の1つの発言）

〔　〕　置き換え可能な語句（なお〔　〕の前の下線は置き換える箇所が 2 語以上の場合）

（　）　①省略が可能な言葉

（例）「（数が）いくつかの」

②単語・代名詞の意味

（例）「彼（＝警察官）が叫んだ」

③言い換え可能な言葉

（例）「いやなにおいがするなべにはふたをするべきだ（＝くさいものにはふたをしろ）」

//　訳文と解説の区切り

cf.　比較・参照

≒　ほぼ同じ意味

【数学】

≪解答≫

〔　〕　別解

≪解説≫

（　）　補足的指示

（例）（右図１参照）など

〔　〕　①公式の文字部分

（例）〔長方形の面積〕＝〔縦〕×〔横〕

②面積・体積を表す場合

（例）〔立方体 ABCDEFGH〕

∴　ゆえに

≒　約、およそ

【社会】

≪解答≫

〔　〕　別解

（　）　省略可能な語

＿＿　使用を指示された語句

≪解説≫

〔　〕　別称・略称

（例）政府開発援助〔ODA〕

（　）　①年号

（例）壬申の乱が起きた（672 年）。

②意味・補足的説明

（例）資本収支（海外への投資など）

【理科】

≪解答≫

〔　〕　別解

（　）　省略可能な語

＿＿　使用を指示された語句

≪解説≫

〔　〕　公式の文字部分

（　）　①単位

②補足的説明

③同義・言い換え可能な言葉

（例）カエルの子（オタマジャクシ）

≒　約、およそ

【国語】

≪解答≫

〔　〕　別解

（　）　省略してもよい言葉

＿＿　使用を指示された語句

≪解説≫

〈　〉　課題文中の空所部分（現代語訳・通釈・書き下し文）

（　）　①引用文の指示語の内容

（例）「それ（＝過去の経験）が ～」

②選択肢の正誤を示す場合

（例）（ア，ウ…×）

③現代語訳で主語などを補った部分

（例）（女は）出てきた。

／　漢詩の書き下し文・現代語訳の改行部分

獨協埼玉高等学校

所在地	〒343-0037 埼玉県越谷市恩間新田寺前316
電　話	048-977-5441(代)
ホームページ	https://www.dokkyo-saitama.ed.jp/
交通案内	東武伊勢崎線(東武スカイツリーライン) せんげん台駅 徒歩20分(バス5分) ※東京メトロ日比谷線・半蔵門線乗り入れ

普通科

男女共学

くわしい情報はホームページへ

応募状況

年度	募集数	受験数	合格数	倍率
2024	単願 併願 160名	119名 431名	112名 401名	1.1倍 1.1倍
2023	単願 併願 160名	120名 486名	111名 461名	1.1倍 1.1倍
2022	単願 併願 160名	123名 457名	114名 438名	1.1倍 1.0倍

※全日程の合計で実人数を記載。

試験科目　(参考用：2024年度入試)

［単願］

国語・英語・数学，面接(グループ)

※英語はリスニングを含む。

［第１回併願・第２回併願］

国語・英語・数学

※英語はリスニングを含む。

本校の特色

１年次は基礎学力に重点を置いたカリキュラムを編成している。２年次より文系・理系を選択し，３年次には生徒個々の進路希望に対応するため，コース制を導入。文系Ⅰ・Ⅱ，理系Ⅰ・Ⅱ，獨協コースの５つから希望のコースを選択する。

また，創立以来，数少ないドイツ語教育を行う学校として注目される本校では，特に語学教育を重視している。英語は，１・２年次に６単位を必修とし，また３年次には７単位を必修，自由選択科目でさらに選択履修が可能。ドイツ語も希望者については，１年次より１週２時間履修することができる。

施設・環境

約80,000㎡の校地にある近代的な校舎は，普通教室の他，理科，視聴覚，語学など各教科の設備が整った特別教室棟，茶道・華道ができる和室棟をもつ。また，図書館は蔵書数約６万冊で，空調も完備。その他，２つの体育館，300mトラック，サッカー・ラグビー場，野球場，テニスコート(７面)，25mプール等があり，授業やクラブ活動に利用されている。

進路状況

主な大学合格実績(2024年春)

東京外国語大１名，東京農工大１名，お茶の水女子大１名，筑波大１名，千葉大１名，横浜国立大１名，埼玉大３名，茨城大２名，早稲田大９名，上智大10名，東京理科大10名，青山学院大16名，中央大22名，法政大35名，明治大23名，立教大44名，学習院大17名など。

獨協大学推薦合格者…94名

イベント日程

◎学校説明会

９/22(日)，10/20(日)，11/17(日)，12/15(日)

各回 13：30～

★各回で，個別相談会(10：30～／14：40～)も実施。

★個別相談会は12/25(水)にも実施。(13：30～)

◎入試問題解説会

８/24(土)　８：00～

◎学校祭

９/14(土)，９/15(日)　各回10：00～15：00

※上記はあくまで予定です。

詳細は学校ホームページでご確認ください。

編集部注一本書の内容は2024年6月現在のものであり，変更されている場合があります。正確な情報は，学校のホームページ等で必ずご確認ください。

出題傾向と今後への対策　英語

出題内容

	2024 1回	2024 2回	2023 1回	2023 2回	2022 1回	2022 2回
大問数	7	7	7	7	7	7
小問数	52	52	52	52	52	52
リスニング	○	○	○	○	○	○

◎大問７題，小問数52問という出題が続いている。出題構成は放送問題，長文読解と対話文に加え，和文英訳，整序結合などとなっており，例年大きな変化は見られない。

2024年度の出題状況

《第１回》

1 放送問題
2 対話文完成－適語補充
3 和文英訳－部分記述
4 対話文完成－適文選択
5 整序結合
6 長文読解総合－説明文
7 長文読解総合－エッセー

《第２回》

1 放送問題
2 対話文完成－適語補充
3 和文英訳－部分記述
4 対話文完成－適文選択
5 整序結合
6 長文読解総合－説明文
7 長文読解総合－説明文

解答形式

《第１回》　記　述／マーク／併　用

《第２回》　記　述／マーク／併　用

出題傾向

中学校で習う文法や構文，語彙などが着実に身についているかを試す問題が多い。ただし，放送問題を含めて文法の知識から読解力までさまざまな形式で幅広く問う姿勢が見られる。長文読解は２題出題され，分量は平均的で難易度も中程度である。作文は，整序結合と部分記述が頻出である。この他単語の知識などが問われる。

今後への対策

中学英語の学習項目を確実にマスターしておくことが何よりも重要だ。まず教科書の重要な単語・熟語，構文などを覚えていこう。基礎力を固めたら，速読速解力を養成するため，長文読解の問題集を1冊決めて，繰り返し取り組むとよい。黙読だけでなく音読をしたり，ラジオなどの講座を活用したりすると総合力がつく。

◆◆◆◆◆ 英語出題分野一覧表 ◆◆◆◆◆

分野			2022 1回	2022 2回	2023 1回	2023 2回	2024 1回	2024 2回	2025予想※ 1回	2025予想※ 2回
音声	放送問題		★	■	★	★	★	★	◎	◎
	単語の発音・アクセント									
	文の区切り・強勢・抑揚									
語彙・文法	単語の意味・綴り・関連知識			●	●	●	●	●	◎	◎
	適語(句)選択・補充									
	書き換え・同意文完成									
	語形変化									
	用法選択									
	正誤問題・誤文訂正									
	その他									
作文	整序結合		■	■	■	■	■	■	◎	◎
	日本語英訳	適語(句)・適文選択								
		部分・完全記述	●	●	●	●	●	●	◎	◎
	条件作文									
	テーマ作文									
会話文	適文選択		●	●	●	●	●	●	◎	◎
	適語(句)選択・補充		●	●	●	●	●	●	◎	◎
	その他									
長文読解	内容把握	主題・表題			●	●		●	△	◎
		内容真偽	●	●	●	●	●	●	◎	◎
		内容一致・要約文完成	■	●	■	■	●	●	◎	◎
		文脈・要旨把握	●		●	●	●	■	◎	◎
		英問英答		●						△
	適語(句)選択・補充		●	●	●	●	●	●	◎	◎
	適文選択・補充									
	文(章)整序									
	英文・語句解釈(指示語など)		●	●		●	●	●	◎	◎
	その他(適所選択)		●		●		●	●	◎	△

●印：１～５問出題，■印：６～10問出題，★印：11問以上出題。
※予想欄　◎印：出題されると思われるもの。　△印：出題されるかもしれないもの。

出題傾向と今後への対策　数学

出題内容

2024年度

《第１回》

[1]，[2]は小問集合で，合わせて15問。各分野から出題されている。[3]は平面図形で，平行四辺形を利用した問題。[4]は関数で，放物線と直線に関するもの。直線の式をx，y以外の文字を含む式で表し，これが成り立つことを説明する問題もある。

《第２回》

[1]，[2]は小問集合で，合わせて14問。規則的に計算を繰り返して自然数を並べる問題もある。[3]は関数で，放物線と直線に関するもの。座標や直線の式などが問われている。[4]は平面図形で，半円を利用した問題。

2023年度

《第１回》

[1]は小問集合で，10問。各分野から出題されている。[2]はデータの活用から，標本調査に関するもの３問。[3]は関数で，放物線と直線に関するもの。２直線が垂直に交わることを説明する問題もあった。[4]はデータの活用から，場合の数で４問。

《第２回》

[1]は小問集合で，10問。[2]はデータの活用から，箱ひげ図と度数分布表に関するもの。正誤を問う問題が２問出された。[3]は関数で，放物線と直線に関するもの。[4]は空間図形で，正四角錐を利用した計量題４問。

作…作図問題　証…証明問題　グ…グラフ作成問題

解答形式

《第１回》　記　述／マーク／併　用

《第２回》　記　述／マーク／併　用

出題傾向

大問４題の構成で，[1]は小問集合10問程度，[2]～[4]は各分野からの総合題となることが多い。[2]～[4]では，関数，図形がほぼ必出。あと１題は数の性質に関するもの，規則性に関するもの，複数の分野を融合させたものなどバラエティに富んでいる。計算で答えを求める問題だけでなく，理由などを答えるものが出題されることがある。

今後への対策

標準レベルの問題集を用いて，正確な計算力，問題を見てすぐに方針が立てられるよう即応性を養うようにしよう。これらは日々の積み重ねが大事なので，日頃から時間を有効に使って演習を積むようにすること。わからなかった問題やできなかった問題は，解説を見て理解した後，時間をおいて再度解き直すこと。

◆◆◆◆◆ 数学出題分野一覧表 ◆◆◆◆◆

分野	年度	2022		2023		2024		2025予想※	
		1回	2回	1回	2回	1回	2回	1回	2回
数と式	計算，因数分解	■	★	★	■	■	★	◎	◎
	数の性質，数の表し方	■			●	★		△	△
	文字式の利用，等式変形								
	方程式の解法，解の利用	■	■	■	■	■	■	◎	◎
	方程式の応用								
関　数	比例・反比例，一次関数	●	●	●		●	●	◎	◎
	関数$y=ax^2$とその他の関数	★	★	★	★	★	★	◎	◎
	関数の利用，図形の移動と関数								
図　形	（平面）計　量	★	■	■	■	★	★	◎	◎
	（平面）証明，作図								
	（平面）その他								
	（空間）計　量	■	■	■	★	■	●	◎	◎
	（空間）頂点・辺・面，展開図								
	（空間）その他								
データの活用	場合の数，確率	●	■	★	●	■	■	◎	◎
	データの分析・活用，標本調査	■	●	★	★		●	◎	◎
その他	不　等　式								
	特殊・新傾向問題など		★				■		△
	融合問題		●						

●印：１問出題，■印：２問出題，★印：３問以上出題。
※予想欄　◎印：出題されると思われるもの。　△印：出題されるかもしれないもの。

出題傾向と今後への対策　国語

出題内容

2024年度

《第１回》

一 論説文　二 小説　三 漢字

課題文 一伊藤亜紗編『「利他」とは何か』
二朝井リョウ『七分二十四秒めへ』

《第２回》

一 論説文　二 小説　三 漢字

課題文 一中村雄二郎『中村雄二郎著作集』
二角田光代『対岸の彼女』

2023年度

《第１回》

一 論説文　二 小説　三 漢字

課題文 一アマルティア・セン／東郷えりか訳『人間の安全保障』
二熊谷達也『川崎船』

《第２回》

一 論説文　二 小説　三 漢字

課題文 一渡部潤一『第二の地球が見つかる日』
二壁井ユカコ『空への助走』

解答形式

《第１回》　記述／マーク／併用

《第２回》　記述／マーク／併用

出題傾向

設問は，それぞれの読解問題に10問前後付されている。課題文は，分量・内容ともに標準的なものが選ばれている。記述式の解答については，30～60字程度のものが，全体で２，３問出題されている。出題のねらいとしては，現代文に関する基本的な読解力と表現力を見ることにあるといえる。

今後への対策

現代文の読解力をつけるためには，市販の問題集で基礎学力養成のものを選び，それを毎日少しずつこなしていくのがよいだろう。課題文は，論理的文章と文学的文章から選ばれるので，偏りのない勉強が必要である。漢字についても，難しい問題集に手を出す必要はないが，訓読みもしっかり確認しておくこと。

◆◆◆◆◆ 国語出題分野一覧表 ◆◆◆◆◆

分野		年度	2022 1回	2022 2回	2023 1回	2023 2回	2024 1回	2024 2回	2025予想※ 1回	2025予想※ 2回
現代文	論説文 説明文	主題・要旨	●	●	●	●	●	●	◎	◎
		文脈・接続語・指示語・段落関係	●	●	●	●	●	●	◎	◎
		文章内容	●	●	●	●	●	●	◎	◎
		表現	●		●		●		◎	
	随筆 日記 手紙	主題・要旨								
		文脈・接続語・指示語・段落関係								
		文章内容								
		表現								
		心情								
	小説	主題・要旨	●						△	
		文脈・接続語・指示語・段落関係					●		△	
		文章内容	●	●	●	●	●	●	◎	◎
		表現	●	●	●	●	●	●	◎	◎
		心情	●			●	●	●	◎	◎
		状況・情景								
韻文	詩	内容理解								
		形式・技法								
	俳句 和歌 短歌	内容理解								
		技法								
古典	古文	古語・内容理解・現代語訳								
		古典の知識・古典文法								
	漢文	(漢詩を含む)								
国語の知識	漢字 語句	漢字	●	●	●	●	●	●	◎	◎
		語句・四字熟語		●	●	●			△	◎
		慣用句・ことわざ・故事成語		●		●	●	●	△	◎
		熟語の構成・漢字の知識								
	文法	品詞	●	●	●	●	●	●	◎	◎
		ことばの単位・文の組み立て								
		敬語・表現技法								
	文学史									
作文・文章の構成・資料										
その他										

※予想欄　◎印：出題されると思われるもの。　△印：出題されるかもしれないもの。

合格を勝ち取るための

本書の使い方

本書に掲載されている過去問をご覧になって，「難しそう」と感じたかもしれません。でも，大丈夫。ほとんどの受験生が同じように感じるのです。高校入試の出題範囲は中学校の定期テストに比べて広いですし，残りの中学校生活で学ぶはずの，まだ習っていない内容からも出題されているかもしれません。

ですから，初めて本書に取り組む際には，点数を気にする必要はありません。点数は本番で取れればいいのです。

過去問で重要なのは「間違えること」です。自分の弱点を知るために，過去問に取り組むのです。当然，間違った問題をそのままにしておいては意味がありません。

本書には，長年にわたって高校受験に関わってきたベテランスタッフによる詳細な解説がついています。間違えた問題は重点的に解説を読み，何度も解きなおしてください。時にはもう一度，教科書で復習するのもよいでしょう。

別冊として，抜き取って使える解答用紙を収録しました。表示してあるように拡大コピーをとれば，実際の入試と同じ条件で，何度でも過去問に取り組むことができます。特に記述問題では解答欄の大きさがヒントになる場合があります。そうした，本番で使える受験テクニックの練習ができるのも，本書の強みです。

前のページにある「出題傾向と今後への対策」もよく読んで，本校の出題傾向に慣れておきましょう。

2025 年度 高校受験用

獨協埼玉高等学校　6 年間スーパー過去問

をご購入の皆様へ

お詫び

本書、獨協埼玉高等学校の入試問題につきまして、誠に申し訳ございませんが、以下の問題文は著作権上の問題により掲載することができません。設問と解説、解答は掲載してございますので、ご必要とされる方は原典をご参照くださいますよう、お願い申し上げます。

記

2023 年度　第 1 回　国語　一　の問題文

2021 年度　第 1 回　国語　二　の問題文

以上

株式会社　声の教育社　編集部

2024年度　獨協埼玉高等学校（第１回）

【英　語】（50分）〈満点：100点〉

1　リスニング問題　〈編集部注：放送文は未公表につき掲載してありません。〉

Part 1　これから流れる英語を聞き，１～５の質問に対する答えを１つ選び，記号で答えなさい。英文は２度読まれます。

1　(A)　1873　　(B)　1874　　(C)　1875

2　(A)　The North Pole　　(B)　The South Pole　　(C)　Elephant Island

3　(A)　It sank at Elephant Island.
　(B)　It sailed to Antarctica.
　(C)　It got trapped in the ice.

4　(A)　By eating snow　　(B)　By eating ice　　(C)　By eating fish

5　(A)　They were rescued.
　(B)　They all took the boats to find help.
　(C)　They were never found.

Part 2　これから短い会話文を聞きます。下の１～５の空欄に適切な語句や文字，数字などを書きなさい。英文は１度だけ読まれます。

Lost & Found

1	Lost item：	＿＿＿＿＿
2	Color：	＿＿＿＿＿
3	Name：	＿＿＿＿＿ Davis
4	Address：	256, ＿＿＿＿＿ Street
5	Tel. No.：	0191-4977-＿＿＿＿

Part 3　２人の会話を聞き，下の表の項目に当てはまるものを(A)～(H)の中から選び，記号で答えなさい。英文は２度読まれます。また，会話の場面の概要が日本語で書かれているので今読みなさい。

Ben（男性）は母親と友達がやりたい仕事について話している。

Friends

1	Tyler	
2	Ava	
3	Mark	
4	Victoria	
5	Bobby	

Jobs

(A)　Actor　　(B)　Coach　　(C)　Dentist
(D)　Journalist　　(E)　Mechanic　　(F)　Pilot
(G)　Receptionist　　(H)　Tour guide

2　次の会話が成立するように空欄に適切な１語を入れなさい。ただし，答えは全て空欄内に示された文字で書き始めなさい。

1　A： Look outside.　It's going to rain.
　B： Really？　The weather forecast said it was going to be sunny all day.　I left my (u　　) at home.

2　A： Michael didn't (a　　) the class.　Do you know why？
　B： Yeah, he missed the bus, also the train was late.

3　A： Ouch！　I think I just broke my left (s　　)！
　B： Let me see.　Can you move your arm？
　A： No！　It hurts too much！

4　A： What do you want to be in the future？
　B： I don't know . . . .　I hear new (t　　) is taking away many jobs.　Robots with AI will do jobs instead of humans.

5　A： It's almost the day of the soccer tournament.　I'm really worried about it.
　B： You practiced a lot, right？　Don't be so (n　　)！

3　日本語の意味に合う英文になるよう，_____に適切な英語３語を入れなさい。

1　君は友達とうまくやっていくべきです。
　You should __________ your friends.

2　私は明日学校に行かなければなりません。
　I __________ go to school tomorrow.

3　君は今までに外国へ行ったことがありますか。
　__________ been to any foreign countries？

4　君は運動し始めたらどうですか。
　__________ start to exercise？

5　あの鳥は彼によって世話をされています。
　That bird is taken __________ him.

4　２つの会話文の空欄に当てはまる英文を下の選択肢から選び，会話文を完成させなさい。ただし，英文は１度だけ使うこと。

A： Hey, you look really tired lately.　Are you okay？
B： Yeah, school and everything is making me super busy.
A： (　　1　　)　It can be too much sometimes.　Have you been getting enough rest？
B： I try, but it's hard.　I have so much homework and studying to do.
A： Don't forget to take breaks.　It's important to find a balance between work and rest.
B： I know, but there's so much to do.　(　　2　　)
A： Yeah, but pushing yourself too hard makes you really tired.　Maybe you should talk to your teachers or parents about your schedule.
B： That's a good idea.　I'll talk to them.
A： (　　3　　)　You'll do better when you get enough rest and have more energy.
B： Thanks for understanding.　I'll try to find a better balance.

　ア　I understand.

イ　I don't feel tired, actually.
ウ　I don't want to miss the deadline.
エ　I'm not feeling good.
オ　It's important to look after yourself.

A：Hey, have you decided which club to join in high school ?
B：I'm thinking of joining the soccer club.　I love playing soccer !
A：(　4　)　You'll get to practice your skills and play matches with other schools.
B：Yeah, I'm excited to meet new teammates and improve my game.　How about you ?
A：I'm really on the fence about joining a club.
B：(　5　)　Are you worried about balancing club activities with your schoolwork ?
A：Yes, exactly.　I'm worried it might take up too much of my time, and I won't have enough for studying.
B：How about talking to the club members and asking how they manage their studies ?
A：That's a good idea !　I'll do that.

ア　I'm sorry to hear that.
イ　How about watching a soccer match together ?
ウ　What's making it difficult for you to decide ?
エ　Be careful when you jump over the fence.
オ　That sounds fun !

5　選択肢を並べ替えて英文を完成させ，(A)と(B)に当てはまるものを記号で答えなさい。ただし，文頭に来る語句も小文字で示してある。

1　仲間に愛されるなんて，なんて素晴らしいことなんでしょう。
(　　)(A)(　　)(　　)(B)(　　)(　　) friends !
ア　loved　　イ　wonderful　　ウ　it is　　エ　to
オ　by　　カ　be　　キ　how

2　彼は先週の火曜日以来ずっと授業を欠席しています。
He (　　)(　　)(A)(　　)(　　)(B) last Tuesday.
ア　the classes　　イ　absent　　ウ　been
エ　since　　オ　from　　カ　has

3　その質問は難しすぎて答えることができませんでした。
The question (　　)(A)(　　)(B)(　　).
ア　answer　　イ　was　　ウ　difficult　　エ　to　　オ　too

4　あのバスに乗れば君は20分でせんげん台駅に着くでしょう。
That bus (　　)(　　)(A)(　　)(　　)(B)(　　).
ア　Sengendai station　　イ　twenty minutes　　ウ　you　　エ　to
オ　will　　カ　in　　キ　take

5　あなたの上司と話させてください。
(A)(　　)(　　)(B)(　　)(　　).
ア　your　　イ　to　　ウ　me
エ　let　　オ　boss　　カ　talk

6　サンタクロースが子どもたちにたくさんのプレゼントを与えました。

Santa Claus (　　　) (　A　) (　　　) (　　　) (　B　) (　　　).

ア　gifts　　イ　of　　ウ　to

エ　plenty　　オ　the children　　カ　gave

[6]　次の英文を読み，以下の設問に答えなさい。

Japanese has borrowed many words from foreign countries. These borrowed words are called "loan words." The first loan words in Japanese came from China in the Nara period (710-794). So many Chinese words became mixed into Japanese using kanji. [ア] Around the 17th century, the Japanese language began to borrow from many western languages. For example, from Portuguese, Dutch, German, French, Italian, and most of all, English. Today English is the origin of most loan words.

Loan words are used to express ideas where there are no Japanese words to use. However, some people prefer to use English expressions because they are simpler or (　1　). [イ] For example, the Japanese words for "business" is "shobai," but the loan word "bijinesu" is also used. Another example is "gyuunyuu" in Japanese, meaning "milk" in English, but the loan word "miruku" is often used.

Loan words are usually written using katakana, except ones from Chinese. They are ※pronounced using Japanese ※pronunciation rules, so they often sound very different to their original versions. (2)<u>This</u> makes them difficult for people from other countries to recognize. [ウ] Another reason many native speakers cannot recognize loan words is because they are often made (　3　) in ways not common in their original language. For instance, "suupaa" stands for supermarket, "biru" for building, and "konbini" for convenience store. Some loan words are also combined with Japanese words to create new words. One example is "(4)<u>shokupan</u>" for loaf of bread where "pan" is the loan word part. [エ] Many loan words are combined with the Japanese ※verb "suru" to make them into verbs. Some examples of this usage are "doraibu suru" for drive, "taipu suru" for type, and "kisu suru" for kiss.

Loan words are (5)<u>common</u> in many languages, but Japanese may be unique in how it takes words and changes them to fit its own needs so well.

※　pronounce：発音する　　pronunciation：発音　　verb：動詞

問1　第1段落の内容と一致するものを次のア～エの中から1つ選び，記号で答えなさい。

ア　中国語は日本語に混ざることなく，原語のまま日本で使われている。

イ　現在では，日本語には英語を起源とした言葉が他の言語よりも多い。

ウ　外国語は日本語由来のものが多く，日本語の影響力は非常に大きい。

エ　日本語が西洋諸言語に取り入れられたのは，17世紀頃である。

問2　空欄(1)に入る語を次のア～エの中から1つ選び，記号で答えなさい。

ア　more fashionable　　イ　more old-fashioned

ウ　less convenient　　エ　less global

問3　下線部(2)が指す内容を日本語で句読点を含めて50字以内で説明しなさい。

問4　空欄(3)に入る語を次のア～エの中から1つ選び，記号で答えなさい。

ア　easier　　イ　harder　　ウ　shorter　　エ　longer

問5　下線部(4)と同じ種類のloan wordを次のア～エの中から1つ選び，記号で答えなさい。

ア　eakon　　イ　arubaito　　ウ　hankachi　　エ　shouene

問6　下線部(5)の本文中の意味として最も適切なものを次のア～エの中から１つ選び，記号で答えなさい。

ア　important　　イ　familiar　　ウ　powerful　　エ　public

問7　以下の一文を本文中に挿入するとしたら，どこに入れるのが適切か。文中ア～エの中から１つ選び，記号で答えなさい。

In fact, many loan words already have Japanese versions.

問8　本文の内容と一致しているものを次のア～エの中から１つ選び，記号で答えなさい。

ア　Loan words are usually written in hiragana and kanji, so they can easily be recognized.

イ　Loan words are mainly used to communicate, or share information with people from other countries.

ウ　Some loan words are used to express concepts or feelings when they cannot be expressed in Japanese.

エ　Loan words used in Japan mostly came from English and most of them sound similar to their original versions.

7　次の英文を読み，問１～７の英文に続くものとして最も適切なものをそれぞれ１つ選び，記号で答えなさい。問８については，質問の答えとして最も適切な部分を本文中から１語で抜き出して答えなさい。

Charlie Mackesy, who started his career originally as a cartoonist, published his first picture book whose title is "The Boy, the Mole, the Fox and the Horse" in 2019. It was widely read in Britain and became the best seller in 2020. Nearly two million copies sold in Britain and more than one million sold in the US. Nearly three hundred thousand copies have been read in Japan so far and more than five million copies sold over the world in total.

In its ※introduction, the author says, "This book is for everyone, whether you are eighty or eight. They (the Boy, the Mole, the Fox and the Horse) are all different, like us, and each has their own ※weaknesses. I can see myself in all four of them, perhaps you can too." He also says, "I hope this book encourages you, perhaps, to live courageously with more kindness for yourself and for others."

The book is full of impressive stories and words of wisdom. The boy first meets the mole, who talks a lot and loves to eat cake. The boy asks the mole, "What do you think is the biggest waste of time ?" and the mole answers, "Comparing yourself to others."

As they walk on, they meet a fox caught in a trap. The fox says to the mole, "If I wasn't caught in this ※snare, I'd kill you." The mole replies, "If you stay in that snare, you will die," and then chews through the ※wire to help the fox. The fox joins them. During their trip, the boy asks questions and the mole answers. The fox does not answer, and just keeps walking with the other two. When the mole falls into the river, the fox dives in to help the mole. Although the fox did not join in the conversation, he still feels like a member of the group.

In the middle of their trip, they meet a horse. The boy and the mole get on the back of the horse though the fox does not. The boy asks the horse, "What is the bravest thing you've ever said ?" The horse answers, "(　1　)," and continues "asking for (　1　) isn't giving up. It's refusing to give up." As they walk on, the horse asks the fox, "We all need a reason to keep going, what's yours ?" The fox answers, "You three."

The story doesn't end there, but I will stop introducing the book here to make you feel like reading the rest of the story. The Japanese translation is very popular but I believe you will enjoy the book in ※the original edition. Why ? Because you're now going to read this story again to answer the questions below !

※ introduction：序文　weakness(es)：弱点　snare：罠《わな》
wire：針金　the original edition：原書

問1 The author of "The Boy, the Mole, the Fox and the Horse" . . .

ア enjoyed horseback riding before writing the book.

イ is Charlie Mackesy, whose first picture book became a big hit in 2020.

ウ started his career originally as a bookstore clerk before he published a picture book.

エ sold more than five million copies of his first picture book in Britain.

問2 "The Boy, the Mole, the Fox and the Horse" . . .

ア became the best seller in Japan in 2020.

イ sold nearly three million all over the world in total.

ウ has been read more widely in Britain than in the US.

エ is widely accepted especially in Japan.

問3 The phrase "whether you are eighty or eight" means . . .

ア it does not matter how many books you have read before.

イ it does not matter what kind of books you like.

ウ it does not matter how many of you read this book.

エ it does not matter how old or how young you are.

問4 The phrase "live courageously" means . . .

ア saying the bravest thing when in danger.

イ comparing yourself to others.

ウ helping those who are in danger.

エ not joining in the conversation.

問5 The one who talks the most among the mole, the fox and the horse is . . .

ア not clear.　イ the mole.　ウ the fox.　エ the horse.

問6 The one who talks the least among the boy, the mole, the fox and the horse is . . .

ア the boy.　イ the mole.　ウ the fox.　エ the horse.

問7 The sentence "what's yours ?" has the closest meaning to . . .

ア "What is the bravest thing you've ever said ?"

イ "Why don't you ride on my back ?"

ウ "What made you caught in a trap ?"

エ "Why do you still keep going with us ?"

問8 What word best fits (1) ? Find the word in the passage and write it on your answer sheet.

【数　学】（50分）〈満点：100点〉

（注意）定規，分度器は使用してはいけません。

1 　次の各問に答えなさい。

(1) $\left(\dfrac{3}{2}x^2y\right)^3 \div (-6xy^4) \times \left(-\dfrac{4y}{x^2}\right)^2$ を計算しなさい。

(2) 方程式 $7x^2-3x-1=0$ を解きなさい。

(3) $x=\sqrt{3}+2$，$y=\sqrt{3}-2$ のとき，$x^3y+2x^2y^2+xy^3$ の値を求めなさい。

(4) $4<\sqrt{3a}<5$ を満たす正の整数 a の値をすべて求めなさい。

(5) y は x に反比例し，$x=3$ のとき $y=2$ である。x の変域が $-6 \leqq x \leqq -2$ であるとき，y の変域を求めなさい。

(6) 連立方程式 $\begin{cases} ax+y=b \\ 2ax+by=7 \end{cases}$ の解が，$x=2$，$y=-1$ です。このとき，a，b の値をそれぞれ求めなさい。

(7) 下の図1において，$\angle x$ の大きさを求めなさい。ただし，点Oは円の中心とします。

(8) 下の図2において，x の値を求めなさい。ただし，線分ADは∠BACの二等分線とします。

図1

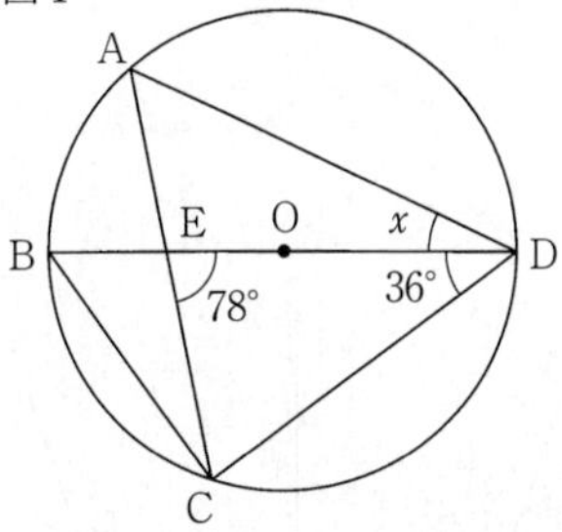

図2

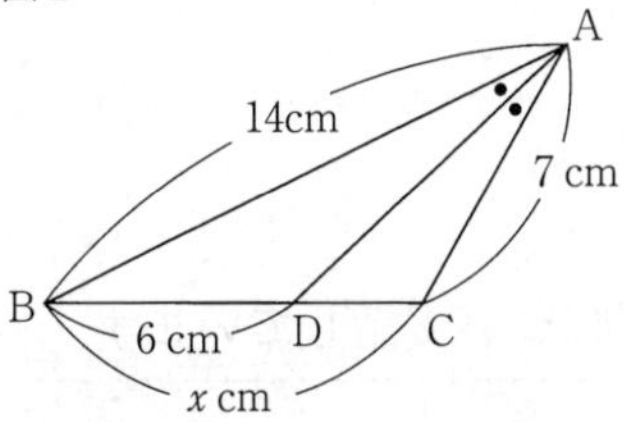

(9) 底面の半径が2cmで，母線の長さが6cmである円錐《すい》に，右の図3のように，底面の円周上の点Aから，側面にそって1周するように糸をかけます。このとき，次の各問に答えなさい。

① この円錐の展開図における側面のおうぎ形の中心角の大きさを求めなさい。

② この糸が最も短くなるとき，糸の長さを求めなさい。

図3

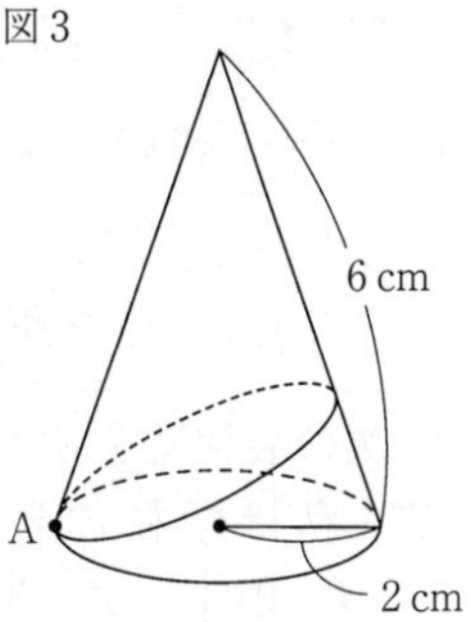

2 　次の各問に答えなさい。

(1) 1，2，3，4，5 のカードがそれぞれ1枚ずつあります。カードを1枚ずつ3回引いて順に百，十，一の位として3桁の整数を作るとき，次の①，②の各場合でその整数が偶数となる確率を求めなさい。

① 引いたカードをもとに戻す場合

② 引いたカードをもとに戻さない場合

(2) 2024を連続する正の整数の和として表すことを考えます。例えば，35を連続する5個の正の整数の和として表すと，$35=5+6+7+8+9$ となります。このとき，次の各問に答えなさい。

① (ア) 2024を素因数分解しなさい。

(イ) 2024を連続する11個の正の整数の和として表したとき，この11個の数の中央値を答えなさい。

② 2024を連続する16個の正の整数の和として表し，この16個の整数のうち最も大きい数を a，最も小さい数を b とします。このとき，$a+b$ の値を求めなさい。

3　右の図のように，平行四辺形ABCDにおいて，辺ADの中点をE，辺CD上の点で，CF：FD＝1：3である点をFとします。また，線分AFとBEの交点をGとします。このとき，次の各問に答えなさい。

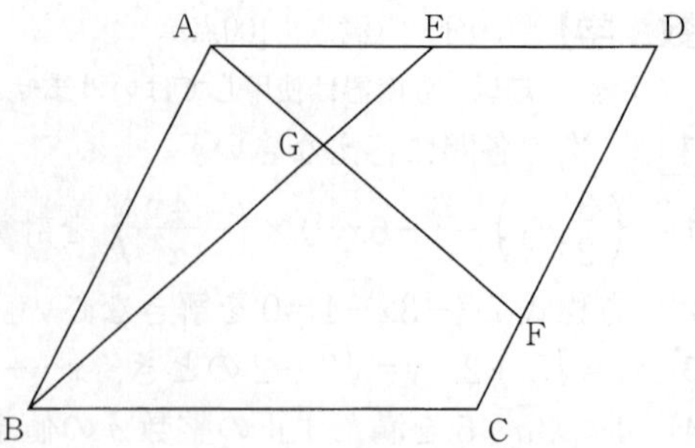

(1)　BG：GEを最も簡単な整数の比で表しなさい。

(2)　AG：GFを最も簡単な整数の比で表しなさい。

(3)　線分ED上に点P，線分FD上に点Qをとり，線分AQとBPの交点をXとします。点P，Qがそれぞれ線分ED，FD上を自由に動く(端点を含む)とき，点Xが通過することのできる部分の面積をS，平行四辺形ABCDの面積をTとします。このとき，S：Tを最も簡単な整数の比で表しなさい。

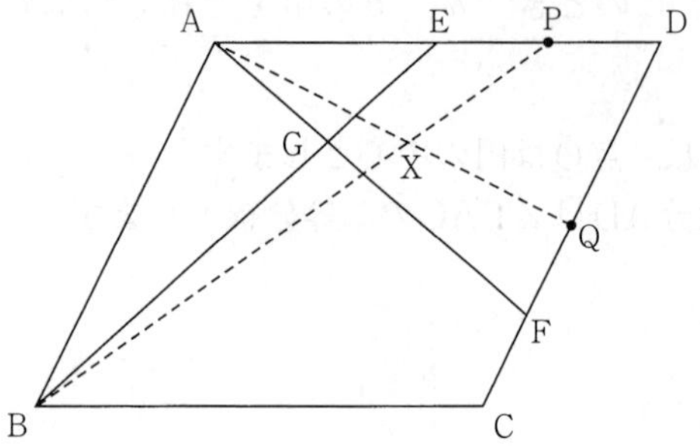

4　太郎さんと花子さんが，次の[課題]について話しています。

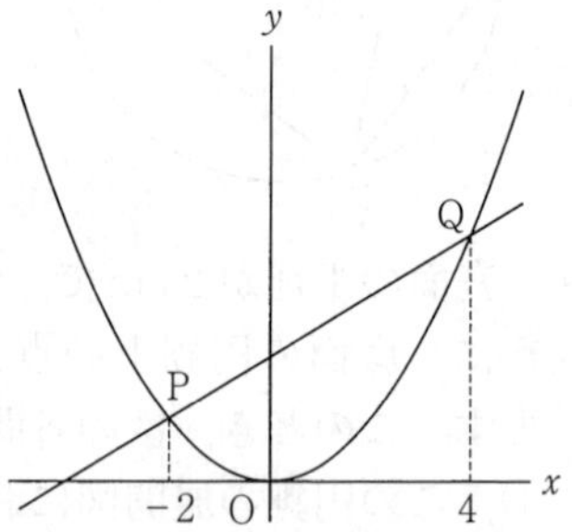

> [課題]
>
> $y=\frac{1}{2}x^2$のグラフ上にx座標がそれぞれ−2，4である２点P，Qがある。
>
> ２点P，Qを通る直線の式を求めなさい。

次の会話文を読み，下の各問に答えなさい。

太郎：私は学校の授業で教わった方法で解きました。まず，２点P，Qの座標を求めると，P(−2, [ア])，Q(4, [イ])であるから，この２点を通る直線の式は，$y=$[ウ]となります。

花子：私は，兄にもっと効率よく早く解ける方法を教わりました。傾きをa，切片をbとおくと，$a=\frac{1}{2}\times(-2+4)$，$b=(-1)\times\frac{1}{2}\times(-2)\times4$で表せるので，わざわざ２点P，Qの$y$座標を求めなくても直線の式が簡単に求められます。

太郎：確かに私が求めた直線$y=$[ウ]の傾きと切片に一致しています。その方法を詳しく教えてください。

花子：私が兄に教わったのは[関係式]を利用して直線PQの式を求める方法です。しかし，なぜこの方法で傾きと切片が求められるかは私も理解していません。

> [関係式]
>
> (直線PQの傾き)＝(x^2の係数)×(２点P，Qのx座標の和)　……①
>
> (直線PQの切片)＝(−1)×(x^2の係数)×(２点P，Qのx座標の積)……②

太郎：この[関係式]がなぜ成り立つのかを考えましょう。

(1)　空欄 ア ～ ウ にあてはまる数または式を答えなさい。

$y=kx^2$のグラフ上にx座標がそれぞれp，qである2点P，Qがあります。このとき，次の各問に答えなさい。ただし，$k \neq 0$，$p<q$とします。

(2)　[関係式]①，②を利用して，直線PQの傾き，切片をそれぞれk，p，qを用いて表しなさい。

(3)　[関係式]①，②が成り立つことをk，p，qを用いて説明しなさい。

Ⅱ　依里子

ア　食欲に負けて深夜に脂っこいものを食べる、自堕落な生活をおくる人物。

イ　自分らしく生きるために、動画を観ながら食事をする、挑戦的な人物。

ウ　つらいことがあるたびにやけ食いをしてしまう、健康管理の意識に欠ける人物。

エ　現代に生きづらさを感じ目の前の問題から目を背ける、現実逃避をする人物。

問六　傍線部③「そのことにとてもホッとしながら、全く同じ質量で、絶望もした」とありますが、具体的にはどういうことか、もっともふさわしいものを、次の中から一つ選び記号で答えなさい。

ア　正社員の送別会中にラーメン屋に行けると思っていたが、帰宅ラッシュと重なってしまうため結局早い時間帯に行けないということ。

イ　ラーメン屋に入る姿を誰かに見られる心配はないが、退勤後にも夜遅くまで働いている正社員を見なければならないということ。

ウ　自分の記念の日に自分以外の誰かのために気を遣わなくていいが、佳恵と同じ気持ちでラーメンを食べられないということ。

エ　自分の最終出勤日に他人の送別会で気を遣わなくて済んだが、自分の会社での立場と向き合わざるをえなくなってしまったということ。

問七　次の一文を本文に戻すのにふさわしい箇所を、本文中のＡ～Ｄから選び記号で答えなさい。

脳が溶け、音を立てて偏差値が落ちていく気がした。

問八　傍線部④「それを観られる昼休憩の時間が、自分の命を二十四時間ずつ必死に延ばしてくれる」とありますが、同じ内容を言い換えて表現している一文を探し、初めと終わりの五字を書き抜きなさい。（句読点も字数に含まれます。）

問九　傍線部⑤「かけ直したくない」というのはなぜですか。その理由を六十字以上八十字以内で説明しなさい。

問十　作品の表現の説明としてふさわしいものを、次の中から**全て**選び記号で答えなさい。

ア　作品全体として登場人物それぞれの視点から多面的に場面が語られており、読者が登場人物に感情移入しやすくなっている。

イ　主人公の心情描写と動画の言葉が交互に書かれてあり、動画内の騒がしさと依里子の孤独感が対照的に描き出されている。

ウ　ラーメンを食べる場面では擬音語や擬態語を多く用いることで、臨場感にあふれる場面になっている。

エ　登場人物の心情について言及せず場面や状況を細かく説明することで、内容の展開を理解しやすくしている。

オ　「七分二十四秒めへ」という作品タイトルから、生きる気力を動画で保っている主人公の思いが読み取れる。

三　次の①～⑤の傍線部のカタカナを漢字に直しなさい。また、a～eの傍線部の漢字の読みをひらがなで書きなさい。

①　ベンギを図る。
②　ヒフク室に行く。
③　知識を得ることをカツボウする。
④　生命のイブキを感じる。
⑤　カロうじて勝った。
a　敵を威嚇する。
b　組織の枢軸を担う。
c　先例に倣う。
d　大企業の傘下に入る。
e　行く手を阻む。

これを真夜中に食べきって、おいしいって言える生命体として駆け回ることができたら、この世界はどれだけ楽しいのだろうか。

【お、お、お、最下位、リョウタじゃね⁉】

小さな画面の中で毎秒更新されるような生きづらさがそもそも目に入らない一日を終えて、こんなふうに真夜中に仲間とラーメン屋に駆け込むことができたら。この世界は、どれだけ。

【タケヒコいけいけ、リョウタに罰ゲームやらせようぜ！】

涙より一秒先に、鼻水が出てくる。手を伸ばしたメニュースタンドに、紙ナプキンは一枚も残っていない。

（朝井リョウ『どうしても生きてる』所収「七分二十四秒めへ」による）

語注

※1　ジェンダー…社会的・文化的に形作られた男女の差異。

※2　職質…不審な通行人などに対して、警察官が職務上行なう質問。

※3　脳幹…脳のうち、大脳半球と小脳とを除いた部分。

※4　咀嚼…食べ物をよくかみくだくこと。

問一　二重傍線部ａ「丁寧に」～ｅ「基本的に」の中から形容動詞を二つ選び、記号で答えなさい。

問二　空欄 X に当てはまる語句としてもっともふさわしいものを、次の中から一つ選び記号で答えなさい。

ア　自分が協調性のない人間だ

イ　自分がこの業務に向いていない

ウ　この業務は会社全体には必要がない

エ　この業務に対する人員は一人で十分だ

問三　傍線部①「明日美は、手を動かしたままぺらぺらと喋り続けた」とありますが、この時の明日美の心情としてもっともふさわしいものを、次の中から一つ選び記号で答えなさい。

ア　今後一緒に働くことのない依里子に、せめて自分の関心事だけでも知ってもらいたいと思っている。

イ　仕事中にふさわしい話題ではないのは分かっているが、感情的になってしまい止められなくなっている。

ウ　依里子と翌日以降一緒に働くことはないため、仕事に関係ない話でもしてしまおうと思っている。

エ　依里子の好きなユーチューバーだが、彼女とは今後会うことはないため遠慮がなくなっている。

問四　傍線部②「じょきん、と音を立てて、ハサミの刃が重なる」とありますが、この部分から考えられることとしてふさわしいものを、次の中から二つ選び記号で答えなさい。

ア　仕事中にネットニュースを見ていたことを知られてしまったことへの、明日美の怒りが表れている。

イ　自分に関心のない動画がおすすめ動画に上がってきてしまうことへの、明日美のいらだちが表れている。

ウ　くだらない動画を配信するユーチューバーを一刀両断にする、明日美の容赦のなさが表れている。

エ　明日美の評価によって自分が見ている動画配信者をおとしめられてしまったことへの、依里子の傷ついた心が表れている。

オ　明日美の言葉によって会社から切り捨てられるのは女であるからだと伝えられた、依里子の絶望感が表れている。

問五　波線部Ⅰ「明日美はそれに、かじりついている」・波線部Ⅱ「依里子は、チャーシューにかじりつく」から読み取れる明日美と依里子の特徴の説明としてもっともふさわしいものを、それぞれ後の中から一つずつ選び記号で答えなさい。

Ⅰ　明日美

ア　トピックスの変わり方の法則性を学ぼうとする、勉強熱心な人物。

イ　ジェンダーのことを気にしつつも女のメイクを勉強する、自己矛盾をはらんでいる人物。

ウ　生きていくために大切な情報を手に入れようと、必死になっている人物。

エ　多くの情報にあふれる生きづらい世の中に対して、前向きに生きようとする人物。

④それを観られる昼休憩の時間が、自分の命を二十四時間ずつ必死に延ばしてくれる、最後のてのひらのような気がした。C

「お待たせしました」

ごとっと、まるでレンガでも置くような音を立ててどんぶりが現れる。卵も、チャーシューも、もやしもキャベツもホウレンソウも、コーンも海苔もねぎも、何もかもが山盛りだ。立ち上る白い湯気が、オーロラのように輝いて見える。D

依里子はユーチューブを起動する。例の、早食い対決の動画を再生する。聞き慣れたオープニングの音が、※3脳幹をへなへなと柔らかく溶かす。

この動画は、七分二十三秒。その間は、何にも考えなくていい。

トヨハシレンジャーはよく、深夜に地元のラーメンチェーン店に行く。こんなの食べるから太るんだよ、とかぐちぐち言いながらも、一日中役に立たないことを撮影した仲間たちと楽しそうにどんぶりの底を見せ合う。

そのチェーン店であるラーメンまんぷく堂が、東京進出を果たした。その一号店が、ここだ。

画面に指先を当てる。一秒目が始まる。

【第一回まんぷく堂全部乗せ早食い対決、スタートォ！】

両耳に流れ込んでくる声に合わせて、依里子は箸を割った。

ごっそりと持ち上げた麺を、思い切り啜《すす》る。熱い。味が濃い。でも気にしていられない。だって早食い対決なのだから。右手で、氷水を近くに引き寄せる。ろくに※4咀嚼《そしゃく》もせずに飲み込み、次々に麺を、具材を、口の中に放り込んでいく。

明日から仕事、どうしよう。契約は一方的に切られて、次の派遣先は決まっていない。

【ヤバッ、テツロー早《はえ》え！】

【リョウタむせてっぞ、きたねえー！】

夕方、実家から電話がかかってきていたけど、⑤かけ直したくない。妹が二人目を産んだことに関係する話かもしれない。

【テツロー妨害しろ、妨害】

こんな時間にラーメンなんか食べて、また太る。健康にも悪い。もう何年、人間ドックに行っていないだろう。

でも、もういいや。Ⅱ依里子は、チャーシューにかじりつく。

女性が女性として生きること。この時代に非正規雇用者として働くこと。結婚しない人生、子どもを持たない人生。平均年収の低下、社会保障制度の崩壊、介護問題、十年後になくなる職業、健康に長生きするための食事の摂り方、貧困格差ジェンダー。生きづらさ生きづらさ生きづらさ。毎日どこに目を向けても、何かしらの情報が目に入る。生き抜くために大切なこと、必要な知識、今から備えておくべきたくさんのもの。それらに触れるたび、生きていくことを諦めろ、そう言われている気持ちになる。

【三分経過〜！】

【最下位だけはぜってえヤダ！】

生きていくうえで何の意味もない、何のためにもならない情報に溺れているときだけ、息ができる。

依里子は水を飲む。今砕かれた食べ物が細い喉《のど》を無理やり下っていく。

ああ、動画が、あと三分十二秒で終わってしまう。その一秒後には、また、息継ぎのできない毎日が続くのだ。

【これ最下位リョウタじゃね⁉】

【リョウタの罰ゲームとか貴重〜！】

それなりに空腹だったはずなのに、あっという間にお腹がいっぱいになってきた。依里子はどんぶりに架けるように箸を置く。げっぷが出て、早速、胃がもたれ始めているのを感じる。

【一番乗りっ！うまかったー！】

【俺二番〜！くどいけどまんぷく堂はうめーなあ】

両耳から流れ込んでくる男たちの声が、依里子の鼻の頭で混ざる。いいなあ。

（中略）〔佳恵の最終出勤日、依里子は出産で退職する女性の正社員の送別会に、佳恵と一緒に参加した。そこでは、依里子も佳恵も知らなかった寄せ書きが正社員に渡された。依里子はその帰りに、ラーメン屋で泣きながら食事をしている佳恵の姿を見かけていた。〕

依里子の最終出勤日は、どの正社員の送別会とも重なっていなかった。③そのことにとてもホッとしながら、全く同じ質量で、絶望もした。

二十三時まで、駅前にあるマンガ喫茶で時間を潰《つぶ》すと、依里子はさすがにもう誰もいないだろうと思いながらも、周囲を気にしながら外に出た。

三月の終わりだけど、まだまだ寒い。この時間まで働いていたらしい、おそらく正社員だろう人間たちが駅に向かう中、依里子はラーメンまんぷく堂を目指して歩く。

赤信号を前に立ち止まる。ポケットから携帯電話を取り出す。充電は百パーセント。

本当は、彼らと同じように、夜中の二時とか三時とか、それくらいの時間に来てみたかった。依里子はそう思いながら、信号の色が変わると同時に歩き出す。だけどこの店の営業が0時までなので、仕方がない。佳恵もきっと、あのとき、今の自分と同じ気持ちだったのだろう。

（中略）

あのとき佳恵の背中越しに見えた画面の中では、若い男たちがストップウォッチを片手に大盛りのラーメンを食べていた。依里子は震える佳恵の背中と携帯電話の画面を同時に捉えながら、気配を消したままその場に立ち続けた。

毎日正午に参上トヨハシレンジャー、チャンネル登録お願いします！――動画の最後、画面にそんな文字が表示されたとき、佳恵が携帯をブラックアウトさせた。その瞬間、依里子は慌てて店を出た。トヨハシレンジャー。トヨハシレンジャー。そう呟《つぶや》きながら真っ暗なアパートに帰ると、服を着替える前にまずその単語を検索した。

そして、膨大に出てきた動画の海に溺《おぼ》れた。

トヨハシレンジャーは、二十代半ばの男五人によるユーチューバー集団だ。登録者数は三百万人に迫っており、動画の総再生回数は十億回を超えている。赤色の髪の毛をしているメンバーがリーダー的存在のようで、そのほかの四人の男たちも含め、いかにも教室の中で大きな声を出しても許される人間たち、という雰囲気が滲《にじ》み出ている。彼らは中学と高校の同級生で、非常に気心が知れた仲らしく、お互いの過去や家族についても知り尽くしているようだった。

依里子はまず、佳恵が観ていた動画を探し当てた。想像通り、彼らは深夜のラーメン屋で、トッピング全部乗せの早食い対決をしていた。「深夜にこれは重い！」「マジきちぃ！」とか言いながらも、全員きちんと完食し、最下位だったメンバーは深夜の車中で全裸で一発ギャグをやらされていた。

彼らは毎日、地元の豊橋で遊んでいた。ファミレスで全品頼んで結局食べきれなかったり、ジャンケンで負けたメンバーが吐くまで嫌いなものを食べてみたり、手作りのイカダで極寒の季節に川下りを試みて失敗したり、くじ引きで決めた怪しい服装で出歩いて誰が最後まで※2職質されないか競ってみたり、生きていくうえで必要のないことばかりに全力を注いでいた。その動画を観ている間、依里子は、何の感情も動かなかった。何の学びも得なかったし、ただただ時間を浪費し目を疲れさせているという感覚しかなかった。

A

だけど、それでよかった。B

いつしか依里子は、毎日正午にアップされる動画を心待ちにするようになっていた。集中力が持続しない若い視聴者に向けて整えられた、たった七、八分の動画。何のためにもならない動画。だけど、ある。

ウ　平常時においても利他的な行動を取るためには、行為の結果を予測できると思わずに、相手の言葉に耳を傾けていくことが求められる。

エ　利他の本質は他者のケアであるが、この場合のケアとは、他者を自分とは異なる存在であるという距離と敬意を持って接することである。

二

次の文章を読んで、後の問いに答えなさい。

佳恵《よしえ》に替わり、新たなパートナーとなる人のために、依里子《よりこ》は引き継ぎ書をa丁寧に更新していった。かつて佳恵と二人で仕事を回していたころのように、お互い助け合いながら、bたまに愚痴を言い合いながら、業務を遂行することが理想だった。まさか、新しい人が補充されるまで頑張って一人でどうにか繋いだ半年間が、　X　と判断される材料になるとは思わなかった。そして、新しい人が補充されることが決まった途端、自分の雇用が切られるとも、思っていなかった。

先週着任した永野明日美《ながのあすみ》は、佳恵より二十六歳、依里子より十八歳若い。私立の大学を出て就職に失敗し、いま二十四歳だという。

「げっ」

突然、明日美が声を上げた。どうしたの、と尋ねると、「あ、いや」とはじめは歯切れが悪かったが、観念したようにこう続ける。

「またバカなユーチューバーがニュースになってて」

パソコンでネットニュースを見ながら作業していたことが後ろめたかったのかもしれないが、依里子とc一緒に働くのは今日が最後ということで開き直ったのだろう、「私、コスメ買うときとか結構ユーチューバーd参考にしてるんで、なんかこういう一部のバカのせいでユーチューバー丸ごとクズみたいになるの、嫌なんですよね」①明日美は、手を動かしたままぺらぺらと喋《しゃべ》り続けた。

「炎上するユーチューバーって、たいてい男の集団なんですよ。ファミレスで全品頼んでみたとかジャンケンで負けたやつが吐くまで嫌いなもの食べてみたとか、やってもなんの意味もないことやって、それで炎上とかなってんですからほんと救いようないですよね」

依里子は隣に座る女性の横顔を見る。その向こう側に、彼女が落ちた企業から内定を得た男子学生の姿が浮かび上がる。

「私が観てるビューティ系、コスメとかメイクの動画出してる人たちのことビューティ系っていうんですけど、ビューティ系のユーチューバーは女の人がひとりでやってることが多くて、e基本的に役に立つことばっかり配信してるんですよ。料理とかメイクとか、私たち女が生きていくうえで必要な技を教えてくれるっていうか」

私たち女、という言葉に、依里子は少し驚いた。こんなにも年の離れた人間が使う〝私たち〟に、自分が含まれているのは、初めてのことだった。

「男のユーチューバーが別にやらなくていいことばかりやってるのって、男ってだけで生きていける世の中だからですよね」

②じょきん、と音を立てて、ハサミの刃が重なる。「こんなに世の中が※1ジェンダージェンダーってなってるのに、男のユーチューバーって公開彼女オーディションとかやるんですよ、審査基準とかも本当サイテーで」明日美はそう言うと、ハサミから手を離し、別のニュースにアクセスするためマウスをクリックした。

ニュースもトレンドワードも、アクセスするたび入れ替わる。

女性が女性として生きること。この時代に非正規雇用者として働くこと。結婚しない人生、子どもを持たない人生。平均年収の低下、社会保障制度の崩壊、介護問題、十年後になくなる職業、健康に長生きするための食事の摂り方、貧困格差ジェンダー、毎日毎日、様々なトピックスが分刻みで入れ替わるニュースサイトのトップページ。Ⅰ明日美はそれに、かじりついている。すべてを見逃さないように、生き抜くために大切なものをたった一つも摑《つか》み逃さないように。

ウ　思い込み　　エ　見えないもの

問二　傍線部①「利他の心は、容易に相手を支配することにつながってしまいます」というのはなぜですか。その理由としてもっともふさわしいものを、次の中から一つ選び記号で答えなさい。

ア　自分が相手の利になることをしたのだから相手は喜ぶべきだと、自分の暴力的な強い思いを一方的に押しつけてしまうから。

イ　自分が相手の利になることをしたのだから相手は喜ぶべきだと、常に相手の本心とは異なる反応を思い込んでしまうから。

ウ　自分が相手の利になることをしたのだから相手は喜ぶべきだと、相手の反応を自分の思い通りにしたくなってしまうから。

エ　自分が相手の利になることをしたのだから相手は喜ぶべきだと、見返りとは関係なく自分の思いを優先したくなってしまうから。

問三　空欄 B に当てはまることわざを答えなさい。

問四　傍線部②「『災害ユートピア』」の例としてもっともふさわしいものを、次の中から一つ選び記号で答えなさい。

ア　大地震が発生し水道が止まってしまったため、自衛隊の給水車を派遣する。

イ　台風で電車が止まって帰れない人のために、デパートを避難所として開放する。

ウ　自治体で備蓄してあった非常食を、洪水で避難してきた近隣の人々に配布する。

エ　災害時には無料で飲むことができる自動販売機を、市役所や公民館に設置する。

問五　傍線部③「平常時のシステム」の内容を具体的に表す言葉を、これより前の本文中から十五字以内で抜き出しなさい。

問六　傍線部④「私たちが思う」とはどのようなことを思っているのですか。その内容としてもっともふさわしいものを、次の中から一つ選び記号で答えなさい。

ア　利他とは、相手のためになるであろうことを、自分で考えて行うという積極的な行為であること。

イ　利他とは、相手のためになるかどうかではなく、自分がしたいことを行うという一方的な行為であること。

ウ　利他とは、相手のためになることを、相手の反応をうかがいながら行うという思慮的な行為であること。

エ　利他とは、たとえ相手に反対されたとしても、相手のことを考えて行うという予見的な行為であること。

問七　空欄 C ～ E に入る語を、それぞれ次の中から一つずつ選び記号で答えなさい。（同じ記号は二度使えません。）

ア　むしろ　　イ　かりに　　ウ　ただし

エ　たとえば　　オ　さらに

問八　傍線部⑤「『他者の発見』」は「『自分の変化』の裏返し」というのはなぜですか。六十字以上八十字以内で説明しなさい。なお「他者の発見」と「自分の変化」の説明をすること。

問九　波線部(W)～(Z)の表現による効果の説明として**ふさわしくないもの**を、次の中から一つ選び記号で答えなさい。

ア　波線部(W)「私の」と傍点がついていることで、相手の本心が不明であることを強調している。

イ　波線部(X)「ハリファックス」のように、筆者以外の意見を紹介することで、自身の主張を補強している。

ウ　波線部(Y)「いた」のように、敬体の中に常体を混ぜている部分は、客観的な事実を表している。

エ　波線部(Z)「こそ」によって、その前後の文脈の逆説性を強めている。

問十　筆者の利他に関する考えとして、**ふさわしくないもの**を、次の中から一つ選び記号で答えなさい。

ア　自分の行為の結果が予測できない中でこそ純粋な利他が生まれるため、利他に相手からの見返りを求めてはならない。

イ　利他においては予測できない反応を相手が取ったとしても、それに異を唱えることなく受け入れる自己犠牲の精神が必要でこのようなことが起こるひとつのポイントは、非常時の混乱した状況のなかで、③平常時のシステムが機能不全になり、さらに状況が刻々と変化するなかで、自分の行為の結果が予測できなくなることにあるのではないかと思います。どうなるか分からないけど、それでもやってみる。混乱のなかで(Z)こそ純粋な利他が生まれるようにみえる背景には、この「読めなさ」がありそうです。

他方で平常時は、こうした災害時に比べると、行為の結果が予測しやすいものになります。少なくとも、平時の私たちは、自分の行為の結果は予測できるという前提で生きています。

でも、だからこそ「こうだろう」が「こうであるはずだ」に変わりやすい。実際には相手は別のことを思っているかもしれないし、いまは相手のためになっていても、一〇年後、二〇年後にはそうではないかもしれない。

にもかかわらず、どうしても私たちは「予測できる」という前提で相手と関わってしまいがちです。「思い」が「支配」になりやすいのです。利他的な行動をとるときには、とくにそのことに気をつける必要があります。

そのためにできることは、相手の言葉や反応に対して、真摯《しんし》に耳を傾け、「聞く」こと以外にないでしょう。知ったつもりにならないこと。自分との違いを意識すること。利他とは、④私たちが思うよりも、もっとずっと受け身なことなのかもしれません。

※7さきほど、信頼は、相手が想定外の行動をとるかもしれないという前提に立っている、と指摘しました。「聞く」とは、この想定できていなかった相手の行動が秘めている、積極的な可能性を引き出すことでもあります。「思っていたのと違った」ではなく「そんなやり方もあるのか」と、むしろこちらの評価軸がずれるような経験。

他者の潜在的な可能性に耳を傾けることである、という意味で、利他の本質は他者をケアすることなのではないか、と私は考えています。

C、この場合のケアとは、必ずしも「介助」や「介護」のような特殊な行為である必要はありません。D、「こちらには見えていない部分がこの人にはあるんだ」という距離と敬意を持って他者を気づかうこと、という意味でのケアです。耳を傾け、そして拾うことです。

ケアが他者への気づかいであるかぎり、そこは必ず、意外性があります。自分の計画どおりに進む利他は押しつけに傾きがちですが、ケアとしての利他は、大小さまざまなよき計画外の出来事へと開かれている。この意味で、よき利他には、必ずこの「他者の発見」があります。

E考えを進めてみるならば、よき利他には必ず「自分が変わること」が含まれている、ということになるでしょう。相手と関わる前と関わった後で自分がまったく変わっていなければ、その利他は一方的である可能性が高い。⑤「他者の発見」は「自分の変化」の裏返しにほかなりません。

（伊藤亜紗 編『「利他」とは何か』所収
伊藤亜紗「第一章『うつわ』的利他――ケアの現場から」による）

語注

※1 先述…問題文として引用している本文よりも前の章で、著者はハリファックスについて述べている。
※2 ハリファックス…ジョアン・ハリファックス。人類学者、禅僧。
※3 アタリ…ジャック・アタリ。経済学者。
※4 ブレイディみかこ…イギリス在住の作家。
※5 アナキズム…無政府主義。
※6 レベッカ・ソルニット…作家。
※7 さきほど…問題文として引用している本文よりも前の章で、著者は信頼について述べている。

問一 空欄Aに当てはまる言葉としてもっともふさわしいものを、次の中から一つ選び記号で答えなさい。

ア 人それぞれ　イ わかり合うこと

二〇二四年度 獨協埼玉高等学校(第一回)

【国語】(五〇分)〈満点:一〇〇点〉

一 次の文章を読んで、後の問いに答えなさい。なお、出題の都合上、本文を一部改編してあります。

利他的な行動には、本質的に、「これをしてあげたら相手にとって利になるだろう」という、「私の思い」が含まれています。

重要なのは、それが「(W)私の思い」でしかないことです。思いは［ A ］です。そう願うことは自由ですが、相手が実際に同じように思っているかどうかは分からない。「これをしてあげたら相手にとって利になるだろう」が「これをしてあげるんだから相手は喜ぶはずだ」に変わり、さらには「相手は喜ぶべきだ」になるとき、①利他の心は、容易に相手を支配することにつながってしまいます。

つまり、利他の大原則は、「自分の行為の結果はコントロールできない」ということなのではないかと思います。やってみて、相手が実際にどう思うかは分からない。分からないけど、それでもやってみる。この不確実性を意識していない利他は、押しつけであり、ひどい場合には暴力になります。

「自分の行為の結果はコントロールできない」とは、別の言い方をすれば、「見返りは期待できない」ということです。「自分がこれをしてあげるんだから相手は喜ぶはずだ」という押しつけが始まるとき、人は利他を自己犠牲ととらえており、その見返りを相手に求めていることになります。

私たちのなかにもつい芽生えてしまいがちな、見返りを求める心。※1先述の(X)※2ハリファックスは、警鐘を鳴らします。「自分自身を、他者を助け問題を解決する救済者と見なすと、気づかぬうちに権力志向、うぬぼれ、自己陶酔へと傾きかねません」(『Compassion』)。

※3アタリのいう合理的利他主義や、「［ B ］」の発想は、他人に利することがめぐりめぐって自分にかえってくると考える点で、他者の支配につながる危険をはらんでいます。ポイントはおそらく、「めぐりめぐって」というところでしょう。めぐりめぐっていく過程で、私の「思い」が「予測できなさ」に吸収されるならば、むしろそれは他者を支配しないための想像力を用意してくれているようにも思います。

どうなるか分からないけど、それでもやってみる。※4ブレイディみかこは、コロナ禍の英国ブライトンで彼女が目にした光景について語っています(ブレイディみかこ×栗原康「コロナ禍と〝クソどうでもいい仕事〟について」、「文學会」二〇二〇年一〇月号)。

ブレイディによれば、町がロックダウンしているさなか、一人暮らしのお年寄りや自主隔離に入った人に食料品を届けるネットワークをつくるために、自分の連絡先を書いた手づくりのチラシを自宅の壁に貼ったり、隣人のポストに入れて回ったりしていた人がいたそうです。普通ならば「個人情報が悪用されるのではないか」などと警戒するところですが、そうではなく、とりあえずできることをやろうと動き出した人が(Y)いた。

ブレイディは、これは一種の※5アナキズムだと言います。アナキズムというと一切合切破壊するというイメージがありますが、政府などの上からのコントロールが働いていない状況下で、相互扶助のために立ち上がるという側面もある。コロナ禍において、とりあえず自分にできることをしようと立ち上がった人は、日本においても多かったように思います。

※6レベッカ・ソルニットの②「災害ユートピア」という言葉があります。これは、地震や洪水など危機に見舞われた状況のなかで、人々が利己的になるどころか、むしろ見知らぬ人のために行動するユートピア的な状況を指した言葉です。

2024年度／獨協埼玉高等学校(第１回)

英語解答

1 Part 1 1…(B) 2…(B) 3…(C)
4…(B) 5…(A)
Part 2 1 Bag 2 Brown
3 Laura
4 Bridge〔Street〕
5 4041
Part 3 1…(C) 2…(H) 3…(E)
4…(D) 5…(A)

2 1 umbrella 2 attend
3 shoulder 4 technology
5 nervous

3 1 get along with
2 will have to
3 Have you ever
4 Why don't you
5 care of by

4 1 ア 2 ウ 3 オ 4 オ
5 ウ

5 1 (A)…イ (B)…カ
2 (A)…イ (B)…エ
3 (A)…オ (B)…エ
4 (A)…ウ (B)…カ
5 (A)…エ (B)…イ
6 (A)…エ (B)…ウ

6 問1 イ 問2 ア
問3 (例)外来語は日本語の発音のルールを用いて発音されるためその原語の発音とは異なっていること。(43字)
問4 ウ 問5 エ 問6 イ
問7 イ 問8 ウ

7 問1 イ 問2 ウ 問3 エ
問4 ウ 問5 イ 問6 ウ
問7 エ 問8 help〔Help〕

1 〔放送問題〕放送文未公表

2 〔対話文完成―適語補充〕

1．A：外を見て。雨が降りそうだわ。／B：本当？　天気予報は一日中晴れるっていってたのに。家に傘を置いてきちゃったよ。／／一日中晴れると思っていたのだから，家に置いてきたものはumbrella「傘」だと推測できる。

2．A：マイケルが授業に出席していなかったね。なぜだか知ってる？／B：うん，彼はバスに乗り遅れて，電車も遅れていたんだ。／／バスに乗り遅れ，電車も遅れていたのだから，マイケルは授業に出席できなかったのだとわかる。　attend「～に出席する」

3．A：痛い！　左肩を骨折した気がする！／B：見せて。腕を動かせる？／A：無理だよ！　痛すぎるんだ！／／Bが腕を動かせるかと尋ねていることから，骨折したのはshoulder「肩」だと考えられる。

4．A：君は将来何になりたいの？／B：わからないな…。新しい科学技術が多くの仕事を奪っているらしいね。AIを搭載したロボットが人間の代わりに仕事をするようになるんだ。／／Bは「AIを搭載したロボット」のようなnew technology「新しい科学技術」を話題にしているのである。take away ～「～を奪う」

5．A：もうすぐサッカー大会の日だ。すごく心配だよ。／B：たくさん練習したんでしょ？　そんなに緊張しないで！／／サッカー大会について心配しているAにかける言葉として，「そんなに緊張しないで」となるnervous「緊張して」が適切。

3 〔和文英訳―部分記述〕

1．「～とうまくやっていく」は get along with ～ で表せる。

2．未来のことなので，‘未来’を表す will と have to ～「～しなければならない」を組み合わせて will have to とする。

3．「～したことがありますか」は‘経験’用法の現在完了(‘have/has＋過去分詞’)の疑問文で表せる。「今までに」は ever で，過去分詞 been の前に置く。

4．直後に動詞の原形の start があるので，「～したらどうですか」は Why don't you ～？で表す。

5．take care of ～「～の世話をする」を受け身形(‘be動詞＋過去分詞’)にする。過去分詞 taken の後に care of を続け，‘動作主’を表す by「～によって」はその後に置く。

4〔対話文完成―適文選択〕

≪全訳≫❶A：ねえ，最近本当に疲れているように見えるよ。大丈夫？❷B：うん，学校やら何やらですごく忙しいんだ。❸A：$_1$わかるよ。大変なときもあるよね。休養は十分とってる？❹B：努力してるけど，難しいね。やらなくちゃいけない宿題や勉強がたくさんあるんだ。❺A：休憩をとるのを忘れずにね。勉強と休養のバランスをとるのが大事だよ。❻B：わかってるけど，やることがたくさんあってさ。$_2$締め切りに遅れたくないんだ。❼A：そうか，でも，無理しすぎると本当に疲れちゃうよ。先生や両親とスケジュールについて話したらいいんじゃないかな。❽B：それはいい考えだね。話してみるよ。❾A：$_3$自分自身の管理をすることは大切だよ。十分な休養をとってもっと力をつければ，もっとうまくやれるよ。❿B：わかってくれてありがとう。もっといいバランスを探してみるよ。

＜解説＞1．直後の「大変なときもある」という言葉は，Bの「すごく忙しい」という発言に理解を示したものだといえる。　2．Aが直後で「無理しすぎると本当に疲れちゃう」と心配していることから，Bは無理のしすぎにつながることについて述べたと考えられる。　deadline「締め切り」　3．直後の内容と合わせて，AからBへのアドバイスとなるオが適切。　look after ～「～の世話をする，～を管理する」

≪全訳≫❶A：ねえ，高校で何部に入るか決めた？❷B：サッカー部に入ろうと思ってるよ。サッカーをするのが大好きなんだ！❸A：$_4$それは楽しそうね！　技術を磨けるし，他校と試合もできるじゃない。❹B：うん，新しいチームメイトと出会って，自分の技量を上げるのが楽しみだよ。君はどう？❺A：部活をやるかどうか，まだ決めかねてるの。❻B：$_5$決めるのが難しいのはどうしてだい？　部活と学業のバランスをとることを心配してるの？❼A：うん，そうなの。部活が自分の時間の多くを占めすぎて，勉強する時間が十分とれなくなるのが心配なのよ。❽B：部のメンバーと話して，勉強の上手なやり方をきいてみたらどう？❾A：それはいい考えね！　そうするわ。

＜解説＞4．直後でサッカー部に入る利点を述べていることから，AはBがサッカー部に入ることについて肯定的な意見を示したのだとわかる。　5．この後の内容から，Aが部活をやるかどうか悩んでいることがわかる。ここから，決めるのが難しい理由を尋ねているウが適切。making it difficult は‘make＋目的語＋形容詞’「～を…にする」の形。この‘目的語’が to不定詞の場合は，形式目的語の it を使い，真の目的語である to不定詞は後ろに置かれる。for you は to decide の意味上の主語。

5〔整序結合〕

1．‘How＋形容詞〔副詞〕＋主語＋動詞…!’の語順で，How を使った感嘆文をつくる。it is の it は形式主語で，真の主語は to be loved by friends「仲間に愛されること」。to be loved は to不定詞の受け身形(‘to be＋過去分詞’)である。　How wonderful it is to be loved by friends！

2．「ずっと～している」は‘継続’を表す現在完了(‘have/has＋過去分詞’)で表す。「～を欠席する」は be absent from ～,「～以来」は since。 He has been absent from the classes since last Tuesday.

3．‘too ～ to …’「～すぎて…できない」 The question was too difficult to answer.

4．「あのバスはあなたを20分でせんげん台駅に連れていくでしょう」と読み換え，‘take＋人＋to＋場所’「〈人〉を〈場所〉に連れていく」の形で表す。「20分で」は in twenty minutes。 That bus will take you to Sengendai station in twenty minutes.

5．‘let＋人＋動詞の原形’「〈人〉に(許可して)～させる」 Let me talk to your boss.

6．選択肢に to があることから，‘give＋物＋to＋人’の形で「〈人〉に〈物〉を与える」を表す。「たくさんの～」は plenty of ～。 Santa Claus gave plenty of gifts to the children.

6〔長文読解総合―説明文〕

≪全訳≫❶日本語は外国から多くの言葉を取り入れてきた。これらの取り入れられた言葉は「外来語」と呼ばれる。日本語における最初の外来語は，奈良時代(710-794年)に中国からやってきた。そのため，漢字を使いながら，多くの中国語の言葉が日本語に混ざった。17世紀頃になると，日本語は多くの西洋の言語から言葉を取り入れるようになった。例えば，ポルトガル語，オランダ語，ドイツ語，フランス語，イタリア語，そして何よりも英語だ。今日，英語は，ほとんどの外来語の起源になっている。❷外来語は，用いる日本語の言葉がない場合に考えを表すために使われる。しかし，よりシンプルであったり，よりおしゃれであったりするという理由で，英語の表現を好んで使う人もいる。[イ]実際，外来語にはすでに日本語になった言葉がたくさんある。例えば，「business」を表す日本語は「商売」だが，外来語の「ビジネス」も使われる。もう1つの例が日本語の「牛乳」で，これは英語で「milk」を意味するが，外来語の「ミルク」がよく使われる。❸外来語は，中国語からきたものを除き，普通はカタカナを使って書かれる。それらは日本語の発音のルールで発音されるため，原語の発音と大きく異なることが多い。このことが，ほかの国の人がそれらを認識するのを難しくしている。多くのネイティブ・スピーカーが外来語を認識できないもう1つの理由に，それらがよく，もとの言語では一般的でない方法で短くなっているということがある。例えば，「スーパー」は supermarket,「ビル」は building,「コンビニ」は convenience storeの略だ。また，外来語の中には新しい言葉をつくるために日本語と組み合わされるものもある。その一例が，ひとかたまりのパンを表す「食パン」で，「パン」が外来語の部分だ。多くの外来語は，それらを動詞にするために，日本語の動詞「する」と組み合わされる。この用法の例には，driveを表す「ドライブする」，typeを表す「タイプする」，kissを表す「キスする」などがある。❹外来語は多くの言語でよく見られるが，日本語は言葉を取り込み，自分のニーズにうまく合うようにそれらを変化させる方法において，独特かもしれない。

問1＜内容真偽＞ア…× 第4文参照。中国語は漢字を使いながら日本語に混ざったとある。 イ…○ 最終文に一致する。 ウ…× このような記述はない。 エ…× 第5文参照。17世紀は日本語が西洋諸言語を取り入れ始めた時期。

問2＜適語句選択＞英語の表現を使うことを好む理由として，more fashionable「よりおしゃれだ」が適切。

問3＜指示語＞下線部を含む文は「このことが，ほかの国の人がそれらを認識するのを難しくしている」という意味で,「それら」は外来語を指している。外来語の認識が難しくなる理由は直前の文で述べられているので，この内容をまとめればよい。original versions「もとのバージョン」とは，原語，つまりもととなる言葉のこと。

問4＜適語選択＞直後の文に，supermarket と「スーパー」など，英語が日本語になると短くなる例が示されている。　for instance「例えば」

問5＜要旨把握＞「食パン」は日本語の「食」と外来語の「パン」を組み合わせてできた言葉で，これと同じ構造になっているものは「省」と「エネルギー」を組み合わせた「省エネ」である。

問6＜単語の意味＞common は「よく見られる，一般的な」という意味で，これに最も近いのはイ. familiar「よく知られた，普通の」である。common の意味がわからなくても，文後半の but Japanese may be unique「しかし日本語は独特かもしれない」という内容から，文前半は，外来語自体は「よくある」といった対照的な意味になると推測できる。

問7＜適所選択＞挿入する文は，外来語の多くにはそれに相当する日本語がすでにあるという内容。第2段落後半で「ビジネス」と「商売」など，外来語と日本語がともに使われている事例が示されていることから，［イ］が適切。

問8＜内容真偽＞ア.「外来語は普通，ひらがなや漢字で書かれるため，容易に認識できる」…×　第3段落第1文参照。外来語は主にカタカナで書かれる。　イ.「外来語は，主にほかの国の人々とコミュニケーションをとったり，情報を共有したりするために使われる」…×　第3段落参照。発音が違ったり，短縮されたりするため，外来語は外国人には認識しづらい。　ウ.「日本語で表現できない概念や感情を表現するために使われる外来語もある」…○　第2段落第1文に一致する。　エ.「日本で使われる外来語のほとんどは英語からきたもので，そのほとんどは原語と同じように聞こえる」…×　第3段落第2文参照。日本式の発音になるので，原語と同じようには聞こえない。

［7］〔長文読解総合(英問英答形式)―エッセー〕

≪全訳≫❶チャーリー・マッケジーは，もともと漫画家としてキャリアをスタートさせたが，2019年に『ぼく モグラ キツネ 馬』というタイトルの最初の絵本を出版した。それはイギリスで広く読まれ，2020年にはベストセラーになった。イギリスでは200万部近く，アメリカでは100万部以上売れた。日本でもこれまでに30万部近く読まれ，全世界で合計500万部以上が売れた。❷その序文で著者は，「この本は，あなたが80歳であろうと8歳であろうと，全ての人のための本です。彼ら(少年，モグラ，キツネ，馬)は皆，私たちと同様に違っていて，それぞれに弱点があります。私はこの4者全ての中に自分自身を見ることができますし，あなたもおそらくそうでしょう」と述べている。彼はまた，「この本があなたを勇気づけ，可能であれば，あなた自身やほかの人たちに対してもっと優しさを持って，勇敢に生きられるようになることを願っています」とも述べている。❸この本は印象的な物語と名言に満ちている。少年はまず，おしゃべりでケーキを食べるのが大好きなモグラに出会う。少年はモグラに，「最大の時間の無駄は何だと思う？」と尋ね，モグラは「他人と自分を比べることさ」と答える。❹彼らが歩いていると，わなにかかったキツネに出会う。キツネはモグラに「もしこのわなにかかっていなかったら，お前を殺してやるのに」と言う。モグラは「そのわなにかかったままでは，君が死んでしまうよ」と答え，針金を嚙み切ってキツネを助ける。キツネは彼らの仲間になる。旅の間，少年が質問し，モグラが答える。キツネは答えず，少年とモグラと一緒にただ歩き続ける。モグラが川に落ちると，キツネが飛び込んでモグラを助ける。キツネは会話には加わらなかったが，彼はそれでもグループの一員であると感じている。❺旅の半ばで，彼らは1頭の馬に出会う。少年とモグラは馬の背に乗るが，キツネは乗らない。少年は馬に「今までに君が言った中で最も勇敢な言葉は？」と尋ねる。馬は「助けて，だね」と答え，「助けを求めることは諦めることじゃない。諦めることを拒否することさ」と続ける。彼らが歩いていると，馬はキツネに「ぼくたちには皆，進み続ける理由が必要だけど，君の理由は何だい？」と尋ねる。キツネは「君たち３人さ」と答える。❻物語はそこで終わらないが，あなたたちが物語の残りを読みたくなるように，ここで本の紹介をやめておこう。邦訳はとても人気があるが，原書でも楽しめると思う。なぜかって？　下の質問に答えるために，これからもう一度この物語を読むことになるからだ！

問１＜内容一致＞「『ぼく　モグラ　キツネ　馬』の著者は(　　)」―イ．「チャーリー・マッケジーで，彼の最初の絵本は2020年に大ヒットになった」　第１段落第１，２文参照。

問２＜内容一致＞「『ぼく　モグラ　キツネ　馬』は(　　)」―ウ．「アメリカよりもイギリスでより広く読まれている」　第１段落第３文参照。

問３＜語句解釈＞「“whether you are eighty or eight” という語句は(　　)という意味だ」―エ．「あなたがどれだけ年をとっているかあるいはどれだけ若いかは重要ではない」　‘whether … *A* or *B*’ は「*A*か*B*か，*A*であろうと*B*であろうと」といった意味。ここでは直前の everyone「全ての人」を，「あなたが80歳であろうと８歳であろうと」という意味で補足している。　it does not〔doesn’t〕 matter ～「～は重要〔問題〕ではない」

問４＜語句解釈＞「“live courageously” という語句は(　　)を意味している」―ウ．「危険な状態の人を助けること」　直後の with more kindness for yourself and for others は「あなた自身やほかの人たちに対してもっと優しさを持って」という意味。このことから下線部は，自分や他者のためになるような生き方を意味すると推測できる。　courageously「勇敢に」　those who ～「～する人々」　in danger「危険な状態の」

問５＜内容一致＞「モグラ，キツネ，馬の中で最も多く話すのは(　　)だ」―イ．「モグラ」　第３段落第２文からモグラがおしゃべりであることが，第４段落最終文からキツネが少年とモグラの会話に加わらないことがわかる。また，馬について「多く話す」といった記述はない。

問６＜内容一致＞「少年，モグラ，キツネ，馬の中で最も話さないのは(　　)だ」―ウ．「キツネ」　第４段落最終文および第５段落最後の２文参照。キツネがほとんど話さないとわかる。

問７＜英文解釈＞「“what’s yours ?” という文は(　　)と最も意味が近い」―エ．「あなたはなぜまだ私たちと進み続けているのか」　下線を含む文の前半参照。yours は your reason to keep going「あなたの進み続ける理由」を意味している。

問８＜適語補充＞「(　1　)に最もよく当てはまる語は何か。その語を文中から探して解答用紙に書きなさい」　１つ目の(　1　)の直前の文から，(　1　)は勇敢さに関する言葉だとわかる。また，２つ目の(　1　)を含む文の次の文で馬は，(　1　)を求めることは「諦めることを拒否すること」だと説明している。勇敢さや諦めに関わる状況として，命の危険が迫っている状況が考えられる。そうしたときに諦めずに求めるものなのだから，help「助け」だと推測できる。１つ目の Help は動詞の命令形，２つ目の help は「助け」という名詞として使われている。help は第４段落第３，７文にある。　ask for ～「～を求める」　give up「諦める」　refuse to ～「～することを拒否する」

2024年度／獨協埼玉高等学校（第１回）

数学解答

1 (1)　$-9xy$　　(2)　$x=\frac{3\pm\sqrt{37}}{14}$

(3)　-12　　(4)　6，7，8

(5)　$-3\leqq y\leqq -1$　　(6)　$a=3$，$b=5$

(7)　24°　　(8)　9

(9)　①　120°　②　$6\sqrt{3}$cm

2 (1)　①　$\frac{2}{5}$　②　$\frac{2}{5}$

(2)　①　(ア)　$2^3\times11\times23$　(イ)　184

　　②　253

3 (1)　8：3　　(2)　4：7

(3)　45：308

4 (1)　ア…2　イ…8　ウ…$x+4$

(2)　傾き…$k(p+q)$　切片…$-kpq$

(3)　(例)関数$y=kx^2$のグラフ上の点だから，$\mathrm{P}(p,\ kp^2)$，$\mathrm{Q}(q,\ kq^2)$　直線$y=k(p+q)x-kpq$において，$x=p$のとき$y=k(p+q)p-kpq=kp^2$，$x=q$のとき$y=k(p+q)q-kpq=kq^2$だから，$\mathrm{P}(p,\ kp^2)$，$\mathrm{Q}(q,\ kq^2)$を通る。

1〔独立小問集合題〕

(1)＜式の計算＞与式$=\frac{27}{8}x^6y^3\times\left(-\frac{1}{6xy^4}\right)\times\frac{16y^2}{x^4}=-\frac{27x^6y^3\times1\times16y^2}{8\times6xy^4\times x^4}=-9xy$

(2)＜二次方程式＞解の公式より，$x=\frac{-(-3)\pm\sqrt{(-3)^2-4\times7\times(-1)}}{2\times7}=\frac{3\pm\sqrt{37}}{14}$となる。

(3)＜数の計算＞与式$=xy(x^2+2xy+y^2)=xy(x+y)^2$となる。$xy=(\sqrt{3}+2)(\sqrt{3}-2)=(\sqrt{3})^2-2^2=3-4=-1$，$x+y=(\sqrt{3}+2)+(\sqrt{3}-2)=2\sqrt{3}$となるから，与式$=-1\times(2\sqrt{3})^2=-1\times(4\times3)=-12$である。

(4)＜数の性質＞$4=\sqrt{4^2}=\sqrt{16}$，$5=\sqrt{5^2}=\sqrt{25}$だから，$4<\sqrt{3a}<5$より，$\sqrt{16}<\sqrt{3a}<\sqrt{25}$，$16<3a<25$となる。これを満たす正の整数$a$は，$3\times5=15$，$3\times6=18$，$3\times8=24$，$3\times9=27$より，$a=6$，7，8となる。

(5)＜関数―変域＞yはxに反比例するので，比例定数をaとすると，$y=\frac{a}{x}$と表せる。$x=3$のとき$y=2$なので，$2=\frac{a}{3}$より，$a=6$となり，反比例の式は$y=\frac{6}{x}$である。関数$y=\frac{6}{x}$は，$x<0$では，xの値が増加するとyの値は減少するので，xの変域が$-6\leqq x\leqq -2$であるとき，$x=-6$でyの値は最大となり，$x=-2$でyの値は最小となる。$x=-6$のとき$y=\frac{6}{-6}=-1$，$x=-2$のとき$y=\frac{6}{-2}=-3$だから，yの変域は，$-3\leqq y\leqq -1$となる。

(6)＜連立方程式―解の利用＞$ax+y=b$……①，$2ax+by=7$……②とする。①，②の連立方程式の解が$x=2$，$y=-1$であるから，この解を①に代入して，$a\times2+(-1)=b$，$2a-b=1$……③となり，②に代入して，$2a\times2+b\times(-1)=7$，$4a-b=7$……④となる。③－④より，$2a-4a=1-7$，$-2a=-6$，$a=3$となり，これを③に代入して，$2\times3-b=1$，$6-b=1$，$-b=-5$，$b=5$となる。

図１

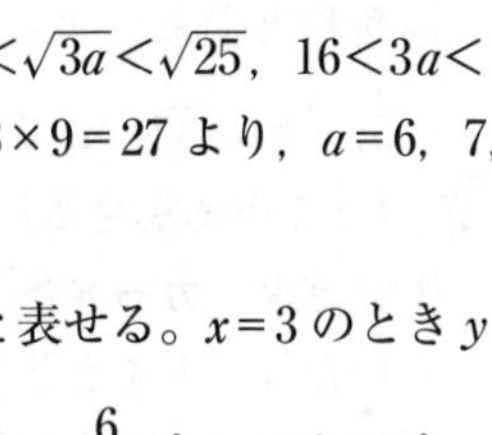

(7)＜平面図形―角度＞右図１で，線分BDは円Oの直径だから，∠BCD$=90°$である。また，△CDEで，∠ECD$=180°-$∠CED$-$∠CDE$=180°-78°-36°=66°$となる。よって，∠ACB$=$∠BCD$-$∠ECD$=90°-66°=24°$となり，$\overset{\frown}{\mathrm{AB}}$に対する円周角より，$\angle x=$∠ACB$=24°$である。

(8)＜**平面図形—長さ**＞右図2のように，辺BAの延長と，点Cを通りADに平行な直線との交点をEとすると，AD∥ECより，BD：BC＝BA：BEとなる。平行線の同位角，錯角が等しいことより，∠BAD＝∠AEC，∠DAC＝∠ACEとなり，∠BAD＝∠DACだから，∠AEC＝∠ACEである。これより，△ACEは二等辺三角形だから，AE＝AC＝7となり，BE＝AB＋AE＝14＋7＝21となる。よって，$6:x=14:21$が成り立つから，$x\times14=6\times21$，$x=9$(cm)となる。

図2

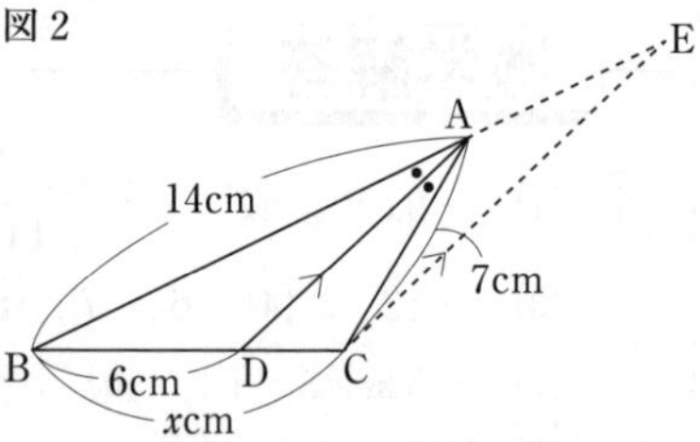

(9)＜**空間図形—角度，長さ**＞①円錐は，底面の半径が2cm，母線の長さが6cmだから，展開すると，右図3のようになる。側面を展開したおうぎ形の中心をO，底面の円の中心をPとし，おうぎ形OAA′の中心角を∠AOA′$=x$とする。おうぎ形OAA′の$\overset{\frown}{AA'}$の長さと円Pの周の長さは等しいから，$2\pi\times6\times\dfrac{x}{360^\circ}=2\pi\times2$が成り立つ。よって，$\dfrac{x}{360^\circ}=\dfrac{1}{3}$，$x=120^\circ$となる。　②円錐の底面の円周上の点Aから側面にそって1周するようにかけた糸が最も短くなるとき，その糸は，図3では，線分AA′で表される。△OAA′はOA＝OA′の二等辺三角形だから，点OからAA′に垂線OHを引くと，点Hは線分AA′の中点となり，AA′＝2AHとなる。①より，∠AOA′＝120°だから，∠AOH＝∠A′OH＝$\dfrac{1}{2}$∠AOA′＝$\dfrac{1}{2}\times120^\circ=60^\circ$となり，△OAHは3辺の比が$1:2:\sqrt{3}$の直角三角形となる。よって，AH＝$\dfrac{\sqrt{3}}{2}$OA＝$\dfrac{\sqrt{3}}{2}\times6=3\sqrt{3}$となるから，求める糸の長さは，AA′＝$2\times3\sqrt{3}=6\sqrt{3}$(cm)である。

図3

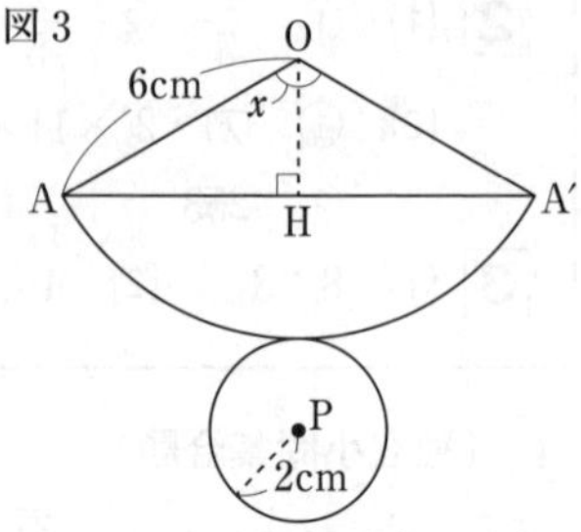

2 〔独立小問集合題〕

(1)＜**確率—カード**＞①カードは1，2，3，4，5の5枚なので，1枚目の引き方は5通りあり，引いたカードをもとに戻すので，2枚目，3枚目のカードの引き方もそれぞれ5通りある。よって，カードの引き方は全部で$5\times5\times5=125$(通り)あるので，できる3けたの整数も125通りある。このうち，偶数となるのは，3枚目のカードの数が偶数のときである。このとき，1枚目，2枚目の引き方はそれぞれ5通りあり，3枚目は，2，4を引く2通りあるから，$5\times5\times2=50$(通り)である。したがって，求める確率は$\dfrac{50}{125}=\dfrac{2}{5}$である。　②1枚目のカードの引き方は5通りあり，引いたカードをもとに戻さないので，2枚目のカードの引き方は4通り，3枚目のカードの引き方は3通りある。よって，カードの引き方は全部で$5\times4\times3=60$(通り)あるので，できる3けたの整数も60通りある。このうち，偶数となるのは，3枚目のカードの数が偶数のときである。3枚目のカードの数が2のとき，1枚目は1，3，4，5の4通り，2枚目は残りが3枚より，3通りあるから，$4\times3=12$(通り)ある。3枚目のカードの数が4のときも同様に考えて，12通りある。したがって，偶数となる場合は$12\times2=24$(通り)あるから，求める確率は$\dfrac{24}{60}=\dfrac{2}{5}$である。

(2)＜**数の性質**＞①(ア)$2024=2\times1012=2\times2\times506=2\times2\times2\times253=2\times2\times2\times11\times23=2^3\times11\times23$

(イ)連続する11個の正の整数の中央値は，小さい方から6番目の整数である。小さい方から6番目の整数をxとすると，連続する11個の整数は，$x-5$，$x-4$，$x-3$，$x-2$，$x-1$，x，$x+1$，$x+2$，$x+3$，$x+4$，$x+5$と表せる。この和が2024になるとき，$(x-5)+(x-4)+(x-3)+(x-2)+(x-1)$

$+x+(x+1)+(x+2)+(x+3)+(x+4)+(x+5)=2024$ が成り立ち，(ア)より，$11x=2^3\times11\times23$ となり，$x=2^3\times23$，$x=184$ である。よって，中央値は184である。　②連続する16個の整数のうち，最も大きい数を a，最も小さい数を b とすると，大きい方の８個の整数は，大きい方から，a，$a-1$，$a-2$，……，$a-7$ と表せ，小さい方の８個の整数は，小さい方から，b，$b+1$，$b+2$，……，$b+7$ と表せる。よって，連続する16個の整数は，b，$b+1$，$b+2$，……，$b+7$，$a-7$，……，$a-2$，$a-1$，a のように表せる。一番大きい数と一番小さい数の和は $a+b$，２番目に大きい数と２番目に小さい数の和は $(a-1)+(b+1)=a+b$，３番目に大きい数と３番目に小さい数の和は $(a-2)+(b+2)=a+b$，……，８番目に大きい数と８番目に小さい数の和は $(a-7)+(b+7)=a+b$ となるので，この連続する16個の整数の和は，$a+b$ が８個分となり，$8(a+b)$ となる。これが2024になるとき，$8(a+b)=2024$ が成り立ち，$8(a+b)=2^3\times11\times23$，$a+b=11\times23$，$a+b=253$ である。

3 〔平面図形―平行四辺形〕

≪基本方針の決定≫(1)，(2)　三角形の相似を利用する。

(1)**<長さの比―相似>**右図１のように，線分BEの延長と辺CDの延長の交点をHとする。△ABEと△DHEにおいて，AE＝DE，∠AEB＝∠DEHであり，AB∥HCより，∠BAE＝∠HDEだから，１組の辺とその両端の角がそれぞれ等しくなり，△ABE≡△DHEとなる。これより，$BE=HE=\frac{1}{2}BH$，AB＝DHである。また，△ABGと△FHGにおいて，∠AGB＝∠FGHであり，AB∥HCより，∠ABG＝∠FHGだから，２組の角がそれぞれ等しく，△ABG∽△FHGである。これより，BG：HG＝AB：FHとなる。CD＝AB，CF：FD＝1：3より，$FD=\frac{3}{1+3}CD=\frac{3}{4}CD=\frac{3}{4}AB$ となり，$FH=FD+DH=\frac{3}{4}AB+AB=\frac{7}{4}AB$ である。よって，$AB:FH=AB:\frac{7}{4}AB=4:7$ となるので，BG：HG＝4：7となる。したがって，$BG=\frac{4}{4+7}BH=\frac{4}{11}BH$，$GE=BE-BG=\frac{1}{2}BH-\frac{4}{11}BH=\frac{3}{22}BH$ となるから，$BG:GE=\frac{4}{11}BH:\frac{3}{22}BH=8:3$ である。

図１

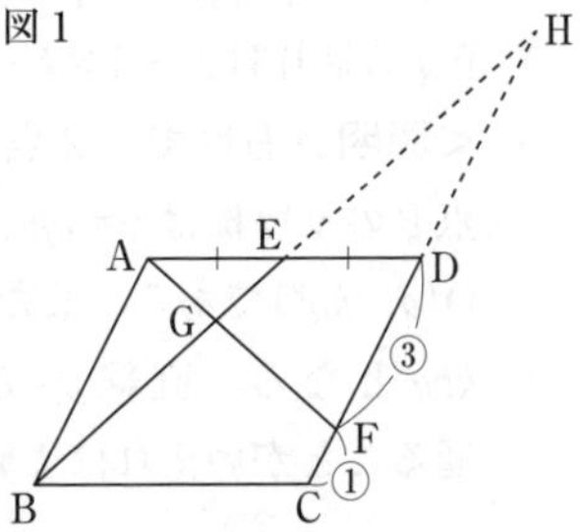

(2)**<長さの比―相似>**右上図１で，(1)より，△ABG∽△FHGだから，AG：GF＝AB：FH＝4：7である。

(3)**<面積比>**右図２のように，２点B，Dを結び，線分AFと線分BDの交点をIとする。点Pが線分ED上を動くとき，線分BPは△BEDの内部を動き，点Qが線分FD上を動くとき，線分AQは△AFDの内部を動くので，点Xが通過することのできる部分は，△BEDと△AFDの共通部分の四角形EGIDとなる。まず，$\triangle ABD=\triangle BCD=\frac{1}{2}\square ABCD=\frac{1}{2}T$ である。∠AIB＝∠FID，∠ABI＝∠FDIより，△ABI∽△FDIだから，BI：DI＝AB：FD＝CD：FD＝(1＋3)：3＝4：3となり，△ABI：△ADI＝BI：DI＝4：3となる。これより，$\triangle ADI=\frac{3}{4+3}\triangle ABD=\frac{3}{7}\times\frac{1}{2}T=\frac{3}{14}T$ となる。また，AE＝DEより，$\triangle ABE=\triangle BED=\frac{1}{2}\triangle ABD=\frac{1}{2}\times\frac{1}{2}T=\frac{1}{4}T$ となる。(1)より，BG：GE＝8：3だから，△ABG：△AGE＝BG：GE＝8：3であり，$\triangle AGE=\frac{3}{8+3}\triangle ABE=\frac{3}{11}\times\frac{1}{4}T=\frac{3}{44}T$ となる。よって，S＝〔四角形EGID〕＝

図２

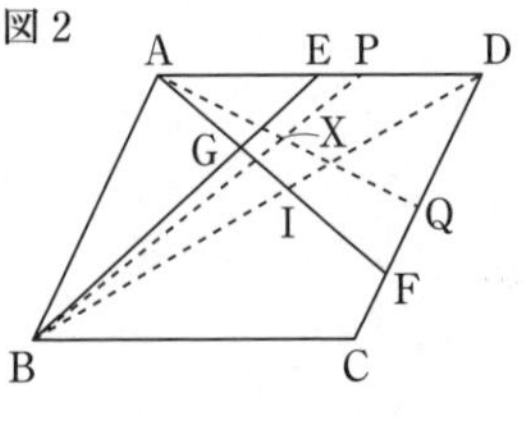

$\triangle ADI - \triangle AGE = \frac{3}{14}T - \frac{3}{44}T = \frac{45}{308}T$ となるので，$S : T = \frac{45}{308}T : T = 45 : 308$ である。

4 〔関数―関数 $y=ax^2$ と一次関数のグラフ〕

(1)＜**座標，直線の式**＞点Pは関数 $y=\frac{1}{2}x^2$ のグラフ上にあり，x 座標が−2だから，y 座標は $y=\frac{1}{2}\times(-2)^2=2$ となり，P(−2, 2)である。同様にして，点Qは，x 座標が4だから，y 座標は $y=\frac{1}{2}\times 4^2=8$ となり，Q(4, 8)である。これより，直線PQの傾きは $\frac{8-2}{4-(-2)}=1$ となるので，その式は $y=x+b$ と表せる。点Pを通るから，$2=-2+b$ より，$b=4$ となり，直線PQの式は $y=x+4$ である。

(2)＜**傾き，切片**＞右図で，2点P，Qは関数 $y=kx^2$ のグラフ上の点で，x 座標がそれぞれ p，q である。[関係式]①より，直線PQの傾きは，$k\times(p+q)=k(p+q)$ と表せる。また，[関係式]②より，直線PQの切片は，$-1\times k\times pq=-kpq$ と表せる。

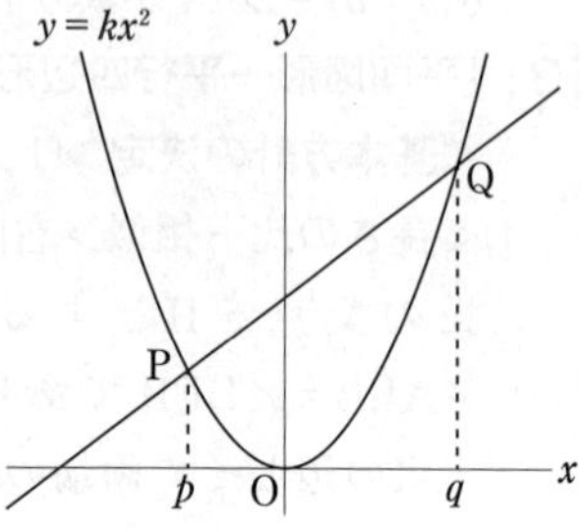

(3)＜**説明**＞右図で，2点P，Qは関数 $y=kx^2$ のグラフ上にあるから，点Pの y 座標は $y=kp^2$，点Qの y 座標は $y=kq^2$ となり，P(p, kp^2)，Q(q, kq^2)である。また，(2)より，直線PQの式は，$y=k(p+q)x-kpq$ となる。直線 $y=k(p+q)x-kpq$ が，P(p, kp^2)，Q(q, kq^2)を通ることがいえればよい。解答参照。

＝読者へのメッセージ＝

関数で用いる座標を発明したのは，フランスの哲学者，数学者のルネ・デカルト(1596〜1650)です。彼は，部屋にいるハエの位置を表すのに座標を思いついたといわれています。

2024年度／獨協埼玉高等学校（第１回）

国語解答

一 問一　ウ　　問二　ウ
問三　情けは人のためならず
問四　イ
問五　政府などの上からのコントロール
問六　ア
問七　C…ウ　D…ア　E…オ
問八　利他とは他者の潜在的な可能性に気づくことであり，そのためには自分自身が相手に対して一方的ではなく，耳を傾けるという変化が必要であるから。（68字）
問九　ウ　　問十　イ

二 問一　a，e　　問二　エ　　問三　ウ
問四　ウ，エ　　問五　Ⅰ…ウ　Ⅱ…エ
問六　エ　　問七　A
問八　生きていく～ができる。
問九　出産した妹と比べられ，結婚や出産をしないと責められることが予想されるし，今の仕事の契約を切られ，明日からの仕事がないことを話さなければならないから。
（74字）
問十　イ，オ

三 ①　便宜　　②　被服　　③　渇望
④　息吹　　⑤　辛　　a　いかく
b　すうじく　　c　なら
d　さんか　　e　はば

一〔論説文の読解―社会学的分野―社会活動〕出典：伊藤亜紗「『うつわ』的利他――ケアの現場から」（伊藤亜紗編『「利他」とは何か』所収）。

≪**本文の概要**≫利他的な行動には，自分の行為が相手のためになるだろうという自分の思いが含まれているが，相手が実際にどう思うかはわからない。自分が相手のためになることをしたのだから，相手は喜ぶべきだという押しつけが始まるとき，人は利他を自己犠牲ととらえ，その見返りを相手に求めていることになる。そして，この心は，相手の反応を自分の思い通りにしようという支配につながる。「災害ユートピア」とは，災害などの危機に見舞われた状況の中で，人々が見知らぬ人のために行動するユートピア的な状況を指す。平常時，私たちは，自分の行為の結果は予測できるという前提で生きているが，非常時には，政府などの上からのコントロールがはたらかず，平常時のシステムが機能不全になるため，自分の行為の結果が予測できなくなる。そのような混乱の中でこそ，純粋な利他は生まれる。利他の本質は，他者のケアであり，他者が自分とは異なる存在であることを意識して，距離と敬意を持って気づかうことで，他者の潜在的な可能性を引き出すことである。よき利他には，「他者の発見」があり，さらに，他者に耳を傾けるという「自分の変化」がある。

問一＜文章内容＞「利他的な行動には～『これをしてあげたら相手にとって利になるだろう』という『私の思い』が含まれて」いるが，その思いは「私の思い」でしかなく，根拠もないのに，「相手にとって利になるだろう」と固く信じてしまっているということである。

問二＜文章内容＞自分が相手にとって利になることをしたのだから，「相手は喜ぶべきだ」と思うのは，自分の思いどおりに相手が反応することを望むということであり，これは相手を支配しようとしていることになる。

問三＜ことわざ＞「情けは人のためならず」は，人に親切にしておけば，その相手のためになるばかりではなく，やがてはよい報いとなって自分に戻ってくる，という意味。この考えは，「他人に利することがめぐりめぐって自分にかえってくると考える」ことである。

問四＜文章内容＞「台風で電車が止まって帰れない人のために，デパートを避難所として開放する」のは，「危機に見舞われた状況のなかで，人々が～見知らぬ人のために行動する」理想的な状況である。

この状況は，自衛隊や自治体による支援ではなく，市民がお互いに助け合うことから生まれる。

問五＜文章内容＞平常時には，「政府などの上からのコントロールが働いて」いて，社会の状況が平穏に保たれているが，災害などの非常時には，秩序がコントロールできなくなり，社会が混乱した状況になる。

問六＜文章内容＞利他とは，「相手にとって利になるだろう」と思われることを，自分から進んで考えて行うことだと，私たちは思いがちである。しかし，そのように私たちが思うよりも，利他は「受け身なこと」である。

問七＜接続語＞C，D．「利他の本質は他者をケアすること」だとはいっても，「この場合のケアとは，必ずしも『介助』や『介護』のような特殊な行為である必要は」なく(…C)，どちらかといえば，「『こちらには見えていない部分がこの人にはあるんだ』という距離と敬意を持って他者を気づかうこと，という意味でのケア」である(…D)。　E．「よき利他には～『他者の発見』があり」，そのうえ，「よき利他には必ず『自分が変わること』が含まれている」のである。

問八＜文章内容＞利他は，そんなやり方もあるのかといった「他者の潜在的な可能性」に気づくことでもある。そんな「他者の発見」のためには，相手と関わっていくなかで「耳を傾けること」が大切であり，そうできるように「自分が変わること」が必要である。

問九＜表現＞「これをしてあげたら相手にとって利になるだろう」という「私の思い」は，「私」だけの思いに過ぎず，「相手が実際に同じように思っているかどうかは分からない」のである(ア…○)。「自分自身を，他者を助け問題を解決する救済者と見なすと～権力志向，うぬぼれ，自己陶酔」へと傾きかねないというハリファックスの意見を紹介することで，私たちは利他による見返りを相手に求めがちであるという自身の主張を補強している(イ…○)。他では全て敬体で述べているのに，ここで「いた」と常体を使っているのは，「とりあえずできることをやろうと動き出した人」の存在を強調するためであり，客観的な事実であることを表すためではない(ウ…×)。「平時の私たちは，自分の行為の結果は予測できる」という前提で生きているが，非常時の混乱の中では，「自分の行為の結果が予測できなくなる」のであり，そのような混乱の状況が，相手に見返りを求めない純粋な利他が生まれる理由であるということを，「こそ」で強調している(エ…○)。

問十＜要旨＞非常時の混乱した状況のような，自分の行為の結果が予測できないときにこそ，見返りを求めない「純粋な利他が生まれる」のである(ア…○)。「自分がこれをしてあげるんだから相手は喜ぶはずだ」と考えるとき，人は利他を自己犠牲ととらえて，「その見返りを相手に求めている」のであり，予測していない相手の反応は受け入れがたい(イ…×)。利他的な行動をとるためには，「相手の言葉や反応に対して，真摯に耳を」傾けることが必要である(ウ…○)。「利他の本質は他者をケアすること」であるが，この場合のケアは，他者と自分との違いを意識し，「距離と敬意を持って他者を気づかうこと」である(エ…○)。

二〔小説の読解〕出典：朝井リョウ『七分二十四秒めへ』(『どうしても生きてる』所収)。

問一＜品詞＞「丁寧に」と「基本的に」は，形容動詞の連用形。「たまに」は，副詞。「一緒に」と「参考に」は，名詞＋格助詞「に」。

問二＜文章内容＞依里子は，「かつて佳恵と二人で仕事を回していた」が，佳恵が辞めてから半年間を「一人で～繋いだ」ところ，結果に支障がなかったため，この業務を行う人員は一人で十分だと判断され，新しい人員が補充されると余分になる依里子は，雇用が打ち切られることになった。

問三＜心情＞明日美は，「依里子と一緒に働くのは今日が最後」で翌日以降一緒に働くことはなく，勤務態度を注意される心配がないので，仕事に関係ない話でも気にせず，自分の抱いている思いを話してしまおうと思っている。

問四＜文章内容＞明日美が，男のユーチューバーはやらなくてもいいことばかりやっている，また，この世の中は男だというだけで生きていけると言いながら，手にしたハサミで音を立てたことには，くだらない動画を配信するユーチューバーの男たちに対する，明日美の手厳しさが表されている(ウ…○)。依里子は，意味のないことばかりやっている動画を普段見ているが，そんな動画の配信者たちを明日美がけなし，その言葉にハサミの音が加わることで，依里子の心がハサミの刃で切られたように傷ついたことが表されている(エ…○)。

問五＜文章内容＞Ⅰ．明日美は，「生き抜くために大切な」情報を，たった一つも逃さず手に入れようと，ニュースサイトのトップページを見ることに懸命になっている。　Ⅱ．毎日どこに目を向けても，生き抜くために大切なこと，必要な知識などの情報が目に入るが，依里子は，どれにも生きづらさを感じるため，「もういいや」と問題から目を背け，現実から逃れようとしている。

問六＜文章内容＞依里子は，自分の最終出勤日には，佳恵のときのように他人の送別会で気をつかう必要がないので，気が楽になった。しかし，誰からも見送られることなく一人で職場を去るという自分の立場がはっきりと自覚され，依里子は，悲観的な気持ちにもなった。

問七＜文脈＞生きていくうえで必要のないことばかりに全力を注いでいる動画を観ている間，依里子は，「何の学びも得なかったし～時間を浪費し目を疲れさせているという感覚しか」なく，「脳が溶け～偏差値が落ちていく気がした」けれども，「それでよかった」のである。

問八＜文章内容＞「何のためにもならない動画」を見られる昼休憩の時間に，言い換えれば，「生きていくうえで何の意味もない，何のためにもならない情報に溺れているときだけ」，自分の命が二十四時間ずつ延ばされる，つまり，息をして生き延びていくことができる。

問九＜文章内容＞実家からの電話にかけ直すと，二人目を出産した妹と自分とを比べられ，結婚も出産もしないことを非難される可能性がある。また，近況として，今までの会社の雇用を切られ，明日からの仕事がないことを話さなくてはならず，それも避けたい。

問十＜表現＞作品を通して，主人公の依里子の視点だけで描かれている(ア…×)。「明日から仕事，どうしよう」という主人公の心理描写の後に，動画の言葉があり，その後，「夕方，実家から電話がかかってきていたけど，かけ直したくない」という心理描写，またその後に動画の言葉，そして，「こんな時間にラーメンなんか食べて，また太る」という心理描写，というように，主人公の心理描写と動画の言葉が交互に書かれ，騒々しい動画と対照的な依里子の寂しさや苦しい胸中が強調されている(イ…○，エ…×)。ラーメンを食べる場面では，物事の状態や音をそれらしく表した擬態語や擬音語は使われていない(ウ…×)。「この動画は，七分二十三秒。その間は，何にも考えなくていい」と思うことで，その先の「七分二十四秒めへ」と生きる気力をつなごうとしている主人公の姿が，タイトルに象徴されている(オ…○)。

三〔漢字〕

①「便宜」は，利益になるようなことや，都合のよい処置のこと。　②「被服」は，着る物のこと。　③「渇望」は，強く思い望む，という意味。　④「息吹」は，生き生きとした活動が感じられること。　⑤訓読みの「から(い)」から生まれた副詞「からくして」が音変化して，「かろうじて」となった。音読みは「辛抱」などの「シン」。　a．「威嚇」は，力を示して相手を脅す，という意味。　b．「枢軸」は，活動の中心となる重要な部分のこと。　c．音読みは「模倣」などの「ホウ」。　d．「傘下」は，大きな勢力を持つ人物・組織などの下で，その指導や支配を受ける立場にある，ということ。　e．音読みは「阻止」などの「ソ」。

2024年度 獨協埼玉高等学校(第2回)

【英　語】(50分)〈満点：100点〉

1 リスニング問題〈編集部注：放送文は未公表につき掲載してありません。〉

Part 1　これから流れる英語を聞き，1～5の質問に対する答えを1つ選び，記号で答えなさい。英文は2度読まれます。

1　(A) 1914　(B) 1915　(C) 1916

2　(A) more over 63　(B) more over 300 million　(C) more over 37

3　(A) An author　(B) Harry Potter's mother　(C) Roald Dahl's wife

4　(A) Charlie and the Chocolate Factory
　(B) Big Friendly Giant
　(C) James and the Giant Peach

5　(A) The Lifetime Achievement Award
　(B) The Fantasy Award
　(C) The World Fantasy Award

Part 2　これから短い会話文を聞きます。下の1～5の空欄に適切な語句や文字，数字などを書きなさい。英文は1度だけ読まれます。

Lost & Found

1	Lost item：	＿＿＿＿
2	Color：	＿＿＿＿
3	Name：	＿＿＿＿ Seikol
4	Address：	194, ＿＿＿＿ Road
5	Tel. No.：	0191-4892-_ _ _ _

Part 3　2人の会話を聞き，下の表の項目に当てはまるものを(A)～(H)の中から選び，記号で答えなさい。英文は2度読まれます。また，会話の場面の概要が日本語で書かれているので今読みなさい。

Ben(男性)は友人と旅行先で買ったお土産について話している。

	Countries	
1	Poland	
2	Switzerland	
3	Italy	
4	Spain	
5	Portugal	

Presents

(A) Backpack　(B) Calendar　(C) Dictionary
(D) Guidebook　(E) Kite　(F) Mug
(G) Photo album　(H) Postcards

2 次の会話が成立するように空欄に適切な１語を入れなさい。ただし，答えは全て空欄内に示された文字で書き始めなさい。

1 A： What did you do last weekend ?
B： I went to an (a　　) with my family and we saw a lot of fish.
A： That sounds like fun !

2 A： Hello, this is Emma.　Can I talk to Anna ?
B： Sorry, she is not here now.
A： Oh, OK.　May I leave a (m　　) ?
B： Sure.

3 A： Oh, I forgot to buy ketchup !　I can't make the pasta without it.
B： There is a (c　　) store just down the street.　They are open 24 hours.　They have everything.

4 A： How was your basketball game today ?
B： I played just a little in the end.　I was sitting on the bench most of the time.
A： Just keep up the hard work !　I'm sure you can be a (r　　) player soon and play in a game all the time.

5 A： What do you think is the biggest environmental problem we face today ?
B： I would say environmental (p　　) is one of the biggest problems.　Our air, water, and land are getting dangerously dirty.　It is causing health problems and damaging ecosystems.

3 日本語の意味に合う英文になるよう，＿＿に適切な英語３語を入れなさい。

1 多くの水がその動物たちによって飲まれました。
A lot of water ＿＿＿＿＿ the animals.

2 エミリーは日本だけでなく，韓国も訪れる必要があります。
Emily needs to visit not ＿＿＿＿＿ also South Korea.

3 ロシア語を話すことはなんて難しいのでしょう！
＿＿＿＿＿ is to speak Russian !

4 マイクは他のどの生徒より背が高いです。
Mike is taller than ＿＿＿＿＿.

5 できるだけ早く君は宿題を終わらせるべきです。
You should finish your homework as ＿＿＿＿＿.

4 ２つの会話文の空欄に当てはまる英文を下の選択肢から選び，会話文を完成させなさい。ただし，英文は１度だけ使うこと。

A： I read that AI can translate languages.　That would be so useful for traveling !
B： Totally !　(　　1　　)
A： But how do they work ?　Can they understand slang and local expressions ?
B： It's not perfect, but AI can learn from lots of examples and get better at understanding different languages.
A： That's awesome !　(　　2　　)
B： Right !　We can communicate with people around the world.　So do we need to study English at school ?

A：Well, we are studying English not just for communication. (　3　)
B：I see.
ア　Understanding English helps us know a lot about English-speaking communities.
イ　It would make exploring new countries much easier.
ウ　We need to be careful when we use AI technology.
エ　Instead of learning different languages, we could just use AI translators.
オ　It takes a long time to learn a new language.

A：You are tired, aren't you?
B：I am. I played a video game all night yesterday.
A：That's too bad. (　4　)
B：Well, I'm really into a racing game these days. Every time I play it, I want to play one more race, and that lasts all night long.
A：So, you mean you're controlled by the game right?
B：Kind of. You should try once, and you'll understand what I'm saying.
A：(　5　) You know what? The mid-term exam will start on next Monday, so you should focus more on studying.
B：I know, but once I stop playing, I feel like I'm disconnected with my online friends.
ア　What time did you go to bed?
イ　What's so fun about games?
ウ　How about you?
エ　I'm good.
オ　I had enough sleep yesterday.

5　選択肢を並べ替えて英文を完成させ，(Ａ)と(Ｂ)に当てはまるものを記号で答えなさい。ただし，文頭に来る語句も小文字で示してある。

1　私たちが世界に望む全ては愛です。
(　　)(　　)(　Ａ　)(　　)(　　)(　Ｂ　) love.
ア　the world　　イ　we　　ウ　for
エ　all　　オ　hope　　カ　is

2　私はこの機械の使い方を知りません。
I (　　)(　Ａ　)(　　)(　Ｂ　)(　　)(　　).
ア　this machine　　イ　use　　ウ　don't
エ　to　　オ　know　　カ　how

3　ロキシーはケントに歌手になってほしいと思っています。
Roxy (　　)(　Ａ　)(　　)(　　)(　Ｂ　).
ア　a singer　　イ　Kent　　ウ　to
エ　wants　　オ　be

4　10万円が一人一人に支給されました。
(　　)(　Ａ　)(　　)(　　)(　Ｂ　) single person.
ア　to　　イ　was　　ウ　one hundred thousand yen
エ　every　　オ　given

5　健康はあなたの人生で最も重要な要素の一つです。

Health is (　　)(　　)(A)(　　)(　　)(B)(　　)(　　).

ア　of　　イ　in　　ウ　your
エ　important　　オ　life　　カ　one
キ　factors　　ク　the most

6　私たちは何か違うものを試しに使ってみませんか。

(　　)(　　)(A)(　　)(　　)(B)?

ア　something　　イ　can
ウ　using　　エ　we
オ　different　　カ　try

6　次の英文を読み，以下の設問に答えなさい。

Many people are afraid of flying in airplanes, but we shouldn't be (1). Flying is one of the safest ways to travel. In fact, flying is much safer than driving, or traveling by train.

Not only is flying the safest way to travel, but it is also the (2). Only a hundred years ago if you wanted to travel from China to the United States, you would have to travel by boat for many weeks. Now, you can get there in less than 24 hours. Airplanes are also comfortable, and have in-flight entertainment, such as movies and games. This explains why traveling by plane is now the best choice for long distance journeys.

That doesn't stop some people from being afraid of flying. One of the main reasons that people are scared to fly is that passengers don't have any control over the airplane, and have to trust the pilots. Many people would prefer to remain in control!

Looking at the number of deaths caused by cars, trains, and airplanes is very difficult. Many more people drive than fly. The easiest way to compare deaths is per billion kilometers. This means, how many people will die for every billion kilometers traveled. [ア] Motorcycles, for example, are very dangerous and 108.9 people will die for every billion kilometers traveled. [イ] Cars are less dangerous, with 3.1 people dying per billion kilometers.

Trains are quite safe, with only 0.6 people dying per billion kilometers traveled. Subway and metro rails are even safer, with only 0.24 people dying per billion kilometers traveled. Do you know what's even safer? Air travel! Only 0.05 people were killed per billion kilometers. [ウ]

Another reason people fear flying is "terrorist attacks." Terrorist attacks are extremely (3)<u>rare</u>, however. You are far more likely to die of the common cold, than you are to die from a terrorist attack. (4), increased security at airports and on airplanes makes it even less likely for a terrorist attack.

When it comes to traveling, flying is the safest, fastest, and most comfortable way to travel. Airplane companies are very serious about safety and modern aircraft are now very safe. You are more likely to die traveling by bicycle.

問1　空欄(1)に入る語として適切な1語を本文より抜き出し，書きなさい。

問2　空欄(2)に入る語として適切なものを次のア～エの中から1つ選び，記号で答えなさい。

ア　cheapest　　イ　furthest　　ウ　nearest　　エ　fastest

問3　人々が飛行機に乗ることを怖がる主な理由は2つある。1つはテロリストによる攻撃だが，もう1つは何か。本文の内容より日本語で句読点を含めて40字以内で説明しなさい。

問４　以下の一文を本文中に挿入するとしたら，どこに入れるのが適切か。文中ア～ウの中から１つ選び，記号で答えなさい。

This is far lower than most other forms of transportation.

問５　下線部(3)の意味として最も適切なものを次のア～エの中から１つ選び，記号で答えなさい。

ア　frequent　　イ　uncooked

ウ　unusual　　エ　common

問６　空欄(４)に入る語句として適切なものを次のア～エの中から１つ選び，記号で答えなさい。

ア　Furthermore　　イ　In short

ウ　On the other hand　　エ　However

問７　本文の内容と一致するものを次のア～エの中から１つ選び，記号で答えなさい。

ア　The easiest way to compare deaths caused by transportation is by counting the number of people who died by transportation.

イ　By subway and metro rails people die the least per billion kilometers traveled.

ウ　People will die the most by cars for every billion kilometers traveled.

エ　0.05 people were killed per billion kilometers by airplane.

問８　この文章で最も伝えたいことを次のア～エの中から１つ選び，記号で答えなさい。

ア　Flying by airplane is scary.

イ　Flying by airplane is the safest way to travel.

ウ　Motorcycles are dangerous, so you shouldn't ride them.

エ　Airplanes have in-flight entertainment, such as movies and games.

7　次の英文を読み，問１，３～８の質問の答えとして最も適切なものを１つ選び，記号で答えなさい。問２については，英文に続くものとして最も適切なものを１つ選び，記号で答えなさい。

Blue jeans are the most popular type of clothing in the world ; but they are not modern ! In fact, jeans have existed for over 160 years.

Jeans were the classic clothes of the American West. In 1853, a young clothes maker from Germany, called Levi Strauss, began working in San Francisco. Levi sold thick canvas to miners. The miners used the canvas to make tents.

One day, a miner told Levi that he could not find pants that were strong enough for work in the gold mines. Levi decided to make some pants out of canvas.

Very soon, he sold all the canvas pants he made ! They were just what miners wanted.

However, the canvas was rather heavy and hard. So Levi began to look for a different cloth ; soon he found a heavy cloth from France ; it was called serge de Nimes. Americans just called this de Nimes, and this name soon got reduced to denim.

Denim was a bit lighter than canvas, but it was very strong. It was perfect for miners.

However, original denim was almost white, and miners did not like the color ! Their denim pants got dirty as soon as they began working !

Levi Strauss decided to use colored denim, and he chose dark blue. In 1873, he began to make denim pants with metal pins to make them stronger. This was a quite new idea : "Blue jeans" had arrived !

Levi's jeans were so popular that his company got bigger and bigger ; soon, other companies were making blue jeans too. Miners liked them, and so did cowboys and other working men. Blue jeans became classic American working pants.

After the Second World War, jeans became popular all over the world. Today, blue jeans are made throughout the world — most of them in Asia. Very few jeans are now made in the USA, because of the cost: but it is still possible to buy blue jeans that are made in San Francisco if you have a lot of money to spend.

In 1996, someone found some very old clothes in an old mine in Nevada, USA; they included a pair of dirty old jeans. Today, those jeans are very valuable, and they are now in the Levi Strauss Archival Collection, in San Francisco. The jeans, which are over 140 years old, are the oldest pair of Levi's 501 jeans in the world.

They are almost the same as a modern pair of 501's; there are just some small differences in the detail. For example, today's 501's have two back pockets, the old pair just has one.

Today there are hundreds of different brands of jeans. Many top fashion brands, like Armani or Benetton, make their own blue jeans. But for real original jeans, "Levi's" are still the most popular brand.

問1　What problem did miners face?

ア　The canvas that Levi sold was too hard to make tents.

イ　They couldn't afford to buy the pants that Levi made.

ウ　They lost their job and they could not find another one.

エ　The pants they wore were not strong enough when they worked in the mines.

問2　The pants made by Levi for miners were named after . . .

ア　French cloth.

イ　the canvas that Levi used.

ウ　a famous American.

エ　the gold mines in San Francisco.

問3　What are NOT the characteristics of the first Denim?

ア　less heavy　　イ　strong

ウ　white　　エ　very hard

問4　What does the underlined part in the passage mean?

ア　Miners liked cowboys and other working men too.

イ　Cowboys and other working men also liked the blue jeans.

ウ　That's why cowboys and other working men began making blue jeans.

エ　Cowboys and working men made blue jeans very popular.

問5　Why are most of blue jeans made in countries other than the USA now?

ア　Because a lot of money is needed to make them in the USA.

イ　Because blue jeans made in the USA are becoming more popular.

ウ　Because there is no place to make them in the USA.

エ　Because people in the USA have no interest in blue jeans.

問6　What happened in 1996?

ア　The most valuable blue jeans were made.

イ　A pair of dirty old jeans was discovered.

ウ　Levi's 501 jeans turned 140 years old.

エ　Someone found an old mine in Nevada.

問7　What is the characteristic of 501's in the past ?

ア　They are not different from today's 501's at all.

イ　They have only one back pocket.

ウ　There is only one in the world.

エ　There are two pockets in the back.

問8　Which of the following is true ?

ア　Levi chose dark blue because it made jeans stronger.

イ　Miners asked Levi to make them white denim jeans.

ウ　Levi's has been the top of the denim jeans company.

エ　Levi was the first person to sell canvas to miners.

【数　学】（50分）〈満点：100点〉

（注意）　定規，分度器は使用してはいけません。

1　次の各問に答えなさい。

(1)　$(-3a^2b)^2\div\left(-\dfrac{6}{7}a^3b^4\right)\times\dfrac{4}{21}ab^2$ を計算しなさい。

(2)　２次方程式 $\dfrac{x^2}{20}-\dfrac{x-1}{5}=1-\dfrac{x}{4}$ を解きなさい。

(3)　$x^2-(y+7)^2$ を因数分解しなさい。

(4)　連立方程式 $\begin{cases}(x-1):(y+2)=3:2\\3x-2y=11-(x-y)\end{cases}$ を解きなさい。

(5)　３点 $(-3,\ 14)$，$(2,\ -1)$，$(a,\ -7)$ が同一直線上にあるとき，a の値を求めなさい。

(6)　$2\sqrt{7}$ の小数部分を a とするとき，$a^2+10a+25$ の値を求めなさい。

(7)　下の図１は，点Oを中心とする円で，線分ABは円の直径です。点Cは $\overset{\frown}{AB}$ 上にあり，点Dは点Cを含まない $\overset{\frown}{AB}$ 上にあります。$\angle DCB=51^\circ$，$\angle CDO=16^\circ$ のとき，$\angle x$ の大きさを求めなさい。

(8)　下の図２のような，１辺の長さが $\sqrt{2}$ cmである正八角形の面積を求めなさい。

図１

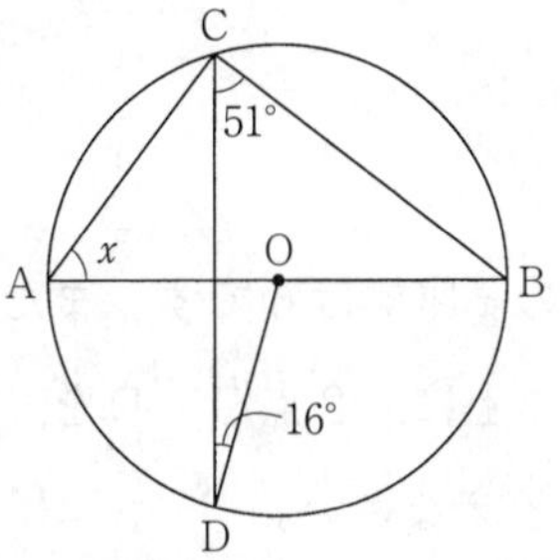

図２

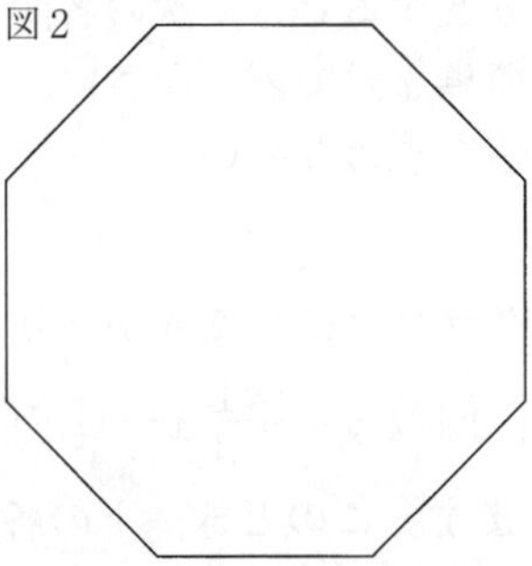

図３

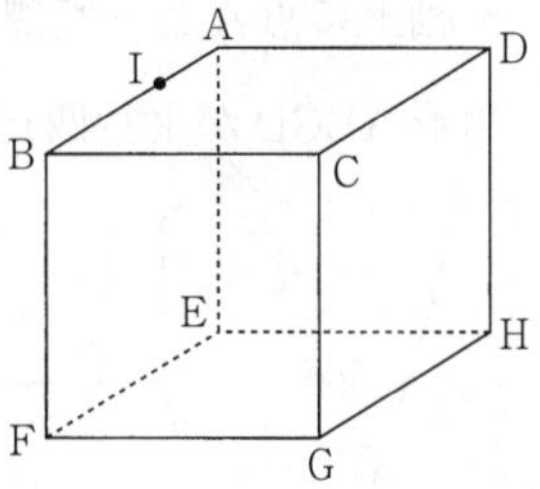

(9)　右の図３は，１辺の長さが６cmの立方体ABCD-EFGHであり，辺AB上にAI：IB＝1：2となるように点Ｉをとります。この立方体ABCD-EFGHを，３点Ｉ，Ｆ，Ｈを通る平面で切断したとき，頂点Aを含む方の立体の体積を求めなさい。

(10)　ある地域では特定外来生物であるアライグマが増えています。そこで，アライグマの数を調査するため，128匹のアライグマを捕まえて，その全てに印をつけてから放しました。後日，改めて200匹のアライグマを捕まえたところ，そのうちの４匹が印のついたアライグマでした。このとき，推測されるアライグマの数として最も適するものを，次の①～④の中から１つ選びなさい。

①　6300匹　　②　6400匹
③　6500匹　　④　6600匹

2　次の各問に答えなさい。

(1)　赤玉３個，青玉２個が入った袋があります。この袋からA，Bの２人が１個ずつ玉を取り出すとき，次の各問に答えなさい。

①　はじめにAが玉を取り出し，取り出した玉をもとに戻してからBが玉を取り出すとき，２人とも赤玉を取り出す確率を求めなさい。

②　はじめにAが玉を取り出し，取り出した玉をもとに戻さずに，Bが玉を取り出すとき，２人とも赤玉を取り出す確率を求めなさい。

(2)　自然数を次の手順にしたがって，順番に並べていきます。

手順

・１番目と２番目の自然数を決める。
・３番目の自然数は，１番目の自然数と２番目の自然数の和
・４番目の自然数は，２番目の自然数と３番目の自然数の和
・５番目の自然数は，３番目の自然数と４番目の自然数の和
⋮
例えば，１番目の自然数を１，２番目の自然数を２とするとき，
・３番目の自然数は，$1+2=3$
・４番目の自然数は，$2+3=5$
・５番目の自然数は，$3+5=8$
となるので，1，2，3，5，8，13，21，…と自然数が並びます。

１番目の自然数を a，２番目の自然数を b とするとき，次の各問に答えなさい。

①　５番目の自然数を a，b を用いた最も簡単な式で表しなさい。

②　７番目の自然数が70のとき，a，b の値を求めなさい。

3　次の図のように，関数 $y=\frac{1}{4}x^2$…①のグラフ上に，点Aがあり，その x 座標は6です。また，y 軸上に点Aと y 座標の等しい点Bがあり，関数 $y=-\frac{1}{3}x^2$…②のグラフ上に，２点C，Dを，四角形ABCDが平行四辺形になるようにとります。このとき，下の各問に答えなさい。

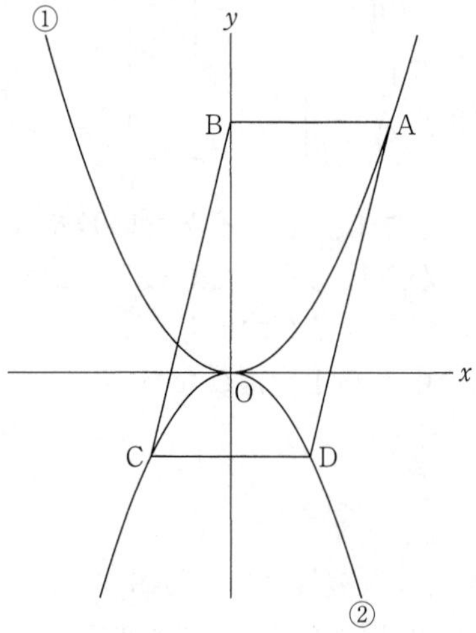

(1)　点Cの座標を求めなさい。

(2)　直線ACの式を求めなさい。

(3)　点Bと直線ACとの距離を求めなさい。

4　右の図のように，点Oを中心，線分ABを直径とする半円があります。$\overset{\frown}{AB}$上に$\overset{\frown}{AC}<\overset{\frown}{BC}$となるように点Cをとり，$\overset{\frown}{BC}$上にAC∥ODとなるように点Dをとります。点Dを通り線分ABに垂直な直線と線分ABとの交点をEとし，線分ADと線分OC，BCとの交点をそれぞれF，Gとします。また，線分ODと線分BCとの交点をHとします。AO＝10cm，OE＝6cmのとき，次の各問に答えなさい。

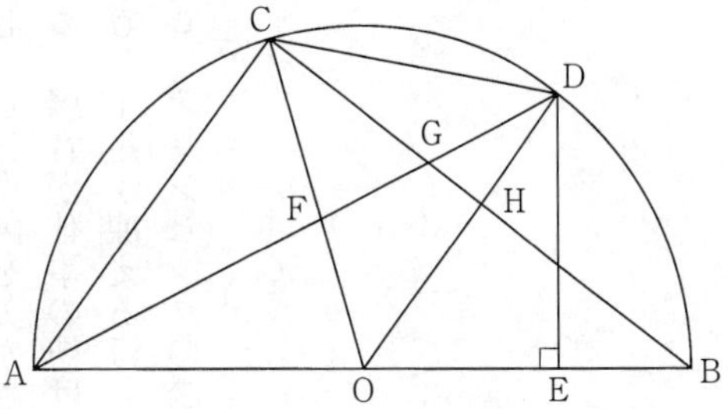

(1)　次の線分の長さを求めなさい。

①　線分DE

②　線分BC

③　線分AC

(2)　次の比を最も簡単な整数の比で答えなさい。

①　CF：FO

②　CG：GH

(3)　△CFGの面積を求めなさい。

く重ねることによって、ナナコの引っ越しについて葵が次第に途方に暮れていく様子を描いている。

ウ「音もなく川は流れていく」「夏の午後三時、風がぴたりとやんだ瞬間」のように川や風に関する情景を描くことで、葵が時の流れをはっきりと自覚していく様子を表している。

エ「車は市内をひたすらぐるぐるとまわった」とあるようにいろいろな場所を走る車からの景色と、自分はどこへも行けないと感じている葵の行き詰まった感覚を重ね合わせて描いている。

三 次の①～⑤の傍線部のカタカナを漢字に直しなさい。また、a～eの傍線部の漢字の読みをひらがなで書きなさい。

① スき通る声が美しい。
② スマートフォンがフキュウする。
③ 濡《ぬ》れた髪をカワかす。
④ 税金がメンジョとなる。
⑤ 彼の演技は観客をミワクする。
a 現代は娯楽にあふれている。
b 毎日鍛錬を欠かさない。
c 騒音が仕事の妨げとなる。
d 手足が凍えるほどの寒さだ。
e オリンピックの誘致を目指す。

「話すことがなくなってしまう」…［X（八字）］必死で言葉を捜している。

↓

「葵もナナコも、何もしゃべらなかった」…言葉を交わさなくともナナコと手をつないだだけで心が通い合っているように感じ、［Y］を懐《なつ》かしく思い返している。

ア　かつての夏の制服を着た自分たち
イ　去年二人で買ったコートを着た自分たち
ウ　以前二人で過ごしたクリスマスの夜
エ　昔、楽しく歩きまわった商店街

問五　傍線部③「ナナコはちらちらと腕時計に目を落としていて」とありますが、ナナコが時間を確認していたのはなぜですか。二十字以上二十五字以内で説明しなさい。

問六　傍線部④「絶対だよ?」とありますが、このときの葵の気持ちの説明としてもっとも適当なものを次の中から一つ選んで、記号で答えなさい。

ア　ナナコが引っ越し先の住所を教えてくれないと、今後二度と会えなくなってしまうと思い、何としてでも住所を教えてもらいたいと思っている。
イ　ナナコが自分の想像もつかない場所に引っ越してしまううえに、自分から連絡を取ることはできないことへの不安を少しでも解消したいと思っている。
ウ　ナナコが遠くへ引っ越してしまったら、自分は忘れられてしまうのではないかと思い、ナナコの自分に対する気持ちを確認したいと思っている。
エ　ナナコの口調からは引っ越しに対しての深刻さが感じられず、本当に自分に手紙を書いてくれるかわからないので、念を押したいと思っている。

問七　傍線部⑤「あわてて茶化した」とありますが、葵はなぜこのようにしたのですか。四十字以上五十字以内で説明しなさい。

問八　傍線部⑥「空に立ってるみたいな、自分がどこにいるのかわからなくなるような感じ」とありますが、葵はこの「感じ」をどのようにとらえましたか。比喩を用いて表現した部分を含む一文を本文中から探し、初めの三字を抜き出しなさい。（句読点も字数に含まれます。）

問九　傍線部⑧「父の言葉にうなずきながら葵は心のなかで叫ぶように言った」とありますが、このときの葵の気持ちの説明としてもっとも適当なものを次の中から一つ選んで、記号で答えなさい。

ア　父の言葉は理解できるが、それでもやりきれない気持ちは解消されず、自分やナナコが何も選択することができないことへのむなしさを心のなかで嘆いている。
イ　やさしい言葉をかける父に感謝しながらも、それを直接伝えるほどは気持ちの整理がついておらず、ナナコと違って何もできない自分を心のなかで責めている。
ウ　見当はずれのなぐさめの言葉をかける父を疎《うと》ましく思うが、父に本音を話してもしかたないと思い、自分やナナコが大人になることへの不安を、心のなかで吐き出している。
エ　父の言葉を聞いたうえで、自分やナナコとは違って大人である父にぶつけたい疑問が多くあるが、今は泣いて話ができる状態ではないため、心のなかで父に問いかけている。

問十　本文の内容や表現の説明としてもっとも適当なものを次の中から一つ選んで、記号で答えなさい。

ア　葵と父の二人の視点を通してナナコを描き、「あはは、アオちん、元気そうだね」とあるように陽気に振る舞いながらも実は悩みを抱えているナナコの姿をとらえている。
イ　プラチナのリングについてのように葵とナナコの会話文を多

いだはおかあさんや先生たちがうるさいから無理かもしれないけど、手紙書けばいいんだし、ほんの少し我慢すればすぐに会えるって。な？」

　父は同じことをくりかえした。

　おとうさん、なんであたしたちはなんにも選ぶことができないんだろう。⑧父の言葉にうなずきながら葵は心のなかで叫ぶように言った。何かを選んだつもりになっても、ただ空をつかんでいるだけ。自分の思う方向に、自分の足を踏み出すこともできない。ねえおとうさん。もしどこかでナナコがひどく傷ついて泣いていたら、あたしには何ができる？　駆けつけてやることも、懐中電灯で合図を送ることもできないじゃないか。なんのためにあたしたちは大人になるの？　大人になれば自分で何かを選べるようになるの？　大切だと思う人を失うことなく、いきたいと思う方向に、まっすぐ足を踏み出せるの？

「アオちゃん、おばあちゃんにあったらちゃんとお礼言いなさいよ、ね、わかった？」

　やがて道の先に家が見えてきて、父がまじめな声で言った。蛇口の壊れた水道のように涙と鼻水を顎《あご》からしたたらせ、

「はい」

　やっとのことで葵は返事を押し出した。

（角田光代『対岸の彼女』による）

〈注〉※1　生粋…混じり気がないこと。

※2　磯子のマンション…過去に葵とナナコが二人で家出をしたときに、最後にたどり着いた場所。

※3　ビリー・ジョエル…アメリカの歌手。

問一　空欄 A ・ B に当てはまるものとして適当なものを次の中からそれぞれ一つ選んで、記号で答えなさい。

ア　たらたら　　イ　てかてか
ウ　とぼとぼ　　エ　くねくね

問二　傍線部①「見慣れた父のタクシーの向こうにぽつんと立つナナコを見たとき、夢を見ているんじゃないかと葵は思った」とありますが、このときの葵の気持ちの説明としてもっとも適当なものを次の中から一つ選んで、記号で答えなさい。

ア　父のタクシーとナナコという不思議な組み合わせに目を疑い、夢ではないかと思っている。
イ　ずっと会いたいと思っていたナナコが、現実に目の前に存在していることが信じられないでいる。
ウ　父がナナコを連れてきてくれた真意がわからず、現実として受け入れられないでいる。
エ　もう二度と会えないと思っていたナナコに再び会うことができ、心が感動で満たされている。

問三　波線部a「口をついて出た」・b「息をのんだ」の意味としてもっとも適当なものを後の中からそれぞれ一つ選んで、記号で答えなさい。

a　「口をついて出た」
ア　うっかり話してしまった
イ　信じられないような言葉が出た
ウ　思いがけず自然に言葉が出た
エ　思わずうそをついた

b　「息をのんだ」
ア　驚いて一瞬息を止めた
イ　ほっとして深く息を吐いた
ウ　感動してため息をついた
エ　緊張して吐く息をこらえた

問四　傍線部②「話すことがなくなってしまう」・傍線部⑦「葵もナナコも、何もしゃべらなかった」とありますが、これらの場面の葵の様子や気持ちを次のようにまとめました。空欄に当てはまる言葉を、 X は指定字数に合わせて本文中から探して抜き出し、 Y はもっとも適当なものを後の中から一つ選んで、記号で答えなさい。

る」
　ナナコは笑わずに、葵の目を見つめて言った。ナナコと葵は、ふたたび黙りこんで欄干に肘をつき、ゆったりと流れる川を見つめた。
「ねえ、川が空みたいだと思わない？　足元に空が流れている感じがして、ここでずっと川を見下ろしていると、⑥空に立ってるみたいな、自分がどこにいるのかわからなくなるような感じ、してくるでしょ」
　ナナコが言い、葵はどこか必死になって川を凝視する。ナナコの言う「感じ」を、ぴったり同じように味わうために。
「ほんとだね」
　葵は言った。川幅の空はするすると流れ、足元が数センチ浮き上がったような、不思議な浮遊感がたしかにあった。
　父のもとに戻ると、足元には六本の吸い殻が転がっている。葵とナナコは無言でタクシーに乗りこんだ。さーて、もうひとっ走りするか、陽気に言いながら父は運転席に乗りこみ、エンジンをかける。
　車は市内をひたすらぐるぐるとまわった。人通りの多くなった駅前をすぎ、しんと静まりかえった他校をすぎ、クリスマスの飾りつけがされた商店街をすぎ、ファストフード店の点在する国道を走り、もういつもの色に戻ってしまった川のほとりを走る。市内から出ないと父は決めているらしかった。窓の外はすぐ、さっき見た景色へと戻る。騒がしい駅前、シャッターの閉められた商店街、埃《ほこり》っぽい国道、そして川。どこかを目指し、どこへもいけず、またここに戻ってきた自分のようだと葵は思う。
　⑦葵もナナコも、何もしゃべらなかった。シートに投げ出した葵の手に、ふとナナコの手が触れる。葵は何も言わずそっとその手を握った。ナナコもやわらかく握りかえしてくる。手をつないだまま、それぞれの窓に顔を向け、葵とナナコは流れ続ける町をじっと眺める。夏の制服を着た自分たちが、窓の外に見えるような気がした。笑い転げ、たがいをこづきあい、顔を近づけて熱心に話すふたりの高校生が。はせがわのケーキセット。元日の空。ふくふく亭のお好み焼き。※3ビリー・ジョエル。湖池屋《こいけや》のポテトチップス。夏の午後三時、風がぴたりとやんだ瞬間。まるでこの世界を好きなものだけで埋め尽くすように、彼女たちは脈絡なく気に入ったものを言い合っている。
　九時を少しすぎて、タクシーは駅前ロータリーにとまった。
「おじさん、今日はありがと」ナナコは言ってドアに手をかける。
「メーターまわしてたらすごい金額だったよね。出世払いで返すからね」
「おう、期待しないで待ってるよ」父はタクシーを降りてナナコ側のドアを開いた。
「またね」
　ナナコは葵に笑いかけると、するりとタクシーを降りていった。葵が降りるのも待たず、改札に走っていく。途中で一度立ち止まり、くるりとふりかえって車のなかの葵に大きく手をふった。オーバーコートを着たちいさなナナコの姿は、冬の陽射《ひざ》しにちかちかと輝いていた。
　葵だけを乗せてタクシーがふたたび走り出す。意志や感情とは関係なく、どこかのスイッチを押してしまったように、いきなり葵の両目から水滴がこぼれ落ちた。父に気づかれないよう、不自然な格好に体を折り曲げ、泣いている顔がルームミラーに映らないようにした。涙はとまらず、次から次へと頬をつたい、さっきナナコとつないでいた手にほとほとと落ちる。てのひらにはぽっかりとした空白が残っていた。声を出さないように葵は片手で口を押さえた。鼻水が流れ出て口に入る。思わずすすりあげると、父が肩越しに葵をふりかえる。膝に顔をつっぷして葵は涙を流し続けた。ばれてしまったのならかまわない、葵は声をあげて泣いた。吠《ほ》えるような自分の声が耳に届く。
「アオちゃん、もう少ししたらいつでも会えるよ」父はやさしい口調で言った。「引っ越しちゃうらしいけど、外国いくわけじゃないんだろ？　外国だって今は簡単にいけるんだから。な？　少しのあが開ける。川が広がっていた。葵はb息をのんだ。川はくっきりと空を映し、見たことのないような澄んだ青色を呈している。
「すごい」タクシーの窓に額をはりつけ、思わず葵は言った。
「この時間だけ、こんなにきれいな色になるんだよ」隣でささやくようにナナコが言う。
「知らなかった」
「学校にいくのはもう少し遅い時間だからね。これ、八時近くなるともとどおりの色に戻っちゃうの」
「知らなかった」葵はくりかえした。登校時間よりだいぶ早く家を出て、隠れ場所に立ち尽くし息を殺して川を見つめている、小学生の、中学生の、そして数カ月前までのナナコの姿が、実際に見た記憶のように、鮮やかな映像になって葵の目に浮かんだ。時計を見ていたのは、空を映すこの川を見せたかったからなのだと葵は気づいた。
「おじさん、車降りていい？　逃げないから」
ナナコに言われ、父は黙って後部座席のドアを開けた。
「あたしね、転校することになったよ」
橋の欄干《らんかん》に葵と並んで川を見下ろし、しずかな声でナナコは言う。
「あのせい？」葵は訊いた。
「ううん、違うんだ。タイミングいいからみんなあのせいだと思うだろうけど、じつは関係ないの。だって一カ月以上子ども帰ってこないのに捜索願いも出さない親が、あんなことくらいで動くわけないじゃん。そうじゃなくて、家の事情でいろいろあって、親戚んちに引っ越さなきゃなんなくなったの」
川面《かわも》をすべるように雲が移動する。ナナコが吐き出す白い息は冷たい空気に溶けていく。
「親戚って、遠いの？」
「遠いっていったってうちは全部※1生粋《きっすい》の群馬人だからさ。遠くても水上《みなかみ》か、下仁田《しもにた》でしょ。でもあと一年もすれば、ひとり暮らしできるけどね。今はちょっと無理だから」
「住所、今わかる？」水上や下仁田がどこにあるのか、葵には想像もつかない。
「それが、今はわかんないの。確定したら手紙書く」
川に目を落としたままナナコはつぶやいた。父親は、タクシーのわきに葵たちに背を向けて立ち、空を仰いで煙草《たばこ》を吹かしている。
「④絶対だよ？」葵は言った。
「あたしが約束破ったことある？」
「会えるよね」
「当たり前じゃん、宇宙に引っ越すわけじゃあるまいし」ナナコは言い、しばらく無言で川を見つめていたが、「意外に人間って頑丈なんだね」葵を見、ちいさく笑った。
ナナコがなんのことを言っているのかわからず黙っていると、
「あたしたち、ちょっとまぬけだったよね」
ナナコはつけ加えてまた川に視線を戻した。あのことについて言っているのだと葵は気づく。音もなく川は流れていく。真っ青な色はひとときも崩れない。※2磯子《いそご》のマンションの屋上で、夕闇に包まれていく町を今もまだ見下ろしている錯覚を葵は抱く。
「どこへもいけなかった」
ぽつりとナナコが言った。
「だけどあたしたち」葵は言った。「どこへいこうとしてたんだろう」
ナナコはそれには答えなかった。葵はほかの話題を捜した。
「ね、ナナコ、十九歳の誕生日のことだけど」
ナナコは葵を見上げる。
「あのね、銀よりプラチナが強いんだって。だからあたし、ナナコにプラチナのリングをプレゼントする。そうすれば、銀よりずっとしあわせになれる」そう口にすると、なぜだか急に泣き出したくなった。「どうせナナコには彼氏なんかできないだろうから」⑤あわてて茶化した。
「じゃあ、あたしもアオちゃんにプラチナのリングを贈ることにす

「えっ……なんで？　どうして？　ナナコはどこにいるの？　なんでおとうさん知ってるの、ナナコがいるところを」心臓のあたりが痛むくらい鼓動が早くなる。

「それは本人に訊《き》きなさい。とうさんはなんにも言えない。こんなこと、おかあさんにばれたらただじゃすまないけど」そこでようやく父は葵を見た。「クリスマスになんにも買ってやれないから」さっきと同じ、泣き出しそうな顔で父は笑った。

　麺の絡《から》まった箸を握ったまま、葵は父から目をそらし、油で[A]光る日に焼けた父の手の甲を見つめた。

　①見慣れた父のタクシーの向こうにぽつんと立つナナコを見たとき、夢を見ているんじゃないかと葵は思った。近づいて、腕に触れてもまだそう思っていた。そういう夢はもう幾度も見ていたから。

「あはは、アオちん、元気そうだね」

　葵より頭ひとつ背の低いナナコは、葵を見上げて笑いかけた。ナナコの白い息が鼻先にかかる。ナナコは、去年示し合わせて買ったダブルのオーバーコートを着ていた。コートの下は制服を着ているらしく、短いコートの裾からプリーツスカートがのぞいている。ジーンズにダッフルコートを着てきた葵は、自分も制服を着てくればよかったと後悔した。

　ナナコにあったら訊きたいことがたくさんあった。あののちのこと。現在のこと。今の居場所。引っ越しの理由。連絡方法。たぶん泣くだろうとも思っていた。大泣きして、訊きたいことの半分も訊けないんじゃないかと心配していた。けれど不思議と涙は出てこなかったし、訊きたかったことはすべてどうでもいいことに思えた。

「ナナコは少し痩せたね、ダイエットした？」

　気がついたら、まるで昨日まで一緒に話していたような軽口《かるくち》が a口をついて出た。

　昨日と同じく自家専用のプレートをフロントガラスに貼りつけた父のタクシーに、ふたりで乗りこむ。

「お嬢さんがた、どこへでもいきますぜ」ふざけて父が言い、

「じゃあおじさん、伊豆《いず》までお願い」ナナコがそれを受けた。

「横浜《よこはま》でもいいよ」葵も急いでつけくわえる。

「まいったな、お嬢さんたち、お金持ってるようには見えないんだけど」

「失礼ね。どうせ手持ちは千円よ。いけるところまでいってちょうだい」つんとすましてナナコが言う。暖房のきいた車内に笑い声が満ちる。

　もやった朝の空気のなかを、父のタクシーはゆっくりと走りはじめる。早朝の町を歩いている人はあまりいない。マラソンをする男や、犬を連れた老人をタクシーは追い越して走った。ナナコはちらりと葵を見て、照れたように笑った。

「見て、この頭。ださいでしょ。ブス妹にからかわれてんの。プリン女って」

　てっぺんが黒いショートカットをナナコは指さす。耳のあたりから下がまだ金色だった。

「あたしなんか、見てよこれ。おかあさん白髪染め買ってくるんだもん。かえってババアに見えない？」

　真っ黒に染めた自分の頭を葵は指さす。

　それきり、②話すことがなくなってしまう。葵もナナコも黙りこみ、ときおり顔を見合わせてただにやにやと笑った。沈黙が気まずくて胸のうちをひっくりかえして葵は言葉を捜《さが》すが、なんにも思い浮かばない。③ナナコはちらちらと腕時計に目を落としていて、急に葵は不安になる。時間制限があるのか、それとも、ひょっとしてナナコはあたしともうしゃべりたくなんかないのではないか、と。

　七時を過ぎたことを確認すると、後部座席から身を乗り出しナナコは言った。

「おじさん、あたし川が見たい」

　タクシーは細い道を[B]と曲がり、やがて家がとぎれ視界

ア　Ａ　一時　Ｂ　盲目的
イ　Ａ　即時　Ｂ　部分的
ウ　Ａ　主観　Ｂ　迷信的
エ　Ａ　永続　Ｂ　意図的

問四　傍線部②「感情の、分散を含んだまとまりは、劇や小説の主人公たちにもとくによく見られる」とありますが、これについての筆者の主張の説明としてもっとも適当なものを次の中から一つ選んで、記号で答えなさい。
ア　劇や小説の主人公たちは、浮き沈みの多い人生を送る過程の中で、それぞれ一貫した性格を形成していく。
イ　劇や小説の主人公たちは、感情がさまざまに変化したとしても、ある秩序を伴った人格を持っている。
ウ　劇や小説の主人公たちは、感情の起伏が大きければ大きいほど、人々の共感を呼びやすい傾向にある。
エ　劇や小説の主人公たちは、激変に富む人間であるように思われるが、実は一つの感情をもとに行動している。

問五　空欄 ③ に当てはまるものとしてもっとも適当なものを次の中から一つ選んで、記号で答えなさい。
ア　幸せにみちた　　イ　苦悩にみちた
ウ　波瀾《はらん》にみちた　　エ　希望にみちた

問六　傍線部④「集団の感情」とありますが、筆者はどのように表現していますか。それについて説明した次の文章の空欄に当てはまる言葉を、指定字数に合わせて傍線部④より後の本文中から探し、それぞれ抜き出しなさい。
　集団の共同感情はその集団に Ｘ（五字） を形づくる。また、言語には Ｙ（十字） を保持する働きがあるため、共同感情は共通の言語のおかげで成り立っている部分が多い。

問七　傍線部⑤「感情は個人的であるよりもむしろ集団的なものなのである」とありますが、それはなぜですか。四十字以上五十字以内で説明しなさい。

問八　空欄 ⑥ に当てはまるものとしてもっとも適当なものを次の中から一つ選んで、記号で答えなさい。
ア　共感を得られている　　イ　結合されている
ウ　完結されている　　エ　型を与えられている

問九　空欄 Ｃ ・ Ｄ に当てはまる語として適当なものを次の中からそれぞれ一つ選んで、記号で答えなさい。
ア　たとえば　　イ　しかし　　ウ　したがって
エ　なぜなら　　オ　また

問十　本文の内容と合うものを次の中から一つ選んで、記号で答えなさい。
ア　感情とは、自ら吟味した上で持ちつづけている、秩序づけられたものであり、一時的な情動や、特定の事物に持続的に抱く情念とは異なるものである。
イ　言葉によらないコミュニケーションが成り立つのは、その背後に濃密な感情を持った集団が存在し、また常に共通の言語という前提があるからである。
ウ　パスカルの、感情とは時に曖昧で移ろいやすいものではあるが、基本的には秩序だったものであるという主張に、筆者は賛同している。
エ　社会を考える上で、共同社会の成立原理を明らかにすることで、社会における共同感情の持つ意味を完全にとらえることが可能である。

二

次の文章を読んで、後の問いに答えなさい。なお、出題の都合上、本文を一部改編してあります。

　高校生の葵《あおい》には野口《のぐち》ナナコという友達がいたが、ナナコはあることをきっかけに学校に来なくなっていた。葵は連絡先もつかめず、ナナコと会えないままでいた。ある日葵は、タクシーの運転手をする父親から、ナナコに会わせてあげると言われた。

の集団が共同性の強いものであれば、感情の変化し動く部分の背後に、変わらない持続的な秩序あるいはまとまりが浮かび上がってくる。この場合、共同性の強い集団がまとまりのある感情をそなえているだけでなく、その反面で、まとまりを持った感情がそのような集団を形づくるのである。

　感情はきわめて個人的なものと考えられることがある。内面のひそかな感情というものもたしかにあるだろう。しかし一般に、⑤感情は個人的であるよりもむしろ集団的なものなのである。個々人の感情はただそれだけで自立しているのではなく、なんらかの意味で、その人の属する集団によって支えられ、条件づけられているのである。自分ではまったく自由な感情だと思いこんでいるものであっても、その属する集団の共同感情によっておのずと方向づけられ、⑥のである。そのような共同感情から自由になることは、ふつう考えられているよりもはるかに難しい。たとえば個々人が共同感情から自由になろうとして反逆する場合でも、その反逆の仕方そのものが共同感情によって条件づけられているのである。それというのも、もともと個々人の感情は、どんなに独自性を持ったものでも、そのような共同感情のなかで育まれてきたものであるからである。

　集団の共同感情は、その集団が永続的であり安定したものであればあるほど、また緊密なまとまりを持ったものであればあるほど、内部的に※2分節化され、体系化される。そして、この分節化され体系化された共同感情は固有の文化を形づくる。そのような共同感情のさまざまな結合形式は、そのあらわれである日常の立居《たちい》振舞《ふるま》い、生活様式、美的造型、社会的な行動様式などとともに、それぞれの集団、とくに一つの地方、社会、時代、国などに固有の文化を形づくるのである。C、集団の永続性と緊密性とを保つ上で大きな役割を果たすのは言語であり、共同感情はその多くを共通の言語、とくにラング（国語、言語体系）に負っている。濃密な感情を持った集団あるいは結びつきのなかで、言葉によらない、また沈黙のコミュニケーションということが言われるが、それは、共通の言語を前提としたものか、でなければ、限られた場面のものにすぎない。

　このように見てくると、二つのことが確認される。一つは、ふつう個人的でとりとめのないものだと思われている感情が、その背後に集団的なシステムを持ち、むしろそうしたまとまりを持った共同性の上に成り立っている、ということである。もう一つは、共同感情は共通の言語に多くを負い、分節化され、体系化されており、このようなものとして、同じ言語を持った共同社会、とくに国家と表裏をなしている、ということである。

D、共同感情を問題とする上でもっとも基本的な集団はなにかといえば、小さな人間集団よりも、かえってそのような大きな共同社会（国家）ということになり、また逆に、国家＝社会を考える上で、感情の共同性ということがいかに重要なものであるかが明らかになるだろう。

（中村雄二郎『中村雄二郎著作集』による）

〈注〉※1　パスカル…フランスの哲学者。
※2　分節化…区切って分類すること。

問一　傍線部a～eから連体詞を一つ選んで、記号で答えなさい。

問二　空欄①には次の各文が当てはまります。正しい順番に並べ替え、記号で答えなさい。

ア　まず個々人について見ると、或る程度永い期間続けてその人の感情の動きをとらえるならば、そこにあるのはまったくの無秩序でもなければでたらめでもなく、そこにはおのずと或るまとまりがあり秩序があることがわかる。

イ　必ずしもそうとは言えない。

ウ　そして、このまとまりが、通常その人の人格や性格といわれているものを形づくるのである。

エ　しかし、果たして感情は単にそのようなものなのだろうか。

問三　空欄A・Bに当てはまる語の組み合わせとして適当なものを次の中から一つ選んで、記号で答えなさい。

二〇二四年度
獨協埼玉高等学校（第二回）

【国語】（五〇分）〈満点：一〇〇点〉

一　次の文章を読んで、後の問いに答えなさい。なお、出題の都合上、本文を一部改編してあります。

一般に、感情は不確かでa曖昧なもの、とりとめのないものだ、と思われている。bたしかに個々人について考えてみても、理性に基づいた主義や方針にくらべて、感情はcそのときどきで移ろいやすく、またしばしば矛盾を含んでいるように見える。そのことは、たとえば、《あの人は感情的だ》と言う場合の〈感情〉という言葉には気まぐれ、移り気、理不尽さ、一時的な興奮などの意味があることからもわかるだろう。※1パスカルが人間の状態を《移り気、退屈、不安》としてとらえたことはよく知られているが、これらのあり方は、いずれも、感情のままに生きている人間の姿を示している。

集団について考えてみても、集団感情の一つのあらわれである社会のムードdほど変わりやすいものはない。またもう一つのあらわれである群集心理ほど、e激しやすく盲目になりやすいものはない。たしかに一面において、感情には、個人の場面から集団の場面に移るとき、さらにいっそう不安定で操作されやすくなり、その非合理性がむき出しになるところがある。

［　①　］

変化し、まとまりを欠くのは、人間の感情の部分であり、表層にすぎないのである。

いいかえれば、移ろいやすいのはそのときそのときの情動であり、またそれが激化し、やや持続化した情念であって、それらの彼方《かなた》あるいは背後に、まとまりを持った固有の意味での感情があるわけである。情念においてすでに認められる部分的なまとまりが、感情において全体的なまとまりになる。怒りを例にとってみると、まず、自分に対して加えられた特定の侮辱や侵害に対する直接的な怒りがある。これが怒りの情動である。これは激しくとも一時的に怒り、興奮し、そして間もなく消え去るような怒りである。次に、現在は自分に対して直接の侮辱や侵害は加えられていなくとも、また必ずしも明白な原因がなくとも抱かれる怒り、或《あ》る特定の人物や事柄に向けられた持続的な怒り、執念となった怒りがある。これが怒りの情念である。

これらに対して、怒りの感情とは、自分をふりかえることによって統御され、意識化された怒りだということになる。［　A　］の興奮に駆られた怒りでもなければ、［　B　］にそのこと以外考えなくなった怒りでもなく、自分のうちで吟味された上で持ちつづけられている怒りのことである。したがってそれは、怒りによって支配されたその人の全体的な感情——これはむしろ情念である——ではなく、怒りがその人のなかで正当に位置づけられ、秩序づけられた感情である。

②感情の、分散を含んだまとまりは、劇や小説の主人公たちにもとくによく見られるところだ。すなわち、彼らは感情の起伏が大きく、激変に富んでいて、そのために［　③　］生涯を送ることになるわけだが、にもかかわらずそこに一個の人間像が形づくられるのは、そこに或るまとまりがあるからである。その人間像が異常な感情を含んでいても、あるいは含んでいることでかえって、人々の共感を呼ぶのは、やはりそこに或るまとまりがあるからなのである。

では、④集団の感情についてはどうであろうか。ここでも、個人について言うのと同じことがいっそう積極的に言えるであろう。すなわち、或る程度永い間続けてその集団の動きをとらえるとき、そ

2024年度／獨協埼玉高等学校（第２回）

英語解答

1 Part 1　1…(C)　2…(B)　3…(A)
4…(B)　5…(C)

Part 2　1　Suitcase　2　Silver
3　Maya　4　Sugar
5　0741

Part 3　1…(G)　2…(B)　3…(C)
4…(F)　5…(A)

2 1　aquarium　2　message
3　convenience　4　regular
5　pollution

3 1　was drunk by
2　only Japan but
3　How difficult〔hard〕it
4　any other student
5　soon as possible

4 1　イ　2　エ　3　ア　4　イ
5　エ

5 1　(A)…オ　(B)…カ
2　(A)…オ　(B)…エ
3　(A)…イ　(B)…ア
4　(A)…イ　(B)…エ
5　(A)…ク　(B)…イ
6　(A)…カ　(B)…オ

6 問1　afraid〔scared〕　問2　エ
問3　(例)乗客が飛行機を制御することができず，パイロットを信頼しなければならないから。(38字)
問4　ウ　問5　ウ　問6　ア
問7　エ　問8　イ

7 問1　エ　問2　ア　問3　エ
問4　イ　問5　ア　問6　イ
問7　イ　問8　ウ

1〔放送問題〕放送文未公表

2〔対話文完成─適語補充〕

1．A：先週末は何をしましたか？／B：家族と水族館に行って，たくさんの魚を見ました。／A：それは楽しそうですね！∥たくさんの魚を見られる場所として，aquarium「水族館」が適切。

2．A：もしもし，エマです。アナにかわってもらえますか？／B：ごめんなさい，彼女は今ここにいないんです。／A：ああ，わかりました。メッセージを残してもいいですか？／B：もちろんです。∥電話をかけた相手がいなかったので，message「メッセージ，伝言」を残そうとしたのである。

3．A：あっ，ケチャップを買い忘れた！　それがないとパスタがつくれないよ。／B：通りをちょっと行った所にコンビニエンスストアがある。24時間営業しているよ。店には何でもある。∥何でもある24時間営業の店という説明に当てはまるのは，convenience store「コンビニエンスストア」である。

4．A：今日のバスケットボールの試合はどうだった？／B：最後に少しだけプレーしたよ。ほとんどの時間ベンチに座ってた。／A：とにかくがんばり続けて！　君はきっとすぐにレギュラー選手になって，試合でずっとプレーできるよ。∥後の「試合でずっとプレーできる」と同じ意味になるregular player「レギュラー選手」とする。

5．A：私たちが今日直面している最大の環境問題は何だと思いますか？／B：環境汚染は最大の問題の１つでしょうね。私たちの空気，水，土地は危険なほど汚くなっています。それが健康問題を引き起こし，生態系にダメージを与えています。∥次の文で，空気，水，土地が汚くなっていると説明されているので，これをまとめたpollution「汚染」が適切。

3〔和文英訳─部分記述〕

1．「飲まれました」を受け身形（‘be動詞＋過去分詞’）の過去形で表す。water は‘数えられない名詞’で単数扱いになるので，be動詞は was になる。drink「飲む」の過去分詞は drunk（drink－drank－drunk）。「～によって」という‘動作主’は‘by ～’で表す。

2．「*A* だけでなく *B* も」は‘not only *A* but (also) *B*’で表せる。

3．How で始まる感嘆文‘How＋形容詞〔副詞〕＋主語＋動詞 …!’と，‘it is ～ to …’「…するのは～だ」を組み合わせる。

4．「他のどの～より…」は‘比較級＋than any other＋単数名詞’で表せる。

5．「できるだけ早く」は as soon as possible や‘as soon as＋主語＋can’で表せる。

4〔対話文完成─適文選択〕

≪全訳≫❶A：AIは言語を翻訳できるって読んだよ。旅行にはとても便利そうだね！❷B：全くだ！ 1知らない国々を探検するのがずっと簡単になるね。❸A：でも，どうやって翻訳するのかな？ AIは俗語や地方の表現を理解できるのかな？❹B：完璧ではないけど，AIはたくさんの例文から学べるし，いろいろな言語をうまく理解できるようになるよ。❺A：それはすごいね！ 2さまざまな言語を学ぶ代わりに，ただAI翻訳機を使えばいいんだ。❻B：そのとおり！ 世界中の人とコミュニケーションがとれるよ。そしたら，学校で英語を勉強する必要はあるのかな？❼A：そうだな，僕たちが英語を勉強するのは，コミュニケーションのためだけじゃないよね。3英語を理解することで，英語圏の社会についてたくさんのことを知ることができる。❽B：なるほど。

＜解説＞1．AIの翻訳が旅行に便利そうだというAの発言にBは同意している。ここから，AIが旅行に役立つことを示す内容のイが適切。make exploring new countries much easier は‘make＋目的語＋形容詞’「～を…にする」の形。much は「ずっと」の意味で比較級の easier を修飾している。　2．このAの発言を聞いたBが学校で英語を学ぶ必要性について疑問を示していることから，そう思わせるきっかけとなるエが適切。 instead of ～「～の代わりに」　3．Aは直前で「英語を勉強するのはコミュニケーションのためだけではない」と，英語を勉強することの意義を述べているので，これを具体的に説明する内容のアが適切。 ‘help＋目的語＋(to＋)動詞の原形’「～が…するのを助ける」

≪全訳≫❶A：疲れてるわよね？❷B：ああ。昨日は一晩中テレビゲームをしたからね。❸A：それはよくないわ。4ゲームの何がそんなに楽しいの？❹B：いや，最近レースのゲームに熱中してるんだ。プレーするたびにもう１レースやりたくなって，それが一晩中続くんだ。❺A：つまり，あなたはゲームに操られてるってことよね？❻B：まあそうだね。君も一度やってみれば，僕の言ってることがわかるよ。❼A：5私はいいわ。ねえ，知ってる？ 来週の月曜日から中間テストが始まるから，あなたはもっと勉強に集中した方がいいわよ。❽B：わかってるんだけど，一度プレーをやめると，ネット上の友達とのつながりが切れてしまう気がするんだ。

＜解説＞4．Bが直後で，テレビゲームを一晩中してしまう理由を述べているので，その楽しさを問うイが適切。　5．直前のBの「君も一度（ゲームを）やってみれば」という発言に対する返答。全体から，Aはゲームをすることに否定的であることが読み取れる。I'm good. は，申し出などを断るときに使う「私はけっこうです」を意味する。

5〔整序結合〕

1．「私たちが世界に望む全て」は All「全て」を we hope for the world「私たちが世界に望む」が後ろから修飾する形で表す。all の後には，目的格の関係代名詞が省略されている。このまとまりの後に動詞の is を続ける。 All we hope for the world is love.

2．「～のし方」は‘how to＋動詞の原形’で表せる。　I don’t know how to use this machine.

3．「〈人〉に～してほしい」は‘want＋人＋to ～’で表せる。　Roxy wants Kent to be a singer.

4．‘give＋人＋物’「〈人〉に〈物〉を与える」の‘物’を主語にして受け身形(‘be動詞＋過去分詞’)の文にし，‘物＋be動詞＋given to＋人’の形にする。「一人一人」は every single person。　One hundred thousand yen was given to every single person.

5．「最も～な…の一つ」を‘one of the＋最上級＋複数名詞’で表す。「あなたの人生で」は in your life。　Health is one of the most important factors in your life.

6．「私たちは」が主語の疑問文なので，Can we で文を始める。「試しに～する」は try ～ing。「何か～なもの」は‘something＋形容詞’と，形容詞が something を後ろから修飾する形になる。　Can we try using something different？

6〔**長文読解総合─説明文**〕

≪全訳≫❶多くの人が飛行機に乗ることを怖がっているが，怖がるべきではない。飛行機は最も安全な移動手段の１つだ。実際，飛行機は車の運転や列車での移動よりもずっと安全だ。❷飛行機は最も安全な移動手段であるだけでなく，最も速い移動手段でもある。ほんの100年前は，中国からアメリカに移動したい場合，船で何週間も旅しなければならなかった。今では24時間以内に到着できる。飛行機は快適でもあり，映画やゲームといった機内の娯楽もある。このことは飛行機での移動が，現在，長距離の旅行に最適な選択肢であることを説明している。❸それでも，飛行機を怖がる人がいなくなるわけではない。人々が飛行機に乗ることを怖がる主な理由の１つは，乗客が飛行機を全く制御することができず，パイロットを信頼しなければならないことだ。多くの人は，主導権を握ったままでいることを好むのだ。❹自動車，列車，飛行機を原因とする死亡者数を考察するのはとても難しい。飛行機に乗るよりずっと多くの人が自動車を運転する。死亡者数を比較する最も簡単な方法は，10億キロメートル当たりで見ることである。つまり，10億キロメートル移動するごとに何人が死亡するかということだ。例えば，バイクはとても危険で，10億キロメートル移動するごとに108.9人が死亡する。自動車はそれより危険ではなく，10億キロメートル当たり3.1人が死亡する。❺列車はかなり安全で，10億キロメートル移動するごとに0.6人しか死亡しない。地下鉄はさらに安全で，10億キロメートル移動するごとに0.24人だけだ。もっと安全なものは何かわかるだろうか。空の旅だ。10億キロメートル当たりわずか0.05人しか死亡しない。ウこれはほかのほとんどの交通手段よりもはるかに低い。❻人々が飛行機を恐れるもう１つの理由は，「テロ攻撃」である。しかし，テロ攻撃は極めてまれだ。テロ攻撃で死亡するより，普通の風邪で死亡する可能性の方がはるかに高い。さらに，空港や飛行機のセキュリティの強化により，飛行機がテロ攻撃に遭う可能性はより低くなっている。❼旅行に関していえば，飛行機が最も安全で，最も速く，最も快適な移動手段である。航空会社は安全性にとても真剣に取り組んでいて，現代の飛行機は今やとても安全になっている。自転車で移動する方が死亡する可能性が高いのだ。

問１＜適語補充＞空欄を含む部分が‘逆接’の but で始まるので，その前の「多くの人が飛行機に乗ることを怖がっている」と対照的な内容が入るとわかる。したがって，同じ文中の afraid，または第３段落第２文の scared を入れ，「怖がるべきではない」とする。

問２＜適語選択＞直後の２文で移動の速さが話題になっていることから，fastest が適切。

問３＜文脈把握＞第３段落第２文参照。この文の２つ目の that 以下をまとめる。　have control over ～「～を制御する」　trust「～を信頼する」

問４＜適所選択＞挿入する文の意味から，主語の This はほかのほとんどの交通手段よりずっと低いものを指すとわかる。交通手段ごとに高低が数値で比較されているのが第４，５段落で，その最後に最も低い数値が挙げられているので，これに説明を加えることになるウが適切。挿入する文のfar は，「ずっと，はるかに」の意味で比較級の lower を修飾している。

問５＜単語の意味＞rare は「まれな」という意味の形容詞。直後の文で「テロ攻撃で死亡するより，普通の風邪で死亡する可能性の方がはるかに高い」と述べられていることからも，意味を推測できる。　unusual「普通でない，めずらしい」

問６＜適語（句）選択＞直前の文では，テロ攻撃で死亡する可能性が低いことが述べられている。空欄の後も，空港や飛行機のセキュリティの強化のためにその可能性がより低くなっていると，説明が追加されているので，Furthermore「さらに」が適切。

問７＜内容真偽＞ア．「交通機関によって引き起こされた死亡者数を比較する最も簡単な方法は，交通機関によって死亡した人の数を数えることである」…×　第４段落第３，４文参照。最も簡単なのは10億キロメートル当たりの死亡者数を比較することである。　イ．「地下鉄では，10億キロメートル移動するごとの死亡者数が最も少ない」…×　第５段落第２～最終文参照。飛行機が最も少ない。　ウ．「自動車では，10億キロメートル移動するごとに最も多くの人が死亡するだろう」…×　第４段落最後の２文参照。自動車の10億キロメートル当たりの死亡者数は3.1人で，バイクの108.9人を大きく下回っている。　エ．「飛行機では，10億キロメートル当たり0.05人が死亡した」…○　第５段落最後の３文に一致する。

問８＜主題＞文章のテーマを示す第１段落と文章の内容をまとめる最終段落から，本文のテーマが飛行機の安全性だとわかる。よって，イ．「飛行機に乗ることは最も安全な移動手段である」が適切。

７　〔長文読解総合（英問英答形式）―説明文〕

≪全訳≫❶ブルージーンズは世界で最も人気のある種類の衣服だが，目新しいものではない。実際，ジーンズは160年以上も存在し続けている。❷ジーンズはアメリカ西部の伝統的な衣服だった。1853年，ドイツからやってきたリーバイ・ストラウスという若い衣料業者がサンフランシスコで事業を始めた。リーバイは厚手のキャンバス地を鉱夫たちに販売した。鉱夫たちはそのキャンバス地を使ってテントをつくった。❸ある日，１人の鉱夫がリーバイに，金鉱での仕事をするのに十分丈夫なズボンが見つからないと言った。リーバイはキャンバス地でズボンをつくることにした。❹まもなく，彼は自分がつくったキャンバス地のズボンを全て売りさばいた。それらはまさに鉱夫たちが欲しがっていたものだったのだ。❺しかし，キャンバス地はかなり重く，固かった。そこで，リーバイは別の布を探し始め，すぐにセルジュ・ドゥ・ニームというフランス産の厚手の布を見つけた。アメリカ人はこれを単にドゥ・ニームと呼んでいたが，やがてこの名称が短くなり，デニムとなった。❻デニムはキャンバス地より少し軽かったが，とても丈夫だった。鉱夫たちには完璧なものだった。❼しかし，もともとのデニムは白に近く，鉱夫たちはその色を好まなかった。彼らのデニムのズボンは働き始めるとすぐに汚れてしまったのだ。❽リーバイ・ストラウスは着色されたデニムを使うことに決め，濃い青を選んだ。1873年，リーバイ・ストラウスはより丈夫にするために金属製のピンを使ったデニムのズボンをつくり始めた。これが全く新しい発想である「ブルージーンズ」の登場だ。❾リーバイのジーンズはとても人気があったので，彼の会社はどんどん大きくなり，やがてほかの会社もブルージーンズをつくるようになった。鉱夫たちはジーンズを好み，カウボーイやほかの労働者たちもジーンズを好んだ。ブルージーンズはアメリカの伝統的な作業用ズボンとなった。❿第二次世界大戦後，ジーンズは世界中で人気となった。今日，ブルージーンズは世界中でつくられており――そのほとんどはアジア製だ。コストがかかるため，現在アメリカではほとんどジーンズがつくられていないが，使えるお金がたくさんあれば，サンフランシスコ製のブルージーンズを買うことはまだ可能である。⓫1996年，ある人物が，アメリカのネバダ州にある古い鉱山でとても古い衣服をいくつか見つけ，それらの中に１本の汚れた古いジーンズが含まれていた。今日，そのジーンズはとても貴重で，サンフランシスコにあるリーバイ・ストラウス社の保管コレクションに収蔵されている。その140年以上前のジーンズは，世界で最も古いリーバイス501のジーンズである。⓬それは現代の501とほとんど同じで，細部に小さな違いがあるだけだ。例えば，現代の501には後ろのポケットが２つあるが，その古いジーンズには１つしかない。⓭今日，ジーンズのブランドは何百種類もある。アルマーニやベネトンのような一流ファッションブランドの多くは，自社でブルージーンズをつくっている。しかし，本物のオリジナルのジーンズとしては，「リーバイス」が今でも最も人気のあるブランドだ。

問１＜要旨把握＞「鉱夫たちはどんな問題に直面していたか」―エ．「彼らが着ているズボンは鉱山で働くのに十分丈夫ではなかった」　第３段落第１文参照。

問２＜内容一致＞「リーバイによってつくられたズボンは(　　)にちなんで名づけられた」―ア．「フランスの布」　第５段落第２，３文参照。フランス産の布の名称である「セルジュ・ドゥ・ニーム」が短くなり，やがて「デニム」と呼ばれるようになった。　'name *A* after *B*'「*B*にちなんで*A*を名づける」

問３＜要旨把握＞「最初のデニムの特徴でないものはどれか」―エ．「とても固い」　ア，イは第６段落第１文，ウは第７段落第１文で述べられている。「とても固い」という記述はない。

問４＜英文解釈＞「本文の下線部はどんな意味か」―イ．「カウボーイやほかの労働者たちもブルージーンズを気に入った」　'so ～＋主語.' は前の文の内容を受けて，「〈主語〉も～だ」という意味を表す。よって，下線部は「カウボーイやほかの労働者たちもブルージーンズを気に入った」という意味になる。'so ～＋主語.' の '～' には前が一般動詞の文であれば do，does，did が，be動詞の文であれば be動詞が，助動詞の文であれば助動詞が入る。ここでは liked という一般動詞の過去形が使われているため，did になっている。

問５＜文脈把握＞「現在，ほとんどのブルージーンズがアメリカ以外の国々でつくられているのはなぜか」―ア．「アメリカでそれらをつくるにはたくさんのお金が必要だから」　第10段落第３文参照。　other than ～「～以外」

問６＜要旨把握＞「1996年に何が起こったか」―イ．「１本の汚れた古いジーンズが発見された」　第11段落第１文参照。

問７＜要旨把握＞「過去の501の特徴は何か」―イ．「後ろのポケットが１つしかない」　第12段落第２文参照。

問８＜内容真偽＞「次のうち正しいのはどれか」　ア．「リーバイが濃い青を選んだのは，ジーンズが丈夫になるからだ」…×　第７段落第２文および第８段落第１，２文参照。リーバイは汚れが目立たないようにジーンズを濃い青にした。ジーンズを丈夫にしたのは金属製のピン。　イ．「鉱夫たちはリーバイに白いデニムジーンズをつくるよう頼んだ」…×　第７段落第１文参照。鉱夫たちは白いデニムは気に入っていなかった。　ウ．「リーバイスはデニムジーンズのトップ企業である」…○　第13段落最終文に一致する。　エ．「リーバイは鉱夫たちにキャンバス地を販売した最初の人物だった」…×　第２段落第３文から，リーバイが鉱夫たちにキャンバス地を販売していたことはわかるが，最初に販売した人物かどうかは読み取れない。

2024年度／獨協埼玉高等学校（第２回）

数学解答

1 (1)　$-2a^2$　(2)　$x=\dfrac{-1\pm\sqrt{65}}{2}$

(3)　$(x+y+7)(x-y-7)$

(4)　$x=\dfrac{3}{2}$，$y=-\dfrac{5}{3}$　(5)　4

(6)　28　(7)　55°

(8)　$4+4\sqrt{2}\,\text{cm}^2$　(9)　52cm^3

(10)　②

2 (1)　①　$\dfrac{9}{25}$　②　$\dfrac{3}{10}$

(2)　①　$2a+3b$　②　$a=6$，$b=5$

3 (1)　$(-3,\ -3)$　(2)　$y=\dfrac{4}{3}x+1$

(3)　$\dfrac{24}{5}$

4 (1)　①　8 cm　②　16cm　③　12cm

(2)　①　6：5　②　3：1

(3)　$\dfrac{108}{11}\text{cm}^2$

1〔独立小問集合題〕

(1)＜**式の計算**＞与式$=9a^4b^2\times\left(-\dfrac{7}{6a^3b^4}\right)\times\dfrac{4}{21}ab^2=-\dfrac{9a^4b^2\times7\times4ab^2}{6a^3b^4\times21}=-2a^2$

(2)＜**二次方程式**＞両辺を20倍して，$x^2-4(x-1)=20-5x$，$x^2-4x+4=20-5x$，$x^2+x-16=0$となるから，解の公式より，$x=\dfrac{-1\pm\sqrt{1^2-4\times1\times(-16)}}{2\times1}=\dfrac{-1\pm\sqrt{65}}{2}$となる。

(3)＜**式の計算―因数分解**＞$y+7=M$とおくと，与式$=x^2-M^2=(x+M)(x-M)$となる。Mをもとに戻して，与式$=(x+y+7)\{x-(y+7)\}=(x+y+7)(x-y-7)$となる。

(4)＜**連立方程式**＞$(x-1)：(y+2)=3：2$……①，$3x-2y=11-(x-y)$……②とする。①より，$2(x-1)=3(y+2)$，$2x-2=3y+6$，$2x-3y=8$……①′　②より，$3x-2y=11-x+y$，$4x-3y=11$……②′　①′－②′より，$2x-4x=8-11$，$-2x=-3$　$\therefore x=\dfrac{3}{2}$　これを①′に代入して，$2\times\dfrac{3}{2}-3y=8$，$3-3y=8$，$-3y=5$　$\therefore y=-\dfrac{5}{3}$

(5)＜**関数―aの値**＞A$(-3,\ 14)$，B$(2,\ -1)$，C$(a,\ -7)$とする。3点A，B，Cが同一直線上にあるとき，直線ABの傾きと直線BCの傾きは等しい。直線ABの傾きは$\dfrac{-1-14}{2-(-3)}=-3$，直線BCの傾きは$\dfrac{-7-(-1)}{a-2}=-\dfrac{6}{a-2}$となるから，$-3=-\dfrac{6}{a-2}$が成り立つ。これより，$-3(a-2)=-6$，$a-2=2$，$a=4$となる。

(6)＜**数の計算**＞$2\sqrt{7}=\sqrt{2^2\times7}=\sqrt{28}$だから，$\sqrt{25}<\sqrt{28}<\sqrt{36}$より，$5<2\sqrt{7}<6$である。よって，$2\sqrt{7}$の整数部分は5であるから，小数部分は$a=2\sqrt{7}-5$である。与式$=(a+5)^2$として，$a=2\sqrt{7}-5$を代入すると，与式$=(2\sqrt{7}-5+5)^2=(2\sqrt{7})^2=28$である。

(7)＜**平面図形―角度**＞右図1のように，点Bと点Dを結ぶ。$\overset{\frown}{\text{BD}}$に対する円周角と中心角の関係より，∠BOD＝2∠DCB＝2×51°＝102°となる。△OBDはOB＝ODの二等辺三角形となり，二等辺三角形の底角は等しいから，∠ODB＝(180°－∠BOD)÷2＝(180°－102°)÷2＝39°である。よって，∠BDC＝∠CDO＋∠ODB＝16°＋39°＝55°となり，$\overset{\frown}{\text{BC}}$に対する円周角より，∠$x$＝∠BAC＝∠BDC＝55°である。

図1

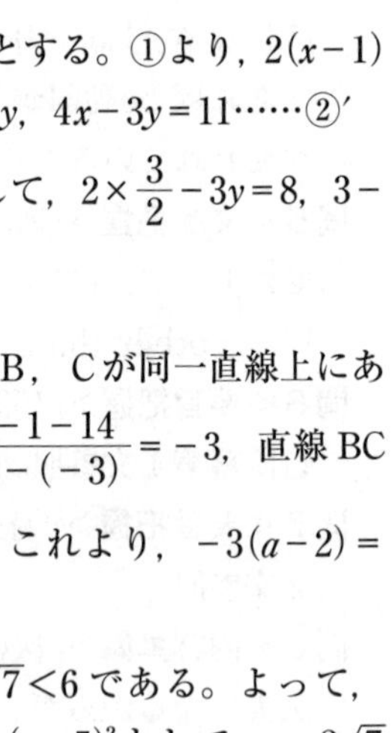

(8)＜**平面図形―面積**＞次ページの図2のように，正八角形の8個の頂点を

点A～Hとし，直線BC，DE，FG，AHの交点をそれぞれP，Q，R，Sとする。正八角形の外角の和は360°だから，$\angle PAB=\angle PBA=360°\div 8=45°$より，△ABPは直角二等辺三角形となる。よって，$AP:BP:AB=1:1:\sqrt{2}$より，$AP=BP=\dfrac{1}{\sqrt{2}}AC=\dfrac{1}{\sqrt{2}}\times\sqrt{2}=1$である。△CDQ，△EFR，△GHSも同様である。$CQ=BP=1$より，$PQ=BP+BC+CQ=1+\sqrt{2}+1=2+\sqrt{2}$となり，$PQ=QR=RS=SP$，$\angle SPQ=90°$だから，四角形PQRSは正方形である。したがって，正八角形ABCDEFGHの面積は，〔正方形PQRS〕-4△ABP$=(2+\sqrt{2})^2-4\times\left(\dfrac{1}{2}\times1\times1\right)=(4+4\sqrt{2}+2)-4\times\dfrac{1}{2}=(6+4\sqrt{2})-2=4+4\sqrt{2}$(cm^2)である。

図2

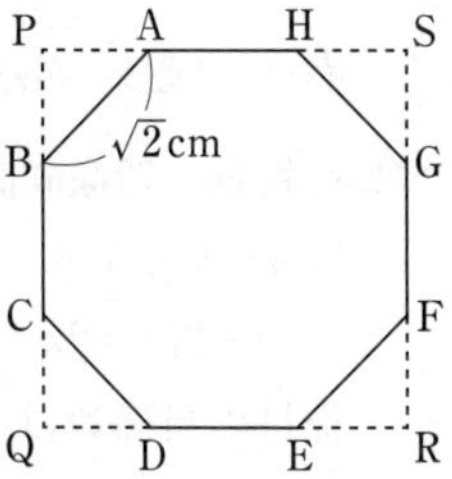

⑼＜空間図形―体積＞右図3のように，2直線EA，FIの交点をOとし，点Oと点Hを結び，線分OHと辺ADの交点をJとする。立方体ABCD-EFGHを3点I，F，Hを通る平面で切断したとき，この平面は点Jを通るので，頂点Aを含む方の立体は，立体AIJ-EFHとなる。$AI:IB=1:2$より，$AI=\dfrac{1}{1+2}AB=\dfrac{1}{3}\times6=2$である。また，△AOI∽△BFIより，$OA:FB=AI:IB=1:2$だから，$OA=\dfrac{1}{2}FB=\dfrac{1}{2}\times6=3$となり，$OE=OA+AE=3+6=9$である。さらに，△AOJ∽△EOHより，$AJ:EH=OA:OE=3:9=1:3$だから，$AJ=\dfrac{1}{3}EH=\dfrac{1}{3}\times6=2$である。よって，〔三角錐O-EFH〕$=\dfrac{1}{3}\times$△EFH$\times OE=\dfrac{1}{3}\times\left(\dfrac{1}{2}\times6\times6\right)\times9=54$，〔三角錐O-AIJ〕$=\dfrac{1}{3}\times$△AIJ$\times OA=\dfrac{1}{3}\times\left(\dfrac{1}{2}\times2\times2\right)\times3=2$となるから，求める立体の体積は，〔立体AIJ-EFH〕=〔三角錐O-EFH〕－〔三角錐O-AIJ〕$=54-2=52$(cm^3)である。

図3

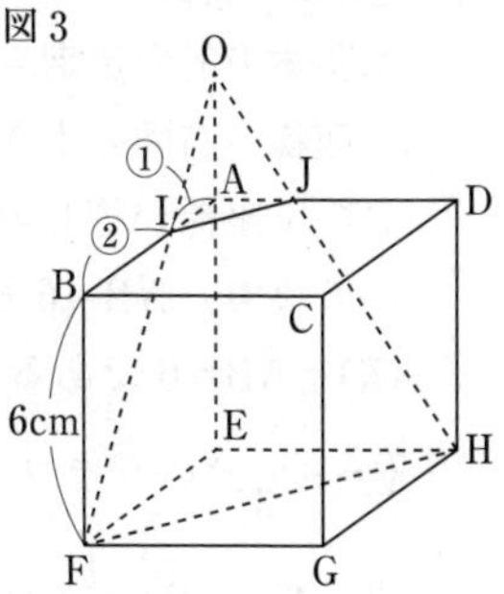

⑽＜標本調査―母集団の数＞ある地域のアライグマの総数をx匹とする。初めに捕まえた128匹のアライグマ全てに印をつけたから，アライグマの総数に対する印をつけたアライグマの数の割合は，$\dfrac{128}{x}$と表せる。また，後日改めて200匹のアライグマを捕まえたとき，そのうちの4匹に印がついていたから，このときの印がついたアライグマの数の割合は，$\dfrac{4}{200}=\dfrac{1}{50}$となる。よって，$\dfrac{1}{50}=\dfrac{128}{x}$が成り立ち，$x=128\times50$，$x=6400$となるから，推測されるアライグマの数は6400匹となる。

2 〔独立小問集合題〕

⑴＜確率―色玉＞①袋の中には全部で$3+2=5$(個)の玉が入っている。よって，Aの玉の取り出し方は5通りあり，取り出した玉をもとに戻すので，Bの玉の取り出し方も5通りあり，玉の取り出し方は全部で，$5\times5=25$(通り)ある。このうち，2人とも赤玉を取り出す場合は，3個の赤玉を赤$_1$，赤$_2$，赤$_3$とすると，(A，B)=(赤$_1$，赤$_1$)，(赤$_1$，赤$_2$)，(赤$_1$，赤$_3$)，(赤$_2$，赤$_1$)，(赤$_2$，赤$_2$)，(赤$_2$，赤$_3$)，(赤$_3$，赤$_1$)，(赤$_3$，赤$_2$)，(赤$_3$，赤$_3$)の9通りある。したがって，求める確率は$\dfrac{9}{25}$である。

②Aの玉の取り出し方は5通りあり，取り出した玉をもとに戻さないので，残りが4個より，Bの玉の取り出し方は4通りある。よって，2人の取り出し方は全部で，$5\times4=20$(通り)ある。このう

ち，２人とも赤玉を取り出す場合は，(A，B)＝(赤$_1$，赤$_2$)，(赤$_1$，赤$_3$)，(赤$_2$，赤$_1$)，(赤$_2$，赤$_3$)，(赤$_3$，赤$_1$)，(赤$_3$，赤$_2$)の６通りあるから，求める確率は $\frac{6}{20}=\frac{3}{10}$ である。

(2)＜**特殊・新傾向問題―規則性**＞①１番目の自然数が a，２番目の自然数が b より，３番目の自然数は $a+b$ となり，４番目の自然数は $b+(a+b)=a+2b$ となる。よって，５番目の自然数は，$(a+b)+(a+2b)=2a+3b$ である。　②６番目の自然数は $(a+2b)+(2a+3b)=3a+5b$ となるので，７番目の自然数は，$(2a+3b)+(3a+5b)=5a+8b$ である。よって，７番目の自然数が70のとき，$5a+8b=70$ が成り立ち，$8b=70-5a$，$8b=5(14-a)$ となる。a と b は自然数だから，$8b$ は８の倍数であり，$5(14-a)$ も８の倍数となる。これより，$14-a$ は８の倍数である。$14-a$ は13以下の自然数だから，$14-a=8$ であり，$a=6$ となる。また，$8b=5\times8$ より，$b=5$ である。

３〔**関数―関数 $y=ax^2$ と一次関数のグラフ**〕

≪**基本方針の決定**≫(3)　点Bから直線ACに引いた垂線の長さを求める。△ABCの面積を利用する。

(1)＜**座標**＞右図のように，線分CDと y 軸の交点をPとする。２点A，Bの y 座標が等しいので，ABは x 軸に平行である。点Aの x 座標が6より，AB＝6となり，四角形ABCDは平行四辺形だから，CD＝AB＝6である。CDも x 軸に平行となり，２点C，Dは関数 $y=-\frac{1}{3}x^2$ のグラフ上にあるから，y 軸について対称な点となる。よって，$CP=\frac{1}{2}CD=\frac{1}{2}\times6=3$ であり，点Cの x 座標は -3 となる。y 座標は $y=-\frac{1}{3}\times(-3)^2=-3$ より，$C(-3,\ -3)$ である。

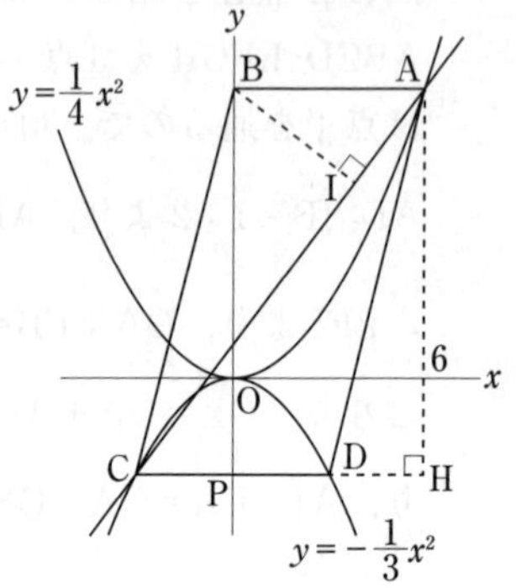

(2)＜**直線の式**＞右上図で，点Aは関数 $y=\frac{1}{4}x^2$ のグラフ上にあり，x 座標が６だから，$y=\frac{1}{4}\times6^2=9$ となり，A(6，9)である。また，(1)より，$C(-3,\ -3)$ だから，直線ACの傾きは $\frac{9-(-3)}{6-(-3)}=\frac{4}{3}$ となり，その式は，$y=\frac{4}{3}x+b$ と表せる。点Aを通るから，$9=\frac{4}{3}\times6+b$ より，$b=1$ となり，直線ACの式は $y=\frac{4}{3}x+1$ である。

(3)＜**長さ**＞右上図のように，点Bから直線ACに垂線BIを引くと，線分BIの長さが，点Bと直線ACとの距離となる。点Aを通り y 軸に平行な直線とCDの延長との交点をHとすると，∠AHC＝90°となる。A(6，9)，C(−3，−3)より，$AH=9-(-3)=12$，$CH=6-(-3)=9$ だから，△ACHで三平方の定理より，$AC=\sqrt{AH^2+CH^2}=\sqrt{12^2+9^2}=\sqrt{225}=15$ となる。また，AB＝6だから，$\triangle ABC=\frac{1}{2}\times AB\times AH=\frac{1}{2}\times6\times12=36$ となる。よって，△ABCの面積について，$\frac{1}{2}\times AC\times BI=36$ より，$\frac{1}{2}\times15\times BI=36$ が成り立つので，$BI=\frac{24}{5}$ となり，点Bと直線ACとの距離は $\frac{24}{5}$ である。

４〔**平面図形―半円**〕

(1)＜**長さ**＞①右図で，OD＝OA＝10となり，∠OED＝90°だから，△ODEで三平方の定理より，$DE=\sqrt{OD^2-OE^2}=\sqrt{10^2-6^2}=\sqrt{64}=8$(cm)である。　②図で，線分ABは半円Oの直径だから，∠ACB＝90°となり，AC∥ODより，平行線の同位角は等しいから，∠OHB＝∠ACB＝90°である。よって，△OBHと△ODEにおいて，∠OHB＝∠OED＝90°，

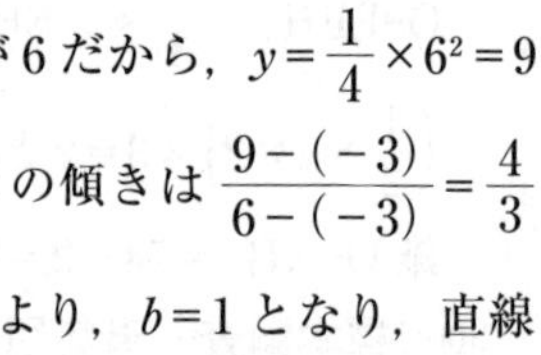

OB＝OD＝10，∠BOH＝∠DOE より，直角三角形の斜辺と１つの鋭角がそれぞれ等しくなるから，△OBH≡△ODE となり，①より，BH＝DE＝8 である。また，OH⊥BC より，点Hは線分 BC の中点となるから，BC＝2BH＝2×8＝16(cm)である。　③図で，②より，△OBH≡△ODE だから，OH＝OE＝6 となる。また，∠OHB＝∠ACB，∠OBH＝∠ABC より，△OBH∽△ABC だから，OH：AC＝BH：BC＝1：2 となる。よって，AC＝2OH＝2×6＝12(cm)である。

(2)＜**長さの比**＞①前ページの図で，∠AFC＝∠DFO であり，AC∥OD より，∠FAC＝∠FDO だから，△FAC∽△FDO となる。これより，CF：FO＝AC：OD＝12：10＝6：5 である。　②図で，①と同様にして，∠AGC＝∠DGH，∠GAC＝∠GDH より，△GAC∽△GDH となる。DH＝OD－OH＝10－6＝4 だから，CG：GH＝AC：DH＝12：4＝3：1 である。

(3)＜**面積**＞前ページの図のように，２点O，Gを結ぶ。(1)②より，CH＝BH＝8 だから，△COH＝$\frac{1}{2}$×OH×CH＝$\frac{1}{2}$×6×8＝24 である。また，(2)②より，△COG：△COH＝CG：CH＝3：(3＋1)＝3：4 だから，△COG＝$\frac{3}{4}$△OCH＝$\frac{3}{4}$×24＝18 となる。同様にして，(2)①より，△CFG：△COG＝CF：CO＝6：(6＋5)＝6：11 だから，△CFG＝$\frac{6}{11}$△COG＝$\frac{6}{11}$×18＝$\frac{108}{11}$(cm²)である。

国語解答

一　問一　c　問二　エ→イ→ア→ウ
問三　ア　問四　イ　問五　ウ
問六　X　固有の文化
Y　集団の永続性と緊密性
問七　個々人の感情はもともと，所属する集団が持つ共同感情の中で育まれてきたものであるから。（42字）
問八　エ　問九　C…オ　D…ウ
問十　ア

二　問一　A…イ　B…エ　問二　イ
問三　a…ウ　b…ア
問四　X　沈黙が気まずくて　Y…ア
問五　空を映すきれいな川の色を葵に見せたかったから。（23字）
問六　イ
問七　冗談のように話すことで，ナナコの幸せについて考えたら泣き出したくなったことをごまかすため。（45字）
問八　川幅の　問九　ア　問十　エ

三　①　透　②　普及　③　乾
④　免除　⑤　魅惑　a　ごらく
b　たんれん　c　さまた
d　ここ　e　ゆうち

一〔**論説文の読解―哲学的分野―人間**〕出典：中村雄二郎「感性の覚醒」（『中村雄二郎著作集Ｉ』所収）。

≪**本文の概要**≫個々人の感情は移ろいやすく，集団の感情になるとさらに不安定であるように見える。しかし，個々人の感情について見ると，感情とは，そのような一時的な興奮に駆られた情動でもなく，特定の事物に対する持続的な情念でもなく，自らのうちで吟味されたうえで持ち続けている，まとまりと秩序を持ったものである。このまとまりが，その人の人格や性格を形づくる。劇や小説の主人公たちが，感情の起伏と変化に富んでいても，そこに一個の人間像が形づくられているのは，彼らがまとまりと秩序を備えた人格を持っているからである。集団の感情においても，共同性の強い集団がまとまりのある感情を備え，まとまりを持った感情がそのような集団をつくる。共同感情は，それぞれの集団，特に一つの地方，社会，時代，国などに固有の文化を形づくる。もともと個々人の感情は，所属する集団の共同感情の中で育まれてきたものであるので，共同感情によって支えられ，方向づけられる。個人的な感情は，まとまりを持った共同性の上に成り立っているのである。共同感情は，集団の永続性と緊密性とを保つ共通の言語によって成立しており，共通の言語を持つ社会，特に国家と切り離せない関係にある。共同感情を問題とするうえで，最も基本的な集団は国家であり，また，国家や社会を考えるうえでは，感情の共同性が重要なのである。

問一＜**品詞**＞a．「曖昧な」は，形容動詞「曖昧だ」の連体形。　b．「たしかに」は，形容動詞「たしかだ」の連用形。　c．「その」は，名詞「ときどき」を修飾する連体詞（…○）。　d．「ほど」は，比較の基準を表す副助詞。　e．「激しやすく」は，動詞「激する」の連用形「激し」＋動詞の連用形について複合語をつくる形容詞「やすい」の連用形。

問二＜**文脈**＞個々人の感情は，移ろいやすく，矛盾を含み，集団感情になるとさらに不安定で，非合理性が強くなるけれども，「果たして感情は単にそのようなものなのだろうか」と考えると（…エ），「必ずしもそうとは言えない」のである（…イ）。「或る程度永い期間続けてその人の感情の動きをとらえるならば～まとまりがあり秩序がある」のであり（…ア），「このまとまりが通常その人の人格や性格といわれているものを形づくる」のである（…ウ）。

問三＜**文章内容**＞「一時的に怒り，興奮し，そして間もなく消え去るような怒り」，要するに，長続きしない一時的な興奮に駆り立てられた怒りは，怒りの情動である(…A)。理性を失って適切な判断ができなくなり，持続的に一つのことに深くとらわれて，「そのこと以外考えなくなった怒り」は，怒りの情念であり(…B)，どちらも怒りの感情ではない。

問四＜文章内容＞感情のまとまりや秩序が，「その人の人格や性格といわれているものを形づくる」のである。劇や小説の主人公たちは，感情が大きく動き，激しく変化しても，その感情にまとまりや秩序があるため，ある人格を持った一個の人間像となっている。

問五＜文章内容＞劇や小説の主人公たちは，「感情の起伏が大きく，激変に富んで」いるため，激しい変化や曲折の多い生涯を送ることになる。

問六＜文章内容＞X．集団の共同感情は，それぞれの集団に「固有の文化を形づくる」のである。

Y．「集団の永続性と緊密性とを保つ上で大きな役割を果たすのは言語」である。だから，「共同感情はその多くを共通の言語，とくにラング(国語，言語体系)に負っている」，ということは，共同感情は「共通の言語」があることで，多くの部分が成り立っている。

問七＜文章内容＞もともと個々人の感情は，その人の属する集団の「共同感情のなかで育まれてきたものである」から，「共同感情によって条件づけられている」のである。だから，感情は，個人的であるよりも，むしろ集団的であるといえる。

問八＜文章内容＞「個々人の感情はただそれだけで自立しているのではなく～その人の属する集団によって支えられ，条件づけられている」ので，自分では自由な感情だと思い込んでいるものでも，「その属する集団の共同感情によっておのずと方向づけられ」，共通する特徴を与えられている。

問九＜接続語＞C．共同感情は，それぞれの集団に「固有の文化」を形づくり，さらに，共同感情は，多くが「共通の言語」によって成り立っている。　D．感情は個人的なものではなく，「まとまりを持った共同性の上に成り立っている」し，ともに「共通の言語」によって成り立っている共同感情と共同社会，特に国家は，密接で切り離せない関係にある。そのため，「共同感情を問題とする上でもっとも基本的な集団は～大きな共同社会(国家)」ということになる。

問十＜要旨＞パスカルは，「人間の状態を《移り気，退屈，不安》としてとらえ」，人間は感情のままに生きていると考えた(ウ…×)。感情とは，興奮に駆り立てられた情動でもなく，「特定の人物や事柄に向けられた持続的な」情念でもなく，「自分のうちで吟味された上で持ちつづけられている」，秩序づけられたものである(ア…○)。言葉によらないコミュニケーションは，「共通の言語を前提としたものか」，そうではない限られた場面のものである(イ…×)。社会を考えるうえでは，感情の共同性が重要であるが，「社会における共同感情の持つ意味を完全にとらえること」はできない(エ…×)。

二〔**小説の読解**〕出典：角田光代『対岸の彼女』。

問一＜表現＞A．葵は，油によってなめらかでつやつやに光る父の手の甲を見つめた。　B．タクシーは，細い道を緩やかなカーブが連続するのに沿って，蛇のように曲がっていった。

問二＜心情＞葵は，会えると聞いただけで鼓動が早くなるくらい，ずっとナナコに会いたかった。そんな葵は，ナナコの姿を見る「夢はもう幾度も見ていた」ので，ナナコが目の前にいることが夢のように感じられ，現実だと信じられないでいる。

問三＜慣用句＞a．まるでナナコと昨日まで一緒に話していたような軽い調子の言葉が，自然に出た。

b．葵は，「見たことのないような澄んだ青色を呈している」川を見て，驚きのあまり一瞬息を止めた。

問四．X＜文章内容＞「話すことがなくなってしまう」ので，「沈黙が気まずくて胸のうちをひっくりかえして葵は言葉を捜す」のである。　Y＜心情＞車の中で，葵もナナコも何もしゃべらず，「手をつないだまま〜流れ続ける町をじっと眺める」が，そのとき葵は，「夏の制服を着た自分たちが」，笑い転げたり，熱心に話したり，気に入ったものを言い合ったりしているかつての姿を思い返している。

問五＜文章内容＞ナナコが「時計を見ていたのは，空を映すこの川を見せたかったからなのだ」と葵は気づいた。川は空を映して，見たことのないような澄んだ青色になっており，ナナコは，「この時間だけ，こんなにきれいな色になるんだよ」と言った。

問六＜心情＞ナナコは水上か下仁田の親戚の家に引っ越すと言うが，葵は，そんなどこにあるのか想像もつかない所にナナコが行ってしまい，自分から連絡もとれなくなることが不安であり，「絶対だよ」とナナコに念を押して，少しでも心配をなくそうとしている。

問七＜文章内容＞プラチナのリングの方が「銀よりずっとしあわせになれる」らしいので，葵は，ナナコにプラチナのリングを贈ろうと思っている。そんな話を，ナナコの幸せを考えながらしているうちに，葵は「急に泣き出したくなった」ので，冗談のように話してごまかそうとした。

問八＜表現＞葵は，ナナコの言う「感じ」を味わうために川を凝視した。すると，足元に空が流れるように，「川幅の空はするすると流れ」，空に立っているみたいな，どこにいるのかわからなくなる感じに似て，「足元が数センチ浮き上がったような，不思議な浮遊感」を覚えた。

問九＜心情＞葵は，「ほんの少し我慢すればすぐに会えるって」と慰める父の言葉を理解してうなずくが，それでも，自分やナナコが行きたいと思う方向に自由に進むことができないことをむなしく感じ，「なんであたしたちはなんにも選ぶことができないんだろう」と心の中で嘆いている。

問十＜表現＞本文は，葵だけの視点で描かれている。また，ナナコの「あはは，アオちん，元気そうだね」という言葉には，葵と久々に会えたうれしさが表れていて，この姿からは，悩みを抱えている様子はうかがえない(ア…×)。葵は，ナナコが引っ越すと聞いて急に不安になり，「会えるよね」と念を押してはいるが，ナナコは「当たり前じゃん」と請け合っているし，また，葵とナナコのプラチナのリングについての会話が重なっても，葵は「次第に途方に暮れていく」わけではない(イ…×)。「音もなく川は流れていく」という情景は，葵とナナコが磯子のマンションの屋上にいたときの，また，風がやんだ夏の午後三時の情景は，夏の制服を着た葵とナナコが町で楽しく遊んでいたときの，いずれも葵の回想であるが，これらは，葵が時の流れを自覚していく様子を表すものではない(ウ…×)。「車は市内をひたすらぐるぐると」まわり，過ぎていく窓の外の景色を眺めていると，葵は，「どこかを目指し，どこへもいけず，またここに戻ってきた自分のようだ」と，先へ進めない自分と車を重ねている(エ…○)。

三〔漢字〕

①訓読みは他に「す(かす)」「す(ける)」がある。音読みは「透明」などの「トウ」。　②「普及」は，社会一般に広く行きわたること。　③音読みは「乾燥」などの「カン」。　④「免除」は，義務や役目などを果たさなくてよいと許可すること。　⑤「魅惑」は，魅力によって人を引きつけ，心を惑わすこと。　a．「娯楽」は，仕事・勉強を離れた余暇などに，心を楽しませたり慰めたりしてくれるもの。　b．「鍛錬」は，厳しい修行や練習を重ねて心身を鍛えたり技能を磨いたりすること。　c．音読みは「妨害」などの「ボウ」。　d．訓読みは他に「こお(る)」がある。音読みは「凍傷」などの「トウ」。　e．「誘致」は，積極的に誘い寄せること。

2023年度 獨協埼玉高等学校(第1回)

【英　語】（50分）〈満点：100点〉

1 リスニング問題　〈編集部注：放送文は未公表につき掲載してありません。〉

Part 1　これから流れる英語を聞き，1～5の質問に対する答えを1つ選び，記号で答えなさい。英文は2度読まれます。

1　(A)　1913　　(B)　1915　　(C)　1930

2　(A)　He joined the air force.
　　(B)　He joined the army.
　　(C)　He joined the navy.

3　(A)　Seven years　　(B)　Six years　　(C)　Five years

4　(A)　He left for the moon.
　　(B)　He walked on the moon.
　　(C)　He landed on the moon.

5　(A)　He became a popular teacher.
　　(B)　He became a guest speaker.
　　(C)　He spoke on many radio shows.

Part 2　これから短い会話文を聞きます。下の1～5の空欄に適切な語句や文字，数字などを書きなさい。英文は1度だけ読まれます。

<u>Lost & Found</u>

1	Lost item：	＿＿＿＿＿
2	Case color：	＿＿＿＿＿
3	Name：	＿＿＿＿＿ Green
4	Address：	200, ＿＿＿＿＿ Road
5	Tel. No.：	0191-4781-＿＿＿＿

Part 3　２人の会話を聞き，下の表の項目に当てはまるものを(A)〜(H)の中から選び，記号で答えなさい。英文は２度読まれます。また，会話の場面の概要が日本語で書かれているので今読みなさい。

レベッカ(女性)が父親に明日何をするのかを話している。

	Times	
1	8：00	
2	9：00	
3	10：00	
4	12：30	
5	7：30	

Rebecca's Activities

(A) Do homework　(B) Go shopping　(C) Go running
(D) Language class　(E) Meet Tom　(F) Study
(G) Sailing　(H) Theater

2　次の会話が成立するように空欄に適切な１語を入れなさい。ただし，答えは全て空欄内に示された文字で書き始めなさい。

1　A：This course will be very good for students who want to study (a　　) because you need to speak English all the time.
　B：Right.　You can also learn some customs in other countries.

2　A：What are we going to do during the next class, Mr. Sakamoto？
　B：You can use fifty minutes to (p　　) for your presentation.

3　A：You should be more (c　　) about what pictures you put on the Internet.
　B：I thought it was OK, but I am really sorry.　I won't do that again.

4　A：The (m　　) child is usually friendly.
　B：How come？
　A：I'm not quite sure, but they may have more chance to talk with both younger and older brothers or sisters.

5　A：Did she learn the names of the twelve months at school？
　B：Not all of them.　She couldn't spell the (n　　) month, "September".

3　日本語の意味に合う英文になるよう，＿＿に適切な英語３語を入れなさい。

1　私は村上春樹が書いた本を２冊持っています。
　I have two ＿＿＿＿＿ Murakami Haruki.

2　私は外国人の友達を作ることを楽しみにしています。
　I am looking ＿＿＿＿＿ foreign friends.

3　あれはなんと大きな鳥でしょう。
　＿＿＿＿＿ bird that is！

4　すごく緊張して，何も答えられませんでした。
　I was ＿＿＿＿＿ I couldn't answer any questions.

5　私は学校に一度も遅刻したことがありません。

I have ＿＿＿＿＿ for school.

4　2つの会話文の空欄に当てはまる英文を下の選択肢から選び，会話文を完成させなさい。ただし，英文は1度だけ使うこと。

A： Hi.（　1　）

B： I have been looking for a gift for my friend.　Her birthday is coming soon.

A：（　2　） Tell me what she likes.

B： Well, she likes sweet cakes.

A： Okay.　Matcha cakes are very popular in this shop.

B： Thank you.　Well, she does not like bitter flavors.

A： Oh, OK.（　3　） This chocolate cake is sweet.

B： I will take it.

ア　How can I help you ?　　イ　How terrible this cake looks !

ウ　How kind you are !　　エ　How about you ?

オ　How about this flavor ?

A： Hi !　Are you OK ?　What's wrong ?

B：（　4　） I moved to this town last week.

A： Where do you want to go ?

B： I want to go to the post office.　I need to send my grandmother some letters.

A： I think you came in the wrong direction.　You should go back to the main street, and walk along the beach.

B： Oh my goodness.　That is too far.

A：（　5　）

B： Oh, I didn't know that.　I will try to find it.　Thank you.

ア　Go to a convenience store, and you will find a post box there.

イ　I am fine, thank you.

ウ　Slow down, or you will go to the wrong way again.

エ　I think I am lost.

オ　Why don't you give up ?

5　日本語の意味に合うように与えられた語句を並べかえなさい。ただし，文頭に来る語句も小文字で示してある。

1　受け取った手紙を読み，私は嬉しくなりました。

(I / made / received / the letter / happy / me).

2　私にはインターネットなしの生活なんて想像できません。

(impossible / is / me / it / for / the Internet / imagine / to / a life / without).

3　この試験に向けてどれだけ彼が熱心に勉強してきたか，君にわかりますか。

Do you know (this / how / he / has / for / hard / studied / exam)?

4　このコートは冬に着るほどには暖かくありません。

(this / isn't / wear / winter / enough / warm / coat / to / in).

5　トムはどれくらい長く友達を待ち続けているのですか。
(has / Tom / long / been / waiting / his friends / how / for)?

6　暗いところでコンピューターを使うのは，目に悪いです。
(your eyes / bad / a computer / using / in / for / the dark / is).

6　次の英文を読み，以下の設問に答えなさい。

Wearable technology, or "wearables", is the name for the type of electronic items we can wear as accessories that are (1)implanted in our clothing or even in our body. Wearables are (2) items with a connection to the Internet.

There have been wearable items for hundreds of years. Pocket watches later became wristwatches, and glasses were also some of the first examples in the history of wearable technology. [A] People wore them to have a more comfortable life, and we still do! Glasses help you see, and watches give you helpful information. But (3)modern wearable items are more (4)complicated. They are electronic, and they use the Internet to collect and send different kinds of information.

The first popular electronic wearable technology was fitness trackers. For example, 'Fitbits' became popular from 2010. They can check your heart and movement and help you keep fit. Now, wearable technology helps people stay healthy in new ways. 'Heartguide' looks like a smartwatch, but it can measure blood pressure. [B] Then it shares this information with a doctor so that the doctor can give better advice. 'SmartSleep' is a soft headband. It helps people to sleep better, collects information about people's sleep patterns, gives advice and makes sounds to help people fall asleep.

(5), not all wearables are about health. Some are used for your safety or to find the place you want to go, and some are just for fun. For example, you can hug someone from miles away with a smart jacket! [C] You can also buy smart jewelry. These rings and necklaces can change color to match your clothes or make-up, or they can send the police an alert if you are in danger. And with a smart hat, you can listen to music and answer calls without using headsets!

問1　下線部(1)・(4)の本文中の意味として最も適切なものを右のア～エの中から１つ選び，記号で答えなさい。

(1)　ア　get over　　イ　built in
　　ウ　take up　　エ　take away

(4)　ア　difficult to buy　　イ　difficult to use
　　ウ　different to buy　　エ　different to use

問2　空欄(2)に当てはまる単語として最も適切なものを次のア～エの中から１つ選び，記号で答えなさい。

ア　well-balanced　　イ　hands-free
ウ　old-fashioned　　エ　eco-friendly

問3　下線部(3)について，その特徴を本文に即して日本語で句読点を含めて40字以内で説明しなさい。

問4　空欄(5)に入る語として最も適切なものを次のア～エの中から１つ選び，記号で答えなさい。

ア　As a result　　イ　In short　　ウ　However　　エ　Then

問5　以下の一文を本文中に挿入するとしたら，どこに入れるのが適切か。[A]～[C]の中から選び，記号で答えなさい。

It can also track information about a person's lifestyle, for example, how much they exercise.

問6　本文の内容と**一致しないもの**を次のア～エの中から１つ選び，記号で答えなさい。

ア　Wearable items are necessary for us to live a convenient life.

イ　We have been using wearable technology in order to have a convenient life.

ウ　Wearable technology has a long history since the first pocket watch was created.

エ　Wearable technology can even protect your personal safety.

問7　本文のタイトルとして最も適切なものを次のア～エの中から１つ選び，記号で答えなさい。

ア　The Internet Changed Our Lives

イ　Good and Bad Points of Wearable Items

ウ　Why Do We Need Wearable Items ?

エ　What Is Wearable Technology ?

7　次の英文を読み，問１～８の英文に続くものとして最も適切なものをそれぞれ１つ選び，記号で答えなさい。

Many hundreds of years ago, a Native American chief named Shenandoah lived with his people in what is now the state of Virginia. Very little is known about Shenandoah, but the soft sound of his name was given to a river. The Shenandoah River still flows in a deep valley between the mountains in Virginia, just as it did when Chief Shenandoah lived. There is an old Native American story which tells how the river got its name.

A long time ago, many centuries before Europeans settled in America, there was a great lake of sparkling blue water hidden in the mountains of Virginia. For hundreds of years, Native American people lived near this lake, feeding on the fish they caught in its clean waters. The Native Americans often climbed up the mountains and camped there during their long hunts for food. In the evenings they sat near their camp and looked down at the beautiful lake.

On a clear, starry night you could see thousands of stars shining and dancing on the water below. The Native Americans loved this lake, and because they could see the stars in it they called the lake, "Clear Daughter of the Stars". In their language, the word for this was "Shenandoah".

One day, there was a loud crashing sound at one end of the lake. The lake began to disappear. Its water ran out of the valley, through a break in the mountain side. The waters ran on and on until they joined up with another river, which today is known as the Potomac.

In the end, the lake was gone. In its place was only a river. It is this way today. The lake is gone, but the beautiful Shenandoah River runs on. And on a clear night, anyone in the mountains can still see the stars dancing on the water.

問1　The Shenandoah River . . .

ア　was named by a Native American chief.

イ　was well known to the people.

ウ　can be seen in the state of Virginia.

エ　was famous for its soft sound.

問2　Native American people . . .

ア　hid in the mountains of Virginia.

イ　found that there was a lake of sparkling blue water.

ウ　lived near the lake 100 years ago.

エ　caught some fish in the lake.

問 3　The Native Americans camped in the mountains because . . .
ア　they needed to look for food.
イ　they had to run away from enemies.
ウ　they wanted to look down at the beautiful lake.
エ　it took a long time to climb up the mountains.

問 4　On a clear night, you could see . . .
ア　the Native Americans dancing near the lake.
イ　some shining rocks in the lake.
ウ　the stars in the lake.
エ　the clear daughter in the lake.

問 5　The lake began to disappear because . . .
ア　the water ran out through a break.
イ　it rained a lot.
ウ　the Native Americans broke the mountain side.
エ　the water from another river flew into the lake.

問 6　You can see . . .
ア　the beautiful lake called Shenandoah on a clear night.
イ　the beautiful stars in the water of the Shenandoah River on a clear night.
ウ　the beautiful Shenandoah River only on a clear night.
エ　the beautiful Shenandoah River because of the efforts of the Native Americans.

問 7　According to the story, . . .
ア　many daughters are called Shenandoah in Virginia.
イ　the Shenandoah River flowed into a deep valley when the Native American chief lived.
ウ　we don't know the reasons why the lake was gone.
エ　anyone can see the stars if you are in the Shenandoah River.

問 8　From this story, you can learn about . . .
ア　how to catch fish in the lake.
イ　the history of the Potomac.
ウ　how the lake got its name.
エ　the life of a Native American chief.

【数　学】（50分）〈満点：100点〉

（注意）　定規，分度器は使用してはいけません。

1　次の各問に答えなさい。

(1)　$\dfrac{2x-3y}{6}-\dfrac{x-5y}{3}$を計算しなさい。

(2)　2次方程式 $(x+4)^2=12$ を解きなさい。

(3)　$(x+y)^2+5(x+y)+4$ を因数分解しなさい。

(4)　連立方程式$\begin{cases} 2x-\dfrac{3}{4}y=14 \\ x:y=5:4 \end{cases}$を解きなさい。

(5)　直線 $y=\dfrac{1}{2}x+1$ に平行で，点$(4,\ 1)$を通る直線の式を求めなさい。

(6)　$20\times21^2-20\times19^2$ を計算しなさい。

(7)　次の図について，x の値を求めなさい。

①　$l /\!/ m$

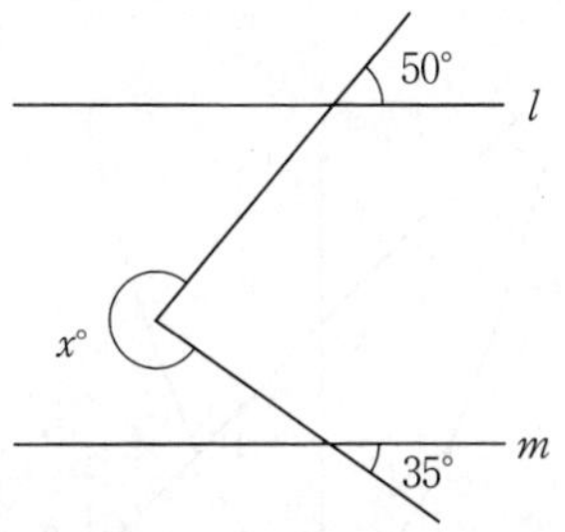

②　$l /\!/ m /\!/ n$

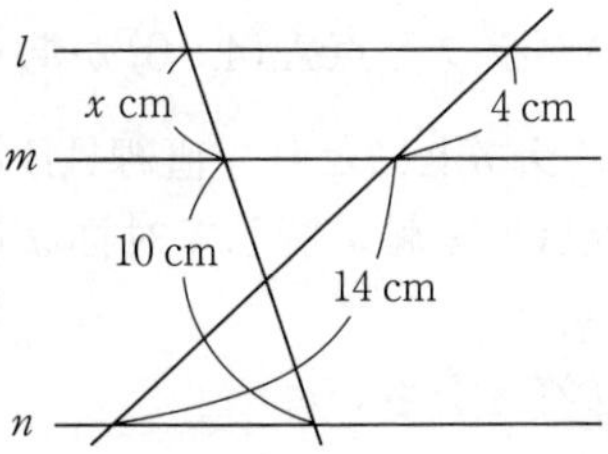

(8)　右の図は，正四角錐の展開図です。組み立ててできる正四角錐について，次のものを求めなさい。

①　表面積

②　体積

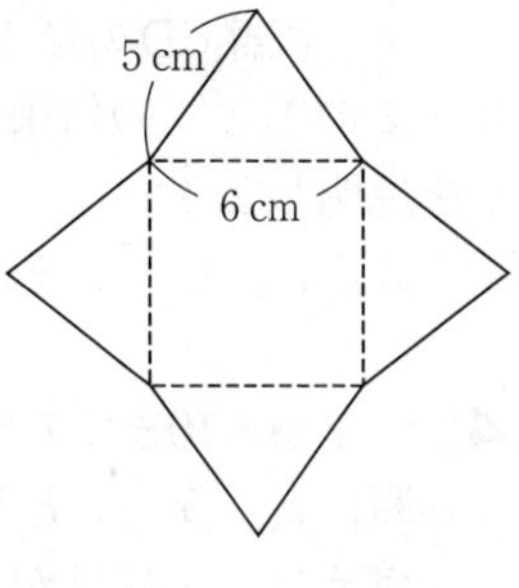

2　太郎さんと花子さんは自由課題として，全校で1100人いる生徒の中から無作為に200人を選び，その生徒を対象にカレーライス，焼きそば，ハンバーグの3つの中から好きなメニューを1つ選ぶアンケートを取りました。実施後すぐに花子さんが集計し，翌日に太郎さんにメモを渡しました。メモは以下の通りです。

> 1番人気のメニューと
> 2番人気のメニューを選んだ
> 人数の差は16

> 1番人気はカレーライス
>
> 焼きそばを選んだ人数は40

次の各問に答えなさい。

(1)　このアンケートは全数調査か標本調査か答えなさい。また，母集団を答えなさい。

(2)　２番人気のメニューとそれを選んだ人数を答えなさい。

太郎さんは後日，アンケートを取っていない生徒の中から無作為に何人かを選び，追加で同じアンケートを取りました。太郎さんが花子さんに残したメモは以下の通りです。

> ①　追加でアンケートを取った人数は ア
> ②　２回のアンケートでカレーと答えた人数は合計で110
> ③　追加で実施したアンケートの３つのメニューの人数比は追加前のアンケートと同じ
> ④　調査の結果から，全生徒1100人でアンケートを行った場合は焼きそばを選ぶ人数は イ と推測できる

(3)　空欄 ア ， イ を埋めなさい。

3　右の図のように，関数 $y=\frac{1}{2}x^2$ のグラフと点A(4, 0)があります。OB＝ABとなるような点Bをグラフ上にとり，直線ABと y 軸との交点をCとします。また，点Bと y 軸に関して対称な点をDとします。次の各問に答えなさい。

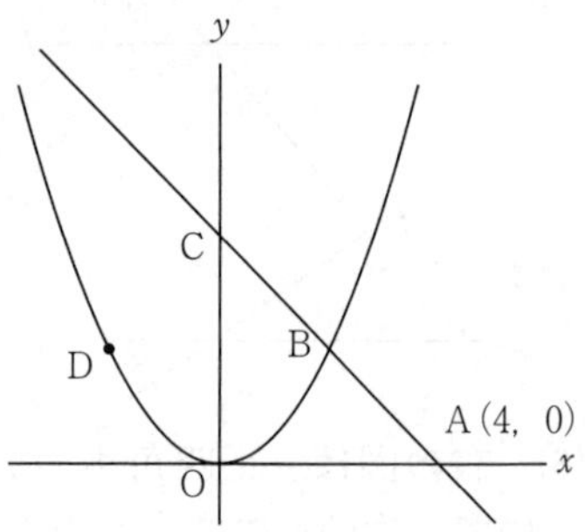

(1)　点B，点C，点Dの座標をそれぞれ答えなさい。
(2)　①　∠OBAの大きさを求めなさい。
　　②　直線CDの傾きを求めなさい。
(3)　(2)の①と②の結果を両方とも利用して，CD⊥ACであることを説明しなさい。
(4)　３点A，C，Dを通る円の半径を求めなさい。

4　１から10までの整数が書かれた10枚のカードから３枚を１枚ずつ順に取り出し，小さいほうから順に a，b，c とします。また，３数の積 abc を N とします。

例えば，１枚目が４，２枚目が３，３枚目が９の取り出し方のとき，$(a,\ b,\ c)=(3,\ 4,\ 9)$ となり，$N=3\times4\times9=108$ となります。

次の各問に答えなさい。

(1)　$(a,\ b,\ c)=(2,\ 8,\ 9)$ であるとき，
　①　N の値を求めなさい。
　②　カードの取り出し方は全部で何通りか求めなさい。
(2)　$\sqrt{N}=6$ となる $(a,\ b,\ c)$ をすべて求めなさい。
(3)　３枚のうち１枚は必ず10を含み，$\sqrt{35N}$ が自然数となるカードの取り出し方は全部で何通りか求めなさい。

「わがった、オラが艫櫓ば持つ。んだげど、脇櫓がひとり足んなぐなるのはどうするべ。今から雇いば探しても、たぶん間に合わねど」
「栄三さ持だせればいい。面舵櫓の一番後ろっ側乗せで、おめぇが面倒コ見でやればいい」
「③あいづはまだ中学生だ。ジャッペさ一度も乗さってねえのに、そいづは無理でねえすか」
「おめぇが最初に乗さった時は、なんぼだった？」
「十四で乗さったった」
「栄三はもう十四だど」
これもまた栄治の言う通りだった。

（中略）

「④日和がいいがら支度してけろ、用意はでぎだが！」
組合の係が家々の軒先で触れ回る声を聞いてから、小一時間が経っていた。東の空がうっすらと白くなり、そろそろ夜が明ける頃合いだ。
「寒ぃのが？　先たからずっと震えでってぁ」
栄二郎は、ジャッペの右舷、一番後ろの面舵櫓の脇でガタガタと震えている栄三に声をかけた。
「⑤うんにゃ、武者震いだ」
歯を鳴らしながら栄三が答える。その気持ちは痛いほどわかった。自分とて、初めて場トリのジャッペに乗った時は、膝の震えが止まらなかった。
本村の全ての漁師と雇いの衆が浜を埋めているにもかかわらず、辺りは異様な静けさだ。砂浜に寄せる波以外は、ほとんど音がしない。時おり、闇の中から呟《つぶや》くような男たちの声が聞こえてくるだけで、それすらもすぐに立ち消え、張り詰めた緊張が戻ってくる。
すでに※9艫綱《ともづな》が解《ほど》かれ、油を塗った軌条《シビリ》の上にずらりと並んだジャッペの周囲では、今や遅しと、漁師たちが合図の赤旗が振られるのを待っていた。その数およそ四十艘《そう》。間もなく、この数の船が一斉に海へとなだれ込む。
ｄ浜の空気が変わった。
男たちが自分の船に取りつきはじめた。
※10腰蓑《コシメ》の間に手を入れてぐいと股《また》ぐらを握り、自分に活を入れて、栄二郎は言った。
「よーす、もうそろそろだ、えがすか？」
「おうっ」
低い声で、⑥雇いの面々が答えた。
取舵櫓、前の方からオモデを務める高橋のアンチャとそのオンジ。その後ろには高橋のオド。面舵側は、佐々木のオドとアンチャ。そして最後尾が栄三だ。栄三を除けば、皆手練《てだれ》の漕ぎ手ばかりである。船によってはさらに二人、舳先で※11櫂《かい》を持たせて九人で乗り組むところもある。どうするかはその船の船頭次第だ。
栄二郎の家では、何年も前からずっと七人で場トリに臨んできた。雇いに払う賃金を節約するためではあったが、もうひとつ別な理由もあった。
長年雇いに来てくれて家族同然となっている漕ぎ手でやる方が、息の合わない余計な者を乗せて重くするより船足が速い。それが、オドが頑《かたくな》に七人漕ぎに固執している一番の理由だった。実際、去年の場トリでは、目指した漁場に一番乗りを果たしている。
つい最前までは闇が降りていた海が、微かに白く浮かびあがりはじめた。
浜に出ているカッチャたちの背中のひとつから、甲高《かんだか》い赤ん坊の泣き声が響いた。
その直後、待ち構えていた赤旗が振り下ろされた。
ｅむん！　という呻き声とともに、漁師たちの手で、二度、三度とジャッペが左右に揺すられる。栄二郎は背中を船尾に押し当て、渾身《こんしん》の力を込めて砂浜を蹴った。唐突に抵抗が消え、五トン近い船カッチャは明日やればいいがすって言ったんだげど、うんにゃ今夜中にやんねばわがんねって、無理くり始めだんだど。すたけぁ、酒コ飲んで酔ってだんだべな。傾いてるのば直すべって釜の下さ突っ込んだ棒コが折っちょれで、その拍子に、釜と一緒にオドも転んだんだどや」

栄三の説明に、栄二郎はひどい後ろめたさを覚えた。エおとなしく釜煮をしていれば、オドは怪我をせずにすんだ。自分の勝手な振る舞いに、竜神様かお稲荷様のバチが当たったに違いなかった。

「まんずわがった。とにかく行べ」

栄二郎はそれだけ言って口を閉ざし、栄三と一緒に小走りで家へと急いだ。

①しこたま怒られる。

家に着くと、そう覚悟して栄二郎は奥の寝部屋に入った。

栄治は、副木《そえき》を当てた右腕を三角巾で首から吊って、布団の上に胡坐《あぐら》をかいていた。シーツの上に広げた半紙を覗き込むようにして、何事か考えている。栄治が熱心に見入っていたのは、※4ノリグラ様の占いの結果を記した紙だった。

正座した栄二郎は、膝《ひざ》の上で拳を握りしめて叱責の言葉を待ち受けた。

占い紙の上に視線を落としたまま、栄治が言った。

「馬鹿たれが、全ぐどごをほっつぎ歩いでだのや」

「c許してけせ、少し山の方さ——」

「山さ？　なすて」

「あの——」

言葉を濁していると、栄治は布団の上に広げていた半紙をたたみ、栄二郎に向き直った。

「まあいい、釜コひっくり返ったのはおめぇのせいでねえ。んだども、この手では暫ぐの間、※5櫓《ろ》は漕《こ》げねぐなっつまった。栄二郎、今度の場トリではおめぇが※6艫櫓《ともろ》ば持で」

思ったほど強く叱られなかったことに X のも束《つか》の間、その言葉に栄二郎は Y 。

「オド、そいづはなんぼなんでも無茶だ。オラにはまだ船頭《おやがた》は務まんねえ。んだ、高橋のアンチャさ頼むべ」

「馬鹿この、オラエの船コの船頭を雇いの人さ頼めるわげねえべ」

「んだども」

「自信コねえのが」

「うんにゃ、そんなごどねえけんど——すたばオモデは誰がやるのすか」

「そいづを高橋のアンチャにやってもらえばいいべ」

一昨年の漁から、栄二郎は『オモデ』としてジャッペに乗っていた。

昔の伝馬船《てんません》から発展してきたジャッペには、普通、艫櫓の他に※7左右両舷に、それぞれ二、三丁ずつの脇櫓《わきろ》が備わっている。それをひとりが一丁ずつ操るのだが、網入れや網起こしなどの作業は、必ず船の※8取舵《とりかじ》側で行う。その取舵櫓の一番前、舳先《へさき》側に位置するのがオモデと言われる役で、沖での漁労作業の指揮を執る。特に場トリでは、網入れの位置決めアンカーを海中に投ずる役割を担うので、漁労経験だけでなく、強靭《きょうじん》な体力が必要となる。したがって、その船の船頭の長男がオモデになることが多い。

オモデとしては、まだ年若い栄二郎であったが、体には恵まれていたし、肝心な場面では、艫に立った栄治が的確な指示を与えてくれるので、なんとかオモデの役割をこなしていた。しかし、船頭となると話は別だ。全ての責任が一身にのしかかってくる。

栄二郎は、おそるおそる尋ねてみた。

「オドも船コさ乗されねすか。櫓は持でねえにしても、オモデの方さ立って、指示コ出してけるとか」

「②馬鹿吐がすんでねえ。だあれ、そんたな見苦せえごど出来ってや。人から指示コ受げでる船頭など、どごさもいねえど」

栄治の厳しい口調に、選択の余地はないと栄二郎は覚悟を決めた。

うことで、グローバルな商取引を利用して貧困をなくすことができた。

イ　最下層の人びとに基礎教育を行うことは、彼らの持つ法的な権利を理解させ、その権利に基づいた要求をしていくことにつながる。

ウ　基礎教育を受けられないため、社会的弱者は自分たちの置かれている状況が不当であることに気づくことができず、それを改善する政治的活動を行わない。

エ　健康問題に取り組むには、基礎教育に基づいた社会的知識を身につけてから、感染症の予防などの専門的な教育を行うことが効果的である。

オ　女性が学校で教育を受けることで、自身の生活を向上させるだけでなく、その子供により健康的な暮らしをさせることができる。

二

次の文章を読んで、後の問いに答えなさい。なお、出題の都合上、本文を一部改変しています。

栄二郎は、川崎船(ジャッペ)でタラを獲る漁師の家に生まれた。タラ漁の初日に行われる『場トリ』を目前に控えたある日、栄二郎は父・栄治に無断で山に行く。すると、弟・栄三は、栄治が大釜の下敷きになったと報告しに来る。

※1紅殻色《べんがらいろ》に染まった空の下に、村の家並みが見えはじめた時だった。

「アンチャ!」という声が家の方角から聞こえ、すぐに、薄暗がりの中を走ってくる栄三の影を認めた。

「なじょすた?《(どうしたんだ?)》　a そんたに泡食ってはぁ」

「※2オドが大変だ!」

一瞬、※3ジッチャのことを思い出して血の気が引く。しかし、今日は出漁していないから遭難ではあり得ない。最悪の映像は脳裏から去ったが、栄三の慌てぶりはただ事ではなかった。

駆けてきた栄三は、凍りついた雪のために止まりきれず、栄二郎の脇を掠《かす》めると同時に、ずでんと尻餅をついた。

「b 痛じゃあ――」

そう呻《うめ》いて顔をしかめている栄三を立たせながら、栄二郎は訊《き》いた。

「オドが大変って、ア いったいなじょすた」

「煮釜がひっくり返ってはぁ、下さ敷がれでしまった」

「なにすたってや! 湯コ、ぶっかがったのがっ」

再び悪寒に襲われた。綿糸の漁網を防腐液で煮あげるために使う大釜は、直径二メートルはある。その中の沸騰したお湯をかぶったとなると、ただではすまない。

肩で息をしながら栄三が言った。

「まだ煮だってなくて、温《ぬ》るけぇがったがらいがった」

「火傷はしてねんだな」

「んだ。んでも釜さ押っ潰さって、右手の骨コが折っちょれですまった」

「すたば《(それで)》、なじょすた」

「運よぐ今日は診療所さ先生いる日だったがら、イ すぐに診でもらえだ。そすて、なんとか治療コ終わって、ちょうど先た家さ帰って来たどこだ。んでも、首コがら手ぇ吊ってはぁ、包帯でぐるぐる巻ぎだ。なじょする? あの手では漁さ出はらんねど。しかしやアンチャ、今まで一体どごさ行ってだのや。ウ さっぱり見っけらんねがら、みんなすて、やっきもっきてだったんだど」

「悪ぃがった。わがったがら、あんまり騒ぐな。んでも、なすてまだ釜コがひっくり返ったのや」

「早めに直会がら帰ってきて、残ってだ網ば煮る準備すてだんだ。

二〇二三年度 獨協埼玉高等学校（第一回）

【国　語】（五〇分）〈満点：一〇〇点〉

一　次の文章を読んで、後の問いに答えなさい。なお、出題の都合上、本文を一部改変しています。

〔編集部注…課題文は著作権上の問題により掲載しておりません。作品の該当箇所につきましては次の書籍を参考にしてください〕

・アマルティア・セン著／東郷えりか訳『人間の安全保障』〈集英社新書　二〇〇六年一月二二日第一刷発行〉
　九頁二行目～一六頁九行目

※1　英連邦諸国…イギリスの旧植民地諸国が加盟する五十三ヶ国の集まり。

※2　幸福《ウエルビーイング》…肉体的・精神的に健康で社会的にも幸福な状態。

問一　傍線部①「教育の格差」とありますが、教育を受けられない状態を比喩的に表している表現を本文中から六字で抜き出しなさい。

問二　傍線部②「その運命を回避する機会」とはどのような「機会」ですか。十字程度で答えなさい。

問三　傍線部③「根本的な欠乏状態」とはどのような状態を指していますか。本文中から二十～二十五字で抜き出しなさい。

問四　傍線部④「しばしば言われること」とはどのようなことですか。本文の内容に即して十五～二十五字で答えなさい。（句読点を含みます。）

問五　傍線部⑤「多くの障害」とありますが、それに**当てはまらないもの**を、次の中から一つ選んで記号で答えなさい。

ア　貧しくて授業料を払うことができないこと。

イ　社会が基本的な教育しか与えることができないこと。

ウ　学校に子供を安全に通わせる環境が整っていないこと。

エ　子供が働かないと暮らしが成り立たないこと。

問六　傍線部⑥「学校の授業料の負担を市場の力に任せ」るとはどういうことですか。その説明として最もふさわしいものを、次の中から一つ選んで記号で答えなさい。

ア　各家庭の経済状況に応じて、授業料の負担を増減するということ。

イ　学校教育にかかる費用を社会ではなく、各家庭が負担をするということ。

ウ　学校の教育内容に応じて、授業料の負担額を決定するということ。

エ　各学校が会社のように経営をして、授業料から利益を生むということ。

問七　傍線部⑦「グローバル化が急速に進む世界では、とりわけ重要です」とありますが、「基礎教育」が「重要」な理由を「読み書き」という言葉を用いて六十字以内で説明しなさい。（句読点を含みます。）

問八　空欄 X に入る語として最もふさわしいものを、次の中から一つ選んで記号で答えなさい。

ア　落差　　イ　平等　　ウ　性差　　エ　権利

問九　空欄 I ～ IV に入る言葉の組み合わせとして最もふさわしいものを、次の中から一つ選んで記号で答えなさい。

ア　I　たとえば　II　もっぱら　III　そして　IV　しかし

イ　I　かならず　II　かりに　III　つまり　IV　けれど

ウ　I　とくに　II　ことさら　III　だが　IV　だから

エ　I　とりわけ　II　たとえば　III　しかし　IV　むしろ

問十　次の選択肢のうち、本文の内容とあっているものには○を、間違っているものには×を記しなさい。

ア　東アジアの地域の基礎教育を、日本が広くその国の国民に行

英語解答

1 Part 1　1…(C)　2…(C)　3…(A)
4…(A)　5…(B)

Part 2　1　phone　2　brown
3　Aryana　4　Station
5　7539

Part 3　1…(C)　2…(D)　3…(B)
4…(G)　5…(E)

2 1　abroad　2　prepare〔practice〕
3　careful　4　middle
5　ninth

3 1　books written by
2　forward to making
3　What a big
4　so nervous that
5　never been late

4 1　ア　2　ウ　3　オ　4　エ
5　ア

5 1　The letter I received made me happy
2　It is impossible for me to imagine a life without the Internet
3　Do you know how hard he has studied for this exam
4　This coat isn't warm enough to wear in winter
5　How long has Tom been waiting for his friends
6　Using a computer in the dark is bad for your eyes

6 問１　(1)…イ　(4)…イ
問２　イ
問３　(例)電子で動いて，異なった情報を集めたり送ったりするためにインターネットを使うこと。(40字)
問４　ウ　問５　Ⓑ　問６　ア
問７　エ

7 問１　ウ　問２　エ　問３　ア
問４　ウ　問５　ア　問６　イ
問７　イ　問８　ウ

1〔放送問題〕放送文未公表

2〔対話文完成─適語補充〕

１．A：この講座は留学を希望している学生には最適でしょう。常に英語を話す必要がありますから。／B：そのとおりです。他の国々の慣習も学ぶことができます。／／「常に英語を話す必要がある」や「他の国々の慣習も学ぶことができる」とあるので，study abroad「留学する」とする。

２．A：次の授業では何をする予定ですか，サカモト先生？／B：50分使って発表の準備〔練習〕をしてもいいですよ。／／prepare〔practice〕for ～「～の準備〔練習〕をする」

３．A：インターネットにどんな写真を載せるかについてはもっと注意した方がいいよ。／B：大丈夫だと思ったんだけど，本当にごめん。もう二度としないよ。／／be careful about ～「～に注意する」

４．A：真ん中の子はたいてい人なつっこいよね。／B：なんで？／A：よくわからないけど，兄姉や弟妹のどちらとも話す機会がより多いのかもね。／／「兄姉や弟妹のどちらとも話す機会がより多い」とあるので，middle child「真ん中の子」について話しているのだとわかる。

５．A：彼女は学校で12か月の名前を勉強したの？／B：全部ではないけどね。彼女は９番目の月「September」を正しく書けなかったよ。／／September「９月」は１年のうちの ninth「９番目の」月。

3〔和文英訳─部分記述〕

1．「～が書いた本」を3語で表すので「～によって書かれた本」と読み換えて，形容詞的用法の過去分詞を使って表す。‘名詞＋過去分詞＋その他の語句’の順に続ける。「～によって」は by ～ で表せる。　write－wrote－written

2．「～することを楽しみにする」は look forward to ～ing で表せる。

3．「なんと～でしょう」は感嘆文で表せる。空所の直後に名詞 bird があるので，what を使った感嘆文‘What (a/an)＋形容詞＋名詞＋主語＋動詞!’で表す。

4．「すごく～で…」は「とても～なので…」と読み換えて‘so ～ that …’で表す。「緊張して」は nervous。

5．「～したことがない」は，‘経験’用法の現在完了(have/has＋過去分詞)で表せる。never「一度も～ない」は過去分詞の前に置く。「遅刻した」late は形容詞なので直前に be動詞の過去分詞 been を置くことに注意。

4〔対話文完成─適文選択〕

≪全訳≫❶A：こんにちは。1何かお探しでしょうか？❷B：友人への贈り物を探しています。彼女の誕生日がもうすぐなので。❸A：2お優しいのですね！　彼女は何が好きなのか教えてください。❹B：ええと，甘いケーキが好きです。❺A：かしこまりました。当店では抹茶ケーキが大変人気がございます。❻B：そうですか。ええと，彼女は苦い味が苦手なんです。❼A：あら，かしこまりました。3このお味はいかがでしょうか？　このチョコレートケーキは甘いですよ。❽B：それをください。

＜解説＞1．この後Bが贈り物を探していると答えていることから，Aは店員とわかる。How can I help you?「何かお探しでしょうか〔いらっしゃいませ〕」は店員が客にかける言葉。　2．「彼女の誕生日がもうすぐなので贈り物を探している」と言った客に店員がかける言葉として適切なものを選ぶ。　3．「彼女は苦い味が苦手だ」と客が言った後の店員の言葉。直後に続く This chocolate cake is sweet. という店員の発言から，別の味をすすめたことがわかる。

≪全訳≫❶A：こんにちは！　大丈夫ですか？　どうかしましたか？❷B：4道に迷ったようです。先週この町に引っ越してきたので。❸A：どちらへ行きたいのですか？❹B：郵便局へ行きたいのです。祖母に何通か手紙を送らなければなりません。❺A：違う方向に来てしまったようですね。大通りに戻って，海辺沿いを歩いた方がいいですよ。❻B：あらまあ。それは遠すぎますね。❼A：5コンビニエンスストアに行けば，そこに郵便ポストがありますよ。❽B：まあ，知りませんでした。探してみます。ありがとうございました。

＜解説＞4．AがBにどうしたのか尋ねた後の発言。その後の会話から，Bは郵便局に行きたいが行けずにいることが読み取れるので，Bは道に迷っていると判断できる。　be lost「道に迷う」

5．この後Bは I will try to find it.「それを見つけてみる」と答えている。この it はアの a post box「郵便ポスト」を指している。

5〔整序結合〕

1．「(私が)受け取った手紙」は，目的格の関係代名詞が省略された‘名詞＋主語＋動詞…’の形で The letter I received とする。「私は嬉しくなりました」は「その手紙は私を嬉しくさせた」と読み換え，‘make＋目的語＋形容詞’「～を…(の状態)にする」の形で表す。

2．「私にとってインターネットなしの生活を想像することは不可能だ」と読み換え，‘It is ～ for … to ―’「…にとって―することは～だ」の構文で表す。「インターネットなしの生活」は，without「～なしで」を使って，without the Internet とする。

3．「どれだけ彼が熱心に勉強してきたか」は間接疑問‘疑問詞(how hard)＋主語＋動詞’の語順で表し，know の直後に置く。「～してきた」は‘継続’用法の現在完了(have/has＋過去分詞)で表せる。

４．「～するほど…ない」は，「～するほど十分…」‘形容詞＋enough to ～’の否定形で表せる。

５．「どれくらい長く～しているのですか」は疑問詞 how long を用いた‘継続’用法の現在完了進行形の疑問文(How long＋have/has＋主語＋been ～ing…?)で表せる。　wait for ～「～を待つ」

６．語群より，主語の「暗いところでコンピューターを使う」は動名詞 Using a computer in the dark で表し，このかたまりが文の主語となる。「～に悪い」は be bad for ～ で表せる。

6〔**長文読解総合─説明文**〕

≪全訳≫❶装着型テクノロジー，すなわち「ウェアラブル端末」とは，衣類やあるいは身体にすら組み込まれた装備品として私たちが身につけることができる電子製品の種類の名前である。ウェアラブル端末はインターネットと接続している，手を使わずに操作できる製品である。❷装着型の製品は何百年もの間存在している。懐中時計は後に腕時計となり，眼鏡も装着型テクノロジー史における最初の実例だった。人々はより快適な生活を送るためにそれらを身につけ，いまだにそうしている。眼鏡は見ることを助け，腕時計は役立つ情報を与えてくれる。しかし現代の装着型製品はもっと複雑だ。電子で動き，インターネットを使ってさまざまな種類の情報を集めたり送ったりする。❸最初に人気のあった電子装着型テクノロジーはフィットネス・トラッカーだった。例えば，Fitbit(フィットビット)は2010年から人気が出た。心拍数や運動量を確認でき，健康管理に役立つ。今や，装着型テクノロジーは新たな方法で人々が健康を維持するのに役立っている。HeartGuide(ハートガイド)はスマートウォッチのように見えるが，血圧を測ることができる。(B)また，例えば運動量など，その人の生活スタイルに関する情報も追跡できる。そして，この情報を医師と共有することで，医師はより良いアドバイスを与えることができる。SmartSleep(スマートスリープ)は柔らかなヘッドバンドだ。人々がより良く眠るのに役立ち，人々の睡眠パターンに関する情報を収集し，アドバイスを与え，人々が眠りに落ちるのを助ける音を流す。❹しかし，全てのウェアラブルが健康に関連しているわけではない。安全のためや行きたい場所を見つけるために使われるものもあれば，遊び感覚のものもある。例えば，何マイルも離れた所からスマートジャケットで誰かを抱きしめることができる。スマートジュエリーを購入することもできる。これらの指輪やネックレスは服や化粧に合わせて色を変えることができたり，危険にさらされたら警察に通報したりすることができる。そしてスマートハットをかぶれば，ヘッドホンを使わずに音楽を聴いたり，電話に出たりすることができる。

問１＜単語の意味＞(1)直前に be動詞 are があるので受け身の意味になる。implant は「～を埋め込む」という意味。be implanted in ～ で「～に埋め込まれる」となる。これは be built in「～に組み込まれる」と同様の意味。　build－built－built　(4)直後の文の内容から，「使うのが難しい」という意味になるとわかる。complicated は「複雑な」という意味の形容詞。

問２＜適語選択＞「ウェアラブル端末」についての説明である。直前の文から「ウェアラブル端末」とは私たちが身につけられる電子製品であることがわかる。つまり，「手を使わずに操作できる」ものである。

問３＜要旨把握＞modern wearable items の特徴は直後の文で説明されているので，この内容を指定の字数以内でまとめる。electronic は「電子的な，電子化している」という意味。

問４＜適語(句)選択＞直前の段落では健康維持に役立つウェアラブル製品が紹介されているが，空欄５の後は，「ウェアラブルの全てが健康関連ばかりではない」という相反する‘逆接’の内容になっている。

問５＜**適所選択**＞挿入する英文は「それは運動量などその人の生活スタイルに関する情報も追跡できる」という内容で，これは健康維持に役立つウェアラブル製品の説明と考えられる。健康維持に役立つウェアラブル製品については第３段落で紹介されており，また，Ⓑの直後にある this information が，挿入文にある information を指していると考えられる。

問６＜**内容真偽**＞ア.「装着型の製品は私たちが便利な生活を送るために必要だ」…×　このような記述はない。　イ.「私たちは便利な生活を送るために装着型テクノロジーを利用している」…○　第２～４段落に一致する。　ウ.「装着型テクノロジーは，最初に懐中時計がつくられて以来長い歴史がある」…○　第２段落第１，２文に一致する。　エ.「装着型テクノロジーは身の安全を守ることさえできる」…○　第４段落第２，５文に一致する。

問７＜**表題選択**＞本文全体にわたって，装着型テクノロジーに関する説明が述べられている。よって，タイトルとしてはエ.「装着型テクノロジーとは何か」が適切。

7〔**長文読解―内容一致―ノンフィクション**〕

≪**全訳**≫❶何百年も前に，現在のバージニア州でシェナンドーという名前のアメリカ先住民の首長が人々とともに生活していた。シェナンドーについてはほとんど知られていないが，彼の名前の柔らかな響きは川に授けられた。シェナンドー川はシェナンドー首長が生きていた頃と全く同様に，今でもバージニア州の山間の深い渓谷を流れている。その川がその名前になった経緯を物語るアメリカ先住民の昔話がある。❷その昔，ヨーロッパ人がアメリカに定住する何世紀も前に，バージニアの山々に隠れた，きらきらと青く輝く大きな湖があった。何百年もの間，アメリカ先住民はこの湖の近くに住み，澄みきった水の中で獲った魚を常食としていた。アメリカ先住民はしばしば山を登り，食べ物を得るために長期間狩りをする間はそこで野営した。夕方になると彼らは野営地の近くに座り，その美しい湖を見下ろした。❸澄み渡った星降る夜には，眼下に広がる水の上を何千もの星が輝き踊っているのを見ることができた。アメリカ先住民はこの湖を愛していて，湖の中に星々を見ることができたので彼らはこの湖を「星々の清らかな娘」と呼んだ。彼らの言語では，これを意味する言葉は「シェナンドー」だった。❹ある日，湖の一端で大きな衝突音がした。湖が消滅し始めたのだ。湖水が山腹の裂け目を通って，渓谷から流れ出た。大量の水が現在ではポトマック川として知られている別の川と合流するまでどんどん流れ出た。❺結局，湖は消失した。その場所には川だけが残った。それが現在の状態だ。湖は消失したが，美しいシェナンドー川は流れ続けている。そして澄み渡った夜には，山中にいる誰もが今もなお水面を踊っている星々を見ることができる。

＜**解説**＞**問１**.「シェナンドー川は(　　)」―ウ.「バージニア州で見られる」　第１段落第３文参照。　**問２**.「アメリカ先住民の人々は(　　)」―エ.「湖で魚を獲った」　第２段落第２文参照。　**問３**.「アメリカ先住民は山で野営した。なぜなら(　　)からだ」―ア.「食料を探す必要があった」　第２段落第３文参照。　**問４**.「澄み渡った夜に，(　　)を見ることができた」―ウ.「湖に星々」　第３段落第１文参照。　**問５**.「湖は消滅し始めた。なぜなら(　　)からだ」―ア.「裂け目を通って水が流れ出た」　第４段落第２，３文参照。　**問６**.「(　　)を見ることができる」―イ.「澄み渡った夜に，シェナンドー川の水中に美しい星々」　第５段落第４，５文参照。　**問７**.「本文によると，(　　)」―イ.「アメリカ先住民の首長が生きていた頃，シェナンドー川は深い渓谷に流れ込んでいた」　第１段落第３文参照。　**問８**.「本文から，(　　)について知ることができる」―ウ.「その湖がその名前になった経緯」　第１段落最終文および第３段落参照。

2023年度／獨協埼玉高等学校（第１回）

数学解答

1 (1) $\dfrac{7}{6}y$　(2) $x=-4\pm2\sqrt{3}$

(3) $(x+y+4)(x+y+1)$

(4) $x=10,\ y=8$　(5) $y=\dfrac{1}{2}x-1$

(6) 1600　(7) ① 275　② $\dfrac{20}{7}$

(8) ① 84cm^2　② $12\sqrt{7}\text{cm}^3$

2 (1) アンケート…標本調査

母集団…(例)1100人の全校生徒

(2) メニュー…ハンバーグ　人数…72人

(3) ア…50人　イ…220人

3 (1) B(2, 2), C(0, 4), D(−2, 2)

(2) ① 90°　② 1

(3) (例)直線OBと直線CDの傾きは等しいので，OB∥CDとなる。平行線の同位角は等しいから，∠DCB＝∠OBA＝90°より，CD⊥ACである。

(4) $\sqrt{10}$

4 (1) ① 144　② 6通り

(2) (1, 4, 9), (2, 3, 6)

(3) 12通り

1 〔独立小問集合題〕

(1)<式の計算>与式$=\dfrac{2x-3y-2(x-5y)}{6}=\dfrac{2x-3y-2x+10y}{6}=\dfrac{7}{6}y$

(2)<二次方程式>$x+4=\pm\sqrt{12}$，$x+4=\pm2\sqrt{3}$　$\therefore x=-4\pm2\sqrt{3}$

(3)<式の計算—因数分解>$x+y=M$とすると，与式$=M^2+5M+4=(M+4)(M+1)$となる。Mをもとに戻すと，与式$=(x+y+4)(x+y+1)$となる。

(4)<連立方程式>$2x-\dfrac{3}{4}y=14$……①，$x:y=5:4$……②とすると，①×4より，$8x-3y=56$……①′，②より，$5y=4x$，$-4x+5y=0$……②′，①′＋②′×2より，$-3y+10y=56+0$，$7y=56$　$\therefore y=8$　これを①′に代入して，$8x-3\times8=56$，$8x-24=56$，$8x=80$　$\therefore x=10$

(5)<関数—直線の式>平行な直線の傾きは等しいので，直線$y=\dfrac{1}{2}x+1$に平行な直線の傾きは$\dfrac{1}{2}$である。これより，求める直線の式を$y=\dfrac{1}{2}x+b$として，点(4, 1)を通ることから，$x=4$，$y=1$を代入すると，$1=\dfrac{1}{2}\times4+b$，$2+b=1$，$b=-1$となる。よって，求める直線の式は$y=\dfrac{1}{2}x-1$である。

(6)<数の計算>与式$=20\times(21^2-19^2)=20\times(21+19)\times(21-19)=20\times40\times2=1600$

(7)<平面図形—角度，長さ>①右図１のように，点A～Cを定め，点Bを通り，直線l，mに平行な直線nを引き，直線n上に点Dをとる。平行線の同位角は等しいので，∠ABD＝50°，∠CBD＝35°となる。よって，$x°=360°-\angle ABD-\angle CBD=360°-50°-35°=275°$となる。　②右下図２のように，平行線$l$，$m$，$n$とそれらに交わる２直線の交点をA～Fとすると，平行線と線分の比の性質から，AB：BC＝DE：EFより，$x:10=4:14$が成り立つ。これを解くと，$x\times14=10\times4$より，$x=\dfrac{20}{7}$(cm)となる。

図１

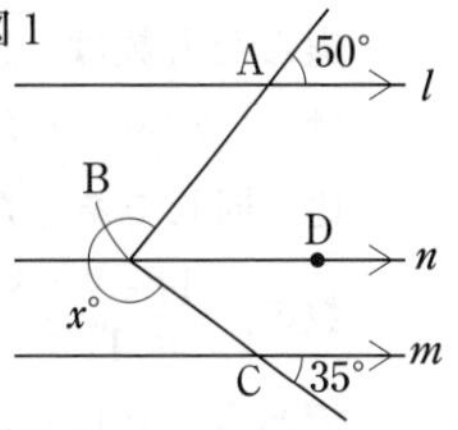

図２

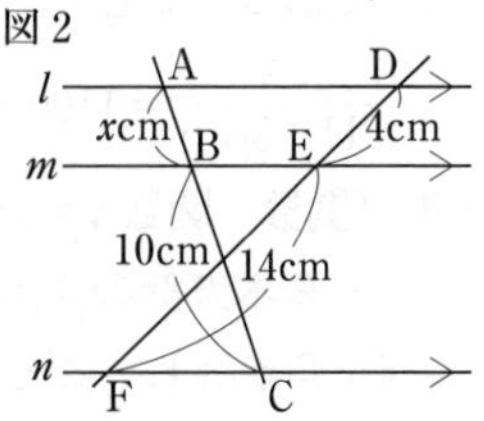

(8)<空間図形—面積，体積>①次ページの図３の展開図より，この正四角錐の面は，底面の正方形ABCDと，側面の△PADと合同な４つの二等辺三角形である。まず，〔正方形ABCD〕$=6^2=36$である。次に，図３のように，

図3

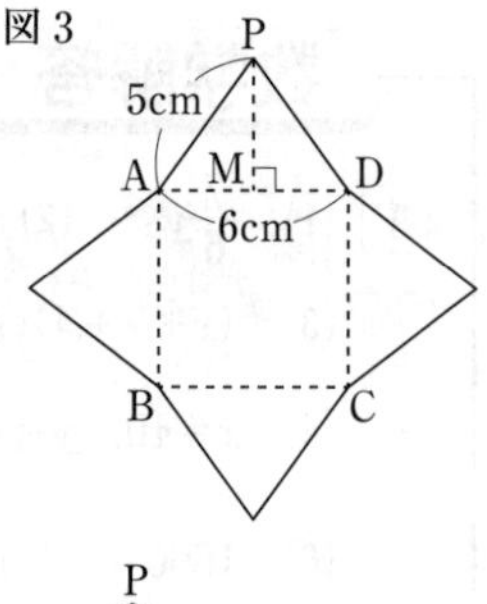

△PADの頂点Pから辺ADに垂線PMを引くと，点Mは辺ADの中点となるので，$\mathrm{AM}=\frac{1}{2}\mathrm{AD}=\frac{1}{2}\times6=3$となり，△PAMで三平方の定理を用いると，$\mathrm{PM}=\sqrt{\mathrm{AP}^2-\mathrm{AM}^2}=\sqrt{5^2-3^2}=\sqrt{16}=4$となるので，$\triangle\mathrm{PAD}=\frac{1}{2}\times\mathrm{AD}\times\mathrm{PM}=\frac{1}{2}\times6\times4=12$となる。よって，求める表面積は，〔正方形ABCD〕$+4\triangle\mathrm{PAD}=36+4\times12=36+48=84(\mathrm{cm}^2)$である。　②右図3の展開図から，正四角錐は右図4のようになる。底面の正方形ABCDの対角線の交点をOとして，線分POを引くと，これが正四角錐P-ABCDの高さとなる。また，△BCDは直角二等辺三角形なので，$\mathrm{BD}=\sqrt{2}\mathrm{BC}=\sqrt{2}\times6=6\sqrt{2}$となる。このとき，点Oは底面の対角線BDの中点となるので，$\mathrm{BO}=\frac{1}{2}\mathrm{BD}=\frac{1}{2}\times6\sqrt{2}=3\sqrt{2}$となり，△PBOで三平方の定理を用いると，$\mathrm{PO}=\sqrt{\mathrm{PB}^2-\mathrm{BO}^2}=\sqrt{5^2-(3\sqrt{2})^2}=\sqrt{7}$となる。よって，〔正四角錐P-ABCD〕$=\frac{1}{3}\times$〔正方形ABCD〕$\times\mathrm{PO}=\frac{1}{3}\times6^2\times\sqrt{7}=12\sqrt{7}(\mathrm{cm}^3)$となる。

図4

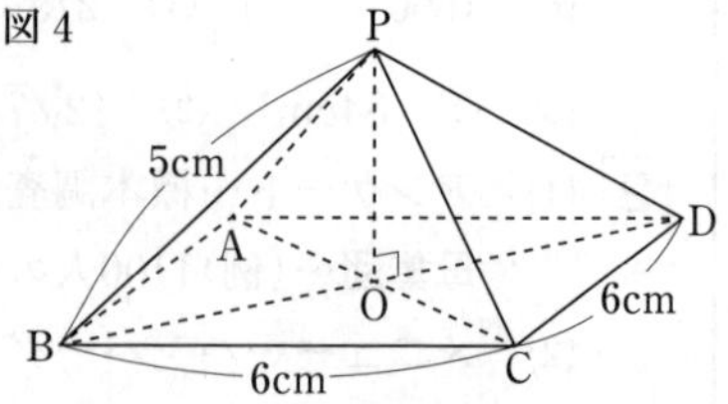

2〔データの活用—標本調査〕

(1)**＜調査方法，母集団の数＞**全校生徒全員にアンケートを取らず，無作為に選んだ一部の生徒にアンケートを取っているので，このアンケートは標本調査である。また，母集団は全校生徒1100人である。

(2)**＜標本の数＞**1番人気はカレーライスなので，2番人気は焼きそばかハンバーグである。2番人気を焼きそばとすると，1番人気と2番人気の差が16であることから，1番人気のカレーライスを選んだ人数は，$40+16=56$(人)となる。このとき，200人にアンケートを取ったので，ハンバーグを選んだ人数は，$200-56-40=104$(人)となり，1番人気がカレーライスであることに反する。よって，2番人気はハンバーグである。2番人気のハンバーグを選んだ人数をx人とすると，1番人気のカレーライスを選んだ人数は$x+16$人となり，3番人気の焼きそばを選んだ40人を合わせて200人になることから，$x+16+x+40=200$が成り立つ。これを解くと，$2x=144$より，$x=72$(人)となる。

(3)**＜標本の数，母集団の数＞**2回のアンケートでカレーライスを選んだ人数の合計は110人であり，(2)より，1回目にカレーライスを選んだ人数は$72+16=88$(人)なので，2回目にカレーライスを選んだ人数は，$110-88=22$(人)である。また，1回目のアンケートでの3つのメニューの人数比は，〔カレーライス〕:〔ハンバーグ〕:〔焼きそば〕$=88:72:40=11:9:5$であり，2回目の人数比も同じであったことから，追加でアンケートを取った人数は，2回目にカレーライスを選んだ人数の，$\frac{11+9+5}{11}=\frac{25}{11}$(倍)となる。よって，追加でアンケートを取った人数は，$22\times\frac{25}{11}=50$(人)である。そして，全生徒1100人を対象にアンケートを行った場合，焼きそばを選ぶ人数は，$1100\times\frac{5}{11+9+5}=1100\times\frac{5}{25}=220$(人)と推測できる。

3〔関数—関数$y=ax^2$と一次関数のグラフ〕

≪基本方針の決定≫(1)　△OABが二等辺三角形より，点Bのx座標がわかる。　(3)　平行線の同位角が等しいことを利用する。

(1)＜**座標**＞右図1で，△OABはOB＝ABの二等辺三角形だから，点Bから辺OAに垂線BMを引くと，点Mは辺OAの中点となり，OA＝4より，OM＝$\frac{1}{2}$OA＝$\frac{1}{2}\times4=2$となる。よって，点Bは放物線$y=\frac{1}{2}x^2$上にあり，x座標は2なので，$y=\frac{1}{2}\times2^2=2$より，B(2, 2)となる。また，A(4, 0)より，直線ABの傾きは$\frac{0-2}{4-2}=-1$なので，その式を$y=-x+b$として，点Aの座標から$x=4$，$y=0$を代入すると，$0=-4+b$より，$b=4$となる。これより，直線ABの切片は4なので，C(0, 4)である。さらに，B(2, 2)とy軸について対称な点Dの座標は(−2, 2)となる。

図1

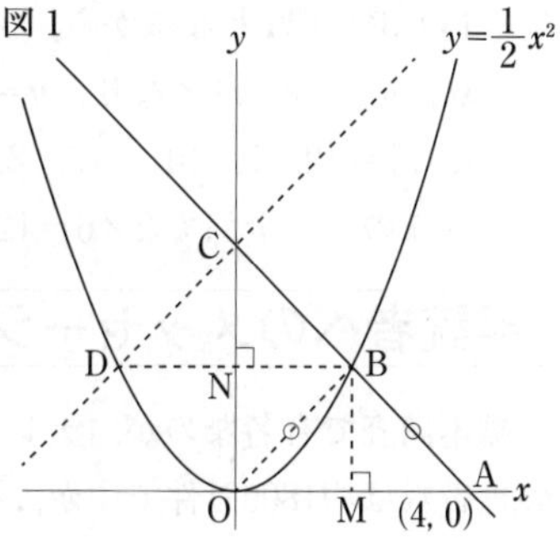

(2)＜**角度，傾き**＞①(1)より，点Bの座標は(2, 2)なので，右上図1でOM＝BM＝2となる。また，∠OMB＝90°なので，△OBMはOM＝BMの直角二等辺三角形となるので，∠BOM＝45°となる。よって，△OABはOB＝ABの二等辺三角形であり，∠BAM＝∠BOM＝45°だから，直角二等辺三角形で，∠OBA＝90°である。　②(1)より，D(−2, 2)，C(0, 4)なので，直線CDの傾きは$\frac{4-2}{0-(-2)}=1$となる。

(3)＜**証明**＞右上図1で，B(2, 2)より，OM＝2，BM＝2なので，直線OBの傾きは，$\frac{\mathrm{BM}}{\mathrm{OM}}=1$である。(2)より，直線CDの傾きも1で，傾きが等しい直線は平行だから，OB∥CDである。よって，平行線の同位角は等しいので，∠DCB＝∠OBA＝90°と，CD⊥ACであることがいえる。

(4)＜**長さ**＞3点A，C，Dを通る円は右図2のようになり，(2)より∠ACD＝90°なので，辺ADはこの円の直径となる。ここで，図2のように点Dからx軸に垂線DEを引くと，E(−2, 0)となり，D(−2, 2)，A(4, 0)より，DE＝2，AE＝4−(−2)＝6なので，△ADEで三平方の定理を用いると，AD＝$\sqrt{\mathrm{DE}^2+\mathrm{AE}^2}=\sqrt{2^2+6^2}=\sqrt{40}=2\sqrt{10}$となる。よって，求める円の半径は，$\frac{1}{2}\times2\sqrt{10}=\sqrt{10}$である。

図2

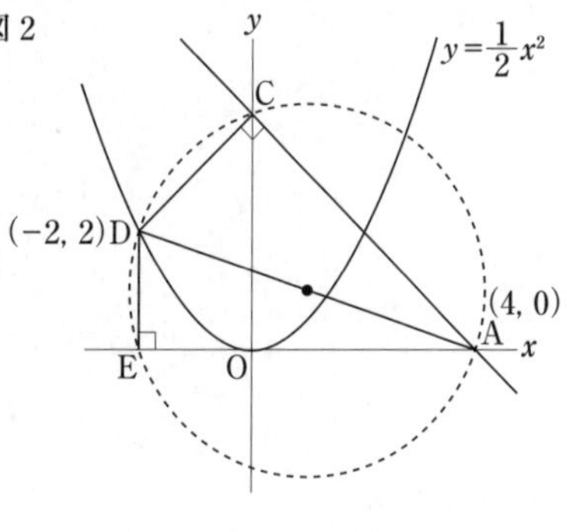

4 〔データの活用─場合の数〕

(1)＜**数の計算，場合の数**＞①$(a,\ b,\ c)=(2,\ 8,\ 9)$のとき，$N=2\times8\times9=144$となる。　②$(a,\ b,\ c)=(2,\ 8,\ 9)$となるカードの取り出し方は，1枚目に取り出されるカードが2，8，9の3通り，2枚目がそのそれぞれに対して残りの2通り，3枚目が残る1通りとなるので，取り出し方は$3\times2\times1=6$(通り)となる。

(2)＜**数の性質**＞$\sqrt{N}=6$の両辺を2乗すると，$(\sqrt{N})^2=6^2$より，$N=36$となるので，$abc=36$で$a<b<c$となる1以上10以下の異なる整数の組合せ$(a,\ b,\ c)$を考える。$36=2^2\times3^2$より，$a=1$のとき，$bc=36$より，$(b,\ c)=(4,\ 9)$となる。$a=2$のとき，$bc=18$より，$(b,\ c)=(3,\ 6)$となる。$a>3$のとき，条件を満たすb，cはない。よって，条件を満たすa，b，cの組合せは，$(a,\ b,\ c)=(1,\ 4,\ 9)$，$(2,\ 3,\ 6)$である。

(3)＜**場合の数**＞3枚のうち1枚が最大の10であることから，$c=10$となる。このとき，$N=ab\times10=10ab$なので，$\sqrt{35N}=\sqrt{35\times10ab}=\sqrt{5\times7\times5\times2\times ab}=5\sqrt{14ab}$となる。よって，$\sqrt{35N}$が自然数となるのは，$ab=14n^2$($n$は自然数)となる場合で，$ab$の最大値が$8\times9=72$であり，$14\times2^2=56$,

$14\times3^2=126$となるから，nの値は1か2である。したがって，$n=1$のとき，$ab=14\times1^2=14$より，$(a,\ b)=(2,\ 7)$となり，$n=2$のとき，$ab=14\times2^2=56$より，$(a,\ b)=(7,\ 8)$となる。以上より，$(a,\ b,\ c)=(2,\ 7,\ 10)$，$(7,\ 8,\ 10)$であり，それぞれのカードの取り出し方は，(1)の②と同様に6通りなので，全部で$2\times6=12$(通り)となる。

＝読者へのメッセージ＝

標本調査で有名なのが，テレビの視聴率調査ですが，どのように調べているのでしょうか。関東地方の世帯数は約1800万件ですが，そのうちの約2700件に対してピープルメーターというリモコンを配布し，見ている番組のチャンネルを逐一送信しているそうです。10000件に1～2件の割合ですからいい加減なものと思いがちですが，統計学的には十分に信頼できる件数なのです。

2023年度／獨協埼玉高等学校(第１回)

国語解答

一
問一　教育の軌道外
問二　基礎教育を受ける機会
問三　読み書きや計算，あるいは意思伝達ができないこと
問四　親が子どもを学校に行かせたがらないということ。(23字)
問五　イ　　問六　イ
問七　グローバル経済への参入に欠かせない仕様書の指示どおりに生産し品質管理を徹底するためには，読み書きの能力が必要だから。(58字)
問八　ウ　　問九　エ
問十　ア…×　イ…○　ウ…×　エ…×　オ…○

二
問一　エ　　問二　イ　　問三　ウ
問四　ウ　　問五　イ　　問六　ア
問七　ジャッペに乗る緊張を和らげ，自分の気持ちを奮い立たせるため。(30字)
問八　長年雇いに　　問九　エ
問十　イ

三
①　といき　②　ばんじ
③　はんも　④　ざんじ　⑤　つの
a　鍛　b　落胆　c　衝突
d　甲乙　e　粋

一〔**論説文の読解─社会学的分野─現代社会**〕出典；アマルティア・セン／東郷えりか訳『人間の安全保障』。

≪本文の概要≫世の中を，より安全で，より公平な場所にするためには，教育の格差を縮めることが重要である。基礎教育を普及させ，その効力を拡大すれば，人間の安全をおびやかすほとんどの危険に対して，おおむね強力な予防効果を発揮することができるからである。基礎教育は，人間の暮らしに大きな影響を及ぼし，教育の恩恵は，どんな貧しい家庭にももたらされる。しかし，経済的な事情や，学校では安全が保障されないなどの理由で，基礎教育を受けられない人たちがいる。基礎教育は，人々が仕事を手に入れるためにはきわめて重要である。一方，読み書きができない場合，人は，法的権利を理解し，それに訴える能力が限られてしまい，また教育を受けられないために，さらに他の困窮状態に陥ることもある。こうした状況は，社会の最下層の人々に繰り返し起こりがちであることからも，教育の格差と社会の階層との関係は明らかである。また，基礎教育が健康問題への取り組みにも重要な役割を果たしていることや，識字力が女性のエンパワーメントの基本要素であるということも，明らかになってきている。

問一＜**表現**＞「教育の格差」は，「教育へのアクセス」や「包括的教育」や「教育到達度」などに見られる格差であり，それは，教育における「軌道」のような一定の経路の外に，人々が「おきざり」にされている状態である。

問二＜**文章内容**＞「識字力や計算能力がないこと」そのものが，「一種の不安」である。「生きるのに必要なものが確実に欠乏している」という「不安な状況」を回避できないのは，「識字力や計算能力」を身につけるための「基礎教育」を受ける機会がないことによる。

問三＜**文章内容**＞「学校教育を充実させること」ができれば，「読み書きや計算，あるいは意思伝達ができない」という「困窮状態」を，「じかに改善」することができる。

問四＜文章内容＞開発途上国では，「学校に教職員がわずかしかいない」こともあり，親は子どもの身の安全を心配して「学校に行かせたがらない」といわれているが，「身近な場所に手の届く範囲で，実益のともなう教育を安全に受けられる機会」があれば，親は子どもを「学校に通わせたい」と思っている。

問五＜文章内容＞「家の経済状態」によっては「授業料」を払えないので，親は，子どもを学校に通わせられない(ア…○)。開発途上国では「学校に教職員がわずかしかいない」ので，子どもの「身の安全」が保障されているわけではない(ウ…○)。また，ごく貧しい家庭では「家族全員の労働」に頼って生活しており，子どもも「例外」ではないので，子どもが学校に通うこと自体が難しくなる(エ…○)。

問六＜文章内容＞社会には「すべての子どもに学校教育の基本的な機会を与える義務があること」を考えれば，学費は公的な費用で賄われるのが当然であり，「授業料の負担を市場の力に」任せるというような，物やサービスと同じように，教育の費用もそれぞれの家庭が負担するべきだという考えは，間違っている。

問七＜文章内容＞グローバル化が進んだ世界では，「品質管理と厳密な仕様に沿った生産が欠かせないもの」となる。「読み書きが不自由」だと「仕様書の指示どおりに生産し品質管理を徹底」できないため，「グローバル経済」への参加が難しくなるのである。

問八＜文章内容＞読み書きができないことによって陥る「困窮状態」は，社会の「最下層の人びと」に「繰り返し起こりがち」であることからも，「教育の格差と社会の階層との関係は明らか」である。また，この「教育の格差」は，女性が「当然の権利」を奪われることにもつながり，「女性が安定して暮らすうえ」でも「重要な問題」となるので，性別における差とも関連しているといえる。

問九＜接続語＞基礎教育は，「健康問題への取り組み全般」において重要だが，とりわけ，「感染症の場合」には「主要な役割」を果たす(…Ⅰ)。「専門の保健教育」が重要なことについて例を挙げれば(…Ⅱ)，「感染症が蔓延する経路や，病気の予防法など」を見れば容易に理解できるけれども，「専門の保健教育」だけではなく「一般的な教育」でも，「人の思考の幅を広げ」たり「社会の理解を深め」たりできる(…Ⅲ)。「一般的な教育」は「流行病問題に対処するうえできわめて重要なもの」となりえ，一部の研究によると，どちらかといえば，「健康問題では一般の学校教育のほうが，専門の保健教育より有効であるともされて」いる(…Ⅳ)。

問十＜要旨＞日本は，自国において基礎教育を普及させたことで，「グローバルな商取引の機会をうまく利用して貧困をなくして」きた(ア…×)。読み書きができないことによって，自らの法的権利を理解し，それに訴える能力が限定されてしまう状況は，社会の「最下層の人びと」に「繰り返し起こりがち」なので，広く基礎教育を行うことは重要である(イ…○)。また，読み書きができないことから，「社会における犠牲者たち」は，「自分たちの要求を効果的に訴える能力」が制限され，「政治的な機会も奪われて」しまうことになる(ウ…×)。健康問題に取り組むには，「専門の保健教育」も重要だが，それよりも，むしろ「一般の学校教育」の方が有効だともいわれている(エ…×)。さらに，「女性の教育と識字力」が「子どもの死亡率を下げる傾向があること」についても多くの証拠があるので，女性が学校で教育を受けることが，その子どもたちの生活環境に良い影響を与えることになる(オ…○)。

二 〔小説の読解〕出典；熊谷達也『川崎船』。

問一＜品詞＞「いったい」と「すぐに」と「さっぱり」は，活用のない自立語で，主に用言を修飾するはたらきを持つ副詞。「おとなしく」は，活用のある自立語で，事物の様子や状態を表し，終止形が「い」で終わる形容詞。

問二＜文章内容＞栄二郎は，自分が家で「おとなしく釜煮」をしていれば，父が「怪我をせずにすんだ」という「ひどい後ろめたさ」を覚えていたので，父にひどく怒られると思った。

問三＜文章内容＞栄二郎は，「しこたま怒られる」と覚悟していただけに，「思ったほど強く叱られなかった」ことにいったんはほっとしたが(…X)，「今度の場トリ」で「艫櫓」を持てと，思いもよらない大役を言い渡されたので，取り乱してしまった(…Y)。

問四＜文章内容＞栄二郎は，船頭として乗船することに自信がなかったので，父に一緒に乗船してもらい，「指示」を出してほしいと頼んだ。しかし，栄治は，人から指示を受ける船頭などいないと，栄二郎の頼みを厳しい言葉で一蹴した。栄治は，船頭としての役割と責任を栄二郎に自覚させ，奮起を促そうとしたと考えられる。

問五＜文章内容＞父が，脇櫓として栄三を乗船させると言い出したことに対し，栄二郎は，弟がまだ「中学生」であり，しかも，ジャッペに一度も乗った経験がないので，心配に思った。

問六＜語句＞「日和」は，天気，空模様のこと。

問七＜文章内容＞「武者震い」は，心が勇み立つことで体が震えること。栄三は，ジャッペに初めて乗る緊張感で「ガタガタと震えて」いたが，自分の張りつめた気持ちを落ち着け，そして奮起するために，「武者震いだ」と栄二郎に言った。

問八＜文章内容＞栄二郎の家が「何年も前からずっと七人で場トリに臨んできた」のは，「雇いに払う賃金を節約するため」もあるが，「長年雇いに来てくれて家族同然となっている漕ぎ手でやる方が，息の合わない余計な者を乗せて重くするより船足が速い」というのが一番の理由だった。

問九＜文章内容＞栄二郎は，船頭を務めることを言い渡されたときに弱気な一面も見せたが，場トリの当日は，「自分に活を入れ」て，さらに船員たちに声をかけて士気を高めるなど，船頭としての務めを果たそうとしている。

問十＜表現＞「そんたに泡食ってはぁ」のような方言が会話文に用いられていることで，この地方の漁師たちの生活が生き生きと描写されており(ア…○)，「むん！　という呻き声」や「雄叫びでびりびりと振動した」などの表現からは，ジャッペを海に出す漁師たちの雄々しさが感じられる(エ…○)。また，「浜の空気が変わった」という一文で改行しているところからは，たくさんの船が「一斉に海へ」となだれ込んでいく場面へと変わる緊張感が表されている(ウ…○)。「痛じゃあ――」の「――」は，痛さで言葉が出ない様子が表されている(イ…×)。

三 〔漢字〕

①ためいきのこと。　②全てのこと。　③草木が盛んに生い茂ること。　④しばらくの間。　⑤音読みは「募集」などの「ボ」。　a．音読みは「鍛錬」などの「タン」。　b．がっかりして気持ちが落ち込むこと。　c．ぶつかり合うこと。　d．「甲乙つけがたい」は，どちらが優れているかを決めるのが難しいこと。　e．「粋な計らい」は，人が喜びそうなことをそれとなく行うこと。また，おおらかで，人間味のある措置をとること。

2023年度 獨協埼玉高等学校(第2回)

【英　語】 (50分) 〈満点：100点〉

1 リスニング問題 〈編集部注：放送文は未公表につき掲載してありません。〉

Part 1　これから流れる英語を聞き，1～5の質問に対する答えを1つ選び，記号で答えなさい。英文は2度読まれます。

1 (A) In London　(B) Near London　(C) Opposite London

2 (A) He raced cars.
(B) He traded clothes.
(C) He was a mechanic.

3 (A) In 1933　(B) In 1937　(C) In 1938

4 (A) The water speed record
(B) The sea speed record
(C) The air speed record

5 (A) In England　(B) In America　(C) In Scotland

Part 2　これから短い会話文を聞きます。下の1～5の空欄に適切な語句や文字，数字などを書きなさい。英文は1度だけ読まれます。

Lost & Found

1	Lost item：	＿＿＿＿＿
2	Color：	＿＿＿＿＿
3	Name：	＿＿＿＿＿ Greedy
4	Address：	74, ＿＿＿＿＿ Street
5	Tel. No.：	0191-7791-＿＿＿＿

Part 3　2人の会話を聞き，下の表の項目に当てはまるものを(A)～(H)の中から選び，記号で答えなさい。英文は2度読まれます。また，会話の場面の概要が日本語で書かれているので今読みなさい。

アンジェラ(女性)が叔父にこれまで通っていた学校で困っていたことを話している。

	Places	
1	Cafeteria	
2	Library	
3	Classrooms	
4	Elevator	
5	Office	

Problems

(A) Crowded　(B) Noisy　(C) Not clean
(D) Not modern　(E) Too slow　(F) Too far
(G) Too small　(H) Too warm

2 次の会話が成立するように空欄に適切な1語を入れなさい。ただし，答えは全て空欄内に示された文字で書き始めなさい。

1 A： What am I supposed to do at the meeting？
B： Oh, just relax. I'll ask you to (i　　) yourself to everyone later.

2 A： You have to get on the subway.
B： You mean, I cannot use my car to cross the river？
A： No. The (b　　) is closed for now.

3 A： You can see a lot of (u　　) animals in this zoo.
B： I agree. We can see pandas only here in East Japan.

4 A： Kabuki is a (t　　) Japanese performing art.
B： How old is it？
A： It started more than four hundred years ago.

5 A： I was (b　　) with the math class. How about you？
B： I wasn't at all. I thought it was very interesting.

3 日本語の意味に合う英文になるよう，＿＿に適切な英語3語を入れなさい。

1 その山は春になると沢山の花で覆われます。
The mountain ＿＿＿＿＿ various flowers in spring.

2 私は驚きすぎて何も言えませんでした。
I was ＿＿＿＿＿ say anything.

3 放課後にテニスをするのはいかがですか。
How ＿＿＿＿＿ after school？

4 日ごとに寒くなっています。
It ＿＿＿＿＿ day by day.

5 私の父はよく遊ぶことは学ぶことと同じくらい大切だと言います。
My father often says that playing is ＿＿＿＿＿ studying.

4 2つの会話文の空欄に当てはまる英文を下の選択肢から選び，会話文を完成させなさい。ただし，英文は1度だけ使うこと。

A： Next summer vacation, why don't we go on a trip abroad？ What do you think？
B： That's good, but where do you want to go？
A： I'm really interested in European countries because I love music. (　1　)
B： Yes, it is. I like listening to classical music very much. But I think we have a problem.
A： What is it？
B： (　2　) If you stay there for one week, you are going to spend at least five hundred thousand yen.
A： That's quite expensive, but I still want to go. What should we do？
B： Do you have any friends in Europe？ If you do, you could ask to stay at your friend's house.
A： That's a good idea. I have a friend in Austria.
B： OK. (　3　)

ア Europe is famous for classical music, right？
イ By the way, you like classical music.

ウ　Going to Europe costs a lot.
エ　I think I work as a part timer.
オ　Let's ask your friend.

A： I don't want to practice swimming anymore.
B： Why?　I thought you like swimming.
A： I like swimming.　But I don't like practice because it makes me hungry and tired.
B： Don't say that.　Hey, look on the bright side.
A： (　4　)
B： It's very hot today, and you feel cool when you swim in the pool.
A： But it's too cold.　I don't like it.
B： Umm . . . you can also meet your friends.　It's a lot of fun!
A： (　5　)　We have different practice times.
B： Let me buy you an ice cream to cheer you up.　What would you like?

ア　You can say that.　　イ　I have no friends here.
ウ　What's good about it?　エ　I have some friends here.
オ　Tell me the reason.

5　日本語の意味に合うように与えられた語句を並べかえなさい。ただし，文頭に来る語句も小文字で示してある。

1　何もしないよりも何かをするほうがいいです。
(do something / better / is / it / to / than / nothing).
2　ドイツ語を話すとき間違いを恐れてはいけません。
(be / of / mistakes / when / afraid / you / don't / making / speak) German.
3　とても暑かったので，窓を開けておきました。
(I / open / the window / so / that / it / was / kept / hot).
4　木のそばに座っている女の子はメアリーです。
(is / Mary / by / the girl / sitting / the tree).
5　昔に聞いた曲のタイトルが思い出せません。
I can't remember (listened / the title / to / I / the song / of) a long time ago.
6　間食は健康に良くないと思います。
I think (your health / is / for / not / eating / meals / between / good).

6　次の英文を読み，以下の設問に答えなさい。

Many people catch a cold in spring and/or fall.　It makes us wonder. . .　If scientists can send a man to the moon, why can't they find a cure for the common cold?　Why can't they find a way for us not to catch a cold?　Why can't they find something that makes you well right away?　(1)The answer is easy.　There are actually hundreds of kinds of cold viruses out there.　You never know which one you will get, so there isn't a cure for each one.

When a virus attacks your body, your body works hard to (2)get rid of it.　Blood rushes to your nose and brings ※congestion with it.　You feel terrible because you can't breathe well, but your body is actually "eating" the virus.　Your temperature rises and you get a fever, but the heat of your body is killing the virus. You also have a runny nose to stop the virus from getting to your ※cells. You may feel [A], but actually your body is doing everything (3)it can to kill the cold.

Different people have different ways to feel [B], when they have colds. In the United States and some other countries, (4), people might eat chicken soup. Some people take hot baths and have warm drinks. Other people take medicine to stop the fever, congestion, and runny nose.

There is one interesting thing to note. Some scientists say taking medicine when you have a cold is actually bad for you. The virus stays in you longer because your body doesn't have a way to fight and kill it. (5)Bodies can do an amazing job on their own. There is a joke, however, about taking medicine when you have a cold. It goes like this : (6)It takes about one week to get over a cold if you don't take medicine, but only seven days to get over a cold if you take medicine.

※ congestion：うっ血　cell(s)：細胞

問1　下線部(1)の内容として最も適切なものを次のア～エの中から1つ選び，記号で答えなさい。

ア　一般的な風邪であれば，何百種類のウィルスがあろうと，すぐに回復するから。

イ　何百種類もの風邪のウィルスのうち，治療法が確立されているものは少数だから。

ウ　風邪のウィルスは何百種類もあり，どれに感染するか分からない中で，それぞれ一つずつの治療法はないから。

エ　どの風邪ウィルスに感染するか誰にも分からなくても，人間の体は自然に治す力を持っているから。

問2　下線部(2)の意味として最も適切なものを次のア～エの中から1つ選び，記号で答えなさい。

ア　count on it　　イ　get along with it

ウ　put it off　　エ　clear it away

問3　空欄 [A] と [B] に入る語の組み合わせとして，最も適切なものを次のア～エの中から1つ選び，記号で答えなさい。

ア　[A]：happy　[B]：sorry

イ　[A]：terrible　[B]：better

ウ　[A]：sorry　[B]：happy

エ　[A]：better　[B]：terrible

問4　下線部(3)が指し示すものを2語で本文中から抜き出しなさい。

問5　空欄(4)に入る語として最も適切なものを次のア～エの中から1つ選び，記号で答えなさい。

ア　for example　　イ　therefore　　ウ　instead　　エ　by the way

問6　下線部(5)の内容として**当てはまらないもの**を次のア～エの中から1つ選び，記号で答えなさい。

ア　A lot of blood blocks your nose in order to kill the virus.

イ　Breathing becomes difficult to stop the virus coming into your body.

ウ　Your body temperature gets high in order to kill the virus.

エ　Your nose gets runny, so the virus does not enter your cells.

問7　下線部(6)の表す内容を日本語で句読点を含めて40字以内で簡潔に説明しなさい。

問8　本文の内容と**一致しないもの**を次のア～オの中から1つ選び，記号で答えなさい。

ア　There is a cure for the common cold.

イ　Heat in your body kills viruses.

ウ　Some people eat chicken soup to feel better when they have a cold.

エ　Not all scientists think taking medicine is good when you have a cold.

オ　Bodies work hard to try to kill viruses.

7 次の英文を読み，問1～7の英文に続くものとして最も適切なものをそれぞれ1つ選び，記号で答えなさい。問8については，質問の答えとして最も適切なものを1つ選び，記号で答えなさい。

Historians believe the Maya people of Central America first learned to farm cacao plants around two thousand years ago. The Maya took the cacao trees from the rainforests and grew them in their gardens. They cooked the cacao seeds, then crushed them into a soft paste. They mixed the paste with water and spices to make an unsweetened chocolate drink.

Cacao and chocolate were an important part of Maya culture. There are often images of cacao plants on Maya buildings and art objects. Rich families drank chocolate at special ceremonies. And, even poorer members of society could enjoy the drink once in a while. Historians believe that cacao seeds were also used in marriage ceremonies as a sign of the union between a husband and wife.

However, the ※Aztecs could not grow the cacao plant in their country, so they had to trade for it. Only the very wealthy people in Aztec societies could drink chocolate because cacao was so valuable. The Aztec ruler, Montezuma, was believed to drink fifty cups of chocolate every day.

The explorer Christopher Columbus brought cacao seeds to Spain after his trip to Central America in 1502. The wealthy people of Spain first enjoyed a sweetened version of the chocolate drink. Later, the popularity of the drink spread throughout Europe. The English, Dutch and French began to plant cacao trees in their own ※colonies. Chocolate was a drink that only wealthy people could drink until the eighteenth century. During the period known as ※the Industrial Revolution, new technologies helped make chocolate less costly to produce.

Today, chocolate making is a big business. The market value of the yearly cacao crop around the world is more than five billion dollars. Chocolate is especially popular in Europe and the United States. Each year, Americans eat an average of more than five kilos of chocolate per person. Specialty shops that sell expensive chocolates are also very popular. Many offer chocolate lovers the chance to taste chocolates grown in different areas of the world.

※ Aztec(s)：14世紀から1521年のスペイン人による征服まで，現在のメキシコ市を中心に栄えた民族
colonies(colony)：植民地　the Industrial Revolution：産業革命

問1 In order for the Maya people to make a bitter chocolate drink, they . . .
ア grew the cacao trees in the forests.
イ roasted the cacao seeds with spices.
ウ made a soft paste and mixed it with water and spices.
エ pressed a soft paste from the cacao trees.

問2 Cacao seeds were . . .
ア used in Maya art objects.
イ the sign of important buildings.
ウ eaten by poor people very often.
エ used as a sign of marriage.

問3 In Aztec societies, . . .
ア cacao was very expensive, so only a few people could drink chocolate.
イ it was easy to farm the cacao plant.
ウ it was difficult to get chocolate, so the Aztecs couldn't drink it.
エ the people who could grow the cacao trees were very wealthy.

問4 Christopher Columbus . . .

ア loved a sweet chocolate drink in Central America.
イ introduced the cacao seeds to Spain.
ウ named a chocolate drink after his travel.
エ found the first chocolate drink in 1502.

問5 Before the 18th century, . . .
ア a lot of people in Spain could drink chocolate.
イ new technologies were used to crush the cacao seeds.
ウ only rich people could drink chocolate in Europe.
エ English people started to grow cacao plants in its country.

問6 After reading the story, you can guess that . . .
ア chocolates sold in the United States will be more expensive than in Europe.
イ more people will eat chocolates grown in other countries.
ウ the sales of chocolate will increase all over the world.
エ the business of chocolate making will get smaller.

問7 The best title of this story is . . .
ア "How the Maya People Found Cacao Plants".
イ "The Development of Maya Culture".
ウ "How to Make Chocolates".
エ "The History of Chocolate".

問8 Which sentence about the story is true ?
ア The Maya people started to grow cacao trees about one thousand years ago.
イ The people in the Aztec could get cacao easily.
ウ The Maya people in the upper class drank chocolate at ceremonies.
エ The people in Europe eat about five kilos of chocolate each year.

【数　学】（50分）〈満点：100点〉

（注意）　定規，分度器は使用してはいけません。

1　次の各問に答えなさい。

(1)　$\frac{a}{6}-\frac{a+b}{2}+\frac{2a-b}{3}$ を計算しなさい。

(2)　2次方程式 $2x^2-6x+1=0$ を解きなさい。

(3)　$(x+y)^2-2(x+y)-3$ を因数分解しなさい。

(4)　方程式 $2(x-2)-3y=3x+y+4=13$ を解きなさい。

(5)　関数 $y=-\frac{1}{3}x^2$ について，x の値が3から6まで増加するときの変化の割合を求めなさい。

(6)　$n \leqq \frac{6}{\sqrt{3}} < n+1$ を満たす自然数 n の値を求めなさい。

(7)　下の図1の△ABCで，点Dは辺AB上，点Eは辺AC上にあり，DE∥BCです。AD＝5 cm，DB＝3 cm，BC＝6 cmのとき，線分DEの長さを求めなさい。

図1

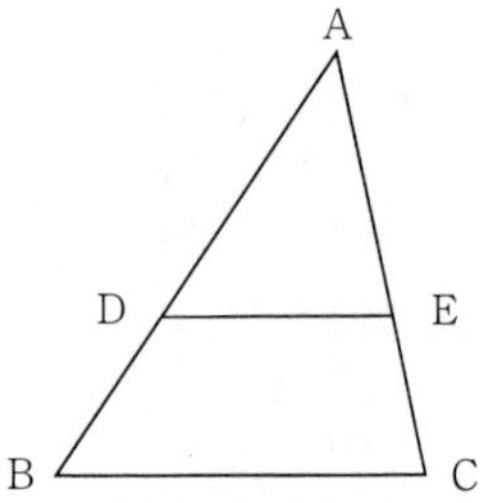

図2

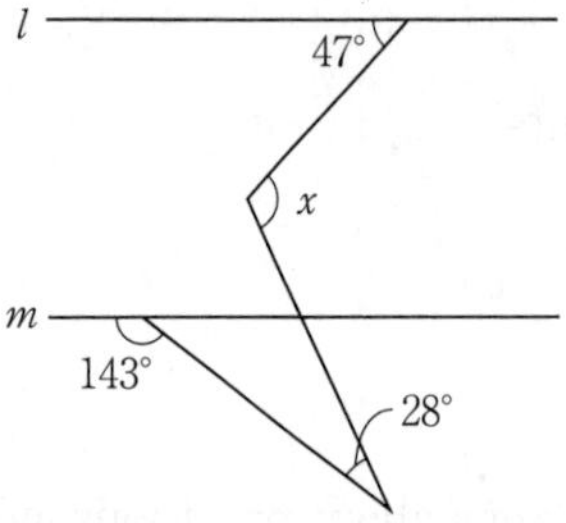

(8)　上の図2で，$l \parallel m$ のとき，∠x の大きさを求めなさい。

(9)　右の図3は，AB＝2 cm，BC＝3 cm，CD＝6 cm，∠ABC＝∠BCD＝90°の四角形ABCDです。この四角形ABCDを，直線ABを軸として1回転させてできる立体の体積を求めなさい。

図3

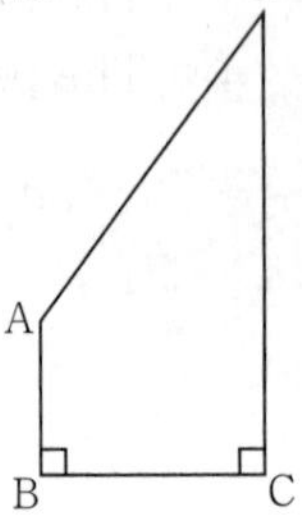

(10)　2，3，5，6，7の数字が1つずつ書かれた5枚のカードの中から連続して2枚のカードを取り出します。1枚目に取り出したカードに書かれた数字を十の位，2枚目に取り出したカードに書かれた数字を一の位として2けたの整数をつくるとき，3の倍数になる確率を求めなさい。

2　次の図と表1は，あるクラスの生徒35人の50m走の記録を，それぞれ箱ひげ図と度数分布表にまとめたものです。このとき，次のページの各問に答えなさい。

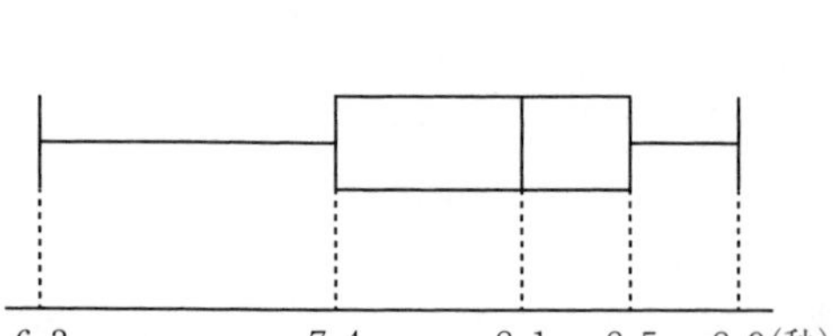

図

記録(秒)	度数(人)
以上　未満	
6.0 ～ 6.5	1
6.5 ～ 7.0	2
7.0 ～ 7.5	6
7.5 ～ 8.0	7
8.0 ～ 8.5	10
8.5 ～ 9.0	9
合計	35

表1

(1)　箱ひげ図から読み取れる中央値(メジアン)を求めなさい。

(2)　箱ひげ図から読み取れる四分位範《はん》囲《い》を求めなさい。

(3)　表1の度数分布表から読み取れることを述べた文として正しいものを，次の中から2つ選びなさい。

①　階級の幅は3.0秒である。
②　中央値(メジアン)と最頻《さいひん》値《ち》(モード)の階級は同じである。
③　7.0秒以上7.5秒未満の階級の累積度数は6人である。
④　7.5秒以上8.0秒未満の階級の相対度数は0.20である。

(4)　表2は，同じ記録を階級の幅を変えて表した度数分布表です。表1と表2の度数分布表から読み取れることを述べた文として正しいものを，次の中から2つ選びなさい。

①　記録が6.50秒以上6.75秒未満の生徒は1人である。
②　記録が6.50秒以上6.75秒未満の生徒は2人である。
③　記録が8.25秒以上8.50秒未満の生徒は3人である。
④　記録が8.25秒以上8.50秒未満の生徒は7人である。

記録(秒)	度数(人)
以上　未満	
6.00～6.75	3
6.75～7.50	6
7.50～8.25	14
8.25～9.00	12
合計	35

表2

3　右の図のように，関数$y=ax^2$…①のグラフ上に，y座標の等しい2点A，Bがあり，点Aの座標は(2，8)です。また，関数$y=-\frac{1}{4}x^2$…②のグラフ上に点Bとx座標が等しい点Cがあります。このとき，次の各問に答えなさい。

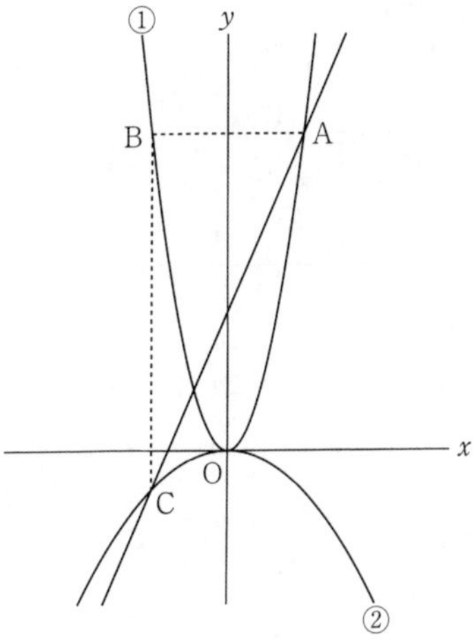

(1)　aの値を求めなさい。

(2)　直線ACの式を求めなさい。

(3)　△ACDと△ABCの面積が等しくなるような点Dをy軸上にとります。このとき，点Dの座標をすべて求めなさい。

4　右下の図のように，すべての辺の長さが6cmの正四角錐O−ABCDがあります。辺OBの中点をP，辺ODの中点をQ，辺ADの中点をR，辺ABの中点をSとするとき，次の各問に答えなさい。

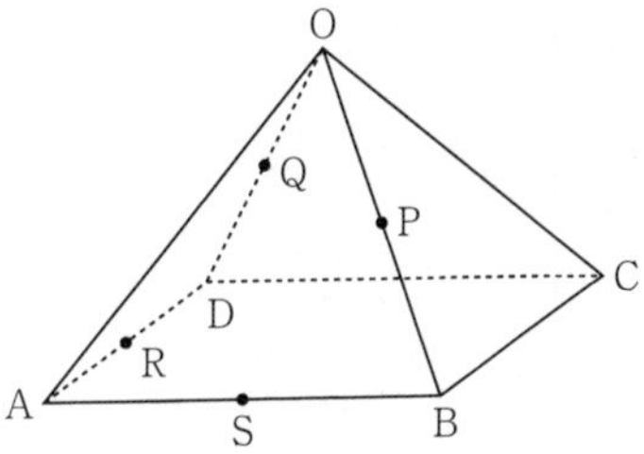

(1)　△OBDの面積を求めなさい。

(2)　次の問に答えなさい。

①　四角形BPQDの面積を求めなさい。
②　四角錐A−BPQDの体積を求めなさい。

(3)　立体DB−PQRSの体積を求めなさい。

問十　本文の内容や表現の説明として最も適当なものを次の中から一つ選んで、記号で答えなさい。

ア　わかなの視点を通して場面を描いていくことで、気持ちがゆれ動きながらも次第に心を決めていくわかなの様子を生き生きと読者に伝えている。

イ　回想の場面を交えずに時間の経過に従って場面を展開することで、わかなの気持ちが少しずつ前向きになる様子を印象的に読者に伝えている。

ウ　古賀先輩たちの熱気あふれる練習の様子を細かく描写することで、少しずつ柔道に魅了されていくわかなの様子を客観的に読者に伝えている。

エ　軽妙な若者らしい言葉遣いの会話文を用いることで、風通しのよい柔道部の雰囲気にわかなが強く惹《ひ》かれていく様子をわかりやすく伝えている。

三　次の①～⑤の傍線部の漢字の読みをひらがなで書きなさい。また、a～eの傍線部のカタカナを漢字に直しなさい。

① 講師を委嘱された。
② これ以上詮索するのはよそう。
③ 敵に見つからないように潜伏する。
④ 彼は友人のことを恨めしく思っている。
⑤ 力の均衡が崩れる。
a 学校に授業料をオサめる。
b このからくりはセイコウをきわめている。
c 台風をケイカイして備えをする。
d タイグウを改善する必要がある。
e 病人をカンゴする仕事につく。

な様子を表していますか。その説明として最も適当なものを次の中から一つ選んで、記号で答えなさい。

ア　他の先輩が優しそうだったから柔道部への入部を断っても大丈夫だと思っていたのに、厳しそうな長谷先輩の出現によってやめることを言い出せなくなった。

イ　他の先輩が優しそうだったから柔道部へ入ろうという気になってはいたが、不機嫌そうな古賀先輩の態度に反発して柔道部に入る気を一気に失ってしまった。

ウ　他の先輩が優しそうだから柔道部へ入る決心をしたが、新しい部員に対して排他的な長谷先輩の態度に嫌気がさして柔道部への期待が小さくなってしまった。

エ　他の先輩が優しそうだったために柔道部へ入ってもいいかなと思い始めたが、自分たちを快く思っていない長谷先輩の態度に接して気持ちがなえてしまった。

問五　傍線部③「長谷先輩があいた口が塞がらないという顔になる」とありますが、その理由として最も適当なものを次の中から一つ選んで、記号で答えなさい。

ア　いかにも経験者であるような発言をした石持さんに期待したのに、その発言の根拠を知りあきれてしまったから。

イ　自分が入部すれば女子も強くなると言った石持さんに感心したが、それがおおげさな発言だとわかりがっかりしたから。

ウ　石持さんの父親が柔道経験者であると知り関心をもったが、実際には経験者ではないと知り期待はずれに終わったから。

エ　石持さんが経験者であるようなことを言ったので少しは当てにしたが、その言葉が冗談であったことに腹が立ったから。

問六　傍線部④「なんだか盛りあがる空気の中、わかな一人が蒼ざめていた」とありますが、その理由として最も適当なものを次の中から一つ選んで、記号で答えなさい。

ア　いまだに入部を迷っているわかなでもすぐに試合に出られるような話になり、急速な話の展開についていけなかったから。

イ　いつのまにか石持さんもわかなも柔道部に入部するかのように話が展開して、断れない雰囲気が生まれてしまったから。

ウ　先ほどまでわかなたちのことを歓迎していなかった古賀先輩が急に態度を変えて、全員で盛りあがる様子にとまどったから。

エ　わかなが柔道の未経験者であることも考慮せずに勝手に盛りあがる部員を見て、中学時代のグループのことを思い出したから。

問七　傍線部⑤「ふいに隣で聞こえた、すこしぽつりとした声に驚いた」とありますが、なぜ驚いたのですか。その理由を、四十字～五十字で説明しなさい。

問八　傍線部⑥「思わずわかなは食いつくように石持さんのほうへ身を乗りだした」とありますが、このときのわかなの気持ちの説明として最も適当なものを次の中から一つ選んで、記号で答えなさい。

ア　外見とは異なり石持さんも自分と同じ悩みを抱いていたことを知って、愉快な気持ちになった。

イ　社交的な石持さんでさえ居場所を作ることに悩んでいたことを知って、不思議な気持ちになった。

ウ　石持さんから居場所がない悩みを先に打ち明けられてしまって、あせるような気持ちになった。

エ　石持さんからまだ居場所がないことが悩みだと伝えられて、強く共感する気持ちになった。

問九　傍線部⑦「教室の前でたまたま古賀先輩に声をかけられたのだった」とありますが、このときのわかなの様子や気持ちについて説明した次の文の空欄に当てはまる言葉を、指定字数に合わせて本文中から探し、それぞれ抜き出しなさい。

　高校では居場所を作りたいと思っていたものの、引っ込み思案な性格のわかなは、入学したばかりにもかかわらず［Ｘ（九字）］いた。そんなわかなにとって、古賀先輩の誘いは［Ｙ（四字）］のようなものと感じられた。

含めて女子が五人しかいなかった(わかなが入った建築科はこれでも機械科や電気科よりは女子の比率が高いらしい)。ただ計算外だったのは、わかな以外の四人が二人ずつ同じ中学出身で、入学式の日にはもうそれぞれペアになっていたことだった。

どちらかのペアに話しかけて仲間に入れてもらえばよかったんだろう。けれど勇気をだせないでいるうちに高校生活最初の一週間が過ぎようとしていた。まわりが男子ばかりというこの環境で女子からあぶれたら、それはそれで三年間この教室に通うのは地獄だ――※6暗澹《あんたん》たる前途に絶望しかけていたとき、⑦教室の前でたまたま古賀先輩に声をかけられたのだった。

「古賀。休むんやったらおれはもう組まんぞ」

長谷先輩の厳しい声が響いた。

またあっけなく投げられたあとさすがに座り込んでへばっていた古賀先輩が「やりますっ。お願いします」と立ちあがった。膝に手をついてひと呼吸し、顔をあげたときには　C　表情が引き締まっている。話しかけられたときは制服だったから柔道をやっている姿なんて想像できなかったけれど、今は柔道着姿がキマっている。

〝まだ部活決めてえん《(決めてない)》のやったら、見学に来ん?〟

あの日古賀先輩がかけてくれた明るい声が、わかなにとって救いの光になった。それに縋《すが》ってここに来た。

頑張ってみようか、ここで……思い切って飛び込んでみないことにはきっとなにもはじまらない。どうしたって三年間この学校に通うんだから。

居場所になるかな。なればいいな、この柔道場が。畳の匂いが。この熱気と、この音が。

「わたしも、かれんちゃん、って呼んでいい……?」

石持さんの――かれんちゃんの手が膝の上に置いたわかなの手の端に軽く触れた。わかなもそっとそちらへ手をずらした。手を握りあい、「へへ」と二人で小さく笑いあった。

最初の一歩は、お互いの隣の小さな居場所から。

(壁井ユカコ『空への助走　福蜂工業高校運動部』による)

〈注〉※1　アップ…ウォームアップ。本格的な練習前に体をならすために行う準備運動。

※2　スケバン…不良少女を指す俗語。

※3　一瞥…ちらっと見ること。

※4　イメトレ…イメージトレーニング。スポーツで実際に体を動かさず、頭の中で考えて、運動動作を学習すること。

※5　乱取り稽古…自由に技を掛け合う稽古方法。

※6　暗澹たる…暗くてはっきりとしない様子。

問一　空欄　A　～　C　に当てはまる語として最も適当なものを次の中からそれぞれ一つ選んで、記号で答えなさい。

ア　ふわっと　イ　ぎょっと　ウ　ぐったりと

エ　もやっと　オ　きりりと　カ　むっつりと

問二　波線部a「たじろぐ」、b「大風呂敷を広げて」の意味として最も適当なものを後の中からそれぞれ一つ選んで、記号で答えなさい。

a「たじろぐ」

ア　照れくさくなる　イ　うれしくなる

ウ　しりごみをする　エ　いらいらする

b「大風呂敷を広げて」

ア　まるで根拠のないようなでたらめなことを言って

イ　実力に見合わないような大それたことを言って

ウ　相手の気にいるような口先だけのことを言って

エ　相手の予想を裏切るような先走ったことを言って

問三　傍線部①「古賀が勧誘してきたんや」とありますが、なぜ古賀は下川わかなと石持かれんを勧誘したのですか。本文中の表現を用いて、二十字～二十五字で説明しなさい。

問四　傍線部②「他の先輩たちが優しそうだったから安心しかけたが、すぐにまた心がしぼんだ」とありますが、わかなのどのよう増先輩にひっついていた古賀先輩が目をぱちくりさせた。

「増から聞いてるわ。団体戦でたくて部員探してたんやろ。女子は三人で団体戦でれるでな。新人の登録せんとあかんの忘れんなや」

意味を確認するみたいに古賀先輩が増先輩を振り仰ぐと、増先輩が笑って頷《うなず》き、手で小さくオーケーの形を作ってみせた。古賀先輩の顔にみるみる輝きが広がり、

「はいっ、がんばりますっ」

両手でガッツポーズを作って身を沈めると頭の上のちょんまげも嬉《うれ》しそうに揺れた。

ちょ、ちょっと待ってよ！　どうしよう……！

④なんだか盛りあがる空気の中、わかな一人が蒼《あお》ざめていた。三人って、古賀先輩と石持さんと、あとはどう考えてもわかなのことだ。団体戦？　柔道の試合？　無理だ！　誘われたから見学に来ただけなのに一足飛びに試合の話なんて、なんでこんな流れになってるの？　石持さんがｂ大風呂敷《おおぶろしき》を広げて話を進めるから……！

でも、この空気で自分は入部する気はないなんて言ったらみんなをシラけさせてしまう。

――〝わかなちゃんってノリ悪いんやね〟

――〝いややったらもっとはよ言えばいいのに。こっちかって強引に誘ったりせんよ〟

中学のときからノリが悪いと言われるキャラで、みんなをシラけさせることがあった。同じグループだった子たちからいつの間にか誘われなくなっていた。引っ込み思案の性格のせいで自分から踏み込んでいくこともできなかった。誰か誘ってくれないかなと、いつも受け身で待っている人間だった。

一人でいることそれ自体よりも、まわりがみんなグループになっているのに、自分だけがどこにも属していないことが一番気詰まりだった。

逃げるように工業高校を受験した。女子が少ない工業高校なら女子の大グループから孤立することはないと思ったから。男子が多いことの怖さ以上に、女子がたくさんいる環境のほうがわかなにとってはもっと怖かったのだ。

柔道場の端に石持さんと座って稽古を見学することになった。じわじわと痺《しび》れに蝕《むしば》まれつつわかなは我慢して正座していたが、石持さんは空気を孕《はら》んで膨らんだ長いスカートの中で脚を崩していた。ずるいと思う。とはいえじゃあ彼女みたいに極端に長いスカートを穿《は》けばいいと言われても、みんなと違う恰好《かっこう》をする度胸なんてもちろんない。

「下川わかなだっけ。じゃあわかなって呼ぶな」

もう部活の仲間になったみたいに気易《きやす》く呼ばれても迷惑だった。せめてもの反抗でわかなは［　B　］黙っていた。

目の前では※5乱取り稽古というのが行われていた。柔道の漫画を読んでいなくてもそれくらいは聞いたことがある。古賀先輩も男子の中に普通にまざって練習していて、今は長谷先輩と組んでいた。長谷先輩とだったら他の先輩よりは体格差がないように見えたけれど、古賀先輩が素早く踏みだして足をかけようとした瞬間、いとも簡単に長谷先輩に投げられた。痛そうな音が畳に跳ね返ってわかなは身を竦めた。石持さんは唇をすぼめて「うひょう」なんて声をだした。古賀先輩はけれどすぐに立ちあがり、怯《ひる》まずにまた長谷先輩に向かっていく。

「一緒にやろうよ、わかな」

⑤ふいに隣で聞こえた、すこしぽつりとした声に驚いた。

「あたしぃ、中学んとき千葉からこっちに転校してきたんだ。でもこんなんだから中学で浮いててさ。高校では居場所作れたらいいなって思ってたんだぁ。けど、やっぱまだクラスで友だちできなくてさ……」

「わ、わたしも……！」

⑥思わずわかなは食いつくように石持さんのほうへ身を乗りだした。

工業高校は女子が少ないという予想に違《たが》わず、クラスには自分を

輩が自分を指さしてから、長身の先輩にスポットを当てるような手振りをし、「この人は三年生の増《ます》先輩。すご〜く優しいんやよぉ〜」赤らめた顔を両手で覆う古賀先輩。増先輩が「いやぁ」と照れる。

「わたしも未経験からはじめたし、うちの男子怖い人もえんで《（いないんで）》、あんまり心配せんでね。あっ先生はちょっと顔が怖いけど」

古賀先輩がお茶目に舌をだし、にこりと笑って、

「ね、やってみん？」

わかなの不安を汲《く》んで入部しやすいように説明してくれているのだ——優しい先輩がいるならと、後ろ向きだった気持ちがぐらついたとき、増先輩の背後からよく通るきびきびした声が聞こえた。

「見学者やってか？」

「ああ、長谷《はせ》。①古賀が勧誘してきたんや」

また別の先輩が黒い帯に両手を引っかけ、胸を張って立っていた。縦にも横にも大きくはない、むしろ男子にしてはけっこう小柄だ。けれど……若干乱れた柔道着の襟から覗《のぞ》く硬そうな胸板と六つくらいにきっちり割れた腹筋をつい凝視してしまってからわかなは慌てて視線を逃がした。

ちょっとかっこいいかもと思ったが、その先輩がわかなと石持さんを鋭い目つきで※3一瞥《いちべつ》し、

「また初心者の女子か。うちは全国見据えてる強豪やぞ、足引っ張る気か」

不機嫌そうな言い方に心臓がぎゅうっと竦《すく》んだ。

「長谷ー。いいやろ別に。ずっと女子一人じゃ古賀かってかわいそうやし」

「もう、なんでほういうこと言うんですか。怖がってまうでしょ。長谷先輩に入部拒否する権利なんてないですからねーだ」

「主将はおれやぞ」

「わたしの目が黒いうちはそんな横暴は許しませんっ」

甲高い声で噛《か》みつく古賀先輩に長谷先輩が顔をしかめ、わざとらしく片耳を手で塞ぐ。長谷先輩にはあきらかに歓迎されていなかった。②他の先輩たちが優しそうだったから安心しかけたが、すぐにまた心がしぼんだ。

「あ、あの、わたしはやっぱり……」

「強豪って男子のことっすよね。だったらぁ、あたしが入ったら女子も強くなりますよ」

と、石持さんの気怠《けだる》げな声がわかなの声を遮った。

ぎょっとしてわかなは石持さんの袖を引いた。石持さんを見る先輩たちの目つきが変わり、長谷先輩も俄然《がぜん》前のめりになった。

「経験者やったんけ、一年女子」

「やったことはないですけどぉ、親父《おやじ》が持ってた『柔道部物語』って漫画、昨日徹夜で全巻読破してきたんで、※4イメトレは完璧っす」

③長谷先輩があいた口が塞がらないという顔になる。意味がわからなかったわかなはリアクションの取りようがなかったが、増先輩が噴きだした。

「『柔道部物語』、ほう言われてみればきみ、読んでそうやもんなあ！　うちの部員も全員読んでるぞ！」「ほーでしょーっ《（そうでしょう）》!?　わたしもそう思ったんです！　ねっ、うちに入って違和感ないでしょー！」古賀先輩が誇らしげに鼻を高くして賛同する。テンションがあがる二人の先輩の傍《かたわ》らで長谷先輩だけが眉間に深い皺《しわ》を刻んでこめかみを押さえた。

「うちの連中とおんなじレベルのあほでねぇか……。そもそもうちのガッコにあほしかえんのか……」

苦々しげな顔はそのままながら、咳払《せきばら》いを一つして古賀先輩に視線を戻し、

「これで団体戦でれるやろ」

問十　本文の内容と合うものを次の中から一つ選んで、記号で答えなさい。

ア　天文学の発展は著しいものがあり、宇宙についてほとんどのことを解明し、第二の地球の発見、知的生命の発見が現実味を帯びたことで、今後は人間の宇宙観を根底から変えることになるはずだ。

イ　宇宙の中でも大都市と想定されるおとめ座銀河団は局部銀河群の中で最も巨大な銀河団であり、この銀河団を中心にして宇宙は加速膨張し続けていることが、現在の天文学により明らかになった。

ウ　科学の進歩は、自己中心的な世界観を、時代とともに客観的な見方へ変えていくことであるが、宗教はその妨げになるものであるから、科学の世界では宗教についての考え方を改める必要がある。

エ　人類は科学の進歩により今後も進歩してゆくと考えられるため、現代のわれわれが昔の遺跡を眺めて感じたことと同様に、子孫たちが現代社会の遺物から幼稚さを感じる日もいつか来るだろう。

二

次の文章を読んで、後の問いに答えなさい。なお、出題の都合上、本文を一部改変してあります。

福蜂《ふくほう》工業高校に入学した下川《しもかわ》わかなは、柔道部に所属している二年生の古賀《こが》あゆみに勧誘されて、柔道部の見学にやってきた。

「石持《いしもち》かれんさんと、下川わかなさん、やったの」

「こ、こんにちは」とわかな。

「まー一応来ましたけどぉ」と石持さんと呼ばれた彼女。

「二人、クラス違ったと思うけど友だちやったんやぁ。ほんならよかった、仲良《なかよお》やってけるの。ちょうど午後の※1アップ終わったとこなんや。ゆっくり見学してっての。さあさあ、どうぞどうぞ」

準備運動だけでこんなに汗だくになるなんて、中学でも運動部に入っていたわけではないわかなではやっぱりついていけそうにない。石持さんと仲良くやっていける気もぜんぜんしない。

「あの、わたしは……」

やっぱりやめときます、と言えずにいるうちに奥の部屋に押し込まれた。

一面に畳が敷かれた広い部屋だった。休憩時間なのか、さっきまで聞こえていた音は一時やみ、柔道着姿の男子たちがうろうろ歩いたり壁際《かべぎわ》で汗を拭いたりしている。天井付近に溜《た》まった熱気で景色が［　A　］歪《ゆが》んで見えるくらいだった。

「思ったより臭くないっすね」

石持さんが鼻をひくつかせて言った。言わなくていいことを口にだす人だ。わかなが隣で冷や汗を掻《か》く一方で女の先輩は気に障《さわ》ったふうもなくくすくす笑った。

「わたしが入る前はのー、もっとヒドかったんやけど、今はみんな気ぃ遣うようになったでの。ほやで《(だから)》女子も入りやすいと思うよ」

入り口で突っ立っている一年生女子二人に男子部員たちの注目が集まった。途端、おおおおという低音の歓声で熱せられた空気が揺れた。

「※2スケバンと優等生や」とちょっとよくわからない期待で目を輝かされてわかなはaたじろぐ。まだ入学して一週間目なのに一年生ももう練習にまじっているようで同じクラスの男子（柔道部だとは思わなかったけど）の顔もあった。ただ誘ってくれた先輩の他には女子は一人もいないようだ。

「いらっしゃい。好きなように見学してってくれな。質問あったら古賀になんでも訊《き》いてな」

ひょろりとした長身の先輩が人のよさそうな笑顔で近づいてきた。

「古賀、わたしね。二年の古賀あゆみっていいます」女子唯一の先えなさい。

問二　傍線部①「これまでの宇宙観の変遷」とありますが、宇宙観の変遷にともなって、人間という存在のとらえ方はどのように変わったと筆者は述べていますか。それについて説明した次の文の空欄に当てはまる言葉を、指定字数に合わせて本文中から探し、それぞれ抜き出しなさい。

　地球が宇宙の中で特別な場所だと思い込まれていたとき、人間という存在は［X（十八字）］だと考えられていたが、その後、宇宙の中心が存在しないことが明らかになり、［Y（十七字）］だと考えられるようになった。

問三　傍線部②「銀河系」とありますが、筆者はどのように表現していますか。それについて説明した次の文の空欄に当てはまる言葉を、指定字数に合わせて本文中から探し、それぞれ抜き出しなさい。

　［X（三字）］を構成する銀河系は、20世紀以前は［Y（六字）］であると考えられていたが、現在では宇宙の中で［Z（五字）］にたとえられるような存在であると筆者は表現している。

問四　傍線部③「ここに至って、地球→太陽→恒星の大集団である銀河系と移っていった『宇宙の中心』は、ついにどこにもないことになった」とありますが、なぜ「宇宙の中心」がないという結論になったのですか。それについて説明した次の文の空欄に当てはまる言葉を、本文中から探し、十三字で抜き出しなさい。

　銀河の距離と動いていくスピードを測ったところ、［　　　　］ことがわかったから。

問五　空欄［④］には次の各文が当てはまります。正しい順番に並べ替え、記号で答えなさい。

ア　風船がふくらむにつれて、それぞれの点上にいる観測者には、すべての点が自分から遠ざかっていくようにみえるからだ。

イ　そして、ひとつの点から見ると、風船が膨らむにつれて他の印が遠ざかるが、そのスピードは点の距離に比例している。

ウ　たとえば、等間隔に印をつけた風船を考えてみればわかる。

エ　しかし、そうではない。

問六　傍線部⑤「同じような概念の変革は、生物の中での人類の位置づけにも起こってきた」とありますが、「生物の中での人類の位置づけ」は、どのように変化したのですか。五十字～六十字で説明しなさい。

問七　空欄［A］・［B］に当てはまる語として最も適当なものを次の中からそれぞれ一つ選んで、記号で答えなさい。

ア　だから　　イ　ところが　　ウ　つまり

エ　なぜなら　　オ　あるいは

問八　傍線部⑥「われわれ人類は知的文明としてはまだ幼稚園児程度の、ひよっこである」とありますが、これについての筆者の主張の説明として最も適当なものを次の中から一つ選んで、記号で答えなさい。

ア　人類は、宇宙の中で第二の地球を発見するのにいまだいたらず、宇宙に向けての行動半径を広げている段階であるということ。

イ　人類は、宇宙においてはいまだに自己中心的な世界の中にいて、知的文明として成長・成熟する以前の段階にいるということ。

ウ　人類は、知的生命としてはまだまだ未熟であり、地球に対してさまざまな失敗や挫折をもたらしている段階であるということ。

エ　人類は、地球以外の生命の存在を発見したことで、他者の中での自分という存在として成長をはじめた段階であるということ。

問九　空欄［⑦］に当てはまるものとして最も適当なものを次の中から一つ選んで、記号で答えなさい。

ア　文化の野蛮さ　　イ　生活レベルの低さ

ウ　思想の幼稚さ　　エ　技術の未熟さ

もできない。自分の要求のまま、お腹《なか》がすけば泣き叫び、気分が悪いと泣きわめくと、通常は親がなんとかしてくれる。幼児の頃は、自分の家の中が世界のすべてであり、自分は世界の中心と考えているわけだ。

[A]、少し成長して家を出て、その行動半径を広げていくにつれ、他にも家があること、他の家にも他の人々が住んでいることを認識していく。保育園や幼稚園に入ると、同じような年齢の子どもたちの存在を強く認識していく。そうして友達と仲良く遊んだり、けんかをしたりしながら、社会性を身につけて成長していくわけだ。自分も多数の人の一人に過ぎないことを認識していくわけである。こうして成人する頃には、社会の中、[B]多数の他者の中での自分という存在をしっかりと認識できる大人になっていくのである。

われわれ人類は総体として、これまでは人類以外の、あるいは地球以外の生命の存在を認識してこなかった。しかし、本書で紹介したように、どうやら第二の地球候補はかなりの数にのぼり、遠からず、その中から宇宙生命が存在する「第二の地球」が見つかるときが来る。人類は、その意味でやっと他者の存在を認識する時代を迎えたといえるだろう。個人の成長と同じく、人類文明も他者の存在に気付き、認識して成長しつつある時代を迎えるところなのである。そういう意味では、⑥われわれ人類は知的文明としてはまだ幼稚園児程度の、ひよっこであるともいえる。

個人も成長過程で、様々な挫折をし、そして失敗を経験して大人になっていくわけだが、ある意味で人類文明もまた知的文明としてまだまだ技術・思想が未熟なために、いろいろな失敗や挫折を繰り返している途中なのだろうと思う。（中略）

青森の三内丸山《さんないまるやま》遺跡や静岡の登呂《とろ》遺跡、佐賀の吉野ケ里《よしのがり》遺跡などを訪ねて思うのは、その[⑦]だ。昔のご先祖様が粗末な道具だけで、これだけの集落を作り、維持してきたのは大変だったろうなぁ、と思う。

同じことは1万年後の子孫たちも思うはずだ。彼らは、われわれ現代社会の残骸や遺物を眺めて、われわれに対してなんと技術も思想も幼稚だったのだろうと思うに違いない。（中略）われわれ、人類は今後も進化し、文化的にも技術的にも思想的にも発展するはずだ。知的生命として文明を維持可能にしていく知恵を出し合うに違いない。いまから1万年後、子孫たちがよりよい地球を築いている、ほんの少し大人の知的文明に近づいていることを願いたいものである。

（渡部潤一『第二の地球が見つかる日
——太陽系外惑星への挑戦——』による）

〈注〉
※1 暗黒エネルギー…宇宙の膨張を加速するもとになる未知のエネルギー。
※2 暗黒物質…宇宙のところどころに存在するものの、光を発していないので、正体が不明の物質。
※3 黎明期…新しい時代・文化などが始まろうとする時期。
※4 ガリレオ・ガリレイ…１５６４～１６４２。イタリアの物理学者、天文学者。地動説を主張したが、１６３３年に宗教裁判にかけられ地動説の放棄を命じられた。
※5 ジョルダーノ・ブルーノ…１５４８～１６００。イタリアの哲学者。地動説を説いたため、ローマ教会によって異端として処刑された。
※6 コペルニクス…１４７３～１５４３。ポーランドの聖職者、天文学者。天体観測に基づき地動説を理論的に位置づけた。
※7 星雲…雲や煙のように見えるガスや塵《ちり》の塊からなる天体。
※8 ブラックホール…宇宙空間に存在する極めて強い重力のために物質だけでなく光さえ脱出することができない天体。
※9 アインシュタイン…１８７９～１９５５。ドイツの理論物理学者。相対性理論を確立し、１９２１年ノーベル物理学賞を受賞した。

問一 傍線部a～eから副詞ではない言葉を二つ選んで、記号で答に居座る巨大な楕円《だえん》銀河は、われわれの銀河系に比べ10倍以上の規模を持ち、その中心には太陽の65億倍もの質量を持つ超巨大な※8ブラックホールが存在しているのだ。

２０１９年４月には、電波観測によって得られた、そのブラックホールが形作る影・ブラックホール・シャドーの画像が公開され、話題となったので、ご存じの方も多いだろう（ちなみにわれわれ銀河系の中心のブラックホールは、太陽の４００万倍程度とされていて、おとめ座銀河団の中心のものに比べると１０００分の１以下である）。いずれにしろ、われわれの銀河系は宇宙の片隅、田舎にたたずんでいて、特別な銀河ではない。

では、このおとめ座銀河団こそが宇宙の中心だろうか。どうやらそうではないことが、すぐに明らかになった。この種の銀河の大都市、銀河団はあちこちにあることがわかってきたのだ。

その上、さらに重要な発見がもたらされた。銀河の距離と動いていくスピードを測ったところ、遠い銀河ほど速いスピードで遠ざかっていたのである。

これは衝撃的な発見だった。それぞれの銀河が、固有の運動としてばらばらに動いているのではなく、宇宙空間全体が膨張していると考えざるを得ない結果だったからだ。

それまでは、どちらかといえば宇宙には始まりも終わりもなく、膨張も縮小もしていないという、静かな宇宙というイメージだった。※9アインシュタインでさえ、その立場を取っていたほどだ。

もし、宇宙に始まりがあるとすれば、時間を戻していくと宇宙はどんどん小さくなるはずで、その体積が0になる瞬間が、宇宙が生まれた時ということになる。いわゆる膨張宇宙論の誕生である。

③ここに至って、地球→太陽→恒星の大集団である銀河系と移っていった「宇宙の中心」は、ついにどこにもないことになった。この宇宙には中心は定義できず、特殊な場所はどこにもなかったのだ。どの方向の銀河もわれわれ銀河系から遠ざかっているようにみえるので、単純にはわれわれが中心にいると考えがちである。

④

宇宙はまるでこの風船の表面のように膨張しているのだ。

これはすべての銀河が銀河系から遠ざかっていくようにみえるのと同じである。二次元の風船の表面にはどこにも中心がないのと同様に、三次元の膨張宇宙でも中心は存在しないのである。こうして、宇宙にはどこにも中心があるわけでもなく、われわれは宇宙のほんの片隅で生まれた知的生命に過ぎないことがわかってきたのだ。

実は、⑤同じような概念の変革は、生物の中での人類の位置づけにも起こってきた。

かつて人類は、自らを神がつくりたもうた生物の頂点あるいは万物の霊長と思いこんでいた。しかし、ダーウィンの進化論の登場により、そのような〝驕《おご》り〟の誤りが見事にあぶりだされ、人類という生物種そのものを、生物界の中心から引きずりおろしたのである。人間を最も尊い生物種だとする旧来の考え方は、天動説と同様に宗教とも強く結びついていて、現代でもキリスト教など宗教の強い一部の国においては、教育現場で進化論を教えないというような問題が生じている。

いずれにしろ、人類はまだ単なる通過地点であり、生物進化という壮大な物語のほんの一瞬に生まれた種にしか過ぎず、現在も進化の途中にある他の生物種と何ら変わらないことは明らかである。

このように天文学のみならず、一般的に科学の進歩が、自己中心的な世界観を、次第に時間的にも空間的にも客観的な見方へと変えていくのは、自然なことなのだろう。筆者は、このプロセスこそが、人類が知的文明として成長・成熟する過程であると考えている。

そして、それは個人としての人間が成長する過程と実によく似ているのだ。

たとえば、子どもが大人へと成長する時のことを考えてみよう。少なくとも人間の子どもはこの地球に生を享《う》けた直後は自分では何

二〇二三年度　獨協埼玉高等学校（第二回）

【国　語】（五〇分）〈満点：一〇〇点〉

一　次の文章を読んで、後の問いに答えなさい。なお、出題の都合上、本文を一部改変してあります。

天文学は非常に面白い時代にある。宇宙の年齢が１３８億年前後と決まった上に、いまも加速膨張しつつあることがわかり、そしてわれわれは宇宙の構成のａほんの５％程度しか正体をつかめていないことがわかってきた。残りの約69％が※１暗黒エネルギー、26％程が※２暗黒物質で、その正体はｂいまだに解き明かされていない。

その５％の世界でも、初期にどのようにして銀河や恒星が誕生し、現在のような宇宙になってきたかもよくわかっていない。

ｃもちろん、こうした宇宙観の構築をなしてきたのが、天文学に他ならない。天文学の発展が、人類の宇宙観を根底から変えてきたと言っても良いだろう。

そして、宇宙観をｄさらに変えてしまいそうな発見、第二の地球の発見、宇宙生命の発見は本書にも紹介したように、すぐ目前に迫っているのである。こんなにｅ面白い時代はなかったかもしれない。

①これまでの宇宙観の変遷は数百年を振り返って見るとよくわかる。以前にも詳しく紹介したように、４００年以上前は、人類は地球という場所が宇宙で特別なところだと思い込んでいた。なにしろ、空を眺めると太陽も月も、そして星座を構成する星たちもすべてがわれわれを中心にぐるぐると回っているからだ。われわれ自身が回っている、あるいは動いているなどという発想はこれっぽっちも生まれなかった。まさにわれわれは神に選ばれて、宇宙の中心に生まれた民だったのである。この考え方は、当時の宗教とも強く結びついていった。

特にキリスト教では、この天動説が長らく教義の中にも取り入れられていったため、確固たる世界観となり、地動説の※３黎明《れいめい》期には※４ガリレオ・ガリレイの裁判のみならず、地動説を強行に唱えた※５ジョルダーノ・ブルーノが火あぶりになるなどの様々な悲劇を生んでしまうことになる。

いずれにしろ、※６コペルニクスが登場して、地球は宇宙の中心たる太陽の周りを回るひとつの惑星に成り下がってしまった。宇宙の中心の座は地球から太陽へと移った。さらに、その後の天文学の発展は、星座を作っているあまたある恒星がすべて太陽のような天体であることを見いだした。太陽も宇宙の中心ではなく、天の川を構成する星々の大集団の中のひとつであることが次第に明らかになっていったのだ。

さらに20世紀になると、こうした恒星の大集団である②銀河系が宇宙唯一であることにも異議が唱えられはじめた。

銀河系の中に含まれると考えられていた※７星雲の中には、銀河系の大きさを遥《はる》かに超える距離にあるものがあることが明らかになっていったのである。われわれ人類は、天の川を形作る銀河系というものが、実は宇宙そのものではないことを知り、宇宙はもっと膨大な空間の広がりを持ち、同時に銀河系と同じような恒星の大集団である銀河が無数に存在することを認識するようになった。

銀河の分布も決して一様ではなく、われわれの住む銀河系は、大きな渦巻きの銀河が３つあり、他に数十個の小さな銀河がまとまって集団となっている「局部銀河群」というグループをなしていて、全体としては半径３００万光年ほどの範囲に広がっている。

ところが、この局部銀河群は、宇宙では非常に小さなグループで、まさに田舎の寒村といった様相だ。たとえば、われわれから６千万光年ほどの距離にあるおとめ座銀河団は、広範囲に数千個もの銀河が集まっているグループで、いわば銀河の大都市と言えるだろう。

違っているのは全体の規模だけではない。おとめ座銀河団の中心

2023年度／獨協埼玉高等学校(第２回)

英語解答

1 Part 1　1…(B)　2…(B)　3…(C)　4…(A)　5…(C)

Part 2　1　purse　2　red　3　Sonja　4　South　5　9872

Part 3　1…(B)　2…(C)　3…(D)　4…(E)　5…(G)

2 1　introduce　2　bridge〔barrier〕　3　unique〔unusual〕　4　traditional　5　bored

3 1　is covered with〔in〕

2　too surprised〔shocked〕 to

3　about playing tennis

4　is getting colder

5　as important〔precious〕 as

4 1　ア　2　ウ　3　オ　4　ウ　5　イ

5 1　It is better to do something than nothing

2　Don't be afraid of making mistakes when you speak

3　It was so hot that I kept the window open

4　The girl sitting by the tree is Mary

5　the title of the song I listened to

6　eating between meals is not good for your health

6 問1　ウ　問2　エ　問3　イ

問4　your body

問5　ア　問6　イ

問7　薬を飲んでも飲まなくても，風邪が治るまでにかかる日数は変わらないということ。(38字)

問8　ア

7 問1　ウ　問2　エ　問3　ア

問4　イ　問5　ウ　問6　イ

問7　エ　問8　ウ

1〔放送問題〕放送文未公表

2〔対話文完成─適語補充〕

1．A：会議で私は何をすればいいのでしょうか？／B：ああ，ただリラックスしていてください。後で皆に自己紹介をお願いしますから。∥introduce ～self (to ～)で「(～に)自己紹介をする」。

2．A：あなたは地下鉄に乗らなければなりません。／B：つまり，私は車を使って川を渡ることはできないということですか？／A：できません。現時点では橋〔関門〕が閉鎖しています。∥車で川を渡れないのは，「橋〔関門〕」が閉鎖されているからである。

3．A：この動物園では珍しい動物がたくさん見られるよ。／B：そうだね。東日本ではここでしかパンダが見られないよ。∥Bが「東日本ではここでしかパンダが見られない」と言っているので，unique〔unusual〕「珍しい」動物だとわかる。

4．A：歌舞伎は日本の伝統的な舞台芸術です。／B：どれくらい古いのですか？／A：400年以上前に始まりました。∥traditional「伝統的な」

5．A：数学の授業には退屈したよ。君はどう？／B：全然。とてもおもしろいと思ったよ。∥be bored with ～「～に退屈〔うんざり〕する」

3〔和文英訳─部分記述〕

1．「覆われる」なので，受け身形‘be動詞＋過去分詞’で表せる。「～で覆われる」は be covered with〔in〕～。

2．「～すぎて…できない」は‘too ～ to …’で表せる。「驚いた」は surprised〔shocked〕。

3．「～するのはいかがですか」は How about ～ing？で表せる。

4．「～している」なので，現在進行形‘be動詞＋～ing’で表せる。「日ごとに寒くなる」は「だんだん寒くなる」という意味なので，‘get＋形容詞’「～(の状態)になる」の‘形容詞’ cold を比較級 colder にする。

5．「～と同じくらい…」は‘as … as ～’で表せる。「大切な」は important〔precious〕。

4〔対話文完成―適文選択〕

≪全訳≫❶A：次の夏休みは海外旅行に行きましょうよ。どう思う？❷B：いいね，でもどこに行きたいの？❸A：私は音楽が大好きだからヨーロッパの国々にとても興味があるわ。1ヨーロッパはクラシック音楽で有名でしょ？❹B：うん，そうだね。僕はクラシック音楽を聴くのが大好きだよ。でも僕らには問題があると思うんだ。❺A：それは何？❻B：2ヨーロッパに行くのはかなり費用がかかるよ。1週間の滞在で，少なくとも50万円は使うだろうね。❼A：それはかなり高価だけど，私はそれでも行きたいわ。どうしたらいいかしら？❽B：ヨーロッパに友達はいる？　もしいるなら，その友達の家に泊まれるよう頼めるかもね。❾A：それはいい案ね。オーストリアに友達がいるわ。❿B：了解。3君の友達に頼もう。

＜解説＞1．この後の Yes, it is. という返答につながるのは，文法的にアのみである。　2．直後でBが滞在費について述べていることから判断できる。　3．BがAに「ヨーロッパに友達がいるなら，その友達の家に泊まれるよう頼めるかも」と言った後，Aは「オーストリアに友達がいる」と答えている。

≪全訳≫❶A：もう水泳の練習をしたくないな。❷B：なぜ？　あなたは水泳が好きだと思っていたけど。❸A：水泳は好きだよ。でも練習が好きじゃないんだ。おなかはすくし疲れるし。❹B：そんなこと言わないの。ねえ，いい方に考えなさいよ。❺A：4水泳の何がいいの？❻B：今日はとっても暑いから，プールで泳ぐと涼しく感じるわよ。❼A：でも冷たすぎるよ。それは嫌だな。❽B：うーん，友達にも会えるわよ。とても楽しいじゃない！❾A：5ここには友達はいないよ。練習時間が違うんだ。❿B：アイスクリームを買ってあげるから元気を出しなさい。どれがいい？

＜解説＞4．「いい方に考えなさい」と言ったBが水泳のよい点について述べていることから判断できる。　5．直後の We は文脈から「Aと友達」を指していることがわかる。「練習時間が違う」のだから友達はここにいないとわかる。

5〔整序結合〕

1．「…することは～だ」は‘It is ～ to …’で表せる。「何もしないよりも何かをする」は，to do something than (to do) nothing のかっこ内の語句が省略されていることに注意する。

2．「～してはいけない」は Don't ～.，「～することを恐れる」は be afraid of ～ing で表せる。「～を話すとき」は，when「～するとき」を使って，when you speak ～ とする。

3．「とても～なので…」は‘so ～ that …’，「～を…(の状態)にしておく」は‘keep＋目的語＋形容詞’で表せる。

4．「木のそばに座っている女の子」は，The girl の後に‘現在分詞＋語句’の形で sitting by the tree と続けて表す(現在分詞の形容詞的用法)。「～のそばに」は by。

5．「(私が)聞いた曲のタイトル」は，目的格の関係代名詞が省略された‘名詞＋主語＋動詞…’の形で the title of the song I listened to とする。「～を聞く」は listen to ～ で表すので，listened の後に to を置くことに注意する。

6．語群より，主語の「間食」は「食間に食べること」と考え動名詞(～ing)を使って eating

between meals と表す。「～に良くない」は be not good for ～ で表せる。

6〔長文読解総合─説明文〕

≪全訳≫❶多くの人々が春や秋に風邪をひく。私たちは疑問に思う…。科学者は月に人を送れるのなら，なぜ彼らは普通の風邪の治療法を見つけられないのか。なぜ彼らは私たちが風邪をひかない方法を見つけられないのか。なぜ彼らはすぐに元気になるものを見つけられないのか。その答えは簡単だ。実際，外界には何百種類もの風邪のウイルスが存在する。どのウイルスに感染するかわからないので，それぞれに合う治療法はない。❷ウイルスが身体を攻撃すると，身体はそれを排除しようと懸命にはたらく。血が鼻に押し寄せ，うっ血する。うまく呼吸ができないのでひどく具合が悪いが，実のところ身体はウイルスを「食べて」いる。体温が上がり熱が出るが，身体の熱はウイルスを殺している。また，鼻水を出してウイルスが細胞に到達するのを阻止する。つらいと感じるかもしれないが，実際身体は風邪を治すためにできるかぎりのことをしている。❸風邪をひいているときに体調を良くする方法は人によって異なる。例えば，アメリカ合衆国やその他の国々では，人々はチキンスープを飲むかもしれない。熱い風呂に入って温かい飲み物を飲む人もいれば，薬を飲んで熱やうっ血や鼻水を抑える人もいる。❹留意すべき興味深いことが1つある。風邪をひいているときに薬を飲むのは実は体に悪いと言う科学者もいるのだ。ウイルスと闘いウイルスを殺す方法を身体が持っていないため，ウイルスがより長く身体の中にとどまることになる。身体は自力ですばらしい仕事ができる。だが，風邪をひいているときに薬を飲むことについてのジョークがある。それは次のようなものだ。薬を飲まなかったら風邪が治るのに約1週間かかるが，薬を飲めば風邪が治るのに7日しかかからない。

問1＜語句解釈＞下線部(1)は直前で述べられている3つの疑問文の「答え」のこと。その「答え」の内容は直後の2文で説明されている。　hundreds of kinds of ～「何百種類もの～」

問2＜熟語＞get rid of ～ で「～を取り除く，～を排除する」。clear ～ away が同様の意味を表す。

問3＜適語選択＞A．直後に‘逆接’の But があるので，but の後の内容と相反する内容になる単語を選ぶ。　terrible「ひどい，つらい」　B．この後，風邪をひいているときに体調を良くするためのさまざまな方法の例が挙げられている。

問4＜指示語＞前に出ている単数名詞でここに当てはめて意味が通るものを探す。直前にある your body を当てはめると，「風邪を治すために身体はできるかぎりのことをしている」という意味になり文意が通る。

問5＜適語(句)選択＞空所を含む文の内容が，直前の「風邪をひいているときに体調を良くする方法は人によって異なる」という内容の具体例になっている。　for example「例えば」　therefore「したがって」　instead「その代わりに」　by the way「ところで」

問6＜要旨把握＞第2段落参照。ア，ウ，エに関する記述はあるが，イ．「ウイルスが体内に入ってこないようにするため呼吸がしにくくなる」という記述はない。

問7＜英文解釈＞直前で述べられているように，下線部(6)はジョークであることに留意する。‘It takes＋時間＋to ～’は「～するのに(時間が)…かかる」，get over ～ は「～を治す」という意味。

問8＜内容真偽＞ア．「普通の風邪には治療法がある」…×　第1段落第3文参照。　イ．「身体の熱はウイルスを殺す」…○　第2段落第4文に一致する。　ウ．「風邪をひいているとき体調を良くするためにチキンスープを飲む人もいる」…○　第3段落第2文に一致する。　エ．「全ての科学者が，風邪をひいているときは薬を飲むのが良いと考えているわけではない」…○　第4段落第2文に一致する。　オ．「身体はウイルスを殺そうと懸命にはたらく」…○　第2段落第1文および最終文に一致する。

7〔長文読解総合（英問英答形式）―説明文〕

≪全訳≫❶歴史家は，中央アメリカのマヤ族が2000年ほど前に初めてカカオの木を栽培する方法を習得したと考えている。マヤ族は熱帯雨林からカカオの木を取ってきて庭でそれらを栽培した。彼らはカカオ豆を加熱調理し，それらをつぶして柔らかいペースト状にした。そのペーストを水や香辛料と混ぜ合わせて，甘くないチョコレート飲料をつくった。❷カカオとチョコレートはマヤ文化の重要な要素だった。マヤ族の建造物や芸術品にはカカオの木の絵がよく描かれている。富裕な一族は特別な儀式でチョコレートを飲んだ。そして，社会の貧困層でさえときにはその飲み物を楽しむことができた。歴史家は，カカオ豆は夫と妻の結合の印として結婚式でも使われたと考えている。❸しかし，アステカ族は自国でカカオの木を栽培できなかったので，貿易しなければならなかった。アステカ社会では非常に裕福な人々だけがチョコレートを飲むことができた。なぜならカカオは大変高価だったからだ。アステカの君主モンテスマは毎日50杯のチョコレートを飲むと考えられていた。❹探検家のクリストファー・コロンブスは1502年に中央アメリカに旅した後，スペインにカカオ豆を持ち込んだ。スペインの富裕層は最初，甘くしたチョコレート飲料を楽しんだ。後に，その飲み物の人気はヨーロッパ中に広まった。イングランド人，オランダ人，フランス人は自国の植民地にカカオの木を植え始めた。チョコレートは18世紀までは裕福な人々だけが飲める飲み物だった。産業革命として知られる時期の新技術により，チョコレートは低コストで生産できるようになった。❺今日では，チョコレートの製造は大きなビジネスだ。世界中のカカオの年間収穫高の市場価格は50億ドル以上だ。チョコレートはヨーロッパとアメリカ合衆国で特に人気がある。毎年，アメリカ人は１人当たり平均５キロ以上のチョコレートを食べている。高価なチョコレートを販売する専門店も大変人気がある。多くの店がチョコレート愛好家に世界のさまざまな地域で栽培されたチョコレートを味わう機会を提供している。

問１＜内容一致＞「マヤ族は苦いチョコレート飲料をつくるために，（　　）」―ウ．「柔らかいペーストをつくり，それを水や香辛料と混ぜ合わせた」　第１段落第３，４文参照。

問２＜内容一致＞「カカオ豆は（　　）」―エ．「結婚の印として使われた」　第２段落最終文参照。

問３＜内容一致＞「アステカ社会では，（　　）」―ア．「カカオは大変高価だったので，ごく少数の人々しかチョコレートを飲むことができなかった」　第３段落第２文参照。

問４＜内容一致＞「クリストファー・コロンブスは（　　）」―イ．「スペインにカカオ豆を持ち込んだ」　第４段落第１文参照。

問５＜内容一致＞「18世紀以前は，（　　）」―ウ．「ヨーロッパでは裕福な人々しかチョコレートを飲めなかった」　第４段落第３～５文参照。

問６＜内容一致＞「本文を読むと，（　　）と推測できる」―イ．「より多くの人々が他の国々で栽培されたチョコレートを食べるだろう」　第５段落参照。

問７＜表題選択＞「本文のタイトルとして最適なのは（　　）である」―エ．「『チョコレートの歴史』」本文全体にわたって，チョコレートに関する歴史が述べられている。

問８＜内容真偽＞「本文の内容としてどの文が正しいか」―ウ．「上流階級のマヤ族は儀式でチョコレートを飲んだ」　第２段落第１，３文参照。　ア．「マヤ族は約1000年前にカカオの木を栽培し始めた」…×　第１段落第１文参照。　イ．「アステカ族は簡単にカカオを手に入れることができた」…×　第３段落第１文参照。自国では栽培できなかった。　エ．「ヨーロッパの人々は毎年チョコレートを約５キロ食べている」…×　第５段落第４文参照。

数学解答

1 (1) $\dfrac{2a-5b}{6}$　(2) $x=\dfrac{3\pm\sqrt{7}}{2}$

(3) $(x+y-3)(x+y+1)$

(4) $x=4,\ y=-3$　(5) -3

(6) 3　(7) $\dfrac{15}{4}$cm　(8) 112°

(9) $42\pi\,\mathrm{cm}^3$　(10) $\dfrac{3}{10}$

2 (1) 8.1秒　(2) 1.1秒

(3) ②，④　(4) ②，③

3 (1) 2　(2) $y=\dfrac{9}{4}x+\dfrac{7}{2}$

(3) $\left(0,\ \dfrac{25}{2}\right)$，$\left(0,\ -\dfrac{11}{2}\right)$

4 (1) $18\mathrm{cm}^2$

(2) ① $\dfrac{27}{2}\mathrm{cm}^2$　② $\dfrac{27\sqrt{2}}{2}\mathrm{cm}^3$

(3) $9\sqrt{2}\,\mathrm{cm}^3$

1〔独立小問集合題〕

(1)＜式の計算＞与式 $=\dfrac{a-3(a+b)+2(2a-b)}{6}=\dfrac{a-3a-3b+4a-2b}{6}=\dfrac{2a-5b}{6}$

(2)＜二次方程式＞解の公式より，$x=\dfrac{-(-6)\pm\sqrt{(-6)^2-4\times2\times1}}{2\times2}=\dfrac{6\pm\sqrt{28}}{4}=\dfrac{6\pm2\sqrt{7}}{4}=\dfrac{3\pm\sqrt{7}}{2}$

(3)＜式の計算―因数分解＞$x+y=X$ とおくと，与式 $=X^2-2X-3=(X-3)(X+1)$ となり，X をもとに戻すと，与式 $=(x+y-3)(x+y+1)$ となる。

(4)＜連立方程式＞$2(x-2)-3y=13$……①，$3x+y+4=13$……②とする。①より，$2x-4-3y=13$，$2x-3y=17$……①′　②より，$3x+y=9$……②′　①′＋②′×3より，$2x+9x=17+27$，$11x=44$　∴$x=4$　これを②′に代入して，$12+y=9$　∴$y=-3$

(5)＜関数―変化の割合＞関数 $y=-\dfrac{1}{3}x^2$ において，$x=3$ のとき，$y=-\dfrac{1}{3}\times3^2=-3$，$x=6$ のとき，$y=-\dfrac{1}{3}\times6^2=-12$ である。よって，x の値が3から6まで変化するときの変化の割合は，$\dfrac{-12-(-3)}{6-3}=\dfrac{-9}{3}=-3$ である。

(6)＜数の性質＞$\dfrac{6}{\sqrt{3}}=\dfrac{6\times\sqrt{3}}{\sqrt{3}\times\sqrt{3}}=\dfrac{6\sqrt{3}}{3}=2\sqrt{3}=\sqrt{12}$ として，$\sqrt{9}<\sqrt{12}<\sqrt{16}$ より，$3<\sqrt{12}<4$ だから，$n\leqq\sqrt{12}<n+1$ を満たす自然数 n の値は $n=3$ である。

(7)＜平面図形―長さ＞右図1で，DE∥BC より，△ADE∽△ABC であるから，DE：BC＝AD：AB である。よって，AB＝AD＋DB＝5＋3＝8 より，DE：6＝5：8 が成り立つから，DE×8＝6×5，DE＝$\dfrac{15}{4}$(cm)となる。

図1

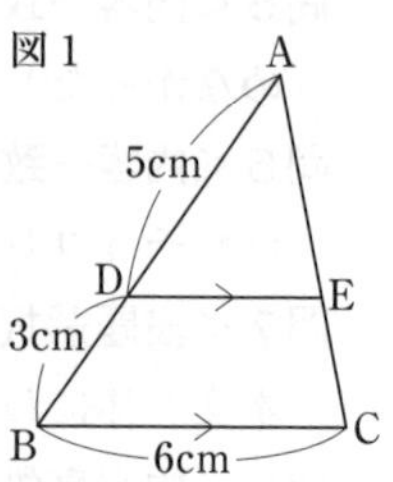

(8)＜平面図形―角度＞右下図2のように，直線の交点をA～Eとし，点Bを通り，直線 l に平行な直線 n を引くと，l∥m∥n となる。まず，∠CED＝180°－143°＝37° であるから，△CED において，内角と外角の関係より，∠BCE＝∠CED＋∠CDE＝37°＋28°＝65° となる。次に，図2のように，直線 l 上に点F，直線 n 上に点Gをとると，平行線の錯角は等しいから，∠ABG＝∠BAF＝47°，∠CBG＝∠BCE＝65° となる。よって，∠x＝∠ABG＋∠CBG＝47°＋65°＝112° である。

図2

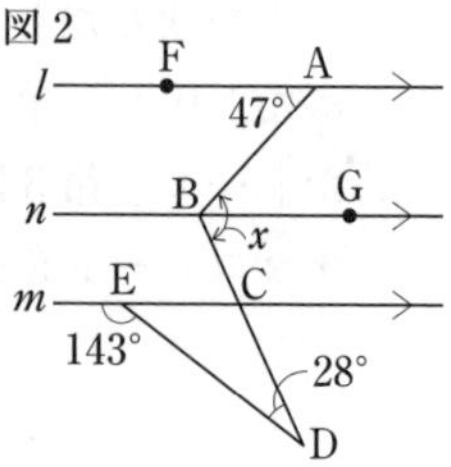

(9)＜空間図形―体積＞次ページの図3のように，BA の延長に点Dから垂線を引き，交点をEとする。四角形 ABCD を直線 AB を軸として1回転さ

せると，円Bを底面とし，高さがDCである円柱から，円Eを底面とし，高さがAEである円錐を除いた立体ができる。よって，AE＝DC－AB＝6－2＝4より，求める立体の体積は，$\pi\times3^2\times6-\frac{1}{3}\times\pi\times3^2\times4=54\pi-12\pi=42\pi$ (cm^3)となる。

図3

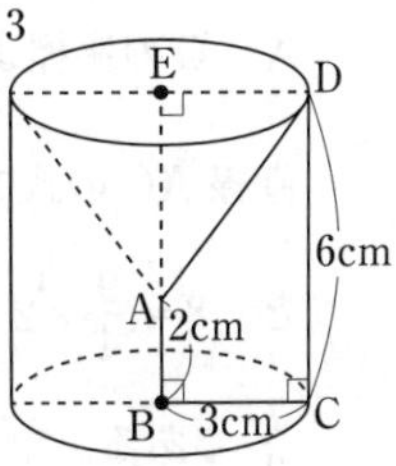

(10)＜**確率―カード**＞2，3，5，6，7の数字が書かれたカードから，連続して2枚のカードを取り出し2けたの整数をつくるとき，十の位の数は5枚のカードから5通りの選び方があり，一の位の数は残り4枚のカードから4通りの選び方があるので，2けたの整数は，全部で5×4＝20(通り)できる。このうち，3の倍数になるのは，一の位の数と十の位の数の和が3の倍数になるときで，27，36，57，63，72，75の6通りあるから，求める確率は $\frac{6}{20}=\frac{3}{10}$ である。

2〔**データの活用―箱ひげ図，度数分布表**〕

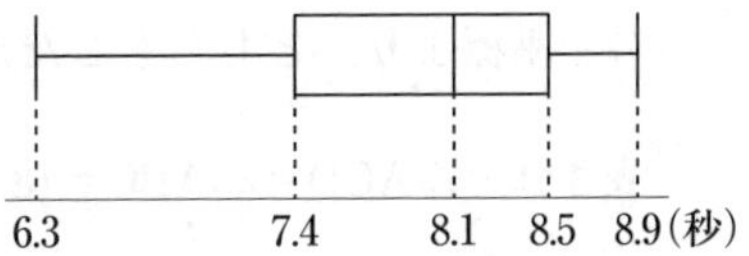

(1)＜**中央値**＞右図の箱ひげ図で，箱の中の縦の線が中央値である第2四分位数を表している。よって，中央値は8.1秒である。

(2)＜**四分位範囲**＞右図で，箱の左側の縦の辺が第1四分位数，右側の縦の辺が第3四分位数を表す。よって，第1四分位数は7.4秒，第3四分位数は8.5秒だから，第1四分位数から第3四分位数までの範囲である四分位範囲は，8.5－7.4＝1.1(秒)となる。

(3)＜**正誤問題**＞①…誤。表1より，階級の幅は0.5秒である。　②…正。生徒数が35人より，中央値は18番目の生徒が属する階級の階級値である。18番目の生徒は，1＋2＋6＋7＝16，16＋10＝26より，8.0秒以上8.5秒未満の階級に属している。また，最頻値は度数が最も大きい階級の階級値だから，10人が属する8.0秒以上8.5秒未満の階級となり，同じである。　③…誤。累積度数はその階級までの度数の合計だから，7.0秒以上7.5秒未満の累積度数は，1＋2＋6＝9(人)である。　④…正。〔相対度数〕＝〔その階級の度数〕÷〔全度数〕で求められるから，7.5秒以上8.0秒未満の相対度数は，7÷35＝0.20である。

(4)＜**正誤問題**＞①…誤。表1，表2より，6.0秒以上6.5秒未満の生徒が1人，6.00秒以上6.75秒未満の生徒が3人だから，6.50秒以上6.75秒未満の生徒は，3－1＝2(人)である。　②…正。①より，6.50秒以上6.75秒未満の生徒は2人である。　③…正。8.25秒以上9.00秒未満の生徒が12人，8.5秒以上9.0秒未満の生徒が9人だから，8.25秒以上8.50秒未満の生徒は，12－9＝3(人)である。　④…誤。③より，8.25秒以上8.50秒未満の生徒は3人である。

3〔**関数―関数 $y=ax^2$ と一次関数のグラフ**〕

≪**基本方針の決定**≫(3)　△ACDを y 軸で2つの三角形に分け，それらの面積の和と△ABCの面積が等しいと考える。

(1)＜**比例定数**＞次ページの図で，A(2，8)が放物線 $y=ax^2$ 上の点だから，$x=2$，$y=8$ を代入して，$8=a\times2^2$，$a=2$ である。

(2)＜**直線の式**＞次ページの図で，点Bは点Aと y 座標が等しいから，y 軸に関して点Aと対称であり，B(－2，8)である。また，点Cは放物線 $y=-\frac{1}{4}x^2$ 上の点で，点Bと x 座標が等しいことから，$x=-2$ を $y=-\frac{1}{4}x^2$ に代入して，$y=-\frac{1}{4}\times(-2)^2=-1$ となり，C(－2，－1)である。よって，2点

A，Cの座標より，直線ACの傾きは$\dfrac{8-(-1)}{2-(-2)}=\dfrac{9}{4}$となる。これより，直線ACの式を$y=\dfrac{9}{4}x+k$とおき，A(2，8)より，$x=2$，$y=8$を代入すると，$8=\dfrac{9}{4}\times2+k$，$k=\dfrac{7}{2}$となる。したがって，直線ACの式は$y=\dfrac{9}{4}x+\dfrac{7}{2}$である。

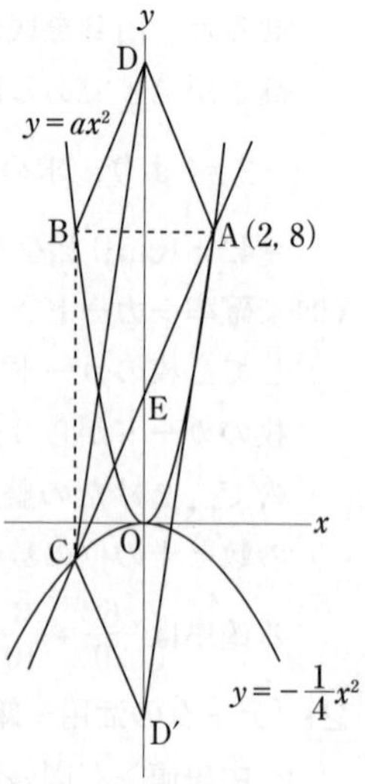

(3)＜**座標**＞右図で，∠ABC＝90°で，点A，B，Cの座標より，AB＝2×2＝4，BC＝8－(－1)＝9だから，$\triangle ABC=\dfrac{1}{2}\times AB\times BC=\dfrac{1}{2}\times4\times9=18$である。ここで，図のように，直線ACと$y$軸の交点をEとし，点Dを$y$軸上で点Eより上側にとり，△ACD＝△AED＋△CEDとして，△ACDの面積を考える。△AED，△CEDの底辺をDEと見ると，高さは点A，Bのx座標より，どちらも2だから，$\triangle ACD=\dfrac{1}{2}\times DE\times2+\dfrac{1}{2}\times DE\times2$と表され，△ACD＝△ABC＝18より，$\dfrac{1}{2}\times DE\times2+\dfrac{1}{2}\times DE\times2=18$が成り立つ。これより，DE×2＝18，DE＝9となる。よって，直線ACの式より，$E\left(0,\ \dfrac{7}{2}\right)$だから，点Dの$y$座標は，$\dfrac{7}{2}+9=\dfrac{25}{2}$となり，$D\left(0,\ \dfrac{25}{2}\right)$である。また，図のように，点D′を$y$軸上で点Eより下側にとり，△ACD′を考えるときも同様にD′E＝9となる。このとき，点D′のy座標は，$\dfrac{7}{2}-9=-\dfrac{11}{2}$となり，$D'\left(0,\ -\dfrac{11}{2}\right)$である。以上より，求める点Dの座標は$\left(0,\ \dfrac{25}{2}\right)$，$\left(0,\ -\dfrac{11}{2}\right)$である。

≪別解≫右上図で，点Dを直線ACの上側のy軸上にとるとき，△ACDと△ABCの底辺をACと見ると，△ACD＝△ABCとなるとき，高さが等しい。よって，直線DBは直線ACと平行になる。直線DBの式を$y=\dfrac{9}{4}x+n$とすると，B(－2，8)より，$8=\dfrac{9}{4}\times(-2)+n$，$n=\dfrac{25}{2}$となり，$D\left(0,\ \dfrac{25}{2}\right)$である。このとき，$DE=\dfrac{25}{2}-\dfrac{7}{2}=\dfrac{18}{2}=9$となるから，点D′を直線ACの下側にとるとき，点D′のy座標は，$\dfrac{7}{2}-9=-\dfrac{11}{2}$より，$D'\left(0,\ -\dfrac{11}{2}\right)$である。

4〔**空間図形—正四角錐**〕

≪基本方針の決定≫(2)② 底面を四角形BPQDと見る。 (3) 三角柱と三角錐に分けて求める。

図1

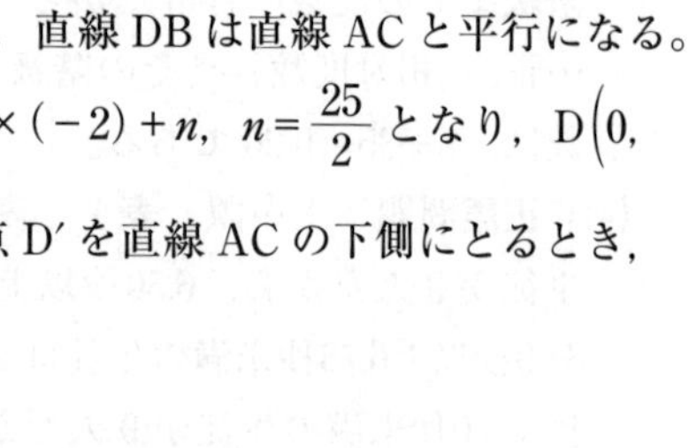

(1)＜**面積**＞右図1で，△OBDと△ABDは，BDが共通，OB＝AB＝6，OD＝AD＝6より，3組の辺がそれぞれ等しいので，△OBD≡△ABDである。よって，∠BOD＝∠BAD＝90°だから，$\triangle OBD=\dfrac{1}{2}\times OB\times OD=\dfrac{1}{2}\times6\times6=18(\mathrm{cm}^2)$である。

(2)＜**面積，体積**＞①右図1で，〔四角形BPQD〕＝△OBD－△OPQとして求める。$OP=\dfrac{1}{2}OB=\dfrac{1}{2}\times6=3$，$OQ=\dfrac{1}{2}OD=\dfrac{1}{2}\times6=3$より，$\triangle OPQ=\dfrac{1}{2}\times OP\times OQ=\dfrac{1}{2}\times3\times3=\dfrac{9}{2}$である。(1)より，△OBD＝18だから，〔四角形BPQD〕$=18-\dfrac{9}{2}=\dfrac{27}{2}(\mathrm{cm}^2)$で

ある。　②前ページの図1のように，ACとBDの交点をHとすると，ACは面OBDに垂直だから，四角錐A-BPQDの底面を四角形BPQDと見ると，AHが高さになる。△ABCが直角二等辺三角形より，$AC=\sqrt{2}AB=\sqrt{2}\times6=6\sqrt{2}$であり，$AH=\frac{1}{2}AC=\frac{1}{2}\times6\sqrt{2}=3\sqrt{2}$となるから，〔四角錐A-BPQD〕$=\frac{1}{3}\times$〔四角形BPQD〕$\times AH=\frac{1}{3}\times\frac{27}{2}\times3\sqrt{2}=\frac{27\sqrt{2}}{2}$(cm³)である。

(3)＜**体積**＞右図2において，点P，QからBDにそれぞれ垂線PI，QJを引く。点Iと点S，点Jと点Rをそれぞれ結び，立体DB-PQRSを立体PSI-QRJ，三角錐B-PSI，三角錐D-QRJの3つの立体に分けて，それぞれの体積を求める。

図2

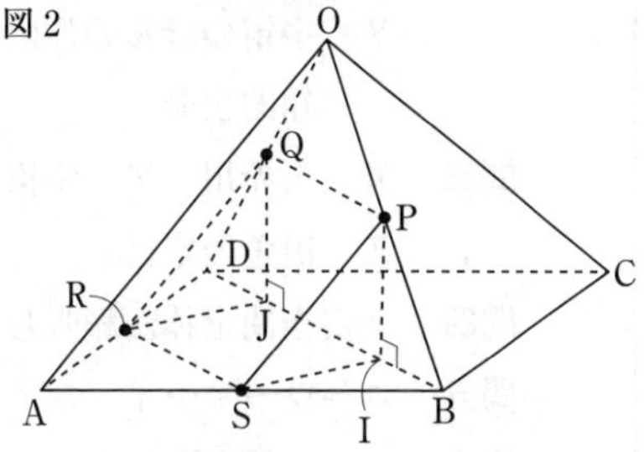

(1)より，△OBDは∠BOD＝90°の直角二等辺三角形だから，∠PBI＝45°より，△BPIも直角二等辺三角形となり，$BI=PI=\frac{1}{\sqrt{2}}BP=\frac{1}{\sqrt{2}}\times3=\frac{3\sqrt{2}}{2}$となる。また，△OBDで中点連結定理より，$PQ=\frac{1}{2}BD=\frac{1}{2}AC=\frac{1}{2}\times6\sqrt{2}=3\sqrt{2}$，PQ∥BDであり，PI⊥BD，QJ⊥BDだから，四角形PQJIは長方形となる。同様に，△ABDで中点連結定理より，SR∥BDであり，図形の対称性より，SI⊥BD，RJ⊥BDだから，四角形SRJIも長方形となる。よって，立体PSI-QIJは三角柱である。さらに，三角錐B-PSIにおいて，△BSIと△BPIは，BI＝BI，$BS=BP=\frac{1}{2}\times6=3$，∠IBS＝∠IBP＝45°より，2組の辺とその間の角がそれぞれ等しいので，△BSI≡△BPIとなり，$SI=BI=PI=\frac{3\sqrt{2}}{2}$，∠BIP＝∠BIS＝∠PIS＝90°である。図形の対称性より，三角錐D-QRJは，三角錐B-PSIと合同となる。以上より，〔三角柱PSI-QRJ〕$=\triangle PSI\times PQ=\left(\frac{1}{2}\times PI\times SI\right)\times PQ=\left(\frac{1}{2}\times\frac{3\sqrt{2}}{2}\times\frac{3\sqrt{2}}{2}\right)\times3\sqrt{2}=\frac{27\sqrt{2}}{4}$であり，〔三角錐D-QRJ〕＝〔三角錐B-PSI〕$=\frac{1}{3}\times\triangle PSI\times BI=\frac{1}{3}\times\left(\frac{1}{2}\times\frac{3\sqrt{2}}{2}\times\frac{3\sqrt{2}}{2}\right)\times\frac{3\sqrt{2}}{2}=\frac{9\sqrt{2}}{8}$であるから，〔立体DB-PQRS〕$=\frac{27\sqrt{2}}{4}+\frac{9\sqrt{2}}{8}\times2=9\sqrt{2}$(cm³)となる。

国語解答

一 問一 a，e

問二 X 神に選ばれて，宇宙の中心に生まれた民

Y 宇宙のほんの片隅で生まれた知的生命

問三 X 天の川 Y 宇宙そのもの

Z 田舎の寒村

問四 宇宙空間全体が膨張している

問五 エ→ウ→ア→イ

問六 人間を最も尊い生物種だとする考え方から，現在も進化の途中にある他の生物種と何ら変わらないという考え方へと変化した。(57字)

問七 A…イ B…ウ

問八 イ 問九 エ 問十 エ

二 問一 A…エ B…カ C…オ

問二 a…ウ b…イ

問三 女子部員が三人になれば団体戦に出場できるから。(23字)

問四 エ 問五 ア 問六 イ

問七 今まで図々しいとも思える言動をしていた石持さんが，気弱さを感じさせるような声で呼びかけてきたから。(49字)

問八 エ

問九 X 前途に絶望しかけて

Y 救いの光

問十 ア

三 ① いしょく ② せんさく

③ せんぷく ④ うら

⑤ きんこう a 納 b 精巧

c 警戒 d 待遇 e 看護

一〔論説文の読解―自然科学的分野―科学〕出典；渡部潤一『第二の地球が見つかる日―太陽系外惑星への挑戦―』。

≪本文の概要≫天文学は非常におもしろい時代にある。解き明かされていないことはたくさんあるが，天文学が今まで発展させてきた宇宙観をさらに変えてしまいそうな発見が，すぐ目前に迫っているのである。400年以上前の人類は，地球が宇宙の中の特別な場所だと思い込んでいたが，コペルニクスが登場してからは，宇宙の中心の座は太陽へと移り，さらに，人類は，星座をつくっているたくさんの恒星が全て太陽のような天体であることを発見した。また20世紀になると，天の川を形づくる銀河系が宇宙唯一ではないということが明らかになり，今では我々の銀河系は，他に比べて規模が小さく，宇宙の片隅にたたずんでいて，特別ではないこともわかっている。そのうえ，宇宙には中心がなく，宇宙そのものが膨張しているということもわかってきた。このような概念の変革は，天文学だけではなく，生物の中での人類の位置づけにおいても起こっており，科学の進歩が，自己中心的な世界観をしだいに客観的な見方へと変化させていくのは，自然なことなのだろう。このプロセスこそ，人類が知的文明として成長・成熟する過程である。我々人類は，知的文明としては，まだ技術や思想が未熟な段階にあるといえる。

問一＜品詞＞「ほんの」は，活用のない自立語で，体言のみを修飾するはたらきを持つ連体詞。「面白い」は，活用のある自立語で，事物の様子や状態を表し，終止形が「い」で終わる形容詞。

問二＜文章内容＞太陽も月も星も，全てが「われわれを中心にぐるぐると回って」いて，地球が「宇宙で特別なところだ」と思い込まれていた時代は，人間は「神に選ばれて，宇宙の中心に生まれた

民」だと考えられていた(…Ｘ)。しかし，「宇宙の中心」が「どこにもない」ということが明らかになると，人間は「宇宙のほんの片隅で生まれた知的生命に過ぎない」ことがわかった(…Ｙ)。

問三＜文章内容＞20世紀になり，人類は，「天の川を形作る銀河系」が(…Ｘ)，「宇宙そのもの」ではないと知った(…Ｙ)。そして，我々の住む「局部銀河群」が，「宇宙では非常に小さなグループ」であることも明らかになり，今では「まさに田舎の寒村といった様相」だと認識されている(…Ｚ)。

問四＜文章内容＞「銀河の距離と動いていくスピード」を測ると，「遠い銀河ほど速いスピードで遠ざかって」いるとわかった。その結果から，銀河は，「固有の運動としてばらばらに動いている」のではなく，「宇宙空間全体が膨張している」と考えられるのである。

問五＜文脈＞「どの方向の銀河もわれわれ銀河系から遠ざかっているようにみえる」と，「単純にはわれわれが中心にいる」と考えてしまうが，実際には「そうではない」のである(…エ)。例えば「等間隔に印をつけた風船」では(…ウ)，風船が膨らんでいくにつれて，「それぞれの点上にいる観測者には，すべての点が自分から遠ざかっていくようにみえる」からである(…ア)。そして，「ひとつの点から見ると，風船が膨らむにつれて他の印が遠ざかるが，そのスピードは点の距離に比例して」いるのである(…イ)。つまり，宇宙は「この風船の表面のように膨張している」と考えられるのである。

問六＜文章内容＞かつて人類は，自分たちを「最も尊い生物種」，つまり「生物の頂点」だと思い込んでいたが，ダーウィンの進化論の登場によって，それが「驕り」だということが明らかになった。そして，今では「人類はまだ単なる通過地点」にあり，「現在も進化の途中にある他の生物種と何ら変わらない」と考えるようになった。

問七＜接続語＞Ａ．人間は，「幼児の頃は，自分の家の中が世界のすべてであり，自分は世界の中心」と考えるが，「少し成長して」家を出て行動範囲を広げると，「他にも家」があり，「他の家にも他の人々が住んでいることを認識」していく。　Ｂ．人間は，成長していくにつれて，「自分も多数の人の一人に過ぎないことを認識」し，成人する頃には「社会の中」，言い換えると「多数の他者の中」における「自分という存在をしっかりと認識できる大人」になる。

問八＜文章内容＞人類は，宇宙における「他者の存在」を，ようやく認識する時代を迎えたところであり，人の成長過程でいえば，「幼児の頃」の「自分は世界の中心」と考えている頃と同じ程度といえる。「人類文明」も，「知的文明」としては「まだまだ技術・思想が未熟」であるために，「いろいろな失敗や挫折を繰り返している途中」なのである。

問九＜文章内容＞三内丸山遺跡や登呂遺跡などを見て，筆者が「粗末な道具だけで，これだけの集落を作り，維持してきたのは大変だったろうなぁ」とその技術の幼稚さを思うのと同様に，1万年後の子孫たちも「現代社会の残骸や遺物」を見て，当時は「技術も思想も幼稚だったのだろう」と想像すると考えられる。

問十＜要旨＞人類は今後も進化し，「文化的にも技術的にも思想的にも発展する」と考えられる。現代の我々が昔の遺跡を眺めて感じたのと同様に，遠い未来の子孫たちも，現代社会の遺物から我々に対し「なんと技術も思想も幼稚だったのだろう」と感じると推測される。

二〔**小説の読解**〕出典；壁井ユカコ『空への助走　福蜂工業高校運動部』。

問一＜表現＞Ａ．畳が敷かれた広い部屋は，「天井付近に溜まった熱気」のせいで，景色がはっきりとは見えず，「歪んで見える」ほどだった。　B．わかなは，「気易く呼ばれても迷惑」だと思ったので，無愛想な様子で「黙って」いた。　C．古賀先輩は，投げられた後「座り込んでへばっていた」が，立ち上がって「顔をあげたとき」には，りりしく「引き締まっ」た表情をしていた。

問二．a＜語句＞「たじろぐ」は，相手に威圧されて尻込みをする，という意味。　b＜慣用句＞「大風呂敷を広げる」は，現実に合わないような大げさなことを言う，という意味。

問三＜文章内容＞「女子は三人で団体戦」に出られるので，それまでただ一人の女子部員だった古賀先輩は，女子の部員を探していた。

問四＜表現＞古賀先輩も増先輩も，わかなたちには優しく接してくれて，それまで「後ろ向きだった気持ち」も前向きになりかけていたが，後から来た長谷先輩の口調は「不機嫌」で，自分たちを歓迎していないと感じられたので，わかなは，膨らみかけた前向きな気持ちがしぼんで弱まった。

問五＜文章内容＞「あたしが入ったら女子も強くなりますよ」という石持さんの言葉に，長谷先輩は，「経験者やったんけ」と期待したが，実際には未経験者であり，その発言の根拠が前日に読んだ漫画だったので，あきれてしまった。

問六＜文章内容＞石持さんが入部に前向きな発言をし，団体戦にやっと出られることになった古賀先輩も「がんばりますっ」と意気込みを示し，いまさら入部を断れない空気になってしまったので，わかなは，動揺した。

問七＜文章内容＞わかなは，「言わなくていいこと」を口に出したり，漫画を読んだだけで柔道部に入ることに前向きになったり，まだ仲間でもないのに自分のことを「わかな」と気易く呼んだりする石持さんに，なかなか好意を持てなかった。その石持さんが，意外にも「ぽつりと」した気弱そうな声で話しかけてきたので，わかなは驚いたのである。

問八＜心情＞わかなは，「高校生活最初の一週間」が過ぎようとしている今も，クラスにいる数少ない女子の誰とも友達になれずにいた。中学の頃から「浮いて」いて，高校でも「まだクラスで友だちできなくてさ」と語る石持さんに，わかなは共感し，身を乗り出したのである。

問九＜文章内容＞わかなは，周囲が男子ばかりで，女子の友達ができなかったら「三年間この教室に通うのは地獄だ」と「暗澹たる前途に絶望しかけて」いた(…X)。そんなときに，古賀先輩が「明るい声」で柔道部に誘ってくれたことは，わかなにとっては「救いの光」だったのである(…Y)。

問十＜表現＞わかなの視点から，柔道部の先輩たちの様子や，石持さんの言動が描かれ，それらを通して，「頑張ってみようか」と入部に少しずつ気持ちが動いていくわかなの心情が，読み手にわかりやすく表されている。

三〔漢字〕

①人にゆだね任せること。　②細かいところまで調べ求めること。　③見つからないようにひそかに隠れること。　④音読みは「遺恨」などの「コン」。　⑤二つ以上の事物の間のつり合いのこと。　a．音読みは「納入」などの「ノウ」，「出納」などの「トウ」，「納得」などの「ナッ」。　b．細工が細かくて，よくできていること。　c．危険に備えて，あらかじめ用心すること。　d．職場での地位や給料などに関する取り扱いのこと。　e．けが人や病人の手当てなどをすること。

2022年度 獨協埼玉高等学校（第１回）

【英　語】（50分）〈満点：100点〉

1 リスニング問題　〈編集部注：放送文は未公表につき掲載してありません。〉

Part 1　これから流れる英語を聞き，１～５の質問に対する答えを１つ選び，記号で答えなさい。英文は２度読まれます。

1　(A)　1945　(B)　1955　(C)　1965

2　(A)　Queen's College　(B)　Green College　(C)　King's College

3　(A)　Comedy　(B)　Drama　(C)　Engineering

4　(A)　In theaters　(B)　At the BBC　(C)　In clubs

5　(A)　An adult in a child's body
　(B)　A child in an adult's body
　(C)　An adult in an adult's body

Part 2　これから短い会話文を聞きます。下の１～５の空欄に適切な語句や文字，数字などを書きなさい。英文は１度だけ読まれます。

Guest Information

1　Guest's name：　Emma ________
2　Room type：　☐ Single　☐ Double
3　Country：　________
4　Address：　97, ________ Street
5　Tel. No：　0741-192- _ _ _ _

Part 3　２人の会話を聞き，下の表の項目に当てはまるものを(A)～(H)の中から選び，記号で答えなさい。英文は２度読まれます。また，会話の場面の概要が日本語で書かれているので今読みなさい。

　ミーガン（女性）とハリー（男性）が，劇で誰がどの役をやるのかを話し合っている。

Parts	People
King	1
Queen	2
Grandmother	3
Boy	4
Doctor	5

(A)　Meghan　(B)　Harry　(C)　Sally
(D)　Carrie　(E)　William　(F)　Kate
(G)　Charles　(H)　Georgia

2 次の会話が成立するように空欄に適切な1語を入れなさい。ただし，答えは全て空欄内に示された文字で書き始めなさい。

1 A： May I take your order ?
B： Yes, can I get one milkshake, two cheeseburgers, two french-fries, and one apple pie ?
A： All right, the total is two (t　　) three hundred yen.

2 A： Are you free next Sunday ?　Why don't we go to Fuji-Q Highland together ?
B： That sounds great.　I'll write the schedule on my (c　　).

3 A： What kind of music do you like ?
B： Well, I'm (i　　) in K-POP.

4 A： Let's get together here tomorrow morning.
B： What time do we have to be here ?
A： At eight (o　　).　Don't be late.

5 A： When I become a high school student, I want to improve my English.
B： Dokkyo Saitama has an English (s　　) contest in December.
A： I want to practice English more.

3 日本語の意味に合う英文になるよう，下線部に適切な英語3語を入れなさい。

1 ケンはすでにその新しい本を買いました。
Ken ＿＿＿＿＿ the new book.

2 東京国立博物館に行く道を教えていただけますか。
＿＿＿＿＿ me the way to the Tokyo National Museum ?

3 私の兄はフルートを演奏するのが得意です。
My brother is good ＿＿＿＿＿ flute.

4 彼によって書かれた手紙は彼の母を喜ばせました。
The letter ＿＿＿＿＿ by him made his mother happy.

5 私のスマートフォンの調子が悪いです。
There is ＿＿＿＿＿ my smartphone.

4 2つの会話文の空欄に当てはまる英文を下の選択肢から選び，会話文を完成させなさい。ただし，英文は1度だけ使うこと。

A： It's time to wake up for school.
B： Give me five more minutes, Mom.　(　1　)
A： Why are you so tired ?　Did you stay up late and play video games again ?
B： No !　I'm tired because I studied hard last night.　Just five more minutes, please.
A： No, no, no !　If you go back to sleep, I know that you won't get back up in five minutes.
B： (　2　)
A： You still need to eat breakfast, and I have to clean up the kitchen after that.
B： I know, but . . .
A： No "buts" !　I have to go to work, too, you know.　(　3　)
B： Ahhh !　Okay, okay, okay !　I'm up now.　You win.
A： Of course, mothers always win.

ア　I have to get ready for school now.

イ　I'm really tired this morning.
ウ　And I can't be late, not like you!
エ　I don't want you to be late for work.
オ　I promise I'm going to wake up.

A：Hi, can I help you?（　4　）
B：Yes, thanks! Is there a convenience store near here?
A：Yes, there's one in front of the bakery.
B：Great. I'll go there later. And how about a good place to study?
A：Well, you can study in the library across from the station.（　5　）
B：Great. Those are good times for me.

ア　But you can find a seat anytime in that library.
イ　It's open from 9:00 a.m. to 6:00 p.m.
ウ　You look lost.
エ　And you have to be quiet in the store.
オ　You can have lunch at the cafeteria.

5　日本語の意味に合うように与えられた語句を並べかえなさい。

1　私にメールを送る必要はありません。
You (me / to / have / an e-mail / send / don't / to).

2　彼が何歳か聞いたことはありますか。
Have (ever / how / he / heard / is / you / old)?

3　私はその少年によって描かれた絵に驚きました。
I was (the boy / the picture / surprised / drawn / at / by).

4　このかぼちゃはあのかぼちゃほど大きくありません。
This (not / one / is / as / that / big / pumpkin / as).

5　私のために有名な場所をたくさん見せてくれるとは，あなたはとても親切ですね。
It (kind / show / very / me / you / of / to / is) a lot of famous places.

6　いつも部屋をきれいにしておかなくてはなりません。
You always (keep / have / room / your / to / clean).

6　次の英文を読み，以下の設問に答えなさい。

What is a yeti?［　ア　］Himalayan people say there are two kinds of yeti. Both are big — about two meters high — and both can walk on two legs. One, the smaller yeti, eats humans! But the larger yeti likes yaks that look like big black hairy cows. The yeti doesn't live in the snow, but in the thick Himalayan forest. It goes to snowy areas to eat a plant which has salt.

That is the ※legend. It is easy to say that the yeti is only a legend.（　1　）, people have found other signs which showed the yeti ※exists.

In 1951, British mountaineer, Eric Shipton, found footprints in the snow on Mount Everest. These footprints were about 28 centimeters long. They showed five toes. The footprints were made by a large ※creature that weighed more than 100 kilograms. No human or animal has footprints like these.

So what is a yeti? [イ] Some people think it is like a "Giganto-Pithecus", a prehistoric animal that lived in China and India about half a million years ago. Did this animal go into the mountains when man appeared?

[ウ] A British mountaineer, Chris Bonington, wanted to discover that the yeti really exists. He went to climb the Menhungtse, a mountain in the Himalayas (2) the yeti. There were four other climbers with him, plus three TV men and two journalists. They were hoping to find the yeti too. His group did not find a yeti; but one member of the group thought he saw one. The group found some large footprints in the snow. Then they found the skins of two sheep. Someone — or something — killed the sheep, then took their skins off very well with a ※tool. And one day, the group lost two pairs of ski poles. They left the poles under a rock. When they returned, the poles weren't there! No one else was in that part of the mountains. No one else visited that area this year. So who took (3)them? A yeti?

Is this enough to say that the yeti exists?

※ legend：伝説 exist：存在する creature：生物 tool：道具

問1 空欄(1)に入る語として最も適切なものをア～エの中から1つ選び，記号で答えなさい。

ア For example イ So ウ In addition エ However

問2 (1)，(2)の条件に当てはまるイエティの特徴を下のア～オの中からそれぞれ1つ選び，記号で答えなさい。

(1) 大きい方のイエティにのみ当てはまる条件

(2) 小さい方のイエティにのみ当てはまる条件

ア 2足歩行をする

イ 黒くて毛の長い動物を食べる

ウ 人間を食べる

エ 約2メートルの身長がある

オ 雪山に生息している

問3 英文が入る最も適切な場所を本文中の[ア]～[ウ]の中から1つ選び，記号で答えなさい。

We still do not know the answer.

問4 空欄(2)に入れる語句として最も適切なものをア～エの中から1つ選び，記号で答えなさい。

ア to look for イ to play with

ウ to become エ to kill

問5 イエティが存在していると推測する理由として本文で述べられていないものをア～エの中から1つ選び，記号で答えなさい。

ア スキーストックがなくなっていた。

イ 羊が何者かによって殺されていた。

ウ イエティの皮が雪山に落ちていた。

エ 大きな足跡が発見された。

問6 下線部(3)が指し示すものを2語で本文中から抜き出しなさい。

問7 本文の内容と一致するものをア～エの中から1つ選び，記号で答えなさい。

ア Chris Bonington finally saw the yeti with other members.

イ It seems hard for humans or animals to have footprints Eric found.

ウ There is enough evidence that the yeti exists.

エ The yeti ran away from humans about half a million years ago.

7 次の英文を読み，問１～８の英文に続くものとして最も適切なものをそれぞれ１つ選び，記号で答えなさい。

What's your favorite classic TV commercial? There are some commercials that people never forget, and they even have famous lines, such as "I'm lovin' it" or "Just Do It."

I remember one such commercial from my childhood. It still makes me laugh when I think about it. A woman and her grown daughter are in the kitchen. The daughter is cooking, and the mother is trying to help her. It's clear that the daughter doesn't want any help. Finally, the daughter ※loses her temper. She turns to her mother and says in an angry voice, "Mother, please, I'd rather do it myself!" The mother's face has a shocked and very hurt look.

This is a commercial for aspirin, a common drug used to stop pain and fever. After the daughter ※yells at her mother, she takes two aspirin, and she feels much better.

Why was this commercial so funny? I think the main reason for its popularity was the line "I'd rather do it myself." Haven't we all been in a similar situation before? Somebody is trying to help us, but, actually, we don't want their help. We really want to say, "Please, I'd rather do it myself," but we can't. If we did, it would be rude, and we would probably feel bad. So, in this commercial, we can experience the pleasure of someone saying what we want to say but can't.

Sometimes Americans who have lived in Japan a long time find themselves in this kind of situation. We're often treated with great kindness. This can be wonderful when you first come to Japan. My hosts did almost everything for me, like finding an apartment and opening a bank account. I was ※grateful because at the time I couldn't speak Japanese, and I needed the help. But typical Americans may feel uncomfortable if other people try to do too much for us. It feels good to be able to buy your own train ticket, order in a restaurant, or communicate in Japanese. If someone tries to do these things for us, some of us may want to say, "Please, I'd rather do it myself!"

The next time I find myself in a situation when I feel like saying, "Please! I'd rather do it myself!" I should just take a couple of aspirin, relax, and be thankful for the kindness of strangers and friends.

※ loses her temper：カッとなって怒る　yells：叫ぶ　grateful：ありがたく思っている

問１ The writer of this essay . . .
- ア remembers the famous line "I'm lovin' it," which makes her laugh when she thinks about it.
- イ helped her mother in the kitchen when she was a child.
- ウ told her mother "I'd rather do it myself" when she was cooking.
- エ has a favorite classic TV commercial which has a famous line.

問２ The daughter in the aspirin commercial . . .
- ア wanted to cook by herself.
- イ wanted her mother to help her cook.
- ウ wanted to help her mother cook.
- エ wanted her mother to have aspirin.

問３ In the aspirin commercial, . . .
- ア the daughter didn't like to cook by herself.
- イ the mother made her daughter shocked by saying "Do it by yourself."
- ウ the daughter took two aspirin.
- エ the mother took two aspirin.

問４ The writer of this essay . . .

ア believes a lot of people have experienced a similar situation to the one in this aspirin commercial.
イ cannot understand why this aspirin commercial is so funny.
ウ hasn't been in a similar situation before.
エ remembers she actually helped her mother.

問5 The writer of this essay thinks that . . .
ア it would be common to hear someone saying "Please, I'd rather do it myself."
イ it may be easy for us to say "Please, I'd rather do it myself."
ウ it would be good to hear someone saying "Please, I'd rather do it myself."
エ it may be funny to say "Please, I'd rather do it myself."

問6 Some Americans who have lived in Japan for a long time . . .
ア have experienced kindness from Japanese.
イ help Japanese hosts when they want to find their apartment.
ウ help Japanese when they first come to Japan.
エ have never seen kindness from Japanese.

問7 Typical Americans . . .
ア may feel comfortable when someone says "Please, I'd rather do it myself."
イ may feel good if they get a lot of support from Japanese.
ウ do not want Japanese to give them too much support.
エ always want to say "Please, I'd rather do it myself."

問8 The next time the writer of this essay is in a similar situation, she would probably . . .
ア say "Please, I'd rather do it myself" to someone who helps her.
イ get angry at someone who helps her.
ウ give some aspirin to someone who helps her.
エ thank people for their kindness.

【数　学】（50分）〈満点：100点〉

（注意）　定規，分度器は使用してはいけません。

1　次の各問に答えなさい。

(1)　$\dfrac{2a-b}{4}-\dfrac{4a-b}{3}$ を計算しなさい。

(2)　2次方程式 $2x^2-3x-1=0$ を解きなさい。

(3)　連立方程式 $\begin{cases} 5x-2y=-6 \\ \dfrac{1}{2}x+\dfrac{2}{3}y=-\dfrac{1}{6} \end{cases}$ を解きなさい。

(4)　$(x-y)^2-x+y-2$ を因数分解しなさい。

(5)　関数 $y=-3x+2$ において，x の変域が $a\leqq x\leqq 4$ であるとき，y の変域が $b\leqq y\leqq 8$ です。このとき，定数 a，b の値を求めなさい。

(6)　くじ引きで大人2人と子ども3人の計5人の並び順を決めます。5人が一列に並ぶとき，大人と子どもが交互に並ぶ確率を求めなさい。

(7)　下の図1で，$\angle x$ の大きさを求めなさい。ただし，点Oは円の中心とします。

(8)　下の図2のように，△ABCの辺BC，辺AC上にそれぞれ点D，Eがあり，BD：DC＝1：3，AE：EC＝3：2です。このとき，△ABCと△EDCの面積比を，最も簡単な整数の比で答えなさい。

図1

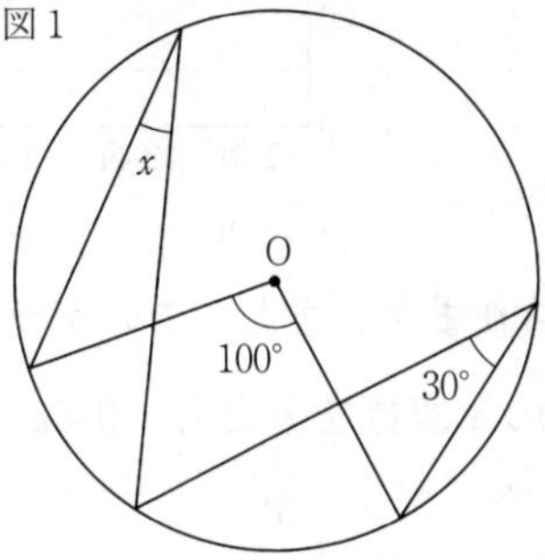

図2

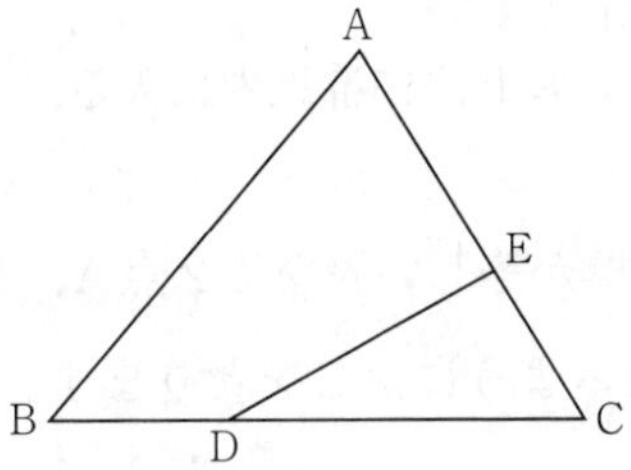

図3

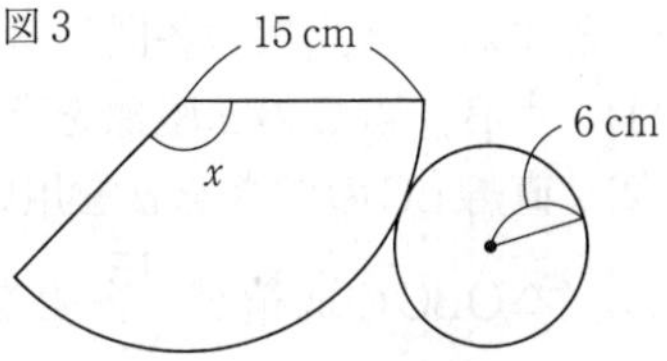

(9)　右の図3は，底面の半径が6 cmの円錐《すい》の展開図です。

①　$\angle x$ の大きさを求めなさい。

②　円錐の高さを求めなさい。

2　次の各問に答えなさい。

(1)　次の①～⑤の中から，正しいものを2つ選びなさい。

①　$\sqrt{100}=\pm 10$

②　$\sqrt{10^2}=10$

③　$\sqrt{(-10)^2}=-10$

④　$(-\sqrt{10})^2=10$

⑤　$-\sqrt{10^2}=10$

(2)　次の①～⑤の中から，正しいものを2つ選びなさい。

①　$2\sqrt{7}$ は5より大きく6より小さい。

②　$\sqrt{2.5}$ は0.5に等しい。

③　$\sqrt{600}$ は $\sqrt{60}$ の10倍である。

④　$\sqrt{169}$ は無理数である。

⑤　$\sqrt{1.21}$ は有理数である。

(3)　右の表は，ある中学校の１年生，２年生の通学時間を調べてまとめたものです。また１年生において，個々のデータの値から計算した平均値は，ちょうど25分でした。読み取れる内容として正しいものを，次の①～⑤の中から２つ選びなさい。

階級(分)	度数(人)	
以上　未満	１年生	２年生
0 ～10	3	4
10～20	8	7
20～30	16	15
30～40	11	16
40～50	1	5
50～60	1	3
計	40	50

①　１年生40人の通学時間の合計は1000分である。

②　通学時間が20分未満の生徒の学年ごとの割合は，両学年とも同じである。

③　度数分布表での最頻値は，両学年とも同じである。

④　中央値の属している階級は，両学年とも同じである。

⑤　通学時間が24分の１年生のある生徒は，１年生のうち，通学時間が短い方の20人に入っている。

(4)　右の図は，ある中学校の３年１組，２組，３組それぞれ33人が受けた100点満点のテストの得点の箱ひげ図です。読み取れる内容として正しいものを，次の①～⑤の中から２つ選びなさい。

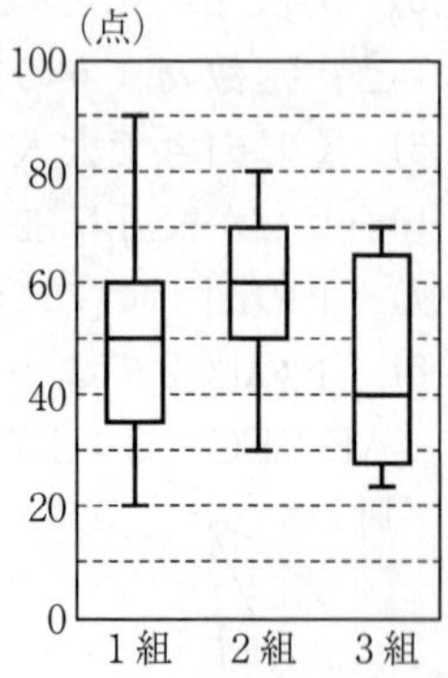

①　２組の中央値は55点である。

②　得点の範囲が最も大きいのは１組である。

③　得点が50点以下の生徒はどのクラスにも11人以上いる。

④　得点が40点以下の生徒は，３組が最も多い。

⑤　得点が60点の生徒は，どのクラスでも上位15番以内に入る。

3　関数 $y=\frac{1}{2}x^2$ のグラフ上に，y 座標が等しい異なる２点A，Bがあります。また，このグラフ上に x 座標が点Bより６だけ大きくなるように点Cをとります。点Aの x 座標を a とし，$0<a<4$ とするとき，次の各問に答えなさい。

(1)　点B，点Cの x 座標をそれぞれ a を用いて表しなさい。

(2)　直線BCの傾きを a を用いて表しなさい。

(3)　△OBCの面積が $\frac{15}{2}$ となるとき，点Aの座標を求めなさい。

4　３点A，B，Cは円周上にあり，∠ABCの二等分線と円の交点をD，点Dから直線ACに引いた垂線と直線ACの交点をHとします。AC＝24cm，△ACDの面積が60cm²のとき，次の各問に答えなさい。

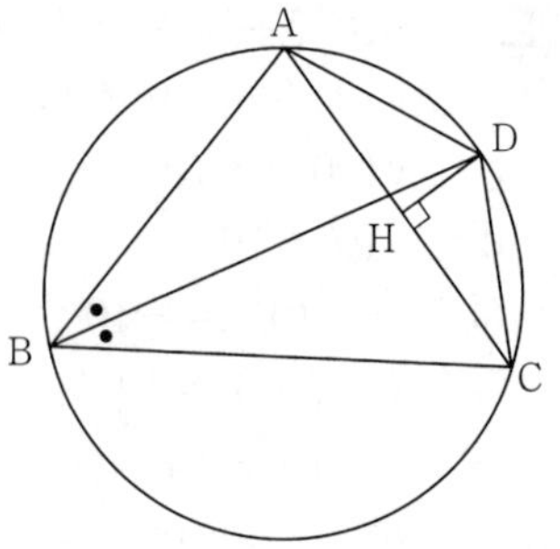

(1)　DHの長さを求めなさい。

(2)　DCの長さを求めなさい。

(3)　この円の直径を求めなさい。

実感し、美子やひなたと暮らしていきたいという父の気持ちを感じている。

イ　自分が大人になった分、父は年をとってしまったが、美子やひなたと新しいスタートを切りたいという父を陰ながら応援したいと思っている。

ウ　父が自分のことを心配していながらも、結局は再婚相手である美子やその子であるひなたを一番に考えているため、失望を感じている。

エ　自分が辛い気持ちでいたことに気付くとともに、美子やひなたにも気遣う父の優しさを感じ、父の娘であることを誇りに思っている。

問十　「父」の「陽」に対する愛情が象徴的に表現されている部分を本文中から探し、十五～二十字で抜き出しなさい。

問十一　この文章の表現や内容の説明として、適当なものを次の中から**すべて**選び、記号で答えなさい。

ア　陽の母の夫は、彼女に子供がいることを、陽を傷つけないために遠回しに伝えようとした。

イ　電車内での家族連れの様子や家での下手なピアノ演奏の様子など、何気ない情景描写も陽の心情表現につながっている。

ウ　陽の父と母は、自分の気持ちを相手にしっかりと伝えられなかったため別れることになった。

エ　父は陽が母に会いに行ったことを、部屋に落ちていたポストカードを見て気がついた。

オ　陽の視点だけでなく、父や陸の視点でも表現されている箇所があり、登場人物の心情が読者に伝わりやすく描かれている。

三　次の①～⑤の傍線部の漢字の読みをひらがなで書きなさい。また、ａ～ｅの傍線部のカタカナを漢字に直しなさい。

① 完膚無きまでに論破される。

② 固唾をのんで見守る。

③ 愛情の深浅を推し量る。

④ 肥沃な大地。

⑤ 戦争が勃発する。

ａ カマメシを新幹線の中で食べる。

ｂ コウショウが決裂する。

ｃ 大きな声にイシュクしてしまった。

ｄ 注意をカンキする。

ｅ 体裁をツクロう。

ア　とても大切な美しいサンカヨウの絵がもう売られてしまい、二度と見ることはできないと知って悲しかったから。
イ　母とのつながりを感じていた特別なサンカヨウの花の絵が、商品として売られていたことに違和感を覚えたから。
ウ　サンカヨウの絵に描かれている小さな花や葉が、付箋の蛍光ピンクの色に負けてしまっているように感じたから。
エ　美しいサンカヨウの絵が、小さな額で一番奥に飾られているのに、付箋の色によって目立ってしまっているから。

問三　傍線部②「一刻も早く、そのギャラリーから離れてしまいたかった」とありますが、なぜですか。四十～五十字で答えなさい。

問四　傍線部③「陸君は、またね、と私に手を振ってくれた」とありますが、個展を出てから「陽」と別れるまでの「陸」についての説明として、最も適当なものを次の中から選んで、記号で答えなさい。
ア　実の母に会ったショックで黙ってしまった陽を思いやって、次に一緒に行く場所もまた陽が気に入りそうな場所を提案し、機嫌をとっている。
イ　体の具合が悪くどこかで休憩したいと思っていたが、何かに怒っている陽にそのことが言い出せず、どうしてよいかわからなくなっている。
ウ　陽が泣きそうなことに気づき、その理由を言ってくれないことを残念に思ったため、少しでも長く陽と一緒にいて理由を聞こうとしている。
エ　なぜ急に陽が話をしなくなったかわからないが、そのことには触れずに次に行く場所のことを話題にし、何事もなかったかのように接している。

問五　個展に行く前と個展に行った後の、絵に対する「陽」の気持ちの大きな変化が表現されている一文を、（中略）より前から探し、はじめの五字を抜き出しなさい。

問六　空欄 B に当てはまるものとして、最も適当なものを次の中から選んで、記号で答えなさい。
ア　安心したような　イ　驚いたような
ウ　悲しそうな　エ　楽しそうな

問七　傍線部④「ねじをしめすぎて、動かなくなったモーターみたい」とは、「父」と「佐千代さん」のどのような状態をたとえていますか。説明として最も適当なものを次の中から選んで、記号で答えなさい。
ア　お互いの欠点を指摘できずに、我慢し続けて不満がたまっている状態。
イ　お互いを大切にしようと思いながらも、大切にすることができない状態。
ウ　お互いを激しく憎むようになってしまい、冷静に話せなくなってしまった状態。
エ　お互いのあるべき姿を決めつけて、それ以外を許すことができない状態。

問八　傍線部⑤「『陽をずいぶん早く大人にさせてしまったなぁ……』」とありますが、この時の「父」の説明として最も適当なものを次の中から選んで、記号で答えなさい。
ア　実の母に会いたくても会いたいと素直に言えない陽の様子を見て、今まで我慢を強いていたことを感じ反省している。
イ　美子やひなたのことを良く思っていないとわかっていたが、陽がそのことは言わないままでいることに感心している。
ウ　今の生活に何か不満があったとしても、言わないくらい陽に気を遣わせてしまっていることを申し訳なく感じている。
エ　言わなければならないと思いながらも言えなかった実の母のことを、陽が冷静に受け止めてくれて嬉しく思っている。

問九　傍線部⑥「ふだんは言葉が少ない父の、力強い宣言のようにも聞こえた」とありますが、この時の「陽」の説明として最も適当なものを次の中から選んで、記号で答えなさい。
ア　母の話をして、改めて父から自分が大切にされてきたことをちははっきりさせすぎた。夫婦で、家族で、どちらが、どれだけ悪いか、なんて今になって思えばだけれど、そんな追及に答えはないんだ。ぼくたちは、④ねじをしめすぎて、動かなくなったモーターみたいになった。スイッチを入れても、うん、とも、すん、とも言わない。耐えきれなくなって、ころん、と外れた最初のねじが、佐千代さんだっただけだ。だから、この家を彼女は出た」
「私をおいて？」
「結果的にそうなってしまった」
「私のことを愛していたのに？」
「そうせざるをえなかった。あのときの彼女は」
　ラピュタのテーマが調子づいてきた。でも、まだ、ふらふら。補助輪を外したばかりの自転車みたい。
「まったくわからない」
　父が私の顔を見る。
「子どもを愛してるのに、子どもをおいて、家を出てしまうことなんて、あるの？　大人には」
　父は黙る。けれど、考えに考えて口を開く。
「……ぼくにはわからない。あの日から、ずっと考えてきたけれど。ぼくが何を言っても、陽にとっては言い訳みたいに聞こえるだろうし、いちばん迷惑をかけたのは陽になんだ。それはほんとうに申し訳のないことだと思っている」
「大人は、自分が産んだ子どもの顔を忘れてしまうこともあるの？　お母さん、私の顔を見なかった。見なかったよ」
　父はまた、しばらくの間黙ったまま、サンカヨウの描かれたポストカードを、ベッドサイドの円いテーブルの上に置いた。
「陽が会いたいなら、そうすることもできるんだ。そうしたいかい？」
　長い間、考えてみたが、よくわからなかった。
「陽が望むなら、それもできる。今すぐ答えを出さなくていいんだから。でも覚えておいて。佐千代さんに、娘として会うこともできるんだ陽は」
　うん。と頷いた私の頭を父の大きな手が撫でた。
「美子さんと、ひなたちゃんとの暮らしはどう？」
　それが、父が今、いちばん聞きたいことなんじゃないか、という気がした。
「……何も問題はないよ」
「ほんとうに？」
「うん」
⑤「陽をずいぶん早く大人にさせてしまったなぁ……」
　父が私の顔をのぞきこんだ。ひじだけでなく、近くで見る父の顔もずいぶん老けたような気がする。こんなに皺があったかなぁ。
「陽と、美子さんと、ひなたちゃんとぼくとで、暮らしていきたいんだ」
　部屋を出て行く前に父はそう言った。
　それは、⑥ふだんは言葉が少ない父の、力強い宣言のようにも聞こえた。

（窪　美澄『水やりはいつも深夜だけど』所収「かそけきサンカヨウ」による）

※1　宮崎駿…映画監督、アニメーター。
※2　ラピュタ…スタジオジブリによる長編アニメ映画『天空の城ラピュタ』のこと。

問一　空欄［A］に当てはまるものとして最も適当なものを次の中から選んで、記号で答えなさい。

ア　痛々しさ　　イ　毒々しさ
ウ　生々しさ　　エ　初々しさ

問二　傍線部①「額の端っこに蛍光ピンクの付箋が貼られていて、小さな文字で、売約済み、と書かれていた。けれど、その付箋の色が、あまりにもその絵には不似合いのような気がした」とありますが、「陽」がこのように感じたのはなぜですか。理由として最も適当なものを次の中から選んで、記号で答えなさい。

私はさっきのおじさんがくれたポストカードを手にしていた。サンカヨウの絵を私は見た。何度も見ていた花なのに、まるで初めて見たような気がした。

陸君が電車を降りる。またね、と笑おうとしたけれど、うまく笑えない。それでも、③陸君は、またね、と私に手を振ってくれた。

（中略）

帰宅した「陽」が部屋に入ると、「ひなた」が破いてしまった実の母の画集が散らばっていた。それを見た「陽」は、「父」や「美子」と庭でプール遊びをしていた「ひなた」を突き飛ばし、泣いて部屋にこもり寝てしまった。

いつのまにか見ていた夢は、父と二人で暮らしていたときのことだった。父が古いレコードをかけて、私はダイニングのテーブルで宿題をしているうちにうとうとしてしまう。自分の頭を撫《な》でるあたたかくて大きな手。そんな記憶もいつか上書きされて、時間がたったら忘れてしまうのかな。でも、ほんとうにあたたかい手だ、と思っているうちにゆっくりと目がさめた。

父がベッドのそばにしゃがんで、私を見下ろしていた。私が目をさましたことで、どこか[B]顔をしている。父が床に落ちていた何かを拾った。サンカヨウのポストカード。裏の絵を見て、表の文字を読んだ。

「今日、行ったのか？」

うん、と声に出さずに頷《うなず》いた。

「佐千代さんは、そこにいた？」

うん。父は、お母さん、とは言わなかった。

「陽のこと、気づいていた？」

ううん、と頭を振った。

「三歳から会ってないんだ。無理もないよ。陽は年齢より、ずっと大人みたいに見えることもあるし……」

父は立ち上がり、窓を大きく開けて言った。

「大人みたいにならないと、いけなくしてしまったのかも、ぼくが」

どこの家だろう。ものすごく下手なピアノの音が聞こえてくる。※1宮崎駿《みやざきはやお》の映画のテーマ曲だけど、タイトルが浮かばないくらい下手だ。あ、※2ラピュタかな。ひとさし指で、ひとつ、ひとつ、鍵盤《けんばん》を押さえているようなぎこちなさ。ゆっくりベッドの上で体を起こすと、頭がずきん、とした。泣きながら寝たせいだ。

「ちゃんと話したことはなかったね。あのとき陽はまだ三歳だったから、大きくなってから話そうと思っているうちに、すっかり大人になってしまった」

窓際に立つ父のひじに目がいった。皺《しわ》ができて、皮膚がたるんでいるように見える。父だって、私が気づかないまま、ずいぶん歳をとった。

「話をしてもだいじょうぶかな？」

うん。

「佐千代さんはずっとずっと一日中絵が描きたかった。けれど、陽のことも愛していた。これは、陽を傷つけたくなくて嘘を言ってるわけじゃないけど、陽が憎くて、この家を出たわけじゃないんだ。それはほんとう。佐千代さんは陽を愛していたし、きちんと世話もしていた。……ぼくと、佐千代さんが、うまくいかなかった。女の人が仕事をすることとか、ぼくが家事をあんまり手伝わなかったこととか、そういうことを、ものすごくまじめに、ずっと佐千代さんと話し続けていた。若いぼくたちは、ものすごくまじめに」

ものすごくまじめに。最後の言葉を父は二度口にした。

「でも、そこで、決定的に、ぼくと佐千代さんとの間で何かが損なわれたんだ。ほんとうはそんなこと突き詰めないで、ぼんやりとさせたまま、二人の関係を、家族を続けていけばよかったのかもしれない。けれど、どちらが、どれだけ悪いか、ということを、ぼくた娘だから、と言えるわけがない。
「そう、こんなに若い方に見てもらったら、きっと妻も喜ぶかも」
「……奥さん」
　声をあげたのは私ではなく陸君だった。
「そう、今日は、子どものことで午前中、学校に用事があってね。もうすぐここに戻ってくるとは思うけれど」
　子ども……。当たり前だけど、それは私のことじゃない。ギャラリーの天井の照明が映った、グラスの中の麦茶をじっと見つめていた。そのとき、ちりん、と音がして、ドアが開いた。スーパーマーケットの茶色い紙袋を提げた小さなおばさんのような人が、中に入ってきた。短い髪の毛には、だいぶ、白いものが交じっている。黒い丈の長いワンピースを着て、真夏なのに、黒いタイツをはいていた。
「学校の面談が、ちょっと長引いちゃって……」
　小さな声で、そうおじさんに声をかけて、ギャラリーの奥に入って行った。私と陸君のことも視界に入ったかどうかわからないくらいの速さで。陸君がのみ終わったコップをおじさんに渡したので、私も同じようにそうした。母らしき人は、何か奥で用事があるのか、なかなか出てこない。ここに呼んだわけでもなく、絵を買う様子もない、飛び込みで来た子どもには、あまり興味がないのかもしれない。
「ゆっくり見ていってくださいね」
　私たちに気を遣って、おじさんはそう言ったのかもしれないが、もう、ギャラリーに飾ってある絵は、見終わってしまった。
「ありがとうございました」
　急に立ち上がった私に驚いたように、陸君も立ち上がった。
「あ、よかったら、これ」
　おじさんが私たちにポストカードのようなものを手渡してくれた。このギャラリーのなかで、いちばん小さい絵、いちばん奥に飾られているサンカヨウの絵がプリントされていた。

地下鉄の乗降口のドアにもたれかかったまま、暗い窓の外を見た。
　ほんとうは、陸君とお昼ごはんを食べて帰るつもりだったのだけれど、食欲も、そんなことをする気力もなかった。陸君の体のほんとうのところはわからないが、少し、休憩してから帰ったほうがいいに違いない。そう思ったけれど、②一刻も早く、そのギャラリーから離れてしまいたかった。
　地下鉄の駅に歩いていく間も、地下鉄に乗っている間も、私はどうしても口を開くことができなかった。急に黙ってしまった私に陸君も、どうしていいかわからないといった感じで、私から少し離れたところに立っている。
　地下鉄からつながった私鉄が地上に出て、私は目をしばたたかせた。乗換駅で、電車が来るのを待った。急行電車がやってきた。陸君は急行でひとつめの駅だから、それに乗ればすぐに帰ることができるのに、その電車には乗らずに、各駅停車の電車に乗った。私の最寄り駅は各駅停車しか停まらない。気を、遣ってくれたのかもしれなかった。
　車内はいかにも夏休みらしい風景が広がっていた。ふだんより家族連れが多いような気がした。腕を組んで居眠りをするショートパンツをはいたお父さんと、ひなたちゃんくらいの子どもを抱いたお母さん。少し離れた席に目をやると、幌《ほろ》を深くかぶせたベビーカーから、赤ちゃんのむちっとした足が見える。寝ているせいか、ちっとも動かないけれど。この電車は、遊園地にも水族館にも、海にもつながっている。お昼過ぎの今、これからそこに行くのか、それとも帰る途中だろうか。
「今度、もっと大きな美術館に行こう。いろんな人の絵が見られるような」
　隣に座った陸君がそう言った。陸君と出かけるのは、今日だけなのか、と思っていたから、陸君がまた、私と出かけようと思ってくれていることがうれしかった。けれど、やはり、さっきのギャラリーに行かなければ、もう少し心は弾んでいたかもしれない。

ア　神の存在のようなものへの感覚を持つ人間が、持たない人間よりも環境に適応したから。
イ　環境に適応し生き残った人間が、神が存在すると思う感覚を手に入れようとしたから。
ウ　進化心理学において、神という概念が人間にとって必要なものだと説明を試みているから。
エ　人間は、科学の説明と関係なく、科学的に説明されていないことがあると直感するから。

問十　破線部「『そんなバカな』と」と感じるのは、なぜですか。本文全体を踏まえ、理由として最も適当なものを次の中から選んで、記号で答えなさい。

ア　「なぜ」と「どのように」という二つの観点を兼ね備えて理解しなければ、人間は真に現象を科学的に受け入れたとは感じられないから。
イ　神のような超越的な何かを感じさせる単純な現象が、科学の複雑な論理と証拠で説明されることに、人間は本能的な反発を感じるから。
ウ　人間は神のような超越的な存在を感じるため、科学の説明の万全さとは関係なく、科学で説明できないことはまだあると感じるから。
エ　現象の発生する原因自体は、科学的な論理とは無関係であるため、人間が現象を奇跡によるものとして、神秘的なものと信じてしまうから。

二　次の文章を読んで、後の問いに答えなさい。

主人公の「陽」は高校一年生であり、「父」と父の再婚相手である「美子」、その娘である三歳の「ひなた」と四人で暮らしている。ある日「陽」は同級生の「陸」と画家である実の母の個展に行く。「陸」にはその画家が実の母であることを知らせていない。また、「陸」は心臓が悪く、手術を控えている。

　絵を一枚一枚、見た。母の絵をこれほど間近に、長い時間見つめたこともなかった。陸君が左にずれると、私も同じタイミングでずれた。髪の長い少女が数人並んで立つ姿、空や海や、植物を描いた絵を、じっと見た。何かの本の装幀《そうてい》で使われた、見覚えのある絵もある。

　パソコンや携帯の画面で見ているのとは違う［　A　］があった。この絵を描いた人がほんとうにこの世に生きている。それが自分を産んだ母なのだ。

　ギャラリーのいちばん奥に、いちばん小さな額が飾られていた。あ、と思いながら、じっと見た。サンカヨウの絵だった。最近買った母の画集で何度も見ていたから、それがサンカヨウを描いた絵だとすぐにわかった。その日、自分がいちばん見たい絵だった。透明な小さな花。緑の葉にのっかるように咲くその花は、日の光を受けたガラスのように光っている。その絵が、母と私をつなぐたったひとつのもののような気がした。

　どういうわけだか、まるで自分が描かれているかのような、気恥ずかしさがあった。

　①額の端っこに蛍光ピンクの付箋《ふせん》が貼られていて、小さな文字で、売約済み、と書かれていた。けれど、その付箋の色が、あまりにもその絵には不似合いのような気がした。

「君たちはどうしてここに来たの?」

　いつの間にか、私たちのうしろに立っていたおじさんが急に声をあげたので、思わず、ひゃっ、と変な声が出た。

「どうぞ、ここに座って見てくださいな」

　おじさんはお盆を手にしていて、その上にはガラスのコップが二個、のせられていた。私たちをギャラリーの中央にある丸椅子に座らせ、コップを手渡してくれた。

「私が、絵が好きで、それで……」

科学によって説明されたとしても、そのこととは無関係にまだ説明されていないことが存在する、と我々人間は思うのです。
この関係が、科学による説明というものが常に物足りない、という感覚を人間にもたらします。科学がどれほどのことを説明したとしても、神の啓示の存在は、常に科学では説明できないことが残っている、と人間に感じさせるからです。神の啓示を科学的に考えてみると、起こった事実がある感動を人間に与えたことは事実ですが、それが起こったことそのものは偶然で説明できてしまうかもしれません。偶然というものをうまく使うと、人間は簡単に奇跡が起きたと信じてしまいます。

(長谷川英祐『科学の罠 美と快楽と誘惑』による)

※1 科学啓蒙家…科学的な知識に乏しい人を、科学的な知識で教え導こうとする人。
※2 還元主義…複雑で抽象的な事象や概念を、より基本的な要素から説明しようとする立場。

問一 二重傍線部a～eから同じ品詞の言葉を二つ選んで、記号で答えなさい。

問二 空欄[A]・[B]に当てはまるものとして最も適当なものを次の中から選んで、それぞれ記号で答えなさい。(ただし、同じ記号の使用は一度のみとする。)

ア 積極的　イ 本能的
ウ 客観的　エ 人為的

問三 この文章には、次の一文が抜けています。本文中の【I】～【V】の中から最もよくあてはまる箇所を探し、番号で答えなさい。

多くの証拠が、実際に自然選択に基づく進化が起こっていると示してきた現在でもです。

問四 傍線部①「当時は説明できなかった」とありますが、何を説明できなかったのですか。最も適当なものを次の中から選んで、記号で答えなさい。

ア 親の性質は子に伝わるにもかかわらず、女王の産んだ子供が、女王ではないワーカーの性質を継承すること。
イ 子供を産まずに働くワーカーの遺伝子が次世代へと継承されることが、自然選択説と矛盾しないように見えること。
ウ 自身が子供を産まないという、種の生存に適さないワーカーの性質が、生存競争の中で継承され続けていること。
エ 自然選択が適応されないにもかかわらず、子供を産まないワーカーの性質が次世代にも継承されていること。

問五 傍線部②「虹という現象」を言い換えた部分を本文中から探し、五字で抜き出しなさい。

問六 空欄[C]・[D]に当てはまるものとして最も適当なものを次の中から選んで、それぞれ記号で答えなさい。(ただし、同じ記号の使用は一度のみとする。)

ア ところで　イ さらに
ウ しかし　エ つまり

問七 傍線部③「『すべては遺伝子の御心のなせるままに』としても、解けない問題」とは、どのような問題ですか。説明として最も適当なものを次の中から選んで、記号で答えなさい。

ア 遺伝子によって決まっている形質は多いが、形質のすべてが遺伝子により決定されるのかという問題。
イ 個体を基礎としたこれまでの進化の考え方では解けなかった、社会性昆虫の不妊のワーカーの進化という問題。
ウ ハチの協同において、進化を証明する遺伝子が、その世代の中でどのように増加するのかという問題。
エ 社会性昆虫の間で、どのような相互作用により、次世代に伝わる特定の遺伝子の量が増えるのかという問題。

問八 傍線部④「これ」とは、どのようなことですか。「神」という語を**用いずに**、五十～六十字で答えなさい。

問九 傍線部⑤「神の存在のような、科学による説明を超越した存在への感覚を人間が持つ」のは、なぜですか。理由として最も適当なものを次の中から選んで、記号で答えなさい。

して、ドーキンスは、そういう［Ｂ］な理解が進むことこそ素晴らしいことであり、感傷とは無関係のことである、とゴリゴリの※2還元主義者らしい答えをしています。［Ｃ］、『神は妄想である』の中では、神をこき下ろし、世の中のほとんどの諍《いさか》いは神から生じているとなじっています。そして、人間に現実的な利益をもたらすのは科学であり、神の無用と科学の有用性を説きます。

ドーキンスの還元論者ぶりは昔から有名で、初期の『利己的な遺伝子』では、生物の形質を支配しているのは遺伝子であり、形質の有利性により進化の方向が決まるなら、生物の進化はすべて遺伝子の問題に帰着でき、生物体は遺伝子の「乗り物」にすぎないと説きました。この観点は、例えば社会性昆虫の不妊のワーカーの進化など、個体を基礎とした従来の進化の考え方では解けなかった問題を説明可能にし、進化生態学に根本的な変革をもたらしましたが、③「すべては遺伝子の御心のなせるままに」としても、解けない問題もあります。

確かに、適応進化は遺伝、変異、自然選択の3条件が揃《そろ》わないと起こりません。生物において、遺伝を実現している大きなメカニズムである、遺伝物質からなる遺伝子は進化の問題を考える上で欠かせない概念です。すべての形質が遺伝子により決まっているか、ということには私は異論がありますが、遺伝子によって決まっている形質が多いことは確かです。

しかし、例えば、ハチが協同して社会を作るという現象で、協力をすると、協力を起こす遺伝子が時間とともに増えていくということを示せば、協力がなぜ進化するのか(Ｗｈｙ)には答えられます。［Ｄ］、実際に協力が起きるときには、生物体同士が相互作用をするのです。そこでどのような相互作用が起こることで次世代に伝わる遺伝子の量が増えるのか(Ｈｏｗ)、という問題は遺伝子だけを見ていても解けないことです。ＷｈｙとＨｏｗの両方がわかってこそ現象が理解できるという立場からは、過度の還元主義は生物に対する理解を狭めてしまうと言えるでしょう。

虹や神の話はこれとは少し違いますが、虹が分光の結果だろうが何だろうが、人間がそれを見て美しいとか不思議だ、と思う気持ちは、実は少しも変わらないのです。また、例えば、絶望的な気持ちでいる人間が、これ以上ないというタイミングで突然現れた巨大な虹を見て、世界の不思議さに感動し、もう一度生きていこうと思うようになることがあったとしましょう。このような、自然現象を通して自分が世界へと開かれる感覚、というものは、その現象が科学による無味乾燥で客観的な説明により説明し尽くされているとしても、何ら変わりなく存在し続けるでしょう。社会学者の宮台真司が「世界の根源的未規定性」と呼ぶ、このような世界の訪れの感覚は、科学による客観的で合理的な説明とは無関係に人間の気持ちを揺さぶります。私は無神論者ですが、④これはつまり神の啓示です。

神の啓示は、それを構成する現象が、科学により説明され尽くしていたとしても生じるものですから、この感覚自体は科学の説明を超越しています。しかし、それでもなお、このような感覚がなぜ(Ｈｏｗ＆Ｗｈｙ)生じるのか、という問題を科学として取り扱うことができます。Ｈｏｗは脳内の電気信号の話ですからおいておくとして、Ｗｈｙに対しては、「そのような感覚を持つことができるタイプの人間のほうが、持てないタイプより適応的であったので、そういう感覚を持つことが進化した」という説明があり得ます。つまり、神が存在するので神の啓示があるのではなく、神の啓示を感じること(神が存在すると思うこと)が進化的有利性をもたらすので進化したということです。このように「神」という概念を人間にとって必要なものだから進化したものだ、とする考え方は、人間の心理を適応的な進化の結果として説明しようとする進化心理学という学問分野で、すでに提唱されています(例：アメリカのコラムニストＪ・ベリング、『ヒトはなぜ神を信じるのか　―信仰する本能―』)。

神が人間の中で進化したものかどうかはさておき、ここで重要なことは、⑤神の存在のような、科学による説明を超越した存在への感覚を人間が持つ、という点です。つまり、世界のすべての現象が

二〇二二年度　獨協埼玉高等学校（第一回）

【国語】（五〇分）〈満点：一〇〇点〉

一　次の文章を読んで、後の問いに答えなさい。

科学の答えはとても素っ気ないものです。a特に人間にとって、複雑で時には神秘的に見える現象が科学のとてもシンプルな論理と証拠によって説明されてしまうとき、人間は本能的な反発を覚えるようです。「そんなバカな」と。例えば、生物の適応進化もそういうものの一つです。生物はその生息環境にとても適合した性質を備えています。ダーウィン以前の人々は、生物は神が創造したものと考えていましたから、そのようなb巧妙な適応自体が神の全能性を表すものとして解釈されていました。しかしダーウィンは、親の性質は子に伝わる、生物は育つよりも多くの子供を産んでおりほとんどの子は生存できない、という事実から、環境により適したものだけが生き残ることにより適応が生じることを思いつきました。

当時流行していた鳩《はと》の品種改良が、このアイデアをダーウィンに思いつかせる一つの原因だったようです。鳩cなどの家畜の品種改良ではどのような性質の個体を選択するかは[A]ですが、野生の生物では人が選ぶ訳ではなく、生き残りをかけた競争により、より適したものだけが選ばれます。dこのシンプルな原理は自然選択と名付けられ、生物の適応が、神の力によらず生じることをe明快に示しました。ダーウィンはとても慎重な人だったので、自然選択説を思いついてから様々な生物の例でそれが正しいといえるかどうかを検討しています。彼の自然選択説は大著『種の起源』の中で様々に検討されています。【Ⅰ】

驚くべきことに、その中でダーウィンは子供を産まないワーカーが女王に協力して子育てをするハチやアリなどの社会性昆虫は、自然選択が成り立たない例かもしれないと述べています。子供を産まずに働くという性質がどのようにして次世代に伝わるのかが、①当時は説明できなかったからです。現在では、ワーカーの母親である女王が産む子供は、ある確率でワーカーと同じ遺伝子を持っているため、母親という血縁者由来で子を産まずに働くという遺伝子が次世代に伝わるということがわかっていますので、社会性昆虫の存在は遺伝子をベースにした自然選択理論と矛盾しないことが明らかになっています。当時は遺伝のメカニズムはわかっていませんでしたから、遺伝子という概念すら知らなかったダーウィンが社会性昆虫に言及していたことは、彼がいかに自然選択説を真剣に考え、批判的に検討していたかを示しています。それでも、自然選択による適応進化はその当時から今に至るまで、その合理性にもかかわらず、それを批判する人が絶えません。【Ⅱ】

それらの批判の中には、科学に対する批判とはとても思えないものもあります。科学的に検討する価値があると思われるものもありますが、例えば、「これだけ精緻《せいち》な生物が、神の意志抜きに作られたなどと信じられますか？」というものも。神の全能性を認めれば、すべてのことは神の意志の結果として説明できます。【Ⅲ】従って、科学は神の意志なしに世界をどこまで説明できるか、という行為なのでこの批判は的外れです。というか、本質的に科学とは無関係です。しかし、このような意見を持つ人が少なくない（アメリカでは進化論を信じる人は40％くらい）のは、自然選択説による適応進化の科学的説明が、人間の「心の中の何か」にさわるからでしょう。

一体何が問題なのでしょう。【Ⅳ】

イギリスの動物行動学者であり※1科学啓蒙《けいもう》家であるリチャード・ドーキンスは、その著書『虹の解体』の中で次のように科学的事実と人間の気持ちの問題を論じています。【Ⅴ】科学が②虹という現象を、空中の水滴により太陽の白色光が分光されて七色の帯になるのだ、と解いてしまったことで、虹という現象に神秘を感じていた人間の気持ちは意味のないものとなってしまった、だから科学は人間をより貧しくする役割しか果たしていない、という批判に対

2022年度／獨協埼玉高等学校（第１回）

英語解答

1 Part 1　1…(B)　2…(A)　3…(C)
4…(A)　5…(B)

Part 2　1　Dickens　2　Double
3　USA　4　Kelly
5　4037

Part 3　1…(E)　2…(A)　3…(G)
4…(F)　5…(B)

2 1　thousand　2　calendar
3　interested　4　o'clock
5　speech〔speaking, spelling〕

3 1　has already bought
2　Could〔Would, Will, Can〕you tell〔show〕
3　at playing the
4　that〔which〕was written
5　something wrong with

4 1　イ　2　オ　3　ウ　4　ウ
5　イ

5 1　don't have to send an e-mail to me
2　you ever heard how old he is
3　surprised at the picture drawn by the boy
4　pumpkin is not as big as that one
5　is very kind of you to show me
6　have to keep your room clean

6 問１　エ
問２　(1)…イ　(2)…ウ
問３　イ　問４　ア　問５　ウ
問６　ski poles〔the poles〕
問７　イ

7 問１　エ　問２　ア　問３　ウ
問４　ア　問５　ウ　問６　ア
問７　ウ　問８　エ

1〔放送問題〕放送文未公表

2〔対話文完成─適語補充〕

1．A：ご注文をうかがってもよろしいでしょうか？／B：はい，ミルクセーキを１つ，チーズバーガーを２つ，フライドポテトを２つ，アップルパイを１つもらえますか？／A：かしこまりました，合計2300円です。//the total is ～ yen「合計～円です」とあるので，合計金額を答えていると考える。hundred「100」の先に読む t から始まる単語は thousand「1000」。

2．A：来週の日曜日はひま？　一緒に富士急ハイランドに行かない？／B：いいね。カレンダーにスケジュールを書いておくよ。//c で始まる単語でスケジュールを書くものとして考えられるのは calendar「カレンダー」。

3．A：どんな種類の音楽が好き？／B：ええと，私はＫポップに興味があるわ。//be interested in ～「～に興味がある」

4．A：明日の朝ここに集まろう。／B：何時にここにいなければならないの？／A：８時に。遅れないで。//～ o'clock で「～時」となる。

5．A：高校生になったら，英語を上達させたいな。／B：獨協埼玉では，12月に英語のスピーチコンテストがあるよ。／A：もっと英語を練習したいわ。//speech contest「スピーチコンテスト」とする。speaking あるいは spelling も可。

3〔和文英訳─部分記述〕

1．「すでに～した」は，‘完了’用法の現在完了(have/has＋過去分詞)で表せる。主語が Ken なので has を使い，already「すでに」は過去分詞の前に置く。　buy－bought－bought

2．「～していただけますか」という‘依頼’は，Could〔Would，Will，Can〕you ～？で表せる。「〈人〉に〈物事〉を教える」は‘tell＋人＋物事’。

3．「～をするのが得意だ」は be good at ～ing。「(楽器)を演奏する」と言うときは，通例，楽器名の前に the をつける。

4．主語が The letter，動詞が made の文。「(彼によって)書かれた」の部分を3語で表すので，主格の関係代名詞 that〔which〕を使って表す。受け身なので，‘be動詞＋過去分詞’の順に続ける。

5．「～にどこか調子の悪いところがある」は，There is something wrong with ～ で表せる。

4 〔対話文完成―適文選択〕

≪全訳≫❶A：学校へ向けて起きる時間よ。❷B：お母さん，あと5分ちょうだい。$_1$今朝は本当に疲れているんだ。❸A：なぜそんなに疲れているの？　また夜更かししてテレビゲームをしたの？❹B：違うよ！　ゆうべは一生懸命勉強したから疲れているんだ。あと5分だけ，お願い。❺A：だめ，だめ，だめ！　また寝たら，5分じゃ起きないってことはわかってるの。❻B：$_2$起きるって約束するよ。❼A：それでも朝食は食べなくちゃいけないし，その後に，私は台所を片付けないといけないの。❽B：わかってるよ，でも…❾A：「でも」じゃないの！　私も仕事に行かないといけないの。$_3$そして，私はあなたのように，遅れられないの！❿B：ああ！　はい，わかった，わかったよ！　今起きたから。お母さんの勝ちだよ。⓫A：もちろん，母親は常に勝つものよ。

<解説>1．直後に続く Why are you so tired？という母親の発言から判断できる。　2．「また寝たら5分じゃ起きないってことはわかってる」と母親に言われた後の息子の言葉。どうしても寝ていたい息子は必ず起きると約束することで母親を説得しようとしたのである。　3．母親が自分の状況を説明している場面。母親は息子を起こすために，あなたのようには遅刻できないと伝えたのである。

≪全訳≫❶A：こんにちは，お手伝いしましょうか。$_4$道に迷っていらっしゃるようですね。❷B：ええ，ありがとう！　この近くにコンビニエンスストアはありますか？❸A：はい，パン屋さんの前に1つあります。❹B：よかったです。後でそこに行きます。それから，勉強するのにいい場所はどうですか？❺A：ええと，駅の向かいの図書館で勉強できますよ。$_5$午前9時から午後6時まで開いています。❻B：いいですね。私にはちょうどいい時間です。

<解説>4．AがBに手伝いを申し出た後の発言。第2段落以降でBが周辺の店や施設について尋ねていることから，Aは，Bが道に迷っているのだと考えたのだと判断できる。　5．この後Bが Those are good times for me. と，時間について述べているので，Aは図書館の開館時間について教えたのだとわかる。

5 〔整序結合〕

1．「～する必要はない」は‘don't/doesn't have to＋動詞の原形…’で表せる。「〈人〉に〈物〉を送る」は，ここでは to が与えられているので，‘send＋物＋to＋人’の語順。

2．「～したことはありますか」は，‘経験’用法の現在完了の疑問文(Have/Has＋主語＋過去分詞…?)で表せる。ever は過去分詞の前に置く。「彼が何歳か」は間接疑問(疑問詞(how old)＋主語＋動詞)の語順。

3．「～に驚く」は be surprised at ～。「その少年によって描かれた絵」は，the picture の後に‘過去分詞＋語句’を続けて表す(過去分詞の形容詞的用法)。　draw－drew－drawn

4．「～ほど…ない」は‘not as＋形容詞／副詞＋as ～’で表せる。

5．「～するとは―は…だ」は，‘It is＋形容詞＋of＋―＋to＋動詞の原形...’で表せる。

6．「～を…(の状態)にしておく」は‘keep＋目的語＋形容詞’の形で表せる。

6〔**長文読解総合―説明文**〕

≪全訳≫❶イエティとは何か。ヒマラヤの人々は，イエティは2種類いると言う。どちらも大きく，身長が約2メートルで，どちらも2足歩行ができる。一方の小さい方のイエティは，人間を食べる！しかし，大きい方のイエティは大きな黒い毛むくじゃらの牛のようなヤクを好む。イエティは雪の中ではなく，ヒマラヤの深い森に住んでいる。塩分を含んだ植物を食べるために雪のある地域に行く。❷それは伝説だ。イエティは単なる伝説であると言うのは簡単だ。しかし，人々はイエティが存在することを示す他の形跡を発見している。❸1951年，イギリスの登山家，エリック・シプトンは，エベレスト山の雪の中に足跡を見つけた。これらの足跡は約28センチメートルだった。それらはつま先が5つあった。足跡は100キログラム以上の重さの大きな生物によってつくられた。このような足跡を持っている人間や動物はいない。❹では，イエティとは何か。イ私たちはまだその答えを知らない。約50万年前に中国やインドに生息していた先史時代の動物「ギガントピテクス」のようなものだと考える人もいる。人が現れたとき，この動物は山に入ったのだろうか。❺イギリスの登山家，クリス・ボニントンは，イエティが本当に存在することを発見したかった。彼はイエティを探すために，ヒマラヤ山脈にあるMenhungtse山に登りに行った。彼の他に4人の登山者，さらに3人のテレビ局員，2人のジャーナリストがいた。彼らもイエティを見つけることを望んでいた。彼のグループはイエティを見つけられなかったが，グループの1人のメンバーは，イエティを見たと思った。グループは雪の中にいくつかの大きな足跡を見つけた。それから彼らは2頭の羊の皮を見つけた。誰かが，または何かが羊を殺し，それから道具を使って皮を非常にうまくはがしたのだ。そしてある日，グループは2組のスキーのストックをなくした。岩の下に置いてきてしまったのだ。彼らが戻ったとき，スキーのストックはそこにはなかった。山のその部分には他に誰もいなかった。今年は他の誰もその地域を訪れていなかったのだ。では，誰がそれらを取ったのだろうか。イエティだろうか。❻イエティが存在すると言うのに，これは十分だろうか。

問1＜適語(句)選択＞直前の「イエティは単なる伝説だ」と直後の「イエティの存在を示す形跡がある」をつなぐものとして適切なのは，‘逆接’の関係を表すHowever「しかし」。

問2＜要旨把握＞第1段落第4，5文参照。the smaller yeti および the larger yeti は，「2人〔2つ〕のうちのより～な方」を表す‘the＋比較級’の形である。

問3＜適所選択＞補う英文は「私たちはまだその答えを知らない」という意味。イの直前に「では，イエティとは何か」とあり，the answer はこの疑問に対する答えだと考えられる。

問4＜適語句選択＞直前の文に「イエティが本当に存在することを発見したかった」とあることから，イエティを「探すために」山を登ったと考えられる。　discover「～を発見する」

問5＜要旨把握＞第3，5段落参照。ア，イ，エに関する記述はあるが，イエティの皮が雪山に落ちていたという記述はない。第5段落後半にある their skin とは「羊の皮」である。

問6＜指示語＞them なので，前に出ている複数名詞でここに当てはめて意味が通るものを探すと，3文前に the poles weren’t there とある。下線部はこのなくなった the poles を誰が取ったのかと言っているのである。この the poles とは，その2文前にある ski poles のこと。

問7＜内容真偽＞ア.「クリス・ボニントンは，最終的に他のメンバーとともにイエティを見た」…×　第5段落第5文参照。　イ.「エリックが見つけた足跡を人間や動物が持つのは難しいようだ」…○　第3段落の内容に一致する。　ウ.「イエティが存在するという十分な証拠がある」

…× 第5，6段落の内容から，十分とは言えない。　エ.「イエティは約50万年前に人間から逃げた」…× このような記述はない。

7〔長文読解―内容一致―エッセー〕

≪全訳≫❶あなたの一番好きな，古典的なテレビコマーシャルは何だろうか。人々が忘れられないコマーシャルもあり，それらの中には「I'm lovin' it」や「Just Do It」などの有名なセリフもある。❷私は子どもの頃のそのようなコマーシャルを1つ覚えている。それについて考えると，それは今でも私を笑わせてくれる。女性と成長した娘が台所にいる。娘は料理をしていて，母親は彼女を手伝おうとしている。娘がどんな手助けも望んでいないことは明らかだ。最後に，娘はカッとなって怒る。彼女は母親の方を向き，怒った声で「お母さん，お願い，私は自分でやりたいの！」と言う。母親の顔は，ショックを受けてとても傷ついた様子だ。❸これは，痛みや発熱を止めるために使用される一般的な薬，アスピリンのコマーシャルだ。娘は母親に怒鳴った後，アスピリンを2錠服用し，気分がずっとよくなる。❹なぜこのコマーシャルはそんなにおもしろかったのだろう。その人気の主な理由は，「自分でやりたい」というセリフだったと思う。私たちはみんな，これまでに同じような状況にあったことはないだろうか。誰かが私たちを助けようとしているが，実際には，私たちは彼らの助けを望んでいない。本当に「お願い，自分でやりたい」と言いたいのだが言えない。もしそうしたら，それは失礼になり，私たちはおそらく申し訳なく思うだろう。だから，このコマーシャルでは，私たちが言いたいけれど言えないことを，誰かが言ってくれる喜びを体験することができるのだ。❺長い間日本に住んでいるアメリカ人は，ときにこのような状況に陥ることがある。私たちはしばしばとても親切に扱われる。初めて日本に来たときは，これはすばらしいことだろう。私のホストファミリーは，アパートを見つけたり，銀行口座を開設したりするなど，私のためにほとんど全てのことをしてくれた。当時は日本語が話せず，助けが必要だったので，ありがたかった。しかし，他の人が私たちのためにあまりにも多くのことをしようとした場合，典型的なアメリカ人は不快に感じるかもしれない。自分で電車の切符を買ったり，レストランで注文したり，日本語でコミュニケーションをとったりできると，気分がよいのだ。誰かが私たちのためにこれらのことをしようとした場合，私たちの中には「お願い，私は自分でやりたい！」と言いたい人もいるかもしれない。❻次に「お願い！　自分でやりたい！」と言いたくなるような状況になったら，ただアスピリンを2，3錠飲み，リラックスして，見知らぬ人や友人の親切に感謝するだろう。

＜解説＞問1.「このエッセーの作者は(　　)」―エ.「有名なセリフのある古典的なテレビコマーシャルで，好きなものがある」　第1段落～第2段落第1，2文参照。　**問2**.「アスピリンのコマーシャルの娘は(　　)」―ア.「自分で料理したかった」　第2段落第5～7文参照。　**問3**.「アスピリンのコマーシャルでは，(　　)」―ウ.「娘は2錠のアスピリンを服用した」　第3段落第2文参照。　**問4**.「このエッセーの著者は，(　　)」―ア.「多くの人がこのアスピリンのコマーシャルと同様の状況を経験していると信じている」　第4段落参照。　**問5**.「このエッセーの作者は(　　)と思っている」―ウ.「誰かが『お願い，自分でやりたい』と言うのを聞くのはいいことだろう」　第4段落後半参照。　**問6**.「日本に長く住んでいるアメリカ人の中には，(　　)人もいる」―ア.「日本人からの優しさを経験した」　第5段落第1，2文参照。　**問7**.「典型的なアメリカ人は(　　)」―ウ.「日本人が，彼らにあまりに多くの支援を与えるのを望まない」　第5段落第6文参照。　**問8**.「次にこのエッセーの著者が同様の状況にあるとき，彼女はおそらく(　　)だろう」―エ.「人々の親切に感謝する」　最終段落参照。

2022年度／獨協埼玉高等学校（第１回）

数学解答

1 (1) $\dfrac{-10a+b}{12}$　(2) $x=\dfrac{3\pm\sqrt{17}}{4}$

(3) $x=-1,\ y=\dfrac{1}{2}$

(4) $(x-y-2)(x-y+1)$

(5) $a=-2,\ b=-10$　(6) $\dfrac{1}{10}$

(7) 20°　(8) 10：3

(9) ①　144°　②　$3\sqrt{21}$ cm

2 (1) ②，④　(2) ①，⑤

(3) ①，④　(4) ②，④

3 (1) 点Bの x 座標…$-a$

点Cの x 座標…$-a+6$

(2) $-a+3$　(3) $\left(1,\ \dfrac{1}{2}\right)$

4 (1) 5 cm　(2) 13cm　(3) $\dfrac{169}{5}$cm

1〔独立小問集合題〕

(1)＜式の計算＞与式$=\dfrac{3(2a-b)-4(4a-b)}{12}=\dfrac{6a-3b-16a+4b}{12}=\dfrac{-10a+b}{12}$

(2)＜二次方程式＞解の公式より，$x=\dfrac{-(-3)\pm\sqrt{(-3)^2-4\times2\times(-1)}}{2\times2}=\dfrac{3\pm\sqrt{17}}{4}$ となる。

(3)＜連立方程式＞$5x-2y=-6$……①，$\dfrac{1}{2}x+\dfrac{2}{3}y=-\dfrac{1}{6}$……②とする。②×6 より，$3x+4y=-1$……②′　①×2＋②′より，$10x+3x=-12+(-1)$，$13x=-13$　$\therefore x=-1$　これを①に代入して，$-5-2y=-6$，$-2y=-1$　$\therefore y=\dfrac{1}{2}$

(4)＜式の計算―因数分解＞与式$=(x-y)^2-(x-y)-2$ として，$x-y=A$ とおくと，与式$=A^2-A-2=(A-2)(A+1)$となり，Aをもとに戻して，与式$=(x-y-2)(x-y+1)$である。

(5)＜関数―a，bの値＞関数 $y=-3x+2$ は，x の値が増加すると，y の値は減少するから，x の変域が $a\leqq x\leqq4$ においては，$x=a$ のとき y の値は最大，$x=4$ のとき y の値は最小となる。y の変域が $b\leqq y\leqq8$ より，$x=a$ のとき $y=8$，$x=4$ のとき $y=b$ となる。$y=-3x+2$ に $x=a$，$y=8$ を代入すると，$8=-3a+2$，$3a=-6$，$a=-2$ となり，$x=4$，$y=b$ を代入すると，$b=-12+2$，$b=-10$ となる。

(6)＜確率＞５人が１列に並ぶとき，１番目は５人のうちの１人だから，５通りの並び方があり，２番目は，１番目の人以外の４人のうちの１人だから，４通りの並び方がある。以下同様に考えて，３番目は，１番目と２番目の人以外だから３通り，４番目は，１番目と２番目と３番目の人以外だから２通りあり，５番目は残りの１人だから１通りある。よって，５人の並び方は，全部で $5\times4\times3\times2\times1=120$(通り)ある。このうち，大人と子どもが交互に並ぶとき，大人は２番目と４番目，子どもは１番目と３番目と５番目に並ぶ。大人２人が２番目と４番目に並ぶ並び方は，同様に考えて，$2\times1=2$(通り)あり，子ども３人が１番目と３番目と５番目に並ぶ並び方は $3\times2\times1=6$(通り)ある。したがって，大人と子どもが交互に並ぶ並び方は $2\times6=12$(通り)あるから，求める確率は $\dfrac{12}{120}=\dfrac{1}{10}$ となる。

(7)＜平面図形―角度＞次ページの図１のように，５点Ａ～Ｅを定め，点Ａと点Ｄを結ぶ。$\overset{\frown}{\mathrm{BD}}$ に対する円周角と中心角の関係より，$\angle\mathrm{BAD}=\dfrac{1}{2}\angle\mathrm{BOD}=\dfrac{1}{2}\times100°=50°$ である。また，$\overset{\frown}{\mathrm{CD}}$ に対する円

周角より，$\angle \mathrm{CAD}=\angle \mathrm{CED}=30^\circ$である。よって，$\angle x=\angle \mathrm{BAD}-\angle \mathrm{CAD}$ $=50^\circ-30^\circ=20^\circ$となる。

図1

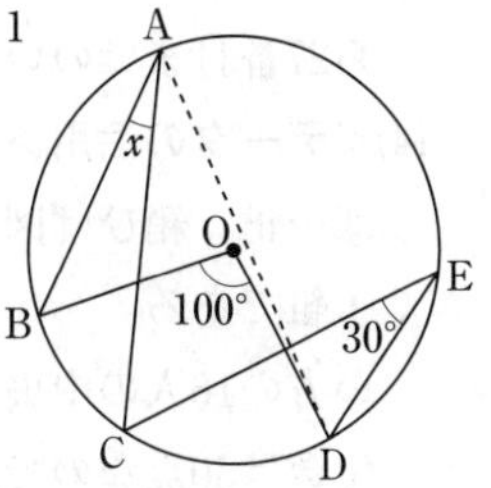

(8)**＜平面図形―面積比＞**右下図2のように，点Aと点Dを結ぶ。△ABC，△ADCの底辺をそれぞれBC，DCと見ると，高さが等しいから，△ABC：△ADC＝BC：DC＝(1＋3)：3＝4：3となり，$\triangle \mathrm{ADC}=\frac{3}{4}\triangle \mathrm{ABC}$である。同様にして，△ADC：△EDC＝AC：EC＝(3＋2)：2＝5：2だから，$\triangle \mathrm{EDC}=\frac{2}{5}\triangle \mathrm{ADC}=\frac{2}{5}\times\frac{3}{4}\triangle \mathrm{ABC}=\frac{3}{10}\triangle \mathrm{ABC}$となる。

図2

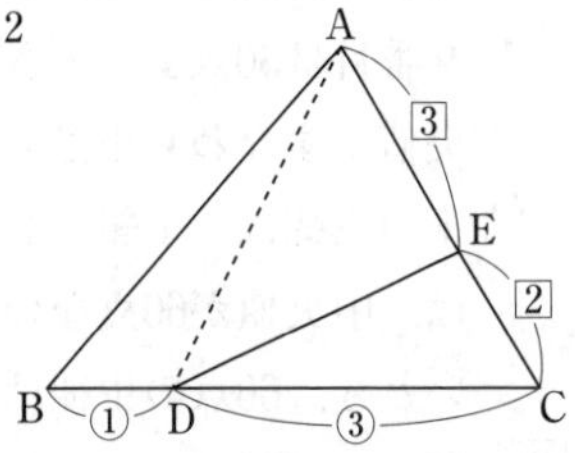

よって，$\triangle \mathrm{ABC}:\triangle \mathrm{EDC}=\triangle \mathrm{ABC}:\frac{3}{10}\triangle \mathrm{ABC}=10:3$である。

(9)**＜空間図形―角度，長さ―三平方の定理＞**①円錐の展開図なので，おうぎ形の弧の長さと円の周の長さは等しい。よって，$2\pi\times15\times\frac{\angle x}{360^\circ}=2\pi\times6$が成り立ち，$\frac{\angle x}{360^\circ}=\frac{2}{5}$，$\angle x=144^\circ$となる。　②展開図を組み合立てると，右図3のような円錐になる。底面の円の中心をO，円錐の頂点をA，底面の周上の点をBとすると，$\angle \mathrm{AOB}=90^\circ$だから，△AOBで三平方の定理より，円錐の高さは，$\mathrm{AO}=\sqrt{\mathrm{AB}^2-\mathrm{OB}^2}=\sqrt{15^2-6^2}=\sqrt{189}=3\sqrt{21}$(cm)となる。

図3

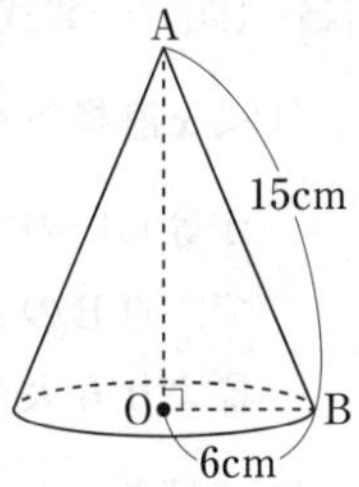

2〔**独立小問集合題**〕

(1)**＜数の性質＞**①…誤。$\sqrt{100}$は，100の平方根のうち正の方だから，$\sqrt{100}=10$である。　②…正。$\sqrt{10^2}=\sqrt{100}=10$である。　③…誤。$\sqrt{(-10)^2}=\sqrt{100}=10$である。　④…正。　⑤…誤。$-\sqrt{10^2}=-\sqrt{100}=-10$である。

(2)**＜数の性質＞**①…正。$2\sqrt{7}=\sqrt{2^2\times7}=\sqrt{28}$，$5=\sqrt{5^2}=\sqrt{25}$，$6=\sqrt{6^2}=\sqrt{36}$だから，$\sqrt{25}<\sqrt{28}<\sqrt{36}$より，$5<2\sqrt{7}<6$となる。　②…誤。$0.5=\sqrt{0.5^2}=\sqrt{0.25}$だから，$\sqrt{2.5}$と0.5は等しくない。③…誤。$\sqrt{600}=\sqrt{60}\times\sqrt{10}$だから，$\sqrt{600}$は$\sqrt{60}$の$\sqrt{10}$倍である。　④…誤。$\sqrt{169}=\sqrt{13^2}=13$だから，$\sqrt{169}$は有理数である。　⑤…正。$\sqrt{1.21}=\sqrt{1.1^2}=1.1$だから，$\sqrt{1.21}$は有理数である。

(3)**＜データの活用＞**①…正。1年生において，個々のデータの値から計算した平均値は25分だから，1年生40人の通学時間の合計は，25×40＝1000(分)である。　②…誤。通学時間が20分未満の生徒の人数は，1年生が3＋8＝11(人)，2年生が4＋7＝11(人)となる。1年生の人数は40人，2年生の人数は50人だから，20分未満の生徒の割合は，それぞれ，$\frac{11}{40}$，$\frac{11}{50}$であり，異なる。　③…誤。最頻値は，度数が最も大きい階級の階級値となる。度数が最も大きい階級は，1年生は16人の20分以上30分未満の階級，2年生は16人の30分以上40分未満の階級である。度数が最も大きい階級が異なるので，1年生と2年生の最頻値は異なる。　④…正。1年生は40人なので，中央値は通学時間が小さい方から20番目と21番目の平均となる。20分未満は11人，30分未満は11＋16＝27(人)より，20番目と21番目はどちらも20分以上30分未満だから，1年生の中央値は20分以上30分未満の階級に属している。一方，2年生は50人なので，中央値は通学時間が小さい方から25番目と26番目の平均となる。20分未満は11人，30分未満は11＋15＝26(人)より，25番目と26番目はどちらも20分以上30分未満だから，2年生の中央値も20分以上30分未満の階級に属している。　⑤…誤。1年生は，20分未満が11人，30分未満が27人だから，通学時間が24分の生徒は，短い方から12番目から27番目までのいずれかである。小さい方の20人に入っているかどうかはわからない。

(4)＜データの活用＞①…誤。箱ひげ図の箱の中の線が中央値を表す。２組の中央値は60点である。　②…正。箱ひげ図の長さが範囲を表す。長さが最も大きいのは１組なので，範囲が最も大きいのは１組である。　③…誤。各組の人数は33人なので，$33=16+1+16$ より，第１四分位数は，小さい方の16人の中央値となる。つまり，小さい方から８番目と９番目の平均となる。２組の第１四分位数は50点なので，小さい方から８番目と９番目の平均が50点である。８番目が50点未満とすると，９番目は50点より大きくなり，50点以下の生徒は８人となる。　④…正。１組，２組，３組の中央値，すなわち小さい方から17番目の得点は，それぞれ50点，60点，40点である。よって，40点以下の生徒は，１組，２組は17人未満，３組は17人以上であり，３組が最も多い。　⑤…誤。２組は，中央値が60点なので，大きい方から17番目が60点となる。大きい方から15番目が60点より大きいとき，60点の生徒は上位15番以内には入らない。

3 〔関数―関数 $y=ax^2$ と一次関数のグラフ〕

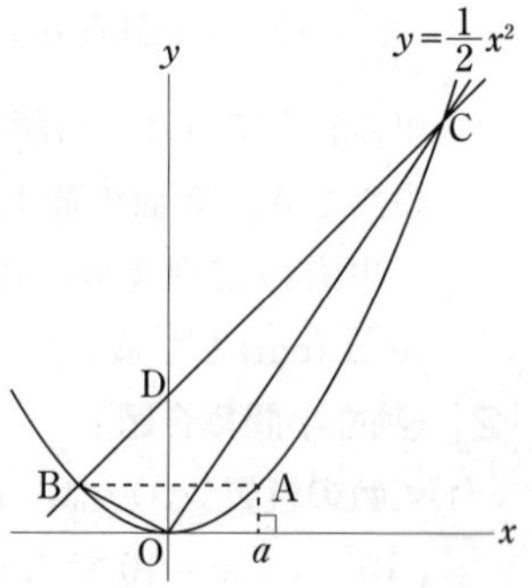

(1)＜x 座標＞右図で，２点A，Bは，放物線 $y=\frac{1}{2}x^2$ 上にあり，y 座標が等しいので，y 軸について対称な点となる。点Aの x 座標が a なので，点Bの x 座標は $-a$ である。また，点Cの x 座標は，点Bの x 座標より６大きいので，$-a+6$ である。

(2)＜傾き＞右図で，２点B，Cは放物線 $y=\frac{1}{2}x^2$ 上にあり，(1)より，x 座標がそれぞれ $-a$，$-a+6$ だから，y 座標はそれぞれ $y=\frac{1}{2}\times(-a)^2=\frac{1}{2}a^2$，$y=\frac{1}{2}\times(-a+6)^2=\frac{1}{2}\times(a^2-12a+36)=\frac{1}{2}a^2-6a+18$ であり，$\mathrm{B}\left(-a,\ \frac{1}{2}a^2\right)$，$\mathrm{C}\left(-a+6,\ \frac{1}{2}a^2-6a+18\right)$ である。よって，直線BCの傾きは，$\left\{\left(\frac{1}{2}a^2-6a+18\right)-\frac{1}{2}a^2\right\}\div\{(-a+6)-(-a)\}=(-6a+18)\div6=-a+3$ となる。

(3)＜座標＞右上図で，直線BCと y 軸の交点をDとする。(2)より，直線BCの傾きは $-a+3$ だから，その式は $y=(-a+3)x+b$ とおける。$\mathrm{B}\left(-a,\ \frac{1}{2}a^2\right)$ を通ることより，$\frac{1}{2}a^2=(-a+3)\times(-a)+b$，$\frac{1}{2}a^2=a^2-3a+b$，$b=-\frac{1}{2}a^2+3a$ となるから，切片が $-\frac{1}{2}a^2+3a$ であり，$\mathrm{OD}=-\frac{1}{2}a^2+3a$ と表せる。２点B，Cの x 座標はそれぞれ $-a$，$-a+6$ であり，$0<a<4$ だから，点Bの x 座標は負，点Cの x 座標は正である。△OBD，△OCDの底辺をODと見ると，高さはそれぞれ，$0-(-a)=a$，$-a+6$ となるので，$\triangle\mathrm{OBC}=\triangle\mathrm{OBD}+\triangle\mathrm{OCD}=\frac{1}{2}\times\left(-\frac{1}{2}a^2+3a\right)\times a+\frac{1}{2}\times\left(-\frac{1}{2}a^2+3a\right)\times(-a+6)=\frac{1}{2}\left(-\frac{1}{2}a^2+3a\right)\times\{a+(-a+6)\}=\frac{1}{2}\left(-\frac{1}{2}a^2+3a\right)\times6=-\frac{3}{2}a^2+9a$ となる。よって，$\triangle\mathrm{OBC}=\frac{15}{2}$ のとき，$-\frac{3}{2}a^2+9a=\frac{15}{2}$ が成り立ち，$a^2-6a+5=0$，$(a-1)(a-5)=0$ より，$a=1,\ 5$ となる。$0<a<4$ より，$a=1$ だから，点Aの x 座標は１であり，y 座標は $y=\frac{1}{2}\times1^2=\frac{1}{2}$ より，$\mathrm{A}\left(1,\ \frac{1}{2}\right)$ となる。

4 〔平面図形―円〕

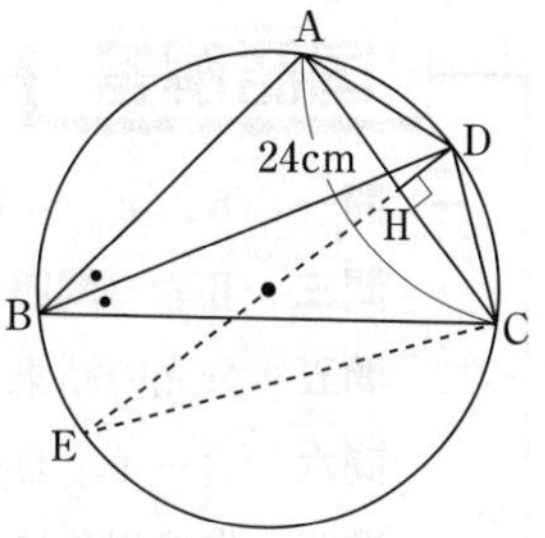

⑴＜**長さ**＞右図で，$DH\perp AC$ であり，$AC=24$，$\triangle ACD=60$ だから，$\triangle ACD$ の面積について，$\frac{1}{2}\times 24\times DH=60$ が成り立つ。これより，$DH=5$(cm) となる。

⑵＜**長さ―三平方の定理**＞右図で，$\angle ABD=\angle CBD$ であり，$\overset{\frown}{AD}$，$\overset{\frown}{CD}$ に対する円周角より，$\angle ABD=\angle ACD$，$\angle CBD=\angle CAD$ だから，$\angle ACD=\angle CAD$ となる。よって，$\triangle ACD$ は $DC=DA$ の二等辺三角形である。$DH\perp AC$ だから，点Hは辺 AC の中点であり，$CH=\frac{1}{2}AC=\frac{1}{2}\times 24=12$ となる。$\triangle DCH$ で三平方の定理より，$DC=\sqrt{DH^2+CH^2}=\sqrt{5^2+12^2}=\sqrt{169}=13$(cm) となる。

⑶＜**長さ―相似**＞右上図のように，直線 DH と円の周との交点のうち，点Dでない方をEとし，点Cと点Eを結ぶ。$AH=CH$，$DE\perp AC$ より，DE は線分 AC の垂直二等分線となるから，円の中心を通る。このことから，線分 DE は円の直径である。$\angle DCE=90^\circ$ となるので，$\angle DHC=\angle DCE$ である。また，$\angle CDH=\angle EDC$ だから，$\triangle DCH\backsim\triangle DEC$ となる。よって，$DC:DE=DH:DC$ だから，$13:DE=5:13$ が成り立つ。これより，$DE\times 5=13\times 13$，$DE=\frac{169}{5}$ となるから，円の直径は $\frac{169}{5}$cm である。

国語解答

一 問一　b，e　問二　A…エ　B…ウ

問三　Ⅱ　問四　ア

問五　分光の結果

問六　C…イ　D…ウ　問七　エ

問八　自然現象による，自分が世界へと開かれる感覚が，科学による自然現象への説明とは無関係に人間の気持ちを揺さぶること。（56字）

問九　ア　問十　ウ

二 問一　ウ　問二　イ

問三　母に気づいてもらえず，また新しい家族がいることにショックを受け，この場にいることがつらくなったから。（50字）

問四　エ　問五　何度も見て

問六　ア　問七　エ　問八　ウ

問九　ア

問十　自分の頭を撫でるあたたかくて大きな手

問十一　イ，エ

三 ①　かんぷ　②　かたず

③　しんせん　④　ひよく

⑤　ぼっぱつ　a　釜飯　b　交渉

c　萎〔委〕縮　d　喚起　e　繕

一〔論説文の読解―自然科学的分野―科学〕出典；長谷川英祐『科学の罠　美と快楽と誘惑』。

≪本文の概要≫人間は，複雑で神秘的に見える現象が科学のシンプルな論理と証拠によって説明されてしまうと，本能的な反発を覚える。例えば，ダーウィンが提唱した自然選択による適応進化を批判する人は，今でも絶えない。そして，それらの批判の中には，神の意志を持ち出してくるような，本質的に科学とは無関係なものもある。しかし，このような意見を持つ人が少なくないのは，自然選択説による適応進化の科学的説明が，人間の心の中の何かにさわるからである。人間は，ある現象が科学で解明されても，それを見て美しいとか不思議だと思う気持ちは変わらない。自然現象を通して自分が世界へと開かれる感覚は，人間の気持ちを揺さぶる。それは，神の啓示である。神の啓示を感じることは科学の説明を超越しており，そのような感覚を人間が持つため，世界の全ての現象が科学によって説明されても，人間は，まだ説明されていないことが存在すると思うのである。だから，人間は，科学による説明に常に物足りなさを感じるのである。

問一＜品詞＞「巧妙な」と「明快に」は，活用のある自立語で，事物の性質や状態を表し，終止形が「だ」で終わる形容動詞。「特に」は，活用のない自立語で，程度を表す副詞。「など」は，活用のない付属語の助詞。「この」は，活用のない自立語で，常に体言を修飾する連体詞。

問二＜表現＞A．鳩などの家畜の「品種改良」で，どのような性質の個体を選択するかは，人間の手の加わったものである。　B．「科学」によって，虹という現象に感じていた人間の気持ちが意味ないものになったという批判に対し，虹が科学的に解明され，主観を離れて理解されるようになることこそすばらしいことであり，人間の感傷とは無関係のことだと，ドーキンスはいっている。

問三＜文脈＞ダーウィンの時代から自然選択による適応進化を「批判する人が絶え」ず，「多くの証拠が，実際に自然選択に基づく進化が起こっていると示してきた現在」においても，批判する人はいる。

問四＜文章内容＞ダーウィンは，「親の性質は子に伝わる」ことや，生物が多くの子を産み，そのほ

とんどが生存できていないことから，自然選択による適応進化を思いついた。しかし，当時は，遺伝子という概念がなかったので，ハチやアリなどの社会性昆虫において，子を産む女王が「子供を産まずに働くという性質」を持つワーカーをなぜ産むことができるのかを，説明できなかった。

問五＜文章内容＞虹は，「空中の水滴により太陽の白色光が分光されて七色の帯」になったものであり，「分光の結果」である。

問六＜接続語＞C．ドーキンスは，『虹の解体』の中で，科学によって現象が解明されることと人間の感傷とは無関係だと，「ゴリゴリの還元主義者らしい答え」をし，そのうえ，『神は妄想である』の中では，「神をこき下ろし，世の中のほとんどの諍いは神から生じている」と述べている。

D．ハチが協同して社会をつくるという現象で，「協力がなぜ進化するのか(Why)」には答えられるが，実際には「生物体同士が相互作用をする」ため，「そこでどのような相互作用が起こることで次世代に伝わる遺伝子の量が増えるのか(How)」については，遺伝子だけを見ていても答えられない。

問七＜文章内容＞ハチが協同して社会をつくるという現象では，協力をすると，相互作用によって協力を起こす遺伝子が増えることがわかっているので，協力がなぜ進化するのかということには答えられる。ただし，「どのような相互作用が起こることで次世代に伝わる遺伝子の量が増えるのか」は，「遺伝子だけを見ていても解けない」のである。

問八＜指示語＞絶望していた人間が，巨大な虹を見て世界の不思議さに感動し，生きる気力を取り戻すことがあるように，「自然現象を通して自分が世界へと開かれる感覚」は，虹について科学的に説明されても存在し続けるのであり，このような世界へ開かれる感覚が「科学による客観的で合理的な説明とは無関係に人間の気持ちを」揺さぶることは，「神の啓示」といえる。

問九＜文章内容＞「神の啓示」を感じるような感覚がなぜ生じるのかという問題を科学として取り扱うと，「神の啓示」を感じるような感覚を「持つことができるタイプの人間のほうが，持てないタイプより適応的であった」ので，神の存在を感じるような感覚が進化したという説明もありえる。つまり，神という概念は，人間が環境に適応するために必要なものだから進化したとも考えられる。

問十＜主題＞人間は，「神の存在のような，科学による説明を超越した存在への感覚」を持っている。そのため，科学によって全ての現象が説明されても「そのこととは無関係にまだ説明されていないことが存在する」と感じ，人間は，神秘的に見える現象が科学によって説明されても，本能的な反発を覚えるのである。

二〔**小説の読解**〕出典；窪美澄『かそけきサンカヨウ』（『水やりはいつも深夜だけど』所収）。

問一＜文章内容＞ギャラリーに展示されている母の絵を，間近で見つめた陽は，「パソコンや携帯の画面で」見ていたときとは違うリアルさを，絵から感じた。

問二＜文章内容＞陽は，サンカヨウの絵が母と自分をつなぐ「たったひとつのもの」のような気がしていた。その大切な物に，商品として売られたことを示す付箋が貼られていたので，陽は，しっくりしない感じがしたのだと考えられる。

問三＜文章内容＞ギャラリーにいたおじさんから，「妻」や「子ども」という言葉を聞いた陽は，母に家族がいることを知って動揺し，さらに，ギャラリーに入ってきた母に気づいてもらえなかったことに失望し，その場にいることに耐えられなくなったのである。

問四＜文章内容＞急に口を閉ざしてしまった陽に，陸は，「どうしていいかわからないといった感じ」で，地下鉄の中で距離を取っていた。陸は，乗換駅で陽と一緒に各駅停車に乗り，「今度，もっと大きな美術館に行こう」などと話しかけたが，陽が黙った理由には最後までふれずにいた。

問五＜表現＞陽は，最近買った母の画集でサンカヨウの絵を何度も見ていて，その絵を母と自分をつなぐもののように感じていた。しかし，ギャラリーで母に家族がいることを知り，また自分を気づいてもらえなかったことから，陽には，サンカヨウの絵が「何度も見ていた花なのに，まるで初めて見た」ように感じられた。

問六＜文章内容＞陽は，ひなたを突き飛ばした後，泣いて部屋にこもり，そのまま眠ってしまった。心配して陽を見守っていた父は，陽が目を覚ましたので，ほっとしたような顔をした。

問七＜表現＞父と母は，夫や妻としてのあり方を「ものすごくまじめに」話し続けていた。そして，「どちらが，どれだけ悪いか」を「はっきりさせすぎた」ことで，決定的に何かが損なわれてしまい，父と母は，動かなくなったモーターみたいに，関係を修復できなくなってしまったのである。

問八＜心情＞父は，陽が年齢よりずっと大人に見えるのは，自分が陽を「大人みたいにならないと，いけなくしてしまった」からかもしれないと感じていた。そして，美子やひなたのことを尋ねた自分に，陽が「何も問題はないよ」と答えたことから，父は，不満があったとしてもそれを口にしないくらい，陽に気を遣わせているのではないかと申し訳なさを感じて，陽の顔をのぞき込んだ。

問九＜心情＞ふだんは多くを語らない父が，母との間にあったことや当時の心境を率直に打ち明けてくれたことで，陽は，父の自分への愛情を感じた。そして，部屋を出ていく前に言った，四人で暮らしていきたいという言葉に，陽は，これからの生活に対する父の強い決意を感じたのである。

問十＜表現＞陽は，夢の中で，父と二人で暮らしていたときのことを思い出した。そのときの「自分の頭を撫でるあたたかくて大きな手」に，父の愛情を感じ，陽はその記憶を忘れたくないと思っている。

問十一＜要旨＞母の夫であるおじさんは，母が「子どものことで」出かけていると，陽に話した(ア…×)。電車の中でふだんより家族連れが多いと感じ，家族の様子を観察している陽の様子は，母に家族がいたことや母に気づいてもらえなかった心の動揺を，また，近くの家から聞こえてる下手なピアノの音は，母のことによる陽の心のざわつきを，間接的に表現している(イ…○)。陽は母のギャラリーに行ったことを父に言わなかったが，父は，サンカヨウのポストカードを見て，「今日，行ったのか？」と陽に尋ねた(エ…○)。父と母は，「どちらが，どれだけ悪いか」をはっきりさせすぎたために別れた(ウ…×)。物語は全体を通して，陽の視点で書かれている(オ…×)。

三〔**漢字**〕

①「完膚無きまで」は，無傷の部分がないほど徹底的に，という意味。　②「固唾」は，緊張したときに口にたまるつばのこと。「固唾をのむ」は，緊張して，事の成り行きを見守る，という意味。　③「深浅」は，深いことと，浅いこと。　④「肥沃」は，土地が肥えていて，農作物がよくできること。　⑤「勃発」は，突然に起こること。　a．「釜飯」は，小さい釜に米や具を入れ，炊き込んだ飯のこと。　b．「交渉」は，特定の問題について取り決めるために，相手と話し合うこと。　c．「萎〔委〕縮」は，しぼんで縮むこと。また，元気がなくなること。　d．「喚起」は，呼び起こすこと。　e．音読みは「修繕」などの「ゼン」。

2022年度 獨協埼玉高等学校（第２回）

【英　語】（50分）〈満点：100点〉

1　リスニング問題　〈編集部注：放送文は未公表につき掲載してありません。〉

Part 1　これから流れる英語を聞き，１～５の質問に対する答えを１つ選び，記号で答えなさい。英文は２度読まれます。

1　(A)　1879　　(B)　1889　　(C)　1899

2　(A)　He directed horror movies.
　(B)　He directed suspense movies.
　(C)　He directed spy movies.

3　(A)　To make short appearances
　(B)　To drink tea
　(C)　To walk his dog

4　(A)　Making his audience feel scared
　(B)　The 'king of comedy'
　(C)　His own TV series

5　(A)　40 years　　(B)　50 years　　(C)　60 years

Part 2　これから短い会話文を聞きます。下の１～５の空欄に適切な語句や文字，数字などを書きなさい。英文は１度だけ読まれます。

Guest Information

1	Guest's name：	Christopher ＿＿＿＿＿
2	Room type：	□ Single　□ Double
3	Country：	＿＿＿＿＿
4	Address：	79, ＿＿＿＿＿ Street
5	Tel. No：	0741-192- _ _ _ _

Part 3　２人の会話を聞き，下の表の項目に当てはまるものを(A)～(H)の中から選び，記号で答えなさい。英文は２度読まれます。また，会話の場面の概要が日本語で書かれているので今読みなさい。

サラ（女性）とジョン（男性）が，誰が何を大学で勉強しようと思っているかについて話している。

People	Subjects
Sarah	1
John	2
Nina	3
James	4
Mark	5

(A)　Art　　(B)　Business Studies　　(C)　Computer Studies
(D)　Geography　　(E)　History　　(F)　Mathematics

(G) Medicine　　(H) Music

2 次の会話が成立するように空欄に適切な1語を入れなさい。ただし，答えは全て空欄内に示された文字で書き始めなさい。

1 A： I came to Yamanashi two years ago.
B： Really, what did you do ?
A： I (c　　) Mt. Fuji with my friends.

2 A： What are you listening to ?
B： I'm listening to the music of Taylor Swift. She's the best (m　　) in the world.

3 A： We're going camping next Saturday, but this will be my first time. What should I bring ?
B： Well, I (s　　) that you bring old newspapers. They're easy to burn.

4 A： When is the Dokkyo Summer Festival ?
B： It's on (A　　) 6.

5 A： What are we doing in tomorrow's English class ?
B： We have a speaking test.
A： Ah, an (i　　) test, right ? I've practiced many times.

3 日本語の意味に合う英文になるよう，下線部に適切な英語3語を入れなさい。

1 いつ彼が東京へ行ったか知っていますか。
Do you know ________ to Tokyo ?

2 彼女は英語とフランス語の両方を話すことができます。
She can speak ________ French.

3 出かけるときは窓を閉めるのを忘れないでください。
Don't ________ the windows when you go out.

4 私の父は家族の中で一番早く起きます。
My father gets up ________ my family.

5 ああ，白猫が通りを横切って歩いていますよ。
Ah, a white cat ________ the street.

4 2つの会話文の空欄に当てはまる英文を下の選択肢から選び，会話文を完成させなさい。ただし，英文は1度だけ使うこと。

A： How was your trip to Germany ?
B： I had a great time there. Here is a gift for you.
A： Thank you ! (　1　)
B： I often see you eat chocolate. I hope you'll like it.
A： I love it. By the way, you go to Germany very often. (　2　)
B： My grandparents live there, so I go there every year.
A： I didn't know that. I'd like to go there someday.
B：(　3　)
A： I heard that Germany has many beautiful buildings. I'd like to see them.
B： That's a good idea.

ア Have you ever been there ?

イ　How did you know I like chocolate ?
ウ　What do you want to do there ?
エ　Where did you buy it ?
オ　How often do you go there ?

A：Hey, what's up ?
B：Nothing really.　How about you ?
A：You know, I'm excited about the party I'm throwing on Friday.
B：Are you ?!　I didn't know about it.
A：(　　4　　)
B：Nobody has told me anything about your party.
A：(　　5　　)
B：When does it start ?
A：At 7:00 p.m.
B：O.K., I'll be there.　Should I bring something ?
A：No, just yourself.
B：I'll see you there.

ア　What do you think ?
イ　Will you tell me more ?
ウ　Why didn't you come ?
エ　Can you come ?
オ　Are you serious ?

5　日本語の意味に合うように与えられた語句を並べかえなさい。文頭に来る語も小文字になっているので，大文字にして書きなさい。

1　私たちはその犬をポチと名づけるつもりです。
(are / name / Pochi / going / the dog / to / we).

2　彼らは私たちに冷たい飲み物を持ってくるでしょう。
(bring / will / us / to / cold / drink / they / something).

3　これはなんて美しいドレスでしょう。
(this / dress / a / beautiful / is / what) !

4　困ったら助けを求めることを恐れてはいけません。
Don't (if / are / afraid / be / asking / help / of / you / for) in trouble.

5　君が昨日読んでいた本を私に貸してくれませんか。
(you / reading / can / lend / the / you / me / book / were) yesterday ?

6　彼は自分が気に入っている町を彼らに訪ねて欲しいと思っています。
(favorite / them / to / town / visit / wants / his / he).

6　次の英文を読み，以下の設問に答えなさい。

"I'm sick of (1)yellow sand", Tomomi said in Japanese.　Her English is not bad, but she always talks to me in Japanese.　Yellow sand flies to Japan from Chinese deserts every year.　You may suffer from a ※runny nose or itchy eyes because of it.　Especially here in west Japan, yellow sand is heavy in spring.　I just felt sorry for my best friend.

However, I (2)was confused when she continued, “When I think about yellow sand, I have a headache and have trouble sleeping.”　Wait.　Why is she so scared of yellow sand ?　Is there any new type of yellow sand that scares her so much ?　Or is it just that I took it wrong ?　This is my first year in Japan.　I’m still not (3)confident in my Japanese language skill.　I wanted to ask her my questions, but she looked too unhappy.　“I can’t stand it any more,” she put her face down on the desk.

My mom has always told me to help and be kind to my friends since I was a child.　Today, the yellow sand that makes my friend sad has no place around us.　I held her hands, stood up in the middle of the classroom, and shouted, “Tomomi, it’s alright !　It is just sand !”　I said in the (　4　) Japanese I could.

She suddenly looked up and started laughing.　After catching her breath, she wrote ‘*shikou*’, and next to it, wrote two words in *kanji*.　The ‘*shikou*’ sound has two different sets of *kanji*.　They have the same sound but two different meanings such as ‘to think about something’ and ‘to give it a try’. “The Japanese language has many (5)homonyms.　I only wrote two examples, but ‘*shikou*’ actually has more of them.　What you imagined with the ‘(　6　)’ sound was yellow sand, but actually, I meant an ‘exam’,”　Tomomi said.　Oh, ‘(　6　)’ also means an ‘exam’, but Tomomi, our first mid-term exam is still a few months away.　You’re sometimes too serious.

Right before I opened my mouth to say so, the teacher came in and the lunch break was over. Tomomi said with a big smile on her face, “Thanks to you, I’m not scared of the exam any longer because ‘it is just sand’.”

※　runny nose：鼻水，鼻炎

問１　本文の記述から判断して，下線部(1)についての説明として最も適当なものをア～エの中から１つ選び，記号で答えなさい。

ア　It comes from lands west of Japan.

イ　It changes its form and creates a new type every year.

ウ　It is heavier than normal sand.

エ　It comes from plants and people especially suffer from it in spring.

問２　下線部(2)，(3)を書き換えた表現として最も適切なものをそれぞれア～エの中から１つ選び，記号で答えなさい。

(2)　ア　couldn’t stop thinking　　イ　couldn’t stop laughing
　　ウ　couldn’t understand　　エ　couldn’t listen clearly

(3)　ア　sure that my Japanese is good
　　イ　happy that I’m speaking Japanese
　　ウ　excited to speak Japanese
　　エ　sure that I am Japanese

問３　文中の(４)に入るべき１語を，第１段落(“I’m sick of～my best friend.)の中から抜き出して答えなさい。

問４　下線部(5)は英語にも存在する。英語のhomonymsについて説明したものとして，最も適当なものをア～エの中から１つ選び，記号で答えなさい。

ア　‘Read’ has two different sounds such as ‘I like to read books’ and ‘She read three books last month’.

イ　A ‘bat’ means a small animal that flies around after dark, and also means an item you use to hit a ball when you play baseball.

ウ 'Right' and 'light' have similar sounds, but they have totally different meanings such as 'true' and 'not heavy'.

エ 'Difficult' and 'hard' have totally different sounds, but their meanings are similar.

問5 文中の(6)に入るべき言葉をローマ字4～5字で書きなさい。

問6 本文について当てはまるものをア～カから2つ選び，記号で答えなさい。ただし，下の'the writer'は本文の書き手のこととする。

ア Tomomi and the writer live near a desert.

イ The writer missed a chance to ask Tomomi questions.

ウ The writer's mother saw Tomomi in trouble and tried to help her.

エ Tomomi looked up to find any students who were laughing at her.

オ Tomomi was scared of an exam though she still had time to prepare for it.

カ Tomomi now believes that yellow sand is more dangerous than an exam.

7 次の英文を読み，問1，問2，問4，問5，問7の英文に続くものとして最も適切なものをそれぞれ1つ選び，記号で答えなさい。問3，問6，問8に関しては，質問の答えとして最も適切なものをそれぞれ1つ選び，記号で答えなさい。

Pay It Forward

① In 1971, Larry lost his job at the age of 22. For weeks he drove from city to city and looked for work. He found nothing. In a small town in Mississippi, he ran out of money. He had no money to buy food, so he got really hungry. For two days, he ate nothing.

② Early in the morning, Larry went to a restaurant. One man was working there ; he was the restaurant's owner. Larry ate breakfast. When the owner gave him the bill, Larry reached into his pocket. "Oh, no !" he said. "I lost my wallet !" Of course, that wasn't true. The owner bent down and reached under Larry's table. When he stood up, he had a 20-dollar bill in his hand. "I think you dropped this," he said. He put the money in Larry's hand. "Yes, I think I did," Larry said. He paid for his breakfast.

③ Larry drove to Kansas City, because he had a cousin there. "Maybe my cousin can help me find work," Larry thought. On the way to Kansas City, Larry thought about the restaurant owner. "He didn't really find that 20 dollars under my table," Larry decided. "He gave me his money."

④ In Kansas City, Larry found a job. Nine years later he started a cable TV business, and it was a success. Larry became a rich man.

⑤ One day Larry went to a restaurant. The waitress looked tired. Larry thought back to 1971, when he was hungry, and out of work. He thought about the restaurant in Mississippi and the man who gave him 20 dollars. When the waitress brought the bill, Larry gave her 20 dollars. "Keep the change," he told her. She started to cry. "Thank you, sir," she said.

⑥ When Larry left the restaurant, he went to his bank and got some 100-dollar bills. All day he walked around Kansas City with the money. When he saw people who looked sad or poor, he gave them a 100-dollar bill. At the end of the day, he felt wonderful.

⑦ Larry had a new hobby : giving money away. Sometimes he gave 100-dollar bills to people on the street. He returned to the restaurant in Mississippi and gave the owner an envelope with

$10,000 in it. When the man opened the envelope, he tried to hand it back. "No, sir," Larry told him. "I came to pay you back."

⑧ "We are here on earth to help others," Larry said. "Help the people who helped you. Help others, too. Don't just pay it back, pay it forward."

問1 In a small town in Mississippi, Larry . . .
　ア didn't have any money for food.
　イ looked for the job and finally found a cable TV business.
　ウ ate nothing for weeks.
　エ got lost when he was looking for work.

問2 In a restaurant, . . .
　ア Larry found money under the table.
　イ Larry started to cry in order to get money.
　ウ the owner ran out of money.
　エ the owner told a lie to Larry.

問3 When Larry was in Kansas City, which sentence is TRUE ?
　ア Larry wondered whether the owner let him eat breakfast for free.
　イ Larry succeeded in a cable TV business at the age of 32.
　ウ Larry became so rich that he began to give money to people.
　エ Larry was sure that his cousin could give a hand in finding work.

問4 The underlined part "Keep the change," means that you should . . .
　ア try to be better.
　イ try to keep changing yourself.
　ウ take the money left after paying the check.
　エ take yourself to a better place.

問5 Larry felt wonderful because he . . .
　ア gave a lot of money to others.
　イ found his bank open in Kansas City.
　ウ walked around Kansas City all day.
　エ helped people in need by giving food.

問6 In paragraph 7, which sentence is NOT TRUE ?
　ア Larry prepared a lot of money in the envelope.
　イ Larry wanted to thank the owner by paying money for his meal.
　ウ The owner refused to receive money.
　エ The owner's restaurant was in Mississippi.

問7 Larry was . . .
　ア a big eater.　　　　　イ a selfish man.
　ウ a greedy businessman.　エ a caring person.

問8 What does "pay it forward" mean ?
　ア Do good things for strangers.
　イ Pay money before eating.
　ウ Ask someone to give money to you.
　エ Give money to people who helped you.

【数　学】（50分）〈満点：100点〉

（注意）　定規，分度器は使用してはいけません。

1　　次の各問に答えなさい。

(1)　$(-2ab)^3\times\dfrac{3}{10}a^2\div\left(-\dfrac{4}{5}a^4b^3\right)$ を計算しなさい。

(2)　2次方程式 $x^2+9x=5x+3$ を解きなさい。

(3)　$(x+2)^2+(x-2)(x+4)-4$ を因数分解しなさい。

(4)　連立方程式 $\begin{cases}2x-y=4\\0.2x-0.15y=0.1\end{cases}$ を解きなさい。

(5)　x の変域が $0\leqq x\leqq a$ のとき，2つの1次関数 $y=bx+5$ と $y=3x-1$ の y の変域が一致します。a，b の値を求めなさい。

(6)　$x=\sqrt{5}+3$，$y=\sqrt{5}-3$ のとき，x^2-y^2 の値を求めなさい。

(7)　下の図1の△ABCは，∠BAC＝90°で，点Dは頂点Aから辺BCにひいた垂線と辺BCとの交点，点Eは∠ABCの二等分線と辺ACとの交点，点Fは線分ADと線分BEとの交点です。AB＝12cm，BC＝15cm，CA＝9cmのとき，線分DFの長さを求めなさい。

(8)　下の図2で，正九角形の2本の対角線のつくる∠xの大きさを求めなさい。

図1

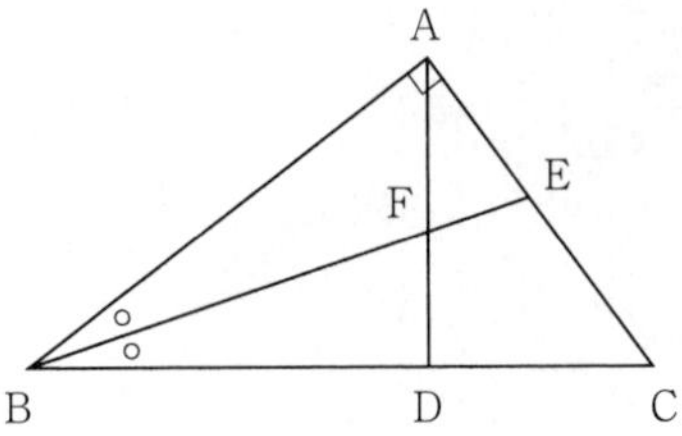

図2

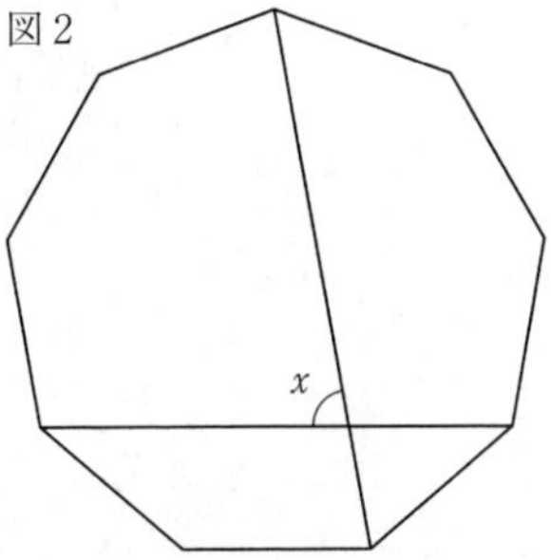

図3

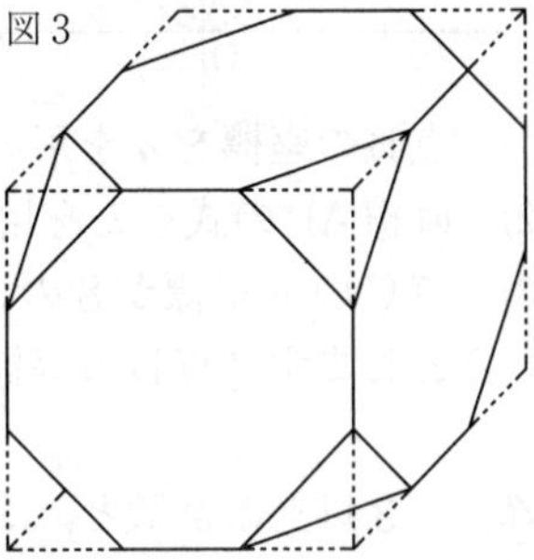

(9)　1辺の長さが6cmの立方体があります。この立方体のすべての頂点について，立方体の1つの頂点に集まる3つの辺をそれぞれ3等分する点をふくむ平面で，右の図3のように切断してできる立体をPとします。次の各問に答えなさい。

①　立体Pの体積を求めなさい。

②　立体Pの表面積を求めなさい。

2　　次の各問に答えなさい。

(1)　右の度数分布表は，1組の生徒25人，2組の生徒30人について，ある週に図書室から本を借りた人数を冊数別にまとめたものです。次の中から，この表から読み取れることを述べた文として正しいものを2つ選びなさい。

冊数（冊）	度数（人）	
	1組	2組
0	2	0
1	5	8
2	8	9
3	5	6
4	2	4
5	3	3
合計	25	30

①　中央値（メジアン）は，1組の方が大きい。

②　最頻値《さいひんち》（モード）は，2組の方が大きい。

③　平均値は，1組の方が小さい。

④　分布の範囲《はんい》は，2組の方が小さい。

(2)　次のことがらについて，常に成り立つものを2つ選びなさい。

①　$x^2=1$ ならば，$x=1$ である。

②　n が奇数《きすう》ならば，n^2 は奇数である。

③　△ABC＝△DEFならば，AB＝DEである。

④　四角形ABCDで，AB＝AD，AC⊥BDならば，△ABC≡△ADCである。

(3)　原点O，A(2, 6)，B(6, 4)があります。大小2つのさいころを1回ずつ投げ，大きいさいころの出た目の数をa，小さいさいころの出た目の数をbとします。点Pの座標を(a, b)とするとき，次の各問に答えなさい。

①　直線OPが点Aを通る確率を求めなさい。

②　直線OPが線分ABと交わる確率を求めなさい。ただし，2点A，Bを通る場合も含むものとします。

3　下の図のように，関数$y=\frac{1}{2}x^2$…①のグラフ上に，2点A，Bがあり，点Aのx座標はa ($a>0$)，点Bのx座標は負です。また，直線ABとy軸との交点をCとします。AC：CB＝1：2のとき，次の各問に答えなさい。

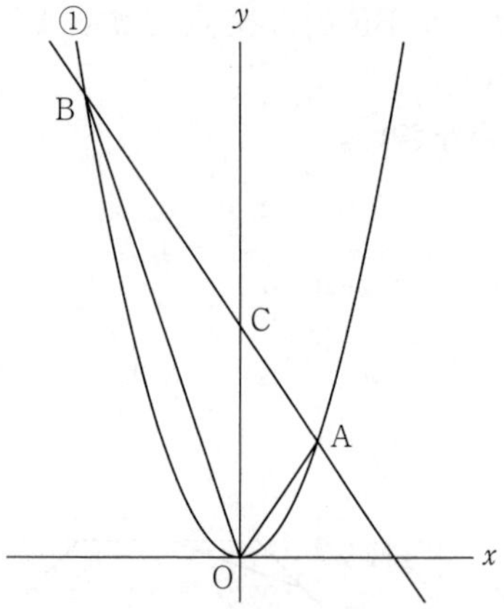

(1)　点Bの座標をaを用いて表しなさい。

(2)　直線ABの式をaを用いて表しなさい。

(3)　点Cのy座標が8のとき，点Cを通り△OABの面積を2等分する直線と，直線OBとの交点をDとします。点Dの座標を求めなさい。

4　3以上の奇数と，3で割ったときに1あまる自然数との積を，右の表のように行と列でできたマスの中に入れていきます。例えば，1行1列のマスには3と1の積3が，2行3列のマスには5と7の積35が入ります。このとき，次の各問に答えなさい。

		1列	2列	3列	4列	…
		1	4	7	10	…
1行	3	3	12	21	30	…
2行	5	5	20	35	50	…
3行	7	7	28	49	70	…
4行	9	9	36	63	90	…
⋮	⋮	⋮	⋮	⋮	⋮	

(1)　6行7列のマスに入る数を求めなさい。

(2)　n行n列のマスに入る数をnを用いた最も簡単な式で表しなさい。

(3)　n行$(n+1)$列のマスに入る数が，$(n+2)$行$(n+3)$列のマスに入る数より850小さいとき，nの値を求めなさい。

分自身が同じことをされているように感じてしまうから。

問九　本文の内容や表現の説明として最も適当なものを次の中から一つ選んで、記号で答えなさい。

ア　本村の視点を通して研究に情熱を傾ける加藤の姿をえがくことで、なにかを大切に思う気持ちや、そういった対象があることの大切さを、読者にも納得できるように表現している。

イ　冷静な本村と、熱い思いを持っている加藤という人物の様子を対比させることで、自分自身も愛を傾けられる対象がほしいと痛切に願う本村の焦《あせ》りが、印象的にえがかれている。

ウ　現在の加藤の様子をえがいた場面と、過去の加藤の様子を回想する場面を組み合わせることで、さまざまな努力の末にサボテンに関する論文を完成させていく加藤の姿を、客観的にえがいている。

エ　多くの悩みを抱える加藤の姿と、出版社に就職して自分の居場所を見つけた友人の姿を対比させることで、人の生き方はさまざまだと納得する本村の思いが、印象的に表現されている。

三

次の①～⑤の傍線部の漢字の読みをひらがなで書きなさい。また、a～eの傍線部のカタカナを漢字に直しなさい。

① 父親の戒めを胸に刻む。
② 二人の関係に亀裂が生じる。
③ 弱点を克服するために努力する。
④ 緻密な演出が目を引く。
⑤ 絵の具を使って濃淡をつける。
a 自由の大切さをウッタえる。
b 一人で二人分の席をセンリョウする。
c 強敵をゲキハして優勝した。
d 仕事の合い間にキュウケイする。
e メツボウした文明について調べる。

イ　自分の意のままにしようとはりきっている様子だ
ウ　何もできないことにがっかりしている様子だ
エ　何をしていいかわからずぼんやりしている様子だ

b「二の足を踏ませていた」

ア　同じ失敗をさせていた　イ　固く決意させていた
ウ　調子に乗らせていた　エ　しりごみさせていた

問二　傍線部①「加藤にとっては、気になる部分はそこではなかったらしい」とありますが、加藤が気になっていたのはどのようなことですか。本文中の表現を用いて、二十字～二十五字で説明しなさい。

問三　空欄[A]・[B]に当てはまる四字熟語として最も適当なものを次の中からそれぞれ一つ選んで、記号で答えなさい。

ア　紆《う》余《よ》曲折　イ　急転直下　ウ　暗中模索
エ　用意周到　オ　臨機応変

問四　傍線部②「最低限の社交を要求される場」とありますが、その説明として最も適当なものを次の中から一つ選んで、記号で答えなさい。

ア　礼儀正しいふるまいを、相手にも求めなければならない場。
イ　とりとめのないおしゃべりに、つきあわなければならない場。
ウ　自分の意見などを、公に対して表明しなければならない場。
エ　他者の思いを汲み取り、相談に乗ってあげなければならない場。

問五　傍線部③「学部生のころは、植物ではなく動物の発生について主に学んでいた」とありますが、加藤がそうしていたのはなぜですか。その理由として適当なものを次の中から**二つ**選んで、記号で答えなさい。

ア　自分の趣味を研究対象にしてしまうと、日常の生活の中から潤いが失われてしまうと思っていたから。
イ　自分のやりたい仕事につくよりも、向いている仕事を探すほうがやりがいを見いだせると考えていたから。
ウ　サボテンに興味がない人に、サボテンに興味を持ってもらえるためのアイディアを思いつかなかったから。
エ　自分にとって思い入れの強いものを研究対象とすると、冷静な目で研究ができないのではないかと考えたから。
オ　サボテンを研究対象としたいと思いながら、それに特化した研究を許されそうな研究室がなさそうだったから。

問六　傍線部④「サボテンに特化した研究」とありますが、加藤の研究課題はどのようなことですか。文中の表現を用いて、十字～二十字で説明しなさい。

問七　傍線部⑤「加藤くん、がんばったもんね」とありますが、本村は加藤のどのようなことを最も評価しているのですか。その説明として最も適当なものを次の中から一つ選んで、記号で答えなさい。

ア　自分の好きな研究をするために、それを可能にしてくれる研究室を探しあてたこと。
イ　大学院に進むために猛勉強をして、無事に試験に合格して松田研究室に入ったこと。
ウ　温室にひたすらこもって、研究対象となるサボテンを増やす作業を地道に行ったこと。
エ　自分自身を変えるために、研究以外でも積極的に周囲となじもうとしはじめたこと。

問八　傍線部⑥「『どうせだれにもわかってもらえない』と口をつぐんでしまった」とありますが、これについて次の各問いに答えなさい。

(1)　このような状態について、たとえを用いて表現した箇所を、本文中から二十一字で探し、初めと終わりの五字を答えなさい。

(2)　加藤がこのようになってしまったのはなぜですか。それについて説明した次の文の空欄に当てはまる言葉を、本文中から探し、十四字で抜き出しなさい。

サボテンへの愛情を口外して、それを[　　　　]と、自愛に正直になることを決意した加藤は、松田《まつだ》研究室を訪れた。松田の論文を読んだところ、研究対象はモデル生物だけに留《とど》まらず、※3腐生《ふせい》植物やイチョウなど、広範囲にわたることがわかったからだ。松田なら、サボテンの研究を自由にやらせてくれそうな気がした。

サボテンについて熱弁をふるう加藤に対し、松田は予想どおり、「それはおもしろそうですね」と言った。加藤は俄然《がぜん》やる気になり、※4院試に向けて猛勉強して、見事、松田研究室の一員となったのだった。

⑤加藤くん、がんばったもんね。と本村は思う。院生になった当初は、研究室でも黙っていることが多く、温室でひたすら研究材料となるサボテンを増やしていた加藤だが、「せっかくサボテン愛に生きると決めたのだから、これではいけない」と考えたのだろう。いつのころからか、研究室の面々に積極的に話しかけ、育ったサボテンを見せてくれるようになった。本村たちはサボテンに詳しくないので、加藤から迸《ほとばし》る知識と熱量に圧倒されつつも、真剣に話に耳を傾けた。

それがよかったらしい。植物への愛をだれ憚《はばか》ることなく語ってもいい環境に置かれた加藤は、サボテン以上に瑞々《みずみず》しく精神を育んだ。次第に、松田研究室以外の院生とも打ち解け、いまでは世界中のサボテン愛好家と、インターネット上で情報交換している。研究も着々と進め、トゲの透明化にも成功した。

「俺は臆病でした」

と、以前加藤は言ったことがある。「小さな鉢に無理やり押しこめられたサボテンみたいに、自分で自分の世界を狭めちゃってたんだなと、いまならわかります。これまでだって、俺がしゃべれば、サボテンに興味を持ってくれるひとはいたかもしれないのに、勝手に心のシャッターを下ろしてしまっていたんです」

なにかを愛しすぎて臆病になるというのは、多くのひとにとって覚えのある感情だろう。感じやすいお年ごろだった加藤が、⑥「どうせだれにもわかってもらえない」と口をつぐんでしまったのは、しかたのないことだ。

だが、加藤はそこで終わらなかった。サボテンへの愛を力に、サボテンを介して、ひととコミュニケーションを取る方向へと転じた。えらいなあ、と本村が思う所以《ゆえん》だ。サボテン愛を否定されたり無視されたりするのは、加藤にとっては自分自身を否定され無視されるのと同じだろう。サボテンと向きあい、サボテンについてだれかに語りかけることには、愛が深く大きいからこそ、勇気が必要だったはずだ。

藤丸としゃべっている加藤の表情は明るい。出版社の営業をしている友だちと共通する表情だ。加藤も本村の友だちも、研究への愛を胸に、［ B ］はあっても自分の居場所を見いだしたからだろう。なにかを大切に思う気持ちが、行く先を照らすことがあるのだと、かれらを見ていると実感される。あまりにも無邪気すぎる考えかもしれないが、現にシロイヌナズナの研究に打ちこみ、そこに楽しさを感じている本村としては、趣味でも仕事でもひとでもいい、愛を傾けられる対象があることこそが、人間を支えるのではないかと思えてならないのだった。

（三浦しをん『愛なき世界』による）

〈注〉※1　フォルム…見た目のかたち。

※2　モデル生物…生物学において、普遍的な生命現象の実験や研究に用いられる生物。

※3　腐生植物…光合成で自活する能力がなく、菌類と共生して栄養素を得て生育する植物。

※4　院試…大学院の入学試験。

問一　波線部a「もどかしそうだ」、b「二の足を踏ませていた」の意味として最も適当なものを後の中からそれぞれ一つ選んで、記号で答えなさい。

a「もどかしそうだ」

ア　思いどおりにならずいらいらしている様子だ

こと見てなかったんだなあ」
「それはあくまでも目安だ」
　加藤は手術を成功させた医者のように、満足げな様子で袋のなかのサボテンにうなずきかけた。
「料理だって、食材の状態を見極めて、［　A　］に対応するだろ？　おんなじことだよ」
「そうか、そうですね」
　藤丸は頭を下げた。「ありがとうございます、加藤さん。もう、サボテンをしぼませたりしません！」
「うん、きみに託したんだ。俺のかわいいノトカクタスを、頼むよ藤丸くん……！」
　手を握りあわんばかりの熱さである。サボテンを介し、知らぬまにずいぶん仲良くなっていたんだなと、本村は驚き感心した。
　加藤はもともとひとづきあいがうまいほうではなく、研究室に来た当初は「サボテンだけが友だち」といった感があった。たぶん、サボテンを好きな気持ちを、だれにもわかってもらえないと諦《あきら》めていたのだろう。
　サッカーや野球や音楽や本を好きなひとに比べると、サボテン愛好家の数は少ないはずだ。しかも加藤は、物心ついたころからサボテンが大好きで、話が合う同年代の男子は皆無だったらしい。ほかの子が自動車や電車やらに夢中なときに、動くものには目もくれず、とげとげした植物の生育に適した土を探していたというのだから、「それは友だちからちょっと遠巻きにされただろうな」と本村ですら思う。
　そんな経験が積み重なって、加藤は口下手になった。サボテンを愛していることを、特に親しいひと以外には表明せず、しかし心は常にサボテンでいっぱいなので、②最低限の社交を要求される場でもしゃべりたいことがなにもない、という悪循環に陥った。結果として、「加藤くんて、なんか暗いし、なに考えてるのかよくわかんないよね」と、中学でも高校でもクラスメートから評されていたのだそうだ。加藤はひたすらサボテンのことを考えていたのだが、その事実は周囲に伝わりようがなかったのである。
　加藤はT大の理学部から、そのまま院に進学した。③学部生のころは、植物ではなく動物の発生について主に学んでいた。サボテンを愛するあまり、正面から向きあって研究対象にするのが、なんだかこわかったのだそうだ。
「やりたい仕事と向いてる仕事は、往々にしてちがうもんだよ」と、本村の友だちは言う。その友だちは、理系の学術書を手がける出版社に就職した。編集者になりたいと思って入社したのだが、営業に配属され、最初は愚痴をこぼしていた。だが、一年ほど経《た》つと、営業にもやりがいを見いだしたようで表情が明るくなった。
「書店員さんと話すのが楽しいし、理系分野に興味がないひとに、どうしたら本を手に取ってもらえるか、いろいろアイディアが湧くんだよね。案外、向いてたみたい」
　加藤が当初、植物ではなく動物を専門にしていたのも、サボテンへの思い入れゆえに目が曇ることもなく、平常心で研究に取り組めると思ったからだろう。サボテンはこれまでどおり、趣味として育てていけばいい、と。
　もうひとつ、「④サボテンに特化した研究」が、植物学のなかでは非常に少数派であることも、加藤にｂ二の足を踏ませていた原因だったかもしれない。植物の研究は、シロイヌナズナやゼニゴケといった※2モデル生物に基づいて行われることが多い。「サボテンの研究をしたい」と言っても、受け入れてくれる研究室があるだろうかと、加藤は不安を覚えていたそうだ。
　だが、加藤のサボテン愛は日増しに高まっていった。院に進んで研究をつづけたい。どうせ研究するなら、自分がもっとも愛するものについて知りつくしたい。もう、目をそむけるのはやめだ。動物の発生学をやってみて、加藤はとうとう本心に気づいたのだ。俺は研究が好きだ。そして本当に研究したいのは、やっぱりサボテンについて、サボテンのトゲについてなのだ、と。

二　次の文章を読んで、後の問いに答えなさい。

本村《もとむら》や加藤《かとう》はT大学の大学院生で、植物の研究に励んでいる。藤丸《ふじまる》は本村や加藤がしばしば利用する洋食屋の見習い料理人で、顔見知りとなった二人と交流を深めている。

「こんにちは」
と藤丸は言った。「まえに加藤さんからもらったサボテンが、元気なくなっちゃったんすよ。それで、相談に来たんです」
植え替えなどができるように、温室の一角には作業台がある。藤丸が持ってきたサボテンは、そこに置いてあった。掌《てのひら》に載るほどのサイズだが、実際に載せたら大変なことになるなと容易に判断がつくぐらい、細く鋭いトゲがびっしり生えている。球形で愛らしい※1フォルムだけれど、たしかに、なんだかしぼんでしまっているようにも見える。
「これはノトカクタスって種類のサボテンで、わりと育てやすいんだ」
加藤は藤丸に説明した。「花もよくつけるほうだしね」
「それなのに、緑色がどんどん薄くなってるし、なんか全体的に縮んだ気がするんすよ」
藤丸は持参したサボテンを心配そうに眺めた。「俺が枯らしちゃったんでしょうか」
本当は触れて確認したいのだが、相手がサボテンなのでそれもかなわず、ａもどかしそうだ。
「いや、まだ大丈夫だと思う」
加藤はベテランの医者のように、威厳をもってあらゆる角度からサボテンを観察した。「この子は水がたりてないみたいだ」
「寒くなってからも、月に一度は水やりしてたんすけど」
「この鉢、どこに置いてる？」
「日中は店です。店の窓辺。俺の部屋だと、店が開いてる時間は無人になっちゃうから、冷えるかなと思って。夜は一緒に部屋に帰って、俺の枕もとにいますよ」
藤丸がサボテンのことをペットのように語るので、本村はおかしくてならなかった。だが、サボテンを「この子」と呼ぶ①加藤にとっては、気になる部分はそこではなかったらしい。
「枕もとにサボテンを置くのは危ないよ。寝返りした拍子にトゲが刺さって、夜中に絶叫することになる」
「加藤くん、そういう経験があるの？」
本村がおずおずと聞くと、
「ええ、『サボテン愛好家あるある』ですよ」
と加藤は胸を張った。「それはともかく、日中も夜間も暖房の効いた部屋に置いてあるってことだよね。だとしたら相当乾燥するから、水やりはもっと頻繁にしなきゃだめだ。いくらサボテンといっても植物なんだから、水がなかったら枯れる！」
加藤の勢いに呑《の》まれたようで、藤丸はおとなしくうなずいた。加藤はじょうろに水を汲《く》んできて、藤丸に手渡す。
「しぼんじゃったサボテンには、たっぷり水をやるといい。鉢の下から水があふれるぐらいに。一日か二日で、ポンッともとどおりふくらむよ」
「はい」
藤丸は慎重にじょうろを傾け、鉢に水をかけた。
「元気になったら、土の表面が乾いたタイミングで水やりをすること。ふだんは、あふれるほど水をやると根が腐ってしまうから、注意して」
「はい」
水やりを終えたサボテンを、藤丸は慎重な手つきでレジ袋にしまった。ぶらさげて持ってきたらしい。
「俺、サボテンの育てかたをスマホで調べたんすよ」
と藤丸は言った。「『冬の水やりは一ヵ月に一度程度』って書いてあったから、そういうもんなんだと思いこんで、ちゃんとこいつのような危険性がなくなったこと。

ウ　モチーフとなっている場所や事物などが普遍的なものであるために、広く伝わっていったこと。

エ　ある民族の間で話された昔話が、やがて伝説や神話を形成するモチーフとなっていったこと。

問七　傍線部⑤「日本の『鶴女房』とグリムの『からす』の比較」とありますが、これについて後の各問いに答えなさい。

	起	承	転	結
鶴女房	女が男を訪ねる。	女が本性を隠して、男と結婚する。	女が仕事をして、男が妨害する。	X
からす	男が、森でからすに会う。	Y	男が仕事をして、女が援助する。	男の仕事の成就により結婚する。

(1)　右の表は、「鶴女房」と「からす」の内容をまとめたものです。表の中の空欄X・Yに入る内容を、文中の表現を用いて、十字～二十字で、それぞれ説明しなさい。

(2)　「鶴女房」と「からす」の比較を筆者がしているのは、どのようなことを示すためですか。その説明として最も適当なものを次の中から一つ選んで、記号で答えなさい。

ア　女性と鳥という似た題材をあつかった昔話でも、文化の差が大きく作用しているということ。

イ　普遍的な題材を用いて構成された昔話であれば、文化が異なっても共通点が多いということ。

ウ　日本の昔話には悲劇的な構成のものが多いため、グリムの昔話とは対照的であるということ。

エ　文化の違いによって、同じ構成の昔話であっても使われる題材は変化してしまうということ。

問八　空欄 C に当てはまる語として最も適当なものを次の中から一つ選んで、記号で答えなさい。

ア　平然　　イ　歴然　　ウ　雑然　　エ　偶然

問九　傍線部⑥「いろいろな『文化摩擦』の問題が持ち上がっている」とありますが、文化摩擦が起こる原因を筆者はどのように考えていますか。その説明として最も適当なものを次の中から一つ選んで、記号で答えなさい。

ア　交通機関の著しい発達と急速な経済的発展が同時に起こることで、文化交流に対する意識を育てる余裕が人々にないから。

イ　風俗習慣の違いなどに対する戸惑いが解消されないまま、さまざまな国の風俗習慣が日本国内において広がり始めたから。

ウ　相互理解の基盤になっている人間としての普遍性を理解するときに、心の深層におけるイメージの違いを意識しないから。

エ　どんな文化であれ、人間は人間としての普遍性をもっていることを忘れて、わずかな差異にこだわりをもってしまうから。

問十　本文の内容と合うものを次の中から一つ選んで、記号で答えなさい。

ア　日本では一時期「神話」を意図的に利用し、痛い経験をしてきたが、そのような愚を犯さないためにも、誤りを生まない科学の知を人々は信奉していくべきだ。

イ　昔話は神話や伝説と比較した場合に下級のものと位置づけられることが多いが、神話や伝説と異なるおもしろさがあるために、人種や文化を超えて翻訳される。

ウ　もともと昔話はネガティブな内容を含むものであったが、それが伝承される過程で修正を加えられることで、普遍性を帯びた作品として読み継がれてきた。

エ　西洋だけでなく多様な文化と日本文化との差を考えていくときには、神話や伝説、昔話などを研究して、その背景にある差を考察することも有効な手段である。

しかし一方、神話を比較すると、著しい類似が認められることも事実である。日本神話と、エジプト神話、ギリシャ神話、北欧神話などとを比較すると、そこには思いがけない類似が存在していることがわかる。たとえば、日本神話のアマテラスの天岩戸《あまのいわと》神話は、ギリシャ神話のエリューシスの神話と、そっくりと言いたいほどの類似を示している。

これらのことを踏まえて考えることは、現代が国際化の時代である、ということである。交通機関の著しい発達と経済的発展が相まって、今や未曽有《みぞう》の国際化の時代になった。しかし、それに伴《とも》なって、⑥いろいろな「文化摩擦《まさつ》」の問題が持ち上がっている。もちろん、最初の頃はちょっとした風俗習慣の違いなどによる戸惑いも少なくなかったが、そんなことは、今では相当に解決されていると言ってよいだろう。しかし、国際交流の度合《どあい》が深くなるほど、その摩擦も深くなってくる。われわれが相互理解という場合、それがどの程度のものかが問われるのである。そのときに、ここに示したような、人間の心の深層におけるイメージの在り方の差について考えることが必要となってくるのではなかろうか。

人間は人間としての普遍性の上に立っている。そのことがわれわれの相互理解の基盤になっているのだが、いったいその基盤とはどんなものなのか。そして、そのような共通の普遍のものが、個々の文化のなかで意識的に形を与えられてゆくとき、既にその一端を示したような差が生じてくるのだが、それをよく認識し、その意味について深く考えることが必要となってくる。このように考えると、古くさい神話・伝説・昔話などの研究が、極めて現代的な意味をもつことがわかってくるのである。

（河合隼雄『イメージの心理学』による）

〈注〉※1 彫琢…文章などを練り直しながら完成させていくこと。
※2 フォン・フランツ…心理学者。
※3 アイデンティティ…自己同一性。
※4 お仕着せ…自分の意志とは無関係に一方的に他から決められること。
※5 記紀…『古事記』と『日本書紀』のこと。
※6 モチーフ…創作の動機となる主な思想や題材。
※7 普遍…すべてのことに共通していること。
※8 伝播…広く伝わること。
※9 拙著…自分の著した書物をへりくだっていう言葉。

問一 傍線部①「神話」とありますが、どのようなものですか。それについて説明した次の文の空欄に当てはまる言葉を、本文中から探し、十四字で抜き出しなさい。

［　　　］を基礎づけるために、文化的背景と結びつけて意識的につくりあげられたもの。

問二 傍線部a～fから同じ品詞の言葉を二つ選んで、記号で答えなさい。

問三 空欄［A］・［B］に当てはまる語として最も適当なものを次の中からそれぞれ一つ選んで、記号で答えなさい。

ア なぜなら　イ ところが　ウ では
エ たとえば　オ そのうえ

問四 傍線部②「これ」が指し示している内容を、三十字～四十字で説明しなさい。

問五 傍線部③「昔話にはよく出て来るモチーフで、風土記には一切語られないもの」の具体例として、筆者が挙げているものは何ですか。本文中から十九字で探し、初めと終わりの五字を答えなさい。

問六 傍線部④「おとぎ話は、最も一般的で同時に基本的な、人間的構造の表現だ」とありますが、このような特質を持つことでどのようなことに結びついているというのですか。最も適当なものを次の中から一つ選んで、記号で答えなさい。

ア 神話のように腹におさめるものではなくて、頭でわかるものとして人々に受け継がれたこと。

イ 神話のように、戦争を支える「説明原理」として用いられるめの話が多くあるのに対して、風土記には一切それがないという事実がある。母親のネガティブなイメージとしての継母は、世界中の多くの物語に登場する。ただ、グリムの昔話の場合にはよくわかっていることだが、白雪姫やヘンゼルとグレーテルなどの母はもとの話では実母だったのだが、それがあまりにも子どもに対してひどいというので、グリムが継母に変更したのである。従って、継母という形で昔話に登場するのは、日本においてももう少し時代が下るのかも知れないが、ともかく、継母とか実母とかにかかわらず、風土記においてはネガティブな母親イメージがあまり登場しない。（中略）

　神話・伝説・昔話は、既に述べたように、それらが人間存在を深く基礎づける役割を持つという点からも、人間の心の深層の内容にかかわっているものである。しかし、神話や伝説が既に述べたように、人間の表層意識と関連を相当に持つのに対して、昔話の方がより※7普遍的な深層とのかかわりが深いと思われる。これについてフォン・フランツは、「④おとぎ話は、最も一般的で同時に基本的な、人間的構造の表現だ」と述べ、「おとぎ話は文化的人種的相違を超えているので、容易に※8伝播《でんぱ》します。おとぎ話のことばは、全人類――あらゆる年齢、あらゆる人種や文化――の国際語のようにみえます」とさえ述べている（フォン・フランツ『おとぎ話の心理学』）。

　先に示したフォン・フランツの言葉は、神話・伝説に比して昔話の特徴を述べているのだが、実際には、昔話においても相当な文化差が存在するのが実状のように思われる。確かに、話を構成するモチーフには、人類に普遍的と言えるようなものもあるし、フォン・フランツの言うような「全人類の国際語」という感じもあるが、それが物語として形成されるとき、文化の差があんがい大きく作用してくるのである。

　その一例として、これは既に他に発表したことであるが（※9拙著『昔話と日本人の心』）、その差があまりにも明瞭に見られるものとして、⑤日本の「鶴女房《にょうぼう》」とグリムの「からす」の比較を取りあげてみよう。鶴女房の話は一般に「夕鶴」の話としてよく知られていることとして、ここには繰り返さない。話の中心に鶴が女性に変身して男性と結婚するというモチーフがある。そこで、女性がからすに変身する昔話として、グリムの「からす」を取りあげたのである。話の骨組だけを要約すると次のようになる。ある王女が母親の呪いによって、からすにされてしまう。からすは森に住んでいたが、そこに来た一人の男に、自分はもと王女であったことを告げ、自分を救済するための仕事を依頼する。男は失敗もするが、からす（王女）の助けによって仕事を成就《じょうじゅ》し愛の証《あかし》を示し、からすは王女に変身する。そして、二人の婚礼というところで、めでたく話が終《お》わる。

　この話の展開をわが国の「鶴女房」と比較すると、よくこれほどまでに逆の話がつくれたものだと思えるくらいの著しい対比が認められるのである。「鶴女房」で男が鶴を助けるところ、また「からす」で、母の呪いによって王女がからすにされるところを伏線と見て、男女の出会いのところから、起承転結を見てゆくと、対比が浮かんでくる。女性の本性という点では、日本の場合は、もとは鶴であったのが女として登場するのに対して、西洋の場合では、もとは女性であったのが、からすとして登場するのである。そして、前者では「本性隠し」を前提として結婚が行《おこ》なわれるのに対して、後者では、からすは「本性を顕《あら》わす」ことによって男性の救いを期待する。そして、話のクライマックスになされる仕事は、一方は女の仕事であるのに対して、他方は男の仕事である。結末の対比は顕著なもので、日本の場合、女（鶴）の本性が露見して、離婚という悲劇的結末になるが、西洋の場合は、結婚というハッピーエンドになる。（中略）

　昔話でさえ、このような差があるのだから、神話となるともっと大きくなってくる。たとえば、キリスト教神話と日本の神話を比較すると、誰が見てもその差は［　C　］としているであろう。（中略）

二〇二二年度　獨協埼玉高等学校（第二回）

【国語】（五〇分）〈満点：一〇〇点〉

一　次の文章を読んで、後の問いに答えなさい（出題の都合上、一部変更している箇所があります）。

①神話はものごとを説明するためにあるのではない、「基礎づける」ためにある、と言ったのは神話学者のケレニーである。これはなかなかいい表現である。日本語の「腹におさまる」というのもいいかも知れない。それは「頭でわかる」のとはa異なるのである。ところで、神話・伝説・昔話とあるなかで、神話は特にそれを持つ民族や国家という存在を基礎づけるのに役立てられてきた。[A]、日本の神話であれば、『古事記』や『日本書紀』が編纂《へんさん》された当時は、日本が独立したひとつの国家であること、天皇家が日本の国を統治することの正当性を主張するという目的がそこに存在していることがb明らかである。

従って、神話の場合は「無意識の神話産生機能」に頼るにしろ、それをつくりあげてゆくときの意識的な※1彫琢《ちょうたく》のc度合いがd大きくなってくる。われわれが神話を研究する際に、このことをよく認識しておく必要がある。その神話を生み出した文化的背景について知っていなくてはならない。なお、神話はそもそも相当に意識的な産物であるために、意図的に利用される危険性も高い。日本人は第二次大戦の際にe痛い経験をしているが、神話が「説明原理」として用いられる愚を犯すことになる。神話がfまるで自然科学のように、あちこちに「適用」できるような錯覚を起こす。これが前近代的誤りであり、先に示した近代人の科学の知を神話の知として用いる誤りと好対照をなしている。

伝説は特定の場所、事物、人間などと結びついている。たとえば、わが国の『風土記《ふどき》』を見ると、そのような話に満ちている。そのお話によって、何の変わりもない場所や事物が「特定され」「基礎づけられる」のである。[B]、それが昔話となると、それらの特定性を喪失する。「昔々、ある所に、ひとりの男が居ました」という始まりは、時も場所も人物も不特定であることを示している。こんな点で、前述した※2フォン・フランツは、無意識の研究のための素材としては、昔話の方が神話や伝説よりも優《まさ》っていることを強調している。

神話・伝説・昔話を以上のような観点から整理してみると、神話は民族や国家の※3アイデンティティに、伝説はそれに語られる特定の場所、事物、人物などのアイデンティティに、昔話は民衆のアイデンティティにかかわってくるものと言うことができるであろう。現代人は自分自身のアイデンティティのために、他からの※4お仕着せではなく、自らの力で自分の神話を見出《みいだ》してゆかねばならない、ということができる。

神話は文化的な構造と結びついて存在しているが、その文化が衰退したりすると、堕落して昔話となったりするのではなかろうか。あるいは、既に示したように、ある伝説がその特定のものとの結びつきを切って昔話として広くひろがってゆくこともある。しかし、②これは逆のこともあると思われる。ローカルな伝説がより広範囲にわたる神話になる。あるいは、ある民族の間で話されていた「お話」が、神話や伝説になってゆくこともあろう。（中略）

『風土記』は伝説の宝庫とも言うべきで、数多くの伝説が語られている。そのなかには※5記紀の神話と関連の深いのもあるし、多くが日本昔話の※6モチーフのなかに流れこんでいる。神話・伝説・昔話の関連を見る上で興味深いことである。そのようなモチーフのなかで、風土記には何度も出てくるが、昔話には一切出て来ないもの、その逆に、③昔話にはよく出て来るモチーフで、風土記には一切語られないものもある。（中略）

そのような問題のなかのひとつとして、昔話には継母《ままはは》の継子《ままこ》いじ

英語解答

1 Part 1　1…(C)　2…(B)　3…(A)
4…(A)　5…(C)
Part 2　1　Marlowe　2　Single
3　Canada　4　Canon
5　9747
Part 3　1…(G)　2…(E)　3…(B)
4…(C)　5…(D)

2 1　climbed　2　musician
3　suggest　4　August
5　interview

3 1　when he went
2　both English and
3　forget to close〔shut, lock〕
4　the earliest in
5　is walking across

4 1　イ　2　オ　3　ウ　4　オ
5　エ

5 1　We are going to name the dog Pochi
2　They will bring us something cold to drink
3　What a beautiful dress this is
4　be afraid of asking for help if you are
5　Can you lend me the book you were reading
6　He wants them to visit his favorite town

6 問１　ア　問２　(2)…ウ　(3)…ア
問３　best　問４　イ
問５　kosa〔kousa〕
問６　イ，オ

7 問１　ア　問２　エ　問３　ウ
問４　ウ　問５　ア　問６　イ
問７　エ　問８　ア

1〔放送問題〕放送文未公表

2〔対話文完成―適語補充〕

１．Ａ：２年前に山梨に来たわ。／Ｂ：本当，何をしたの？／Ａ：友達と富士山に登ったの。∥２年前に山梨で何をしたかをきかれている。Mt. Fuji を目的語とする動詞を考える。過去形にするのを忘れないこと。

２．Ａ：何を聴いているの？／Ｂ：テイラー・スウィフトの曲を聴いているんだ。彼女は世界で一番のミュージシャンだよ。∥「テイラー・スウィフトの曲」と言っているので，テイラー・スウィフトは musician「ミュージシャン」だとわかる。

３．Ａ：私たちは次の土曜日にキャンプに行く予定だけど，私はこれが初めてなの。何を持ってくればいい？／Ｂ：ええと，古い新聞紙を持ってくることを提案するよ。燃えやすいからね。∥‘suggest＋(that＋)主語＋動詞...’で「…することを提案する，～してはどうか」という意味を表せる。

４．Ａ：獨協夏祭りはいつあるの？／Ｂ：８月６日だよ。∥「いつ」かをきかれている。「夏祭り」の開催日なので，April「４月」は不適切。

５．Ａ：明日の英語の授業では何をするの？／Ｂ：スピーキングのテストがあるよ。／Ａ：ああ，面接テストだよね？　何度も練習したんだ。∥「スピーキングのテスト」について話している。interview test「面接テスト」は，スピーキングテストの一種。

3〔和文英訳―部分記述〕

１．「いつ彼が東京へ行ったか」を，間接疑問‘疑問詞＋主語＋動詞...’で表す。「東京へ行った」と過去のことなので go の過去形 went を使う。　go－went－gone

２．「*A* と *B* の両方」は‘both *A* and *B*’で表せる。

3．「(これから)～するのを忘れる」は forget to ～ で表せる。forget ～ing「～したことを忘れる」との違いに注意。

4．「～の中で一番…」は‘the＋最上級＋in/of ～’で表せる。ここでは，my family という‘範囲’を表す語句が続くので，「～の中で」は in を使う。

5．「歩いている」は現在進行形‘am/are/is＋～ing’で表せる。「～を横切って」は across。

4〔対話文完成―適文選択〕

≪全訳≫❶A：ドイツへの旅行はどうだった？❷B：そこでとても楽しい時間を過ごしたよ。これは君へのお土産だよ。❸A：ありがとう！ $_1$私がチョコレートを好きだってこと，どうやって知ったの？❹B：君がチョコレートを食べるのをよく見かけるからね。気に入ってくれたらいいな。❺A：これ，大好きよ。ところで，あなたはドイツにとても頻繁に行くのね。$_2$どのくらいの頻度でそこに行くの？❻B：祖父母がそこに住んでいるから，毎年行くよ。❼A：知らなかったわ。いつかそこへ行きたいな。❽B：$_3$そこで何をしたいの？❾A：ドイツには美しい建物がたくさんあるそうね。それらが見たいわ。❿B：いい考えだね。

＜解説＞1．直後のBの I often see you eat chocolate が，Aがチョコレート好きであることをBが知っている理由になっている。　2．この後Bは I go there every year. と，ドイツに行く‘頻度’を答えている。 how often「どのくらい(の頻度で)」　3．この後，ドイツでしたいことを答えている。

≪全訳≫❶A：ねえ，最近どう？❷B：特に何もないよ。君はどう？❸A：知っているだろうけれど，金曜日に開催するパーティーにわくわくしているわ。❹B：そうなの？！ それについて知らなかったよ。❺A：$_4$本気で言ってるの？❻B：君のパーティーについて，誰も教えてくれなかったよ。❼A：$_5$来られる？❽B：いつ始まるの？❾A：午後7時よ。❿B：わかった，行くよ。何か持ってきたほうがいい？⓫A：ううん，来てくれるだけで大丈夫よ。⓬B：じゃあパーティーで。

＜解説＞4．パーティーについて知らなかったAに対するBの発言。BはAが知らなかったことを意外に思ったのである。Are you serious?「本気ですか」は相手の発言の真意を確かめる表現。

5．この後Bがパーティーの開始時間を尋ねている。AはBをパーティーに誘ったのである。

5〔整序結合〕

1．「～するつもりです」は be going to ～，「AをBと名付ける」は‘name＋A＋B’でそれぞれ表せる。

2．「～するでしょう」は will を使う。「〈人〉に〈物〉を持ってくる」は，‘bring＋人＋物’の語順にまとめる。「冷たい飲み物」は，something cold to drink と表せる。このように，-thing で終わる代名詞に形容詞と to不定詞の両方で修飾する場合，‘-thing＋形容詞＋to不定詞’の語順になることに注意。

3．‘What(a/an)＋形容詞＋名詞＋主語＋動詞!’の形の感嘆文をつくる。

4．「～することを恐れる」は be afraid of ～ing で表せる。「助けを求める」は ask for help。「困ったら」は，if「もし～なら」を使って，if you are in trouble とする。

5．「～してくれませんか」は Can you ～？で表せる。「〈人〉に〈物〉を貸す」は‘lend＋人＋物’の語順にまとめる。「君が昨日読んでいた本」は，目的格の関係代名詞が省略された‘名詞＋主語＋動詞…’の形で the book you were reading yesterday とする。

6．「〈人〉に～してほしいと思う」は want＋人＋to ～ で表せる。「自分が気に入っている町」は，favorite「お気に入りの」を使い，his favorite town と表す。

6〔長文読解総合―物語〕

≪全訳≫❶トモミは日本語で「黄砂にはうんざり」と言った。彼女の英語は悪くないが，彼女はいつも私に日本語で話しかける。黄砂は毎年，中国の砂漠から日本に飛んでくる。そのせいで，鼻水や目のかゆみに悩まされるかもしれない。特にここ西日本では，春は黄砂がひどい。私は親友を気の毒に思うばかりだった。❷しかし，彼女が「黄砂のことを考えると，頭痛がして眠れないの」と続けたとき，私は混乱した。待って。なぜ彼女は黄砂をそんなに怖がるのか。彼女をそんなに怖がらせる新しいタイプの黄砂があるのだろうか。それとも，ただの私の勘違いだろうか。今年は私の日本での最初の年だ。私はまだ日本語のスキルに自信がない。私は彼女に質問したかったのだが，彼女はとても憂鬱そうに見えた。「もう我慢できない」と，彼女は机の上に顔を伏せた。❸私が子どもの頃から，母はいつも私に，友達を助け，親切にするようにと言ってきた。今日，私の友人を悲しませている黄砂は，私たちの周りにはない。私は彼女の手を握り，教室の真ん中に立ち，「トモミ，大丈夫！　ただの砂だ！」と叫んだ。私は自分にできる最も上手な日本語で言った。❹彼女は突然見上げて笑い始めた。一息ついた後，彼女は「shikou」と書き，その横に，漢字で２つの言葉を書いた。「shikou」の音には２組の異なる漢字がある。音は同じだが，「何かを考える」と「やってみる」という２つの異なる意味がある。「日本語には同音異義語がたくさんあるの。私は２つの例しか書かなかったけど，『shikou』には，実際はもっと多くの同音異義語があるわ。『ko(u)sa』という音であなたが想像したのは黄砂だったけど，実際に私が言っていたのは『考査』なの」とトモミは言った。そうか，「ko(u)sa」は「考査」も意味する，でもトモミ，最初の中間考査はまだ数か月先だ。あなたはときどき真面目すぎることがある。❺そう言おうと口を開ける直前，先生がやってきて，昼休みが終わった。トモミは満面の笑みを浮かべ，「あなたのおかげで，もう考査は怖くないわ。『ただの砂』だもんね」と言った。

問１＜語句解釈＞第１段落第３文参照。中国は日本の西にあるので，ア.「日本の西にある大陸からやってくる」はこの内容に一致する。

問２＜語句解釈＞(2)この後に続く４文から，筆者が「混乱した」様子が読み取れる。　be confused「混乱〔困惑〕した」　(3)be confident in ～で「～に自信を持っている」。'be sure (that)＋主語＋動詞...' も同様の意味を表す。

問３＜適語補充＞直前に the があるのが手がかりとなる。また，文脈から「自分にできる最高の日本語」という意味になると推測できる。best は，第１段落最終文にある。

問４＜単語の意味＞「shikou(思考・試行)」と「ko(u)sa(黄砂・考査)」の例から，homonym は「同音異義語」という意味だとわかる。同音異義語の説明となっているのは，イ.「bat は，暗くなってから飛び回る小動物を意味し，また，野球をするときにボールを打つために使う道具も意味する」。

問５＜適語補充＞問４の解説参照。「ko(u)sa」という音から，筆者は「黄砂」を想像したが，トモミは「考査」の意味で言っていたのである。

問６＜内容真偽＞ア.「トモミと筆者は砂漠の近くに住んでいる」…×　このような記述はない。　イ.「筆者はトモミに質問する機会を逃した」…○　第２段落最後の２文の内容に一致する。質問したかったが，質問はしていない。　ウ.「筆者の母親は，トモミが困っているのを見て，彼女を助けようとした」…×　このような記述はない。　エ.「トモミは，彼女のことを笑っている生徒を見つけようと，見上げた」…×　このような記述はない。　オ.「試験の準備をする時間はまだあったが，トモミは試験を怖がっていた」…○　第２段落前半および第４段落後半の内容に一致する。　カ.「トモミは今，黄砂は試験より危険だと信じている」…×　このような記述はない。

７〔長文読解総合─物語〕

≪全訳≫恩送り❶1971年，ラリーは22歳で失業した。何週間もの間，彼は都市から都市へと車で移動し，仕事を探した。何も見つからなかった。ミシシッピの小さな町で，彼はお金を使い果たした。彼は食べ物を買うお金がなかったので，本当におなかがすいた。２日間，彼は何も食べなかった。❷早朝，ラリーはレストランに行った。一人の男がそこで働いていた。彼はレストランのオーナーだった。ラリーは朝食を食べた。オーナーが彼に伝票を渡したとき，ラリーはポケットに手を伸ばした。「ああ，なんてことだ！」と彼は言った。「財布をなくしてしまった！」　もちろん，それは真実ではなかった。オーナーは腰をかがめてラリーのテーブルの下に手を伸ばした。立ち上がったとき，彼は手に20ドル札を持っていた。「あなたはこれを落とされたのだと思いますよ」と彼は言った。彼はそのお金をラリーの手に置いた。「はい，落としたと思います」とラリーは言った。彼は朝食代を払った。❸いとこがカンザスシティにいたので，ラリーはそこへ車で向かった。「たぶん私のいとこは私が仕事を見つけるのを手伝ってくれるだろう」とラリーは思った。カンザスシティに行く途中，ラリーはレストランのオーナーのことを考えた。「本当は，彼は私のテーブルの下でその20ドルを見つけたんじゃない」とラリーは思った。「彼は私にお金をくれたんだ」❹カンザスシティで，ラリーは仕事を見つけた。９年後，彼はケーブルテレビの事業を始め，それは成功した。ラリーは金持ちになった。❺ある日，ラリーはレストランに行った。ウエイトレスは疲れているように見えた。ラリーは，1971年に空腹で失業中だったときのことを思い出した。彼はミシシッピのレストランと，彼に20ドルをくれた人について考えた。ウエイトレスが伝票を持ってきたとき，ラリーは彼女に20ドルを渡した。「お釣りは取っておいて」と彼は彼女に言った。彼女は泣き始めた。「ありがとうございます，お客様」と彼女は言った。❻ラリーがレストランを出たとき，彼は銀行に行き，100ドル札を数枚引き出した。彼は一日中，お金を持ってカンザスシティを歩き回った。彼は悲しそうな人や貧しそうな人を見たとき，彼らに100ドル札を渡した。一日の終わりに，彼はとてもいい気分だった。❼ラリーには新しい趣味ができた。お金を与えることだ。ときどき，彼は通りの人々に100ドル札をあげた。彼はミシシッピのレストランに戻り，オーナーに１万ドルの入った封筒を渡した。男は封筒を開けると，それを返そうとした。「いいえ」とラリーは彼に言った。「私はお金をお返しするために来たのです」❽「私たちは他の人を助けるために，この世界にいます」とラリーは言った。「あなたを助けてくれた人たちを助けてください。他の人たちも助けてください。恩を返すだけではなく，恩を他の人に送ってください」

問１＜内容一致＞「ミシシッピの小さな町で，ラリーは(　　)」―ア．「食べ物を買うお金がなかった」　第１段落第４，５文参照。

問２＜内容一致＞「レストランで，(　　)」―エ．「オーナーはラリーに嘘をついた」　第２段落後半および第３段落最後の２文参照。

問３＜英問英答＞「ラリーがカンザスシティにいたときのこととして，どの文が正しいか」―ウ．「ラリーはとても裕福になったので，人々にお金を与え始めた」　第４～７段落参照。

問４＜内容一致＞「下線部分『お釣りは取っておいて』は，あなたが(　　)すべきであることを意味する」―ウ．「勘定を支払った後，残ったお金をもらう」　この change は「お釣り」の意味。

問５＜内容一致＞「ラリーは(　　)ので，とても気分がよかった」―ア．「他の人にたくさんお金をあげた」　第６段落参照。

問６＜英問英答＞「第７段落の内容として，どの文が正しくないか」―イ．「ラリーは食事代を払うことで，オーナーに感謝の意を示したかった」　第７段落第３文参照。食事代だけ払ったのではなく，１万ドルの入った封筒を渡そうとした。

問７＜内容一致＞「ラリーは(　　)だった」―エ．「思いやりのある人」　第５，６段落参照。

問８＜英問英答＞「pay it forward とはどういう意味か」―ア．「見知らぬ人のためにいいことをしなさい」　最終段落参照。pay back「恩を返す」が Help the people who helped you に，pay it forward「恩を(他人に)送る」が Help others に対応していることを読み取る。

2022年度／獨協埼玉高等学校（第２回）

数学解答

1 (1) $3a$　(2) $x=-2\pm\sqrt{7}$

(3) $2(x-1)(x+4)$　(4) $x=5,\ y=6$

(5) $a=2,\ b=-3$　(6) $12\sqrt{5}$

(7) $\dfrac{16}{5}$cm　(8) 80°

(9) ① $\dfrac{616}{3}$cm³　② $168+16\sqrt{3}$cm²

2 (1) ③，④　(2) ②，④

(3) ① $\dfrac{1}{18}$　② $\dfrac{23}{36}$

3 (1) $(-2a,\ 2a^2)$　(2) $y=-\dfrac{1}{2}ax+a^2$

(3) $(-\sqrt{2},\ 4)$

4 (1) 247　(2) $6n^2-n-2$

(3) 34

1〔独立小問集合題〕

(1)＜式の計算＞与式 $=-8a^3b^3\times\dfrac{3a^2}{10}\times\left(-\dfrac{5}{4a^4b^3}\right)=\dfrac{8a^3b^3\times3a^2\times5}{10\times4a^4b^3}=3a$

(2)＜二次方程式＞$x^2+4x-3=0$ として，解の公式を用いると，$x=\dfrac{-4\pm\sqrt{4^2-4\times1\times(-3)}}{2\times1}=\dfrac{-4\pm\sqrt{28}}{2}=\dfrac{-4\pm2\sqrt{7}}{2}=-2\pm\sqrt{7}$ となる。

(3)＜式の計算―因数分解＞与式 $=x^2+4x+4+x^2+2x-8-4=2x^2+6x-8=2(x^2+3x-4)=2(x-1)(x+4)$

(4)＜連立方程式＞$2x-y=4$……①，$0.2x-0.15y=0.1$……②とする。②×20より，$4x-3y=2$……②′ ①×3－②′より，$6x-4x=12-2$，$2x=10$　∴$x=5$　これを①に代入して，$2\times5-y=4$，$10-y=4$，$-y=-6$　∴$y=6$

(5)＜関数―a，bの値＞一次関数 $y=3x-1$ は，x の値が増加すると y の値も増加する関数だから，x の変域が $0\leqq x\leqq a$ においては，$x=0$ のとき y の値は最小，$x=a$ のとき y の値は最大となる。$x=0$ のとき $y=3\times0-1=-1$，$x=a$ のとき $y=3a-1$ だから，y の変域は $-1\leqq y\leqq3a-1$ と表せる。また，２つの一次関数 $y=bx+5$，$y=3x-1$ は同じ関数にはならないので，x の変域が $0\leqq x\leqq a$ のときの y の変域が一致することより，一次関数 $y=bx+5$ は，$b<0$ であり，x の値が増加すると y の値が減少する関数となる。よって，$x=0$ のとき y の値は最大で $y=b\times0+5=5$，$x=a$ のとき y の値は最小で $y=b\times a+5=ab+5$ となるから，y の変域は $ab+5\leqq y\leqq5$ と表せる。したがって，$-1=ab+5$……①，$3a-1=5$……②が成り立つ。②より，$3a=6$，$a=2$ となり，これを①に代入して，$-1=2b+5$，$2b=-6$，$b=-3$ となる。

(6)＜数の計算＞与式 $=(x+y)(x-y)$ とする。$x+y=(\sqrt{5}+3)+(\sqrt{5}-3)=2\sqrt{5}$，$x-y=(\sqrt{5}+3)-(\sqrt{5}-3)=\sqrt{5}+3-\sqrt{5}+3=6$ だから，与式 $=2\sqrt{5}\times6=12\sqrt{5}$ となる。

≪別解≫与式 $=(\sqrt{5}+3)^2-(\sqrt{5}-3)^2=(5+6\sqrt{5}+9)-(5-6\sqrt{5}+9)=(14+6\sqrt{5})-(14-6\sqrt{5})=14+6\sqrt{5}-14+6\sqrt{5}=12\sqrt{5}$

(7)＜平面図形―長さ＞次ページの図１で，∠BAC＝∠BDA＝90°，∠ABC＝∠DBA より，△ABC∽△DBA だから，CA：AD＝BC：BA であり，9：AD＝15：12 が成り立つ。これより，AD×15＝9×12，AD＝$\dfrac{36}{5}$ となる。次に，点Eから辺BCに垂線EGを引くと，BE＝BE，∠BAE＝∠BGE

$=90^\circ$，∠ABE＝∠GBE だから，△ABE≡△GBE となり，EA＝EG である。△ABE，△EBC の底辺をそれぞれ AB，BC と見ると，△ABE：△EBC＝$\frac{1}{2}$×AB×EA：$\frac{1}{2}$×BC×EG＝AB：BC＝12：15＝4：5 となる。また，△ABE，△EBC の底辺をそれぞれ EA，EC と見ると，高さはともに AB＝12 となるから，△ABE：△EBC＝EA：EC である。よって，EA：EC＝AB：BC＝4：5 となるので，EA＝$\frac{4}{4+5}$CA＝$\frac{4}{9}\times 9=4$ となる。さらに，△ABE≡△GBE より，∠FEA＝∠FEG であり，AD⊥BC，EG⊥BC より，AD∥EG だから，∠EFA＝∠FEG である。したがって，∠EFA＝∠FEA となるから，△AFE は二等辺三角形であり，FA＝EA＝4 である。以上より，DF＝AD－FA＝$\frac{36}{5}-4=\frac{16}{5}$(cm)となる。

図1

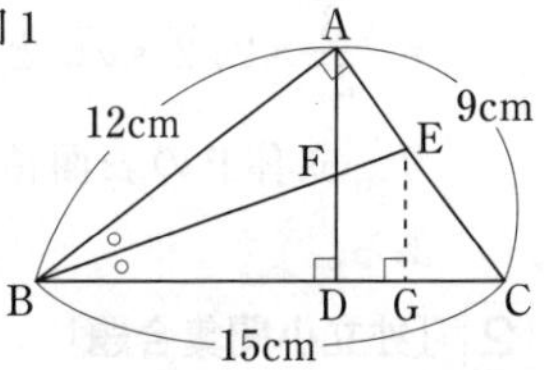

(8)＜平面図形—角度＞右図2のように，正九角形の9個の頂点をA～I，線分 AF と線分 DG の交点をJ，9個の頂点A～Iを通る円の中心をOとし，点Oと2点A，G，点Aと点Dをそれぞれ結ぶ。9点A～Iは円Oの周を9等分するから，$\overset{\frown}{\mathrm{AG}}$ の長さは円Oの周の長さの $\frac{3}{9}=\frac{1}{3}$ であり，∠AOG＝$\frac{1}{3}\times 360^\circ=120^\circ$ となる。$\overset{\frown}{\mathrm{AG}}$ に対する円周角と中心角の関係より，∠ADJ＝$\frac{1}{2}$∠AOG＝$\frac{1}{2}\times 120^\circ=60^\circ$ となる。また，$\overset{\frown}{\mathrm{DF}}$：$\overset{\frown}{\mathrm{AG}}$＝2：3 より，∠DAJ：∠ADJ＝2：3 だから，∠DAJ＝$\frac{2}{3}$∠ADJ＝$\frac{2}{3}\times 60^\circ=40^\circ$ となる。よって，△ADJ で，$\angle x=180^\circ-(\angle\mathrm{ADJ}+\angle\mathrm{DAJ})=180^\circ-(60^\circ+40^\circ)=80^\circ$ である。

図2

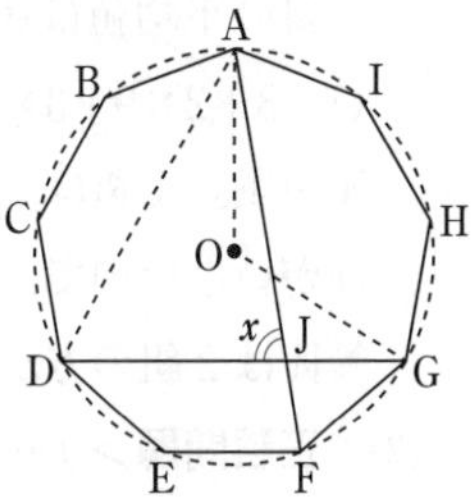

(9)＜空間図形—体積，面積＞①右図3のように，9点A～Iを定める。立体Pは，1辺が6cm の立方体から，三角錐 BGHI と合同な三角錐を8個取り除いた立体である。立方体の体積は $6\times6\times6=216$ である。また，2点F，Gは立方体の辺 AB を3等分しているので，AF＝FG＝BG＝$\frac{1}{3}$AB＝$\frac{1}{3}\times 6=2$ となる。同様にして，BH＝BI＝2 である。BE⊥〔面 ABCD〕だから，〔三角錐 BGHI〕＝$\frac{1}{3}$×△BGH×BI＝$\frac{1}{3}\times\left(\frac{1}{2}\times2\times2\right)\times2=\frac{4}{3}$ となる。よって，立体Pの体積は，〔立方体〕－8〔三角錐 BGHI〕＝$216-8\times\frac{4}{3}=\frac{616}{3}$ (cm^3)である。　②図3のように，5点J～Nを定める。立体Pの表面積は，八角形 FGHJKLMN と合同な八角形6個と，△GHI と合同な三角形8個の面積の和となる。八角形 FGHJKLMN は，正方形 ABCD から，△BGH と合同な三角形を4個取り除いた図形だから，〔八角形 FGHJKLMN〕＝〔正方形 ABCD〕－4△BGH＝$6\times6-4\times\left(\frac{1}{2}\times2\times2\right)=28$ である。また，BG＝BH＝BI＝2，∠GBH＝∠HBI＝∠IBG＝90° より，△BGH，△BHI，△BIG は合同な直角二等辺三角形であり，GH＝HI＝IG となる。これより，△GHI は正三角形であり，IG＝GH＝$\sqrt{2}$BG＝$\sqrt{2}\times2=2\sqrt{2}$ である。点Iから GH に垂線 IQ を引くと，△IGQ は3辺の比が $1:2:\sqrt{3}$ の直角三角形となるから，IQ＝$\frac{\sqrt{3}}{2}$IG

図3

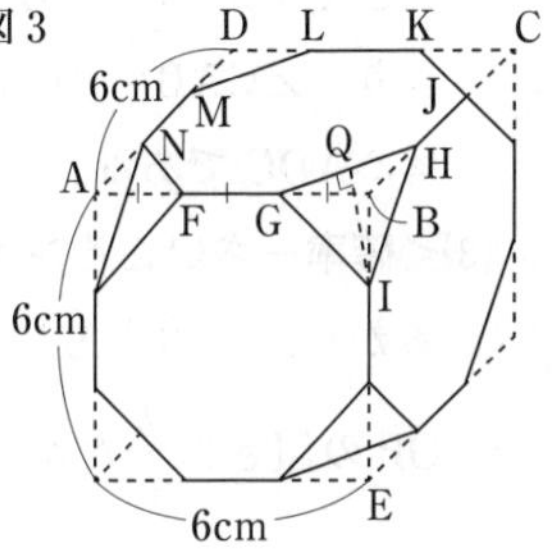

$=\frac{\sqrt{3}}{2}\times2\sqrt{2}=\sqrt{6}$ となる。よって，$\triangle\mathrm{GHI}=\frac{1}{2}\times\mathrm{GH}\times\mathrm{IQ}=\frac{1}{2}\times2\sqrt{2}\times\sqrt{6}=2\sqrt{3}$ となる。以上より，立体Pの表面積は，6〔八角形 FGHJKLMN〕$+8\triangle\mathrm{GHI}=6\times28+8\times2\sqrt{3}=168+16\sqrt{3}$ (cm²)である。

2 〔独立小問集合題〕

(1)<正誤問題>①…誤。１組は25人だから，中央値(メジアン)は，冊数が小さい方から13番目の冊数となる。１冊以下が2+5=7(人)，２冊以下が7+8=15(人)より，13番目は２冊だから，１組の中央値は２冊である。２組は30人だから，中央値は，冊数が小さい方から15番目と16番目の冊数の平均値となる。１冊以下が８人，２冊以下が8+9=17(人)より，15番目と16番目はともに２冊であり，２組の中央値は２冊である。よって，中央値は同じである。　②…誤。度数が最も大きいのは，１組は８人の２冊，２組は９人の２冊だから，最頻値(モード)はともに２冊である。　③…正。１組の平均値は$(0\times2+1\times5+2\times8+3\times5+4\times2+5\times3)\div25=59\div25=2.36$(冊)，２組の平均値は$(1\times8+2\times9+3\times6+4\times4+5\times3)\div30=75\div30=2.5$(冊)だから，平均値は１組の方が小さい。④…正。１組は，最小値が０冊，最大値が５冊より，範囲は5−0=5(冊)である。２組は０冊の生徒がいないので，最小値が１冊，最大値が５冊より，範囲は5−1=4(冊)となる。よって，分布の範囲は２組の方が小さい。

(2)<正誤問題>①…誤。$x^2=1$ のとき，$x=\pm1$ である。　②…正。nが奇数なので，kを整数として，$n=2k+1$ と表せる。$n^2=(2k+1)^2=4k^2+4k+1=2(2k^2+2k)+1$ となり，$2k^2+2k$ は整数より，$2(2k^2+2k)+1$ は奇数となる。　③…誤。△ABC=△DEF は，△ABC と△DEF の面積が等しいことを表しているので，対応する辺が等しいとはかぎらない。　④…正。右図１で，AC と BD の交点をMとすると，∠AMB=∠AMD=90°，AB=AD，AM=AM より，△ABM≡△ADM となる。これより，∠CAB=∠CAD である。また，AB=AD，AC=AC だから，△ABC≡△ADC である。

図１
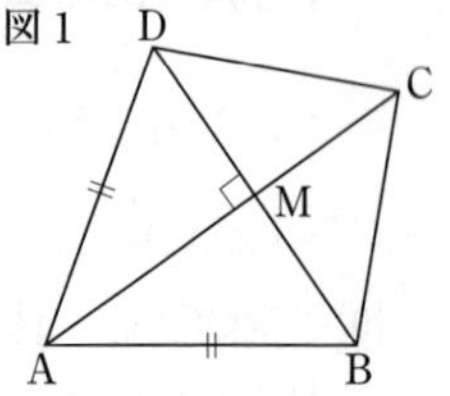

(3)<確率―さいころ>①大小２つのさいころを１回ずつ投げるとき，それぞれ６通りの目の出方があるから，目の出方は全部で6×6=36(通り)あり，a，bの組も36通りある。P(a, b)より，直線OPの傾きは$\frac{b}{a}$だから，直線OPの式は$y=\frac{b}{a}x$となる。直線$y=\frac{b}{a}x$がA(2, 6)を通るので，$6=\frac{b}{a}\times2$より，$3a=b$となる。これを満たすP(a, b)は，(1, 3)，(2, 6)の２通りだから，求める確率は$\frac{2}{36}=\frac{1}{18}$である。　②右図２で，A(2, 6)，B(6, 4)より，直線OAの傾きは$\frac{6}{2}=3$，直線OBの傾きは$\frac{4}{6}=\frac{2}{3}$である。①より，直線OPの傾きは$\frac{b}{a}$だから，直線OPが線分ABと交わるとき，$\frac{2}{3}\leqq\frac{b}{a}\leqq3$となる。$a=1$のとき，$\frac{2}{3}\leqq\frac{b}{1}\leqq3$より，$\frac{2}{3}\leqq b\leqq3$だから，$b=1$, 2, 3の３通りある。$a=2$のとき，$\frac{2}{3}\leqq\frac{b}{2}\leqq3$だから，$b=2$, 3, 4, 5, 6の５通りある。$a=3$のとき，$\frac{2}{3}\leqq\frac{b}{3}\leqq3$だから，$b=2$, 3, 4, 5, 6の５通りある。$a=4$のとき，$\frac{2}{3}\leqq\frac{b}{4}$

図２
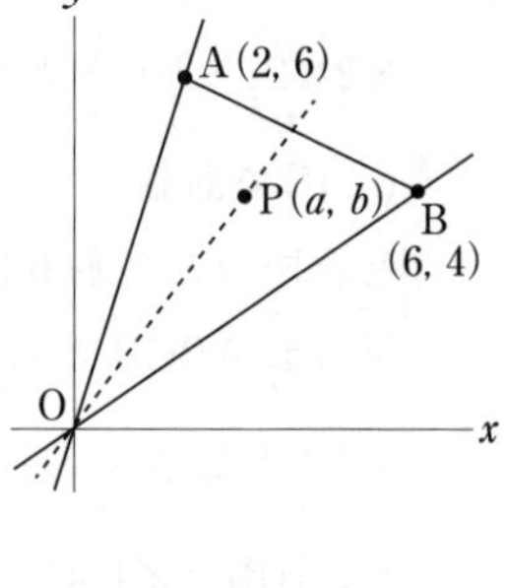

$\leqq 3$ だから，$b=3$，4，5，6の4通りある。$a=5$ のとき，$\dfrac{2}{3}\leqq\dfrac{b}{5}\leqq 3$ だから，$b=4$，5，6の3通りある。$a=6$ のとき，$\dfrac{2}{3}\leqq\dfrac{b}{6}\leqq 3$ だから，$b=4$，5，6の3通りある。以上より，直線OPが線分ABと交わるP$(a,\ b)$は，$3+5+5+4+3+3=23$(通り)あるから，求める確率は$\dfrac{23}{36}$である。

3 〔**関数—関数 $y=ax^2$ と一次関数のグラフ**〕

≪基本方針の決定≫(3)　△OCDと△OCBの面積の比を考える。

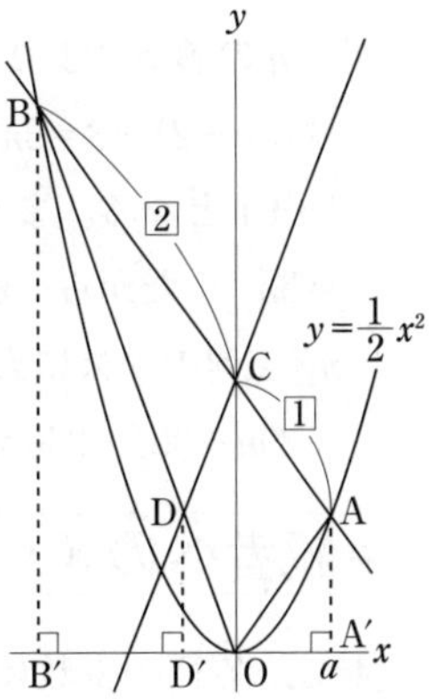

(1)<**座標**>右図のように，2点A，Bからx軸に垂線AA′，BB′を引くと，AA′//CO//BB′だから，A′O：OB′=AC：CB=1：2となる。点Aのx座標がaより，A′O=aだから，OB′=2A′O=$2a$となり，点Bのx座標は$-2a$である。点Bは関数$y=\dfrac{1}{2}x^2$のグラフ上にあるから，$y=\dfrac{1}{2}\times(-2a)^2=2a^2$となり，B$(-2a,\ 2a^2)$である。

(2)<**直線の式**>右図で，点Aは関数$y=\dfrac{1}{2}x^2$のグラフ上にあり，x座標がaだから，$y=\dfrac{1}{2}a^2$となり，A$\left(a,\ \dfrac{1}{2}a^2\right)$である。また，(1)より，B$(-2a,\ 2a^2)$である。よって，直線ABの傾きは$\left(\dfrac{1}{2}a^2-2a^2\right)\div\{a-(-2a)\}=-\dfrac{3}{2}a^2\div 3a=-\dfrac{1}{2}a$となるので，その式は$y=-\dfrac{1}{2}ax+b$と表せる。点Bを通るから，$2a^2=-\dfrac{1}{2}a\times(-2a)+b$より，$b=a^2$となり，直線ABの式は$y=-\dfrac{1}{2}ax+a^2$である。

(3)<**座標**>右上図で，(2)より直線ABの切片はa^2だから，点Cのy座標が8のとき，$a^2=8$が成り立ち，$a=\pm2\sqrt{2}$となる。$a>0$だから，$a=2\sqrt{2}$である。よって，$-2a=-2\times2\sqrt{2}=-4\sqrt{2}$，$2a^2=2\times8=16$より，B$(-4\sqrt{2},\ 16)$だから，直線OBの傾きは$\dfrac{0-16}{0-(-4\sqrt{2})}=-2\sqrt{2}$となり，直線OBの式は$y=-2\sqrt{2}x$である。次に，直線CDは△OABの面積を2等分するので，△DCB=$\dfrac{1}{2}$△OABである。また，AC：CB=1：2より，△OAC：△OCB=1：2だから，△OCB=$\dfrac{2}{1+2}$△OAB=$\dfrac{2}{3}$△OABである。よって，△OCD=△OCB−△DCB=$\dfrac{2}{3}$△OAB−$\dfrac{1}{2}$△OAB=$\dfrac{1}{6}$△OABとなるので，△OCD：△OCB=$\dfrac{1}{6}$△OAB：$\dfrac{2}{3}$△OAB=1：4となる。これより，OD：OB=1：4である。点Dからx軸に垂線DD′を引くと，DD′//BB′より，OD′：OB′=OD：OB=1：4となる。OB′=$4\sqrt{2}$だから，OD′=$\dfrac{1}{4}$OB′=$\dfrac{1}{4}\times4\sqrt{2}=\sqrt{2}$となり，点Dの$x$座標は$-\sqrt{2}$である。点Dは直線$y=-2\sqrt{2}x$上にあるので，$y=-2\sqrt{2}\times(-\sqrt{2})=4$となり，D$(-\sqrt{2},\ 4)$である。

4 〔**特殊・新傾向問題—規則性**〕

(1)<**6行7列の数**>3以上の奇数は，3，5，7，9，11，13，……となるので，6行の奇数は13である。また，3でわると1余る自然数は，1列から4列までが1，4，7，10より，3ずつ大きくなるから，5列以降は，13，16，19，……となり，7列は19である。よって，6行7列のマスに入る数は，$13\times19=247$である。

(2)＜$\boldsymbol{n}$**行**$\boldsymbol{n}$**列の数**＞各行の奇数は，1行の奇数から2ずつ大きくなるから，n行の奇数は，1行の奇数より$2(n-1)$大きい。1行の奇数が3だから，n行の奇数は$3+2(n-1)=2n+1$と表せる。また，各列の3でわると1余る自然数は，1列の自然数から3ずつ大きくなるから，n列の自然数は1列の自然数より$3(n-1)$大きい。1列の自然数は1だから，n列の自然数は$1+3(n-1)=3n-2$と表せる。よって，n行n列のマスに入る数は，$(2n+1)(3n-2)=6n^2-4n+3n-2=6n^2-n-2$と表せる。

(3)＜$\boldsymbol{n}$**の値**＞(2)より，n行の奇数が$2n+1$であり，n列の自然数が$3n-2$だから，$n+1$列の自然数は$(3n-2)+3=3n+1$と表せる。よって，n行$n+1$列のマスに入る数は，$(2n+1)(3n+1)=6n^2+5n+1$となる。また，$n+2$行の奇数は$(2n+1)+2+2=2n+5$，$n+3$列の自然数は$3n-2+3+3+3=3n+7$だから，$n+2$行$n+3$列のマスに入る数は，$(2n+5)(3n+7)=6n^2+29n+35$である。n行$n+1$列のマスに入る数が，$n+2$行$n+3$列のマスに入る数より850小さいので，$6n^2+5n+1=(6n^2+29n+35)-850$が成り立つ。これを解くと，$-24n=-816$，$n=34$となる。

＝読者へのメッセージ＝

4で，各行の奇数は，3，5，7，9，……のように2ずつ，各列の自然数は，1，4，7，10，……のように3ずつ増加しています。このように，一定の数ずつ増加する数の列を「等差数列」といいます。高校で詳しく学習します。

国語解答

一 問一　民族や国家のアイデンティティ

問二　d，e　　問三　A…エ　B…イ

問四　神話が昔話となったり，ある伝説が昔話として広くひろがっていったりすること。（37字）

問五　母親のネガ〜しての継母

問六　ウ

問七　⑴　X　女の本性が露見することで離婚する。

Y　王女が本性を顕して男に救済を依頼する。

⑵…ア

問八　イ　　問九　ウ　　問十　エ

二 問一　a…ア　b…エ

問二　藤丸が寝るときにサボテンを枕もとに置いていること。（25字）

問三　A…オ　B…ア　　問四　イ

問五　エ，オ

問六　サボテンのトゲを透明化すること。

問七　エ

問八　⑴　勝手に心の〜まっていた

⑵　否定されたり無視されたりする

問九　ア

三 ①　いまし　②　きれつ

③　こくふく　④　ちみつ

⑤　のうたん　a　訴　b　占領

c　撃破　d　休憩　e　滅亡

一〔論説文の読解―教育・心理学的分野―心理〕出典；河合隼雄『イメージの心理学』。

≪本文の概要≫神話・伝説・昔話の中で，神話はそれを持つ民族や国家の存在を基礎づけるのに役立てられてきた。神話は，意識的に練り直しが施されながらつくり上げられたものなので，我々が神話を研究する際には，その神話を生み出した文化的背景を知る必要がある。神話が民族や国家のアイデンティティに関わるのに対して，伝説はそれに語られる特定の場所や事物や人物などのアイデンティティに，昔話は民衆のアイデンティティに関わるものといえ，いずれも人間存在を深く基礎づける役割を持つという点から，人間の心の深層の内容に関係している。昔話は，神話や伝説より，人間の心の普遍的な深層との関わりが深いと思われるが，それでも相当な文化差が存在する。国際化の時代である今，いろいろな文化摩擦の問題が生じている。相互理解という場合，人間の心の深層におけるイメージのあり方の差について考える必要があるのではないか。人間としての普遍性を基盤にして我々の相互理解は成立しているが，その共通の普遍のものが個々の文化の中で意識的に形を与えられていくことで生じる差の意味を考えるとき，神話・伝説・昔話などの研究は，きわめて現代的な意味を持ってくる。

問一＜文章内容＞神話は，その神話を持つ「民族や国家という存在」，つまり，「民族や国家のアイデンティティ」を基礎づけるために役立てられてきた。

問二＜品詞＞「大きく」と「痛い」は，活用のある自立語で，物事の性質や状態を表し，終止形が「い」で終わる形容詞。「異なる」は，活用のある自立語で，物事の動作や存在などを表し，終止形がウ段の音で終わる動詞「異なる」の連体形。「明らかで」は，活用のある自立語で，物事の性質や状態を表し，終止形が「だ」で終わる形容動詞「明らかだ」の連用形。「度合い」は，活用のない自立語で，主語になることができる名詞。「まるで」は，活用のない自立語で，下に受ける文節が決まった言い方になる副詞。

問三＜接続語＞Ａ．神話が，「民族や国家という存在を基礎づけるのに役立てられてきた」ことの例として，日本の神話の『古事記』や『日本書紀』が挙げられる。　Ｂ．伝説である『風土記』を見ると，「何の変わりもない場所や事物が『特定され』『基礎づけられる』のである」けれども，「昔話」になると，「それらの特定性を喪失する」のである。

問四＜指示語＞文化的な構造と結びついている神話が，その文化の衰退とともに堕落して「昔話となったり」，ある伝説が，その特定のものとの結びつきを切って「昔話として広くひろがって」いったりすることがある一方で，反対に，ローカルな伝説が「神話に」なったり，ある民族の間で話されていた「お話」が「神話や伝説」になったりすることもある。

問五＜文章内容＞日本の昔話をはじめ，世界中の多くの物語には，「継母の継子いじめ」といった継母と継子の関係を描いたものが多く，「母親のネガティブなイメージとしての継母」が登場するが，『風土記』には，それが一切登場しない。

問六＜文章内容＞フランツによれば，おとぎ話は「最も一般的で同時に基本的な，人間的構造の表現」であり，「文化的人種的相違を超えている」普遍的な内容が表されているので，「容易に伝播」するのである。

問七＜文章内容＞(1)「鶴女房」では，女が本性を隠して男と結婚するのに対して，「からす」では，王女が「『本性を顕わす』ことによって男性の救済を期待」する（…Ｙ）。また結末は，「からす」では，結婚というハッピーエンドになったのに対して，「鶴女房」では，女の「本性が露見して，離婚という悲劇的結末」になる（…Ｘ）。　(2)フランツは，昔話においては人種や文化による差はないと述べているが，実際には，昔話が「物語として形成」されると，同じような題材を扱った「鶴女房」と「からす」に見られるように，「文化の差があんがい大きく作用」している。

問八＜文章内容＞昔話の「鶴女房」と「からす」に見られる内容の差は，文化の違いのあらわれであり，神話になればもっと大きな差となる。例えば，「キリスト教神話と日本の神話を比較」すると，誰が見てもその差は紛れもなくはっきりとしてくる。「歴然」は，はっきりしているさま。

問九＜文章内容＞人間が「人間としての普遍性の上に立っている」ということが，相互理解の基盤だが，共通であるはずの普遍のものが，個々の文化の中で意識的に形を与えられていくと，文化による「差が生じる」ので，その差を「認識し，その意味について深く考える」必要がある。その際，「人間の心の深層におけるイメージの在り方の差」を意識しないと，文化摩擦が起こることになるのではないかと，筆者は考えている。

問十＜要旨＞共通の普遍のものが，個々の文化の中で意識的に形を与えられていくとき，文化による「差が生じる」のだが，その差を「よく認識し，その意味について深く考え」ていけば，「古くさい神話・伝説・昔話などの研究」もきわめて現代的な意味を持ち，考察の手段となる。

二〔**小説の読解**〕出典；三浦しをん『愛なき世界』。

問一．ａ**＜語句＞**「もどかしい」は，自分の思いどおりにならずにいらだたしい，という意味。
ｂ**＜慣用句＞**「二の足を踏む」は，思いきれずにしりごみする，という意味。

問二＜文章内容＞サボテンを「この子」と呼ぶくらい大切に思っている加藤は，藤丸がサボテンのことをペットのように語ることはおかしいと思わなかったが，夜は「俺の枕もとにいます」という言葉の方は気にかかった。それで「枕もとに置くのは危ない」と，加藤は指摘した。

問三＜四字熟語＞Ａ．「臨機応変」は，その場の状況に応じて適切な手段を取ること。加藤は，サボテンへの水やりを，料理人の藤丸にもわかるように，料理するときに食材の状態に応じた適切な対応をするのと同じだと説明した。　Ｂ．「紆余曲折」は，複雑な事情によって順調ではない経緯をたどること。本村は，加藤も自分の友達も，いろいろな複雑な事情を乗り越えた末に「自分の居場所を見いだした」のだろうと思った。

問四＜表現＞サボテンに夢中になり，サボテンのことしか考えられない加藤は「口下手」になり，友達とただ話すだけの場においてさえも，しゃべりたいことが何もないというありさまだった。

問五＜文章内容＞サボテンへの思い入れが強いことを自覚していた加藤は，サボテンを研究すると「目が曇る」，つまり，見方に偏りが出て適切な判断ができないと思ったので，「平常心で研究に取り組める」動物を専門にしていた(エ…○)。また，サボテンに特化した研究は，「植物学のなかでは非常に少数派」であり，サボテンの研究をしたくても受け入れてくれる研究室があるか不安だったため，加藤は，動物について学んでいた(オ…○)。

問六＜文章内容＞加藤は，本当に研究したいのは「サボテンのトゲについて」だと気づいた。そこで加藤は，松田研究室で研究に打ち込んだ。そして，加藤は，研究室の面々に積極的に話しかけたり，研究室以外の院生たちとも打ち解けることができるようになり，研究も着々と進めて，ついにサボテンの「トゲの透明化」にも成功したのである。

問七＜文章内容＞院生になった当初の加藤は，研究室でも黙っていることが多く，温室でひたすらサボテンを増やしていたが，「これではいけない」と自覚し，研究室の人たちに，自分から積極的に話しかけ，育ったサボテンを見せてくれるようになった。加藤が「サボテンを介して，ひととコミュニケーションを取る方向へ転じた」ことを，本村は「えらいなあ」と思った。

問八⑴＜表現＞加藤は，自分で自分の世界を狭めてしまい，「勝手に心のシャッターを下ろしてしまっていた」と，周囲になじめなかった頃の自分を振り返っている。　⑵**＜文章内容＞**以前の加藤が周囲の人たちになじめなかったのは，サボテン愛について語ってそれを「否定されたり無視されたり」したら，「自分自身を否定され無視されるのと同じ」だと感じて恐れていたのだろうと考えられる。

問九＜表現＞本村の視点から，サボテン愛からサボテンの研究に打ち込み，サボテンを介して人とコミュニケーションを取るようになった加藤の姿を語らせることで，「愛を傾けられる対象のあることこそが，人間を支える」ということの大切さが，読者にわかりやすく表わされている。

三〔漢字〕

①音読みは「訓戒」などの「カイ」。　②「亀裂」は，ひびや裂け目のこと。　③「克服」は，努力して，困難を乗り越えること。　④「緻密」は，細かいところまで行き届いていること。　⑤「濃淡」は，濃いことと，薄いこと。　ａ．音読みは「告訴」などの「ソ」。　ｂ．「占領」は，場所を単独で占めること。　ｃ．「撃破」は，敵を打ち破ること。　ｄ．「休憩」は，仕事や運動などを一時的に中断して休むこと。　ｅ．「滅亡」は，滅びること。

2021年度 獨協埼玉高等学校(第1回)

【英　語】 (50分) 〈満点：100点〉

1 リスニング問題 〈編集部注：放送文は未公表につき掲載してありません。〉

Part 1　これから流れる英語を聞き，1～5の質問に対する答えを1つ選び，記号で答えなさい。英文は2度読まれます。

1　(A) He entered university.　(B) He graduated.
　(C) He left Hollywood.
2　(A) He started directing.　(B) He started singing.
　(C) He started acting.
3　(A) Dances for movie cameras
　(B) Special camera movements
　(C) New ways to film dance moves
4　(A) 45　(B) 55　(C) 65
5　(A) 'Singing in Pain'
　(B) 'Singing in the Drain'
　(C) 'Singing in the Rain'

Part 2　これから短い会話文を聞きます。次の1～5の空欄に適切な語や文字，数字などを書きなさい。英文は1度だけ読まれます。

Food Order

1	Type of food ordered :	□A. Chicken Chilli / □B. Cheeseburger (Check A or B.)
2	Dessert :	＿＿＿＿ & ice cream
3	Customer's name :	Emma ＿＿＿＿
4	Telephone No :	070-9543- ＿＿＿
5	Address :	48 ＿＿＿＿ Street

Part 3　2人の会話を聞き，下の表の項目に当てはまるものを(A)～(H)の中から選び，記号で答えなさい。英文は2度読まれます。また，会話の場面の概要が日本語で書かれているので，今読みなさい。
トムとサラがクラス会の準備をする中，誰が何をやるのか話をしている。

People	Jobs
Mrs. Jones	1
Sarah	2
Kate	3
Tom	4
Mark	5

(A) Sandwiches　(B) Music　(C) Drinks
(D) Lights　(E) Salad　(F) Chairs
(G) Fried chicken　(H) Cakes

2 次の会話が成立するように空欄に適切な1語を入れなさい。ただし，答えは全て空欄内に示された文字で書き始めなさい。

1 A： Were you born in Japan?
B： Yes. I was born in Osaka. How about you?
A： I was born in India, but I (g　　) up in New York.

2 A： What is your favorite subject?
B： I like (s　　) studies. I'm interested in history.

3 A： Your teacher has a big family, doesn't he?
B： Right.
A： I think I saw his youngest (d　　) the other day.

4 A： Why don't we go to the zoo tomorrow?
B： I'm (a　　) I can't. I have to practice the piano.
A： Oh, that's too bad. Maybe next time!

5 A： You are eating too much.
B： No problem. If I want to eat, I can eat as much as I like.
A： But you should think about your (h　　).

3 日本語の意味に合う英文になるよう，下線部に適切な英語3語を入れなさい。

1 彼女は親切な先生として知られています。
She _________ a kind teacher.

2 この本を読めば，カレーライスの作り方が分かります。
This book will tell you _________ curry and rice.

3 これは，この3冊の本の中で最も難しいです。
This is the _________ these three books.

4 あなたは自分の部屋を掃除し終わりましたか。
Have _________ your room?

5 私をパーティーに招待してくれてありがとうございます。
Thank you _________ to the party.

4 2つの会話文の空欄に当てはまる英文を下の選択肢から選び，会話文を完成させなさい。ただし，英文は1度だけ使うこと。

A： What's the problem?
B： (　1　) I'm in some pain while I'm wearing contact lenses.
A： How long do you wear them during a day?
B： I usually wear them all day long.
A： (　2　)
B： So, what should I do?
A： You should not wear them for so long. If you have a pair of glasses, wear them for a few days. (　3　) You should use them twice a day.
B： I see. Thank you.
A： Take care.

ア I think it is good.

イ　I can't sleep well these days.
ウ　I'm having trouble with my eyes.
エ　I'll give you eye drops.
オ　That's too long.

A：What's up?　You look tired.
B：Actually, I broke up with my girlfriend recently.
A：(　4　)　What happened?
B：She said that she wanted to study for the exam, but I think there is another reason.
A：Don't think too much!　You need to take a rest.　(　5　)
B：Sounds great.
ア　That's too bad.
イ　May I help you?
ウ　What kind of music do you like?
エ　Take care.
オ　Why don't we go to a movie?

5　日本語の意味に合うように与えられた語句を並べかえなさい。文頭に来る語も小文字になっているので，大文字にして書きなさい。

1　友人がお土産としてインド産のＴシャツをくれました。
(gave / India / a T-shirt / made / my friend / me / in) as a souvenir.

2　あなたは，学校へ行く途中トムの妹に会いましたか。
(meet / on / did / way / Tom's sister / your / to / you) school?

3　私は今までにこんなに美味しいジャガイモを食べたことがありません。
(never / I / nice / have / such a / potato / eaten) before.

4　あなたが次の日曜日に暇なら，買い物に行きましょう。
(shopping / are / go / you / let's / if) free next Sunday.

5　彼は世界で最も有名な芸術家の１人です。
He is (artists / most / in / of / the / one / famous) the world.

6　コーヒーを１杯いかがですか。
(have / you / of / to / a / would / cup / coffee / like)?

6　次の英文を読み，以下の設問に答えなさい。

The Impossible Burger tastes exactly like beef, but it was made by using vegetables and science.　There are many kinds of "veggie burgers" for vegetarians, but this one is made for meat lovers.

The Impossible Burger was first made by Impossible Foods, a company started by Patrick O. Brown in 2011.　He has worked as a research scientist for many years.　He believed using animals for food was (　1　) and wanted people to eat something good for the Earth.　So he started a business to make plant-based foods instead of popular animal-based ones.

Researchers at Impossible Foods work on the flavor and ※texture of the burger.　They look for the key points of beef — its flavor, smell, and look.　Then those points are copied with plant-based ※ingredients. The key ingredient is heme. It is taken from plants, but looks and tastes like blood. Some of the other ingredients come from wheat, potato, and coconut. They make tasty sounds when they are fried, and give it a hard and meaty texture.

The Impossible Burger has the same ※nutrition as beef without the unhealthy parts. In fact, taste, nutrition, and saving the environment were all equally important when making the burger.

It is said that it takes lots of water and land to make a usual beef hamburger. Also, it creates greenhouse gases. In fact, farm animals such as cows and pigs are the largest (2)cause of greenhouse gas production. Many climate researchers believe that people should eat a less plant-based diet to stop global warming. An Impossible Burger saves land and water and reduces greenhouse gasses by 85-87%.

The goal is for meat lovers to eat less meat and do less damage to the environment. (3)Meanwhile they can still eat delicious burgers.

The Impossible Burger can only be found at some restaurants in the United States, Hong Kong, and Macau. The company also plans to sell the Impossible Burger in more areas in the U.S.

※ texture：歯ごたえ　ingredient(s)：成分　nutrition：栄養

問1　文中の(1)に当てはまる語句として，最も適切なものをア～エの中から1つ選び，記号で答えなさい。

ア　dangerous to the environment　　イ　expensive for most people

ウ　hard to cook　　エ　popular at that time

問2　次の英文は，“Researchers at Impossible Foods”で始まる第3段落のどこかに入る。英文が入るべき場所の直前の3語を答えなさい。

This gives the burger its red color when it is raw, and turns it brown when it is cooked.

問3　“The Impossible Burger has”で始まる第4段落の要旨として最も適切なものをア～エの中から1つ選び，記号で答えなさい。

ア　インポッシブル・バーガーは健康に良くない栄養素が入っていないため，牛肉のハンバーガーよりも安全に食べることができる。

イ　インポッシブル・バーガーは，牛肉のハンバーガーと同じ栄養も入っているが，健康に良い栄養も取り除かなければならない。

ウ　インポッシブル・バーガーを作る際には，環境を守ることだけではなく，味や栄養についても同じように考える必要があった。

エ　インポッシブル・バーガーを作る際には，味や栄養について考えることで，実際に環境を守ることができる。

問4　下線部(2)の意味として最も適切なものをア～エの中から1つ選び，記号で答えなさい。

ア　役割　　イ　原因　　ウ　意義　　エ　目的

問5　“It is said”で始まる第5段落の中に文脈に合っていない1語がある。その語を抜き出して，文脈に合う1語に書き換えなさい。

問6　下線部(3)と同じ意味を表すものをア～エの中から1つ選び，記号で答えなさい。

ア　At the same time　　イ　As a result

ウ　For that reason　　エ　For example

問7　本文の内容と一致するものをア～エの中から1つ選び，記号で答えなさい。

ア　Patrick O. Brown started a company to help meat lovers eat more plant-based food.

イ　Blood can make the Impossible Burger hard and just like meat.

ウ　The Impossible Burger uses a lot of land and water.

エ　The company is trying to make the Impossible Burger more popular by saving the environment.

7　次の英文を読み，問１～８の英文に続くものとして最も適切なものをそれぞれ１つ選び，記号で答えなさい。

When we are young, we learn that tigers and sharks are dangerous animals. We might be scared of them because they are big and powerful. As we get older, however, we learn that sometimes the most dangerous animals are also the smallest animals. In fact, they kill the most people every year, and at the same time, you have probably killed them many times : they are mosquitoes.

While it may seem that all mosquitoes are biters, this is not actually true. Male mosquitoes eat plants. On the other hand, female mosquitoes feed on animal blood. They need this blood to live and produce eggs. When a female mosquito bites a human being, it puts a small amount of ※saliva into their blood. This saliva may or may not have a deadly disease in it. The result of the bite can be as minor as an ※itchy bump or as serious as death. Because a mosquito can bite many people in the course of its life, it can carry diseases from one person to another very easily. Two of the most deadly diseases carried by mosquitoes are ※malaria and yellow fever. More than 700 million people become sick from these diseases every year. At least 2 million of them will die.

Many scientists are working on safer and better ways to kill mosquitoes, but so far, there is no sure way to protect everyone in the world from their deadly bites. Mosquitoes have many natural ※enemies like bats, birds, and certain kinds of fish. Bringing more of these animals into the home of mosquitoes might help to cut down the amount of mosquitoes in that area. This is a natural solution, but it does not always work very well. Mosquitoes can also be killed with poisons or sprays. These sprays kill mosquitoes, but they may also harm other plants or animals. Although mosquitoes may not seem as scary as larger, more powerful animals, they are far more dangerous to human beings. But things are changing. There is a high chance that one day scientists will find a way to keep everyone safe from mosquitoes and the diseases.

※　saliva：唾液　　itchy bump：かゆみを伴う腫れ　　malaria：マラリア
　　enemy(enemies)：敵

問１　Older people know that small animals . . .

ア　will be bigger in the future.

イ　are dangerous to younger people.

ウ　often kill tigers and sharks.

エ　could be the most dangerous.

問２　Mosquitoes are animals, and . . .

ア　kill sharks.

イ　most people eat them every year.

ウ　you may have killed them before.

エ　the females prefer feeding on plants.

問3　People bitten by mosquitoes . . .
ア　suffer from itchy bumps.
イ　need to produce eggs.
ウ　easily put a small amount of saliva into human blood.
エ　pass diseases to other people.

問4　Yellow fever . . .
ア　makes people sick every year.
イ　helps scientists invent safer ways to protect humans.
ウ　often leads to deadly bites.
エ　is another name for malaria.

問5　The number of mosquitoes will decrease . . .
ア　if mosquitoes kill bats.
イ　if natural enemies are in the same place.
ウ　if dragonflies eat sharks.
エ　if people like eating birds and fish.

問6　One of the bad points of insect spray is . . .
ア　it costs too much money to buy.
イ　it cuts down the amount of birds.
ウ　it hurts other animals.
エ　it is more dangerous to humans.

問7　It is wrong to think that . . .
ア　mosquitoes are more harmful than other small animals.
イ　things are changing quickly.
ウ　lions and gorillas are more dangerous than small animals.
エ　human beings will be safer from mosquitoes.

問8　The author suggests that . . .
ア　people will carry diseases more easily.
イ　people will kill mosquitoes more easily.
ウ　scientists will protect everyone from big animals.
エ　scientists will keep everyone from suffering from sickness.

【数　学】 (50分) 〈満点：100点〉

(注意) 定規，分度器は使用してはいけません。

1 　次の各問に答えなさい。

(1) $\frac{3x-2y}{2}-\frac{5x-y}{3}$ を計算しなさい。

(2) 2次方程式 $2x^2+10x+6=0$ を解きなさい。

(3) $(a-b)^2+5(a-b)-6$ を因数分解しなさい。

(4) 方程式 $2x-y+3=7x+3y=12$ を解きなさい。

(5) 直線 $y=-2x+5$ と平行で，直線 $y=6x-5$ と y 軸上で交わる直線の式を求めなさい。

(6) 直線AB，EF，CDが平行であるとき，x の値を求めなさい。

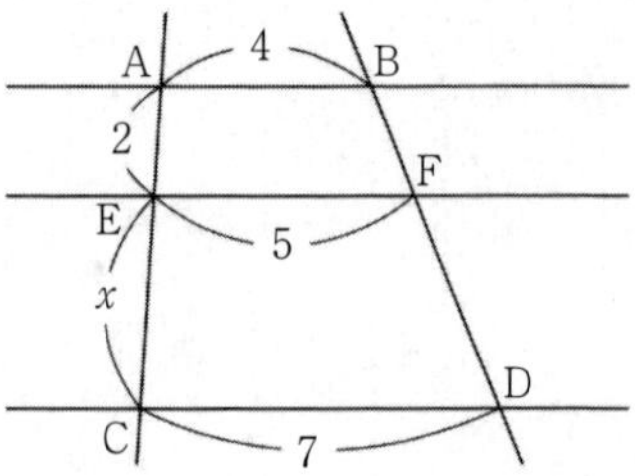

(7) ∠A＝90°，AB＝AC＝a cmの直角二等辺三角形ABCがあります。辺ABをBの方向に10 cm延長してできる辺を辺AD，辺ACをCからAの方向に3 cm縮めてできる辺を辺AEとします。三角形ADEの面積が15 cm^2 であるとき，a の値を求めなさい。

(8) 右の図のように，直線 l と長方形ABCDがあり，辺CDは直線 l 上にあります。点Eは対角線AC，BDの交点で，AB＝ 8 cm，BC＝ 6 cmです。直線 l を回転の軸として三角形BCEを1回転してできる立体の体積を求めなさい。

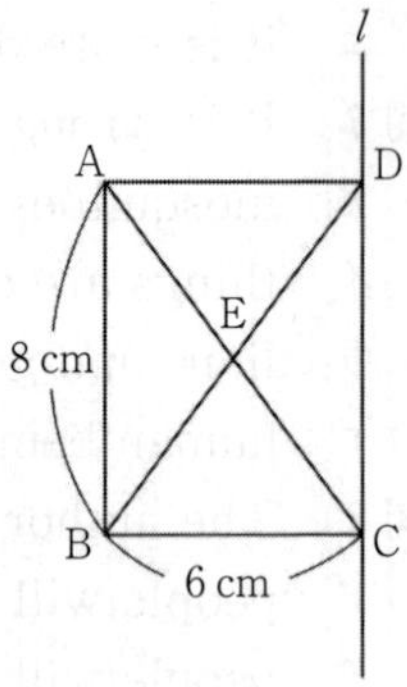

(9) 当たりくじ2本，はずれくじ3本，合計5本のくじの中から同時に2本引きます。このとき，次の各問に答えなさい。

① 2本とも当たりくじを引く確率を求めなさい。

② 少なくとも1本は，はずれくじを引く確率を求めなさい。

2 　図のように，∠A＝90°の直角三角形ABCの内部に，円Oがあり，各辺に接しています。また，点P，Q，Rはそれぞれ辺AB，BC，CAと円Oとの接点です。PB＝ 3 cm，QC＝ 2 cm，RA＝ 1 cmのとき，下の 問題 に答えなさい。

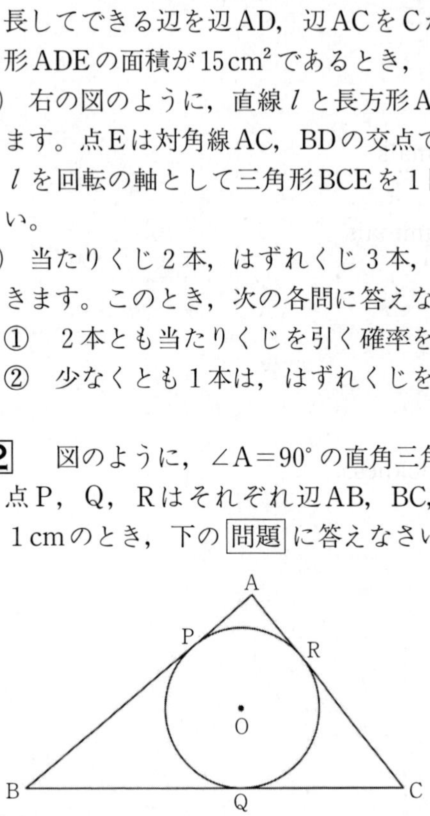

問題 　次の枠内は，△ABCの3辺の長さと面積，円Oの半径を求めた解答です。次の ア ～ コ に適切な数や言葉を入れなさい。

△OBPと△OBQにおいて，
Pは円OとABの接点であり，また，Qは円OとBCの接点であるので，
　∠OPB＝∠OQB＝［ア］°　…①
　OBは［イ］であるから，OB＝OB　…②
OPとOQは円Oの半径より
　OP＝OQ　…③
①～③より，［ウ］がそれぞれ等しいから
　△OBP≡△OBQ
これより，対応する辺の長さは等しいので，
　PB＝QB
よって，
　QB＝３cm

△OAPと△OAR，△OCQと△OCRでも同じように証明できるので，
　PA＝［エ］cm，RC＝［オ］cm
である。

これより，AB＝［カ］cm，BC＝［キ］cm，CA＝［ク］cm
また，△ABCの面積を求めると［ケ］cm^2である。

よって，円Oの半径は，［コ］cmである。

3　スマートフォンを新しく契約するため，料金プランを調べました。料金プランはAプランとBプランの２種類あります。契約内容は以下の通りです。

Aプランは，基本料金が1,000円かかり，１GB(ギガバイト)あたり500円の通信料金がかかります。

Bプランは，基本料金が3,000円かかり，５GBまでは通信料金はなく，５GBを超えて利用すると１GBあたり700円の通信料金がかかります。

基本料金と通信料金の合計を使用料金として，次の各問に答えなさい。

(1)　AプランとBプランの利用量と使用料金の関係を表すグラフとして適当なものを，次の(ア)～(エ)から選びなさい。ただし，原点Oは(0，0)，x軸を利用量(GB)，y軸を使用料金(円)とし，グラフの目盛りの縮尺は異なります。

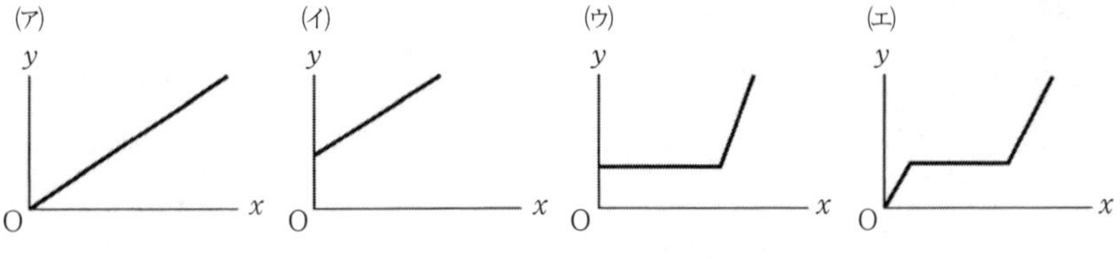

(2)　Bプランで6.5GB利用した場合，使用料金はいくらになりますか。

(3)　次の各問に答えなさい。

①　Aプランについて，利用量をxGB，使用料金をy円とし，xとyの関係を式で表しなさい。

② Aプランでの使用料金がBプランでの使用料金以上となるのは，利用量が何GB以上何GB以下のときですか。

4 太郎さんと花子さんはスマートフォンでインターネットを楽しんでいます。以下はそのときの会話文です。

太郎：検索したホームページから情報を得ようとしたんだけど，会員登録をしないといけないみたいなんだ。

花子：どうやって登録するの？

太郎：メールアドレスを登録して，自分のパスワードを設定すれば良いみたいだよ。メールアドレスとパスワードが一致すれば，ホームページを見ることができるようになるんだ。

花子：よくあるパターンだね。でも大事な情報が見られるなら，パスワードは忘れないようにしないとね。

太郎：どうやら5文字で設定しなければならないのだけど，忘れないように0～9の数字だけで作った5文字にしようかな。

花子：「同じ数字は何度使用してもかまいません」と書いてあるので，それだと［ ① ］通りのパスワードが作れるね。だけど，最近のパスワード設定では，英字（アルファベット）も入れないと設定できないかもしれないよ？

太郎：あ，本当だ。注意書きで，

「パスワード5文字の中に，A・B・C・D・Eの5文字のどれかを3つ入れてください。同じ文字を使用してもかまいません。例：A5C0C」

と書いてあったよ。英字が3文字ないと駄目みたいだね。

でも，英字はA～Eの5文字だから，

$10\times10\times5\times5\times5=12500$（通り）

となってしまい，数字のみのパターンよりも減ってしまうのではないのかな？

花子：それは間違えているよ。

だって，［ ② ］から，12500通りの10倍の125000通りになるはずだよ。

太郎：なるほど！ そうすると，パスワードの作り方は，英字が1文字のときに［ ③ ］通りで，英字が4文字のときに［ ④ ］通りになるんだね。

(1) ［ ① ］にあてはまる数を答えなさい。

(2) ［ ② ］に入る理由を答えなさい。

(3) ［ ③ ］，［ ④ ］にあてはまる数を答えなさい。

が大人になってからは関係がこじれていく様子が対比的に強調されている。

イ　母の新しい暮らしを目のあたりにして、「わたし」自身が母の言動に感じるようになったことが、たとえを用いて表現されている。

ウ　飛行機の中でだんだんと母のことが頭から離れていく「わたし」は、世話をしてくれる「義母」との関係を大切にしようと決心している。

エ　「わたし」は飛行機の中でニリンソウを思い出し、母の今後を重ね合わせて、老いた母の心配をしなければいけない状況からは逃げたく思っている。

オ　ニリンソウについて母は、いろいろな特徴を「わたし」に教えるが、そんなことが全く頭に入らないほどに、「わたし」は悩みを深めている。

カ　「　」のある会話と、「　」のない会話が混在している文章によって、「わたし」が混乱している様子が強調して表現されている。

三

次の①～⑤の傍線部の漢字の読みをひらがなで書きなさい。また、a～eの傍線部のカタカナを漢字に直しなさい。

① トマトが真っ赤に熟れる。
② 友人の優しさに号泣する。
③ 負荷をかける。
④ キツネは山神の化身と言われた。
⑤ 論文の体裁を整える。
a 歴史学をセンモンとする教授。
b 部長として部員をトウソツする。
c 多くの名作をアラワした作家。
d 栄枯セイスイは世の習いである。
e 真剣な気持ちで試合にノゾむ。

問一　傍線部①「この作文の話」について、内容の説明として最も適当なものを次の中から一つ選んで、記号で答えなさい。

ア　「わたし」は、担任の教師が来たことを恐れて、家族の中で最初に泣き出した。

イ　「母」も「父」同様に、「わたし」を大切に思うあまり、担任の教師を責めた。

ウ　「弟」は、姉である「わたし」が自分のことを遠ざけると勘違いして泣き出した。

エ　「わたし」が打ち明けた家族への思いに感動した「父」は、担任の教師の涙も誘った。

問二　傍線部②「いつもいつもテレビの音が響いているリビングにも頭が痛くなる」は、「わたし」の家族（父、母、「わたし」、弟）のどのような様子と比較されていますか。それがわかる箇所を一文の形で抜き出し、最初の五字を答えなさい（解答箇所に句読点、記号を含む場合はそれも字数に含める）。

問三　傍線部③「平日の公園」の場面の地域として、最も適当なものを次の中から一つ選んで、記号で答えなさい。

ア　大阪　　イ　上高地　　ウ　東京　　エ　福岡

問四　傍線部④「そのこと」とはどういうことですか。三十～四十字で説明しなさい。

問五　傍線部⑤「母のこれからの人生」について、「わたし」はどのような気持ちを抱いていますか。説明として最も適当なものを次の中から一つ選んで、記号で答えなさい。

ア　火事を起こしたマンションに今後も住み続ける母親の苦しみを、軽減できるという安心感。

イ　母が苦労して貯めたお金を、将来的に弟と同居すれば持ち続けられるという意味での期待。

ウ　将来弟と大阪で同居する可能性があるだけで、母は幸せになれないかもしれないという心配。

エ　母が馴染んだ大阪を離れることで資金はできても、「わたし」自身が実家に帰りづらいという不満。

問六　傍線部⑥「栄転」の意味として最も適当なものを次の中から一つ選んで、記号で答えなさい。

ア　これまでよりも高い地位や役職に就くこと。

イ　希望の勤務地を決定できるようになること。

ウ　広い住まいを選べるだけの賃金を得ること。

エ　故郷の家族に立身出世の報告をすること。

問七　傍線部⑦「ニリンソウ」をきっかけに、「わたし」は母の今後についてどのようなことを考えましたか。文中の表現を用いて説明しなさい。

問八　空欄□に当てはまる語として最も適当なものを次の中から一つ選んで、記号で答えなさい。

ア　まぶしさ　　イ　はかなさ

ウ　きびしさ　　エ　いとしさ

問九　傍線部⑧「きっと、なんとかなる」とは対照的なことを、「わたし」はこの場面で考えていますが、それがわかる文を**二つ**探し、それぞれ最初の五字を答えなさい（解答箇所に句読点、記号を含む場合はそれも字数に含める）。

問十　本文の表現や内容の説明として、適当なものを次の中から**二つ**選んで、記号で答えなさい。

ア　子どもの頃の家族の仲のよい様子を描くことで、「わたし」

ではどのような言葉をさしていますか。適当なものを次の中から**全て**選んで、記号で答えなさい。

ア　最低のリテラシーをもつ読者に合わせたやさしい言葉
イ　平仮名で表記した言葉
ウ　読み手にとってなじみのある言葉
エ　差別につながりかねない語を排除した言葉
オ　響きが良く深みのある言葉

問八　空欄［Ⅰ］・［Ⅱ］に当てはまる内容として最も適当な組み合わせを、次の中から一つ選んで、記号で答えなさい。

ア　Ⅰ―断定で物事を伝える機会が減ったので、現代人は語彙力が乏しくなった。
　　Ⅱ―現代人は語彙力が乏しいので、断定で物事を言うことがなくなった。
イ　Ⅰ―現代人は語彙力が乏しいので、断定で物事を言うことがなくなった。
　　Ⅱ―断定で物事を伝える機会が減ったので、語彙力が乏しくなった。
ウ　Ⅰ―情感を表す語彙が貧困になったので、現代人は情感が乏しくなった。
　　Ⅱ―現代人は情感が乏しいので、情感を表す語彙が貧困になった。
エ　Ⅰ―現代人は情感が乏しいので、情感を表す語彙が貧困になった。
　　Ⅱ―情感を表す語彙が乏しくなったので、情感が乏しくなった。

問九　傍線部⑥「メディアからの寄稿依頼を断り、それに倍する量の文字をブログに書き付けている」と筆者は述べていますが、そのようにするのはなぜですか。「～ことができるから。」につながるように、三十～四十字で理由を説明しなさい。

問十　本文の内容や筆者の主張に合致するものを、次の中から一つ選んで、記号で答えなさい。

ア　現代の子どもたちは、昔と比べて家庭での会話や学習の機会が減っているので、感受性が育まれず、生活言語が満足に習得できない。
イ　子どもの語彙力低下の原因には、親や子どもの努力が不足していることのほかに、日本語自体が希薄になっていることが挙げられる。
ウ　日本語が希薄になりつづけているのは、生活に困らない程度の単語を知っていれば十分だという考えが、人々の間に広がっているからだ。
エ　メディアは日本語の語彙を減らすことに熱心だが、そのおかげで多くの読者にとっては理解しやすくなるので、やむを得ないことだ。

三

次の文章を読んで、以下の問いに答えなさい。

〔編集部注…課題文は著作権上の問題により掲載しておりません。作品の該当箇所につきましては次の書籍を参考にしてください〕

・益田ミリ著『5年前の忘れ物』所収「ニリンソウ」
〈講談社　二〇一三年一月一五日初版発行〉
一八八頁一行目～一九〇頁五行目（中略）

〔要約文〕結婚後、「わたし」は、夫の実家がある福岡に引っ越し、娘の麻奈を産んだ。夫は仕事で疲れ切り、「お義母さん」の夫婦への干渉にもうんざりしている日々を過ごしている。

一九一頁二行目～一九五頁三行目（中略）

〔要約文〕以下は、「わたし」が弟の玲司の車で、母と一緒に空港まで送られ、二人と別れて飛行機が離陸した後の場面である。

二〇一頁後ろから五行目～二〇三頁一行目

それは「最もリテラシーの低い読者」の読解力に合わせて無制限に［A］修正を繰り返すということを意味している。

その結果が、現在の※10索漠たる言語状況である。

勘違いしている人が多いが、「［I］」のではない。

「［II］」のである。

ことの順逆が違う。

言語の現実変性能力がどれほど強力なものか、それをほとんどの日本人は理解していない。

とりわけ言語についての理解の遅れた人々が現代日本の「国語」を※11宰領《さいりょう》している。

私が⑥メディアからの寄稿依頼を断り、それに倍する量の文字をブログに書き付けているのは、ここには「使用語彙の制限」がないからである。

（内田　樹『ひとりでは生きられないのも芸のうち』による）

※1　諸賢のご高覧に供する…「皆様にお見せする」ということ。
※2　ドミナント…支配的であること。優勢であること。
※3　シグナル…信号。合図。
※4　ロジック…論理。論法。
※5　リテラシー…読み書きの能力。
※6　ATOK…ローマ字やかなで入力された「読み」を「漢字」に変換する機能があるパソコンの日本語入力システム。
※7　唱道…自ら先に立ってとなえること。
※8　瀰漫…気分や風潮などが一面にみなぎること。ひろがりはびこること。
※9　瘴気…ある種の病気を引き起こすと考えられた「悪い空気」のこと。
※10　索漠…ものさびしいさま。
※11　宰領…とりしまること。監督すること。

問一　傍線部①「最後がえ段になっていることばを使わないということです」とありますが、この部分を文節に区切ったものとして最も適当なものを次の中から一つ選んで、記号で答えなさい。

ア　最後が／え段に／なっている／ことばを／使わないと／いうことです
イ　最後が／え段に／なって／いる／ことばを／使わないと／いうことです
ウ　最後が／え段に／なっている／ことばを／使わないと／いう／ことです
エ　最後が／え段に／なって／いる／ことばを／使わないと／いう／ことです

問二　傍線部②「自分のことばを引き取らない」とありますが、「自分のことばを引き取」っていない表現の例として最も適当なものを次の中から一つ選んで、記号で答えなさい。

ア　彼の冗談には笑わずにはいられない。
イ　おそらく彼は成功するでしょう。
ウ　あなたのことは存じ上げております。
エ　私には学級委員を務める自信がありません。

問三　傍線部③「子どもの語彙の貧困」とありますが、その原因は何ですか。本文中から探し、十四字で抜き出しなさい（解答箇所に句読点、記号を含む場合はそれも字数に含める）。

問四　空欄［A］に共通して入る語として最も適当なものを次の中から一つ選んで、記号で答えなさい。

ア　上方　イ　下方　ウ　前方　エ　後方

問五　空欄［B］に入る表現として最も適当なものを次の中から一つ選んで、記号で答えなさい。

ア　肌に粟《あわ》を生じる　イ　目から鼻に抜ける
ウ　面の皮を剝《は》ぐ　エ　後ろ髪を引かれる

問六　傍線部④「そういう文字を見ても『平気』というような言語感覚の人間」と同じ内容を表す部分を、本文中から探し、十五字で抜き出しなさい（解答箇所に句読点、記号を含む場合はそれも字数に含める）。

問七　傍線部⑤「政治的に正しい言葉づかい」とありますが、こここれもまことに重要な指摘である。

③子どもの語彙の貧困は、その子どもの生活圏でゆきかう言語の貧困をそのまま映し出している。

それは子ども自身の責任ではない。

日本語が痩《や》せているということがすべての問題の底流にある。

それはメディアに執筆しているときに痛感することである。

私の原稿はしばしば「むずかしい漢字が使ってある」とか「なじみのない外来語が使ってある」という理由で書き直しを命じられる。

私は原則として修正に応じない。

読者に読めない漢字があってはメディアとしては困るんですと言うけれど、その※4ロジックを受け容《い》れてしまうと、メディアはその読者のうち最低の※5リテラシーを持つものの水準に合わせて使用言語を絶えず［ A ］修正しなければならなくなるからである。

現にそうやって戦後日本のメディア言語は痩せ細ってきた。

例えば、「語彙」という言葉を使わせてくれないメディアがある。

これは「語い」と書かなければならない。

私は「語い」とか「範ちゅう」とか「破たん」(うちのゼミ生でこれを「やぶたん」と読んだものがいたが、いっそそう読むようにしたらどうだね)というような表記を見ると、［ B ］。

④そういう文字を見ても「平気」というような言語感覚の人間が使用文字について公的な決定権を持っている。

以前に「はなもひっかけない」と表記した原稿を「身体部位の欠《けっ》陥《かん》にかかわる表記はやめてください」と差し戻されたことがあった。

「はなもひっかけない」というのを「鼻が低いので、ものがひっかからない」という意味だと解釈したせいらしい。

「はな」は「鼻」ではなくて「洟《はな》」である。

「はなみずもひっかけてもらえないくらいに、てんで相手にされない」という意味である。

その程度の国語力の人間が言語表記について適否の判断の任に当たってよろしいのであろうか。

「片手落ち」という表記も「身体障害者差別になるから」と拒否されたことがあった。「短見」も「耳を聾《ろう》する」も「障害者差別になるから」という理由でいずれ拒否されるだろう。

「狂人」や「白《はく》痴《ち》」や「気違い」などの語はそもそも※6ATOKに登録されていない。

「⑤政治的に正しい言葉づかい」をメディアや文科省は久しく※7唱道してきた。

そのこと自体に文句はない。

けれども、それはただ「使える言葉をひたすら減らす」というかたちでしか行われてこなかった。

「美しい言葉」「響きの良い言葉」「意味の深みをたたえた言葉」を増やすという方向には、戦後日本のメディアも教育もほとんど何のアイディアも持たなかった。

日本語の痩弱《そうじゃく》に歯止めがかからないのは、「言葉なんかいくら使用制限しても日常生活に少しも不便はない」という(渡辺先生のいう)「生活言語」の全能への信仰が現代社会に※8瀰漫《びまん》しているからである。

「瀰漫」と私はよく書く。(略)

これもおそらく新聞に投稿したら「び漫」と直されてしまうのであろう。

けれども、「瀰漫」は「蔓延《まんえん》」や「波及」や「一般化」とはニュアンスが違う。

どのような他の語をもってしても「瀰漫」の語のはなつ「※9瘴《しょう》気《き》」に類したものは表すことができない。

この「瘴気」だってそうだ。

「毒気」では言い換えることができない。

これを「しょう気」と書き直されたとき、誰がその原義にたどりつけるであろうか。

だが、現にそのようにして、メディアは日本語の語彙を減らすことに全力を尽くしている。

二〇二一年度 獨協埼玉高等学校（第一回）

【国　語】（五〇分）〈満点：一〇〇点〉

一　次の文章を読んで、以下の問いに答えなさい（出題の都合上、一部変更している箇所がある）。

　掃除をしていると、捜《さが》し物が見つかることがある。どこにいったかな……と前から探していた『ことばから見える現代の子ども』という冊子が見つかった。

「エ」音のことをこの冊子で読んだからである。見つかったので、またどこかへゆかないうちに再録して、※1諸賢のご高覧に供するのである。

（略）

　こんな話。

「私の学校は去年から児童会で『え段を使わないようにしよう』という『やさしいことばキャンペーン』をやっています。『てめえ』『しね』など、①最後がえ段になっていることばを使わないということです。家庭が殺伐として、親も含めて、そういうことばの世界だと思います。『食え』とか日常言っています。だからといって、すごい親かというと、そうでもない。しかし、そのことばは限られた小さな世界のなかで通用することであって、一歩外に出た時にその言語を使って、人間関係がつくられていくのかということも、教師のなかで心配していることです。（……）

　ここ数年気にかかることは『②自分のことばを引き取らない』ということです。『たぶん』、『かもね』などのことばを最後につけて、あとから追求がこないようにしています。断定で『そうです』ということばも使わないですね。こうしたことは、家庭が学校化している子どもに多いのではないかと思います」（『ことばから見える現代の子ども』日本作文の会、百合出版、『作文と教育』55巻7号、二〇〇四年、八頁）

　私は京大の集中講義の途中で、この「え段」の逸話を思い出して、「え段」が教室で※2ドミナントな音韻《おんいん》になったら、それは学級崩壊の※3シグナルである……というようなことを申し上げたが、これは少し先走りしすぎた発言であって、渡辺先生はそこまでは言っていなかったのである（「受け売り」はつねに強度を増して再現される）。

　それにしても、この渡辺先生という方はたいへん鋭い観察眼をもっておられて、この教員たちの座談会の中でも、彼女の現場報告のなかには「どきっ」とする指摘が多い。

　さらに採録。

「今の学校の子どもたちも共通しているのですが、低学年の語彙《ごい》の少なさを感じます。『むかつく』と言えばそれで済んでしまう。この年ではこの程度は知っていなければいけないと思うことばが、なかなか子どもたち全体のものになっていない。

　ことばを考えると、単語が飛び交っている生活言語と、学習言語とあると思います。生活言語の範囲がすごく狭くなっている。生活に困らない程度の単語の数だから、情感を表すようなことばが減ってきている。親子関係もあまり情感のない関係になってきているのではないかとも思えます。

　たとえば、学校にはたくさんの行事がありますが、参観した親からいろんなことを言ってもらえるんじゃないかなと私などは思います。

　次の日に聞くと、『何も言われなかった』と子どもたちは言うのです。その子は言われたことを忘れちゃったのかと一時は思っていましたが、親が何も言わない、運動会が終わっても、運動会のことが全然話題にならない家庭があります。情感を養う部分が生活のなかで薄くなってきているから、そこを獲得できないのかなと思います」（同誌、一二頁）

2021年度／獨協埼玉高等学校（第１回）

英語解答

1 Part 1　1…(B)　2…(C)　3…(A)
4…(A)　5…(C)
Part 2　1…B　2　apple pie
3　Thomas　4　3079
5　Church
Part 3　1…(H)　2…(C)　3…(E)
4…(B)　5…(G)

2 1　grew　2　social
3　daughter　4　afraid
5　health

3 1　is known as
2　how to make〔cook〕
3　most difficult of
4　you finished cleaning
5　for inviting me

4 1　ウ　2　オ　3　エ　4　ア
5　オ

5 1　My friend gave me a T-shirt made in India
2　Did you meet Tom's sister on your way to
3　I have never〔Never have I〕eaten such a nice potato
4　Let's go shopping if you are
5　one of the most famous artists in
6　Would you like to have a cup of coffee

6 問１　ア　問２　tastes like blood
問３　ウ　問４　イ
問５　less→more
〔plant(-based)→animal(-based)〕
問６　ア　問７　ア

7 問１　エ　問２　ウ　問３　ア
問４　ア　問５　イ　問６　ウ
問７　ウ　問８　エ

1〔放送問題〕放送文未公表

2〔対話文完成―適語補充〕

１．A：あなたは日本で生まれたのですか？／B：はい，大阪で生まれました。あなたはどうですか？／A：私はインドで生まれましたが，ニューヨークで育ちました。//インドは生まれた場所で，ニューヨークは育った場所と考えられる。　grow up「成長する，育つ」　grow－grew－grown

２．A：あなたの好きな科目は何ですか？／B：私は社会が好きです。私は歴史に興味があります。//好きな科目を答えているので，social studies「社会」が適切。

３．A：あなたの先生は大家族ですよね。／B：そのとおりです。／A：先日，彼の一番下の娘さんを見たと思います。//Bの先生の家族のことが話題になっているので，Aは先生のdaughter「娘」を見たのだと推測できる。

４．A：明日動物園に行かない？／B：ごめん，行けないんだ。ピアノの練習をしなければならないんだよ。／A：おや，それは残念。またの機会に！//Why don't we ～？で「～しませんか？」と誘う表現。Aの誘いに対して，Bはピアノの練習をしなくてはならないと答えているので，I'm afraid I can't.「残念だけど，できません」と誘いを断っているとわかる。

５．A：君は食べ過ぎだよ。／B：問題ないよ。食べたいときには，好きなだけ食べられるよ。／A：でも，自分の健康を考えるべきだよ。//食欲のおもむくままに大食いをするBに対してのAの忠告なので，health「健康」が適切。

3〔和文英訳―部分記述〕

1．be known as ～「～として知られる」

2．料理のつくり方なので，「～の仕方，方法」を表す how to ～ を用いて how to cook〔make〕とする。

3．「最も難しい」は difficult の最上級 the most difficult で表せる。複数を表す語句の前なので，「～の中で」には前置詞 of を用いる。

4．「もう～しましたか」は，‘完了’ 用法の現在完了の疑問文で ‘Have/Has＋主語＋過去分詞～？’ と表せばよい。「～し終える」は finish ～ing で表せる。

5．「～してくれてありがとう」は Thank you for ～ing で表せる。　invite「～を招待する」

4〔対話文完成─適文選択〕

《全訳》❶A：どうしましたか？❷B：$_1$目の調子が悪くて。コンタクトレンズをつけている間，痛いんです。❸A：一日にどのくらいつけていますか？❹B：ふだんは一日中です。❺A：$_2$それは長すぎますね。❻B：それでは，どうすればよいですか？❼A：コンタクトレンズをそんなに長くつけてはいけません。眼鏡を持っていたら，数日間はそれをかけてください。$_3$目薬をお渡しします。一日に2度，それを使ってください。❽B：わかりました。ありがとうございます。❾A：お大事に。

1．医師であるAと患者であるBの会話と考えられる。医師の「どうしましたか」に対する返答なので，目の調子が悪いというウが適する。この trouble は「不調，病気」といった意味で用いられている。　　2．「一日中コンタクトレンズをつけている」という患者に対する医師の応答なので，「それは長すぎる」というオが適する。　　3．直後で医師は「一日に2度，それを使いなさい」と続けているので，目薬を処方するというエが適する。

《全訳》❶A：どうしたの？　疲れているみたいだね。❷B：そうなんだ，最近，彼女と別れたんだよ。❸A：$_4$それは残念だね。何があったの？❹B：彼女は試験に向けて勉強したいといってたけど，僕には他に理由があると思うよ。❺A：考えすぎないことだよ！　息抜きが必要だね。$_5$映画を見に行かない？❻B：それはいいね。

4．「彼女と別れた」というBにかける言葉として，残念だ，気の毒だという気持ちを伝えるアが適する。　　5．「息抜きが必要だ」に続く発言なので，Bを映画に誘う内容のオが適している。

5〔整序結合〕

1．My friend gave me a T-shirt.「友人がTシャツをくれました」が文の骨組み。「インド産の」は「インドでつくられた」と考え，受け身の意味を持つ過去分詞の形容詞的用法で made in India とまとめ，T-shirt の後に置く。

2．Did you meet ～「あなたは～に会いましたか」で始める。「学校へ行く途中」は on your way to school。　on ～'s way to ～「～へ行く途中(で)」

3．「今までに～したことがない」は ‘経験’ を表す現在完了の否定形で ‘have/has never＋過去分詞’ と並べる。「こんなに～な…」は ‘such a/an＋形容詞＋名詞’ という語順になる。

4．「～しましょう」は ‘Let's＋動詞の原形～’ で表す。「買い物に行く」は go shopping。「暇なら」は接続詞 if を用いて if you are free とまとめる。

5．「最も～な…の1人」は ‘one of the＋最上級＋複数名詞’ で表せる。famous「有名な」の最上級は the most famous。

6．相手に何かをすすめるときの「～するのはいかがですか」は，Would you like to ～？で表せる。「コーヒーを1杯」は a cup of coffee。ここでの have は「飲む」という意味で用いられている。

⑥〔長文読解総合―説明文〕

《全訳》❶インポッシブル・バーガーは，牛肉のハンバーガーと全く同じ味がするが，野菜と科学を使ってつくられたものである。ベジタリアン向けの「ベジ・バーガー」にはたくさんの種類があるが，これは肉好きの人のためにつくられている。❷インポッシブル・バーガーは，2011年にパトリック・O・ブラウンが始めた会社であるインポッシブル・フードが最初につくった。彼は長年，研究者として働いている。彼は，食べ物のために動物を使うことは環境にとって危険だと信じており，人々には地球にとっていいものを食べてほしいと思った。そこで，一般的な動物由来の食べ物に代わって植物由来の食べ物をつくるビジネスを開始したのである。❸インポッシブル・フードの研究者たちは，バーガーの味と歯ごたえの研究に取り組んでいる。彼らは，牛肉の大切な要素――味とにおいと見た目を探究している。そして，それらの要素が植物由来の成分を使って複製される。重要な成分はヘムである。それは植物から採取されるが，見た目と味は血に似ている。これによって，バーガーの色は生のときは赤く，調理されると茶色に変わる。他の成分には，小麦やジャガイモ，ココナッツを原料としたものもある。それらは揚げると食欲をそそる音がして，硬く，肉のような歯ごたえになる。❹インポッシブル・バーガーには，体に悪い部分を除いて，牛肉のハンバーガーと同じ栄養が入っている。実際のところ，インポッシブル・バーガーをつくる際には，味や栄養，そして環境を守ることが全て同じように重要とされた。❺普通の牛肉のハンバーガーをつくるためには，大量の水と土地が必要だといわれている。また，温室効果ガスも排出する。実際，牛や豚などの家畜は温室効果ガスを生み出す最大の原因である。多くの気象研究者は，地球温暖化を抑止するためには，人々はもっと植物由来の食べ物を食べるべきだと考えている。１個のインポッシブル・バーガーは土地と水を節約し，温室効果ガスを85～87％まで削減する。❻目標は，肉好きの人が食べる肉の量を減らし，環境へのダメージを減らすことである。同時に彼らは，おいしいハンバーガーを食べることもできるのだ。❼インポッシブル・バーガーはアメリカ，香港，マカオの一部のレストランでしか提供されていない。会社はインポッシブル・バーガーをアメリカのより多くの地域で販売することも計画している。

問１＜適語句選択＞直後に，地球にいいものを食べてほしいと続いているので，食べ物のために動物を使うことは環境にとって危険だという内容が適する。

問２＜適所選択＞補う文の最初の This は，バーガーの色を，生のときは赤く，調理すると茶色くさせるものを指している。第３段落第４，５文にバーガーの主な成分であるヘムについての説明があり，その色と味は血に似ているとあることから，この This は heme を指すとわかり，この直後に入れるのが適切。

問３＜要旨把握＞第４段落第２文に，「味や栄養，そして環境を守ることが全て同じように重要」とある。

問４＜語句解釈＞cause は「原因」という意味を持ち，「家畜は温室効果ガスを生み出す最大の原因である」という文になっている。

問５＜要旨把握＞第５段落第１～３文では，従来の牛肉のハンバーガーを食べることによって，温室効果ガスが多く排出されると述べられている。温室効果ガスは地球温暖化の原因の１つなので，第４文後半の「地球温暖化を抑止するためには植物由来の食べ物を，より少なく食べるべきだ」の less「より少なく」を more「より多く」とするのが適切。なお，plant-based を animal-based としてもよい。

問６＜語句解釈＞第６段落は，インポッシブル・バーガーの目標は環境へのダメージを減らすとともに，おいしいバーガーを提供することであるという内容なので，At the same time「同時に」が適切。　as a result「結果として」　for that reason「そんな訳で」　for example「例えば」

問7＜内容真偽＞ア．「パトリック・O・ブラウンは，肉好きの人たちに植物由来の食べ物をより多く食べてもらうために会社を始めた」…○　第1，2段落の内容に一致する。　イ．「血はインポッシブル・バーガーを硬く，肉そっくりにできる」…×　第3段落最後の2文参照。肉のような硬い歯ごたえになるのは，小麦やジャガイモやココナッツなどが原料の成分を揚げたとき。　ウ．「インポッシブル・バーガーは多くの土地と水を使用する」…×　第5段落最終文参照。　エ．「会社は，環境を守ることによってインポッシブル・バーガーをより有名にしようとしている」…×　このような記述はない。

7〔長文読解─内容一致─説明文〕

≪全訳≫❶私たちは幼い頃，トラとサメは危険な動物だと学ぶ。それらは大きくて力が強いので，私たちは恐れるのだろう。しかし大人になると，ときには最も危険な動物が最も小さい動物でもあると知るようになる。事実，それらは毎年多くの人の命を奪い，同時に，あなたはそれらを何度も殺したことがあるだろう。それらとは蚊のことである。❷全ての蚊が人を刺すようにも思われるが，それは全く誤りである。オスの蚊は植物を食べる。一方，メスの蚊は動物の血を食料としている。メスの蚊は生きるため，そして卵を産むためにこの血を必要としている。メスの蚊が人間を刺すと，少量の唾液が人の血に混ざる。この唾液の中に，死に至る病気が含まれている可能性がある。蚊の一刺しの結果は，かゆみを伴う腫れのようにささいなものにも，死という深刻なものにもなりうるのだ。1匹の蚊はその一生の間に多くの人を刺しうるので，非常に容易に，次々と病気を拡散させうる。蚊によって伝染する最も致命的な病気の2つが，マラリアと黄熱病である。毎年，7億人以上の人々がこれらの病気に感染する。そして少なくとも200万人が死亡するだろう。❸多くの科学者が，より安全でよりよい蚊の殺し方を研究しているが，今までのところ，致命的な一刺しから世界中の人々を守る確実な方法はない。蚊には，こうもりや鳥やある種の魚のような天敵がたくさんいる。これらの動物をより多く蚊の住みかに連れてくれば，その地域の蚊の数を減らすのに役立つかもしれない。これは自然の解決方法だが，常にうまくいくとはかぎらない。蚊は毒やスプレーで殺すこともできる。これらのスプレーは蚊を殺すかもしれないが，他の植物や動物に危害を与える恐れもある。蚊は，もっと大きくて力の強い動物のように恐ろしくは見えないかもしれないが，人間にとってははるかに危険だ。しかし，事態は変わりつつある。いつの日か科学者たちが，蚊とその病気から人類を守る方法を見つける可能性は高い。

問1．「大人は，小さい動物は(　　)と知っている」─エ．「最も危険になりうる」　第1段落第3文参照。

問2．「蚊は生き物であり，そして(　　)」─ウ．「あなたは以前，それらを殺したことがあるかもしれない」　第1段落最終文参照。

問3．「蚊に刺された人は(　　)」─ア．「かゆみを伴う腫れに苦しむ」　第2段落第7文参照。

問4．「黄熱病は(　　)─ア．「毎年，人々に病気をもたらす」　第2段落最後から3，2文目参照。

問5．「蚊の数は，(　　)減少するだろう」─イ．「もし同じ場所に天敵がいれば」　第3段落第2，3文参照。

問6．「虫スプレーの短所の1つは(　　)ことだ」─ウ．「他の動物に危害を及ぼす」　第3段落第6文参照。

問7．「(　　)と考えるのは誤りである」─ウ．「ライオンやゴリラは，小さい動物よりも危険だ」　第3段落第7文参照。

問8．「筆者は(　　)と述べている」─エ．「科学者たちが，人々を病気の苦しみから守るだろう」　第3段落最終文参照。

2021年度／獨協埼玉高等学校(第1回)

数学解答

1 (1) $-\dfrac{x+4y}{6}$　(2) $x=\dfrac{-5\pm\sqrt{13}}{2}$

(3) $(a-b+6)(a-b-1)$

(4) $x=3$，$y=-3$　(5) $y=-2x-5$

(6) 4　(7) 5　(8) $72\pi\text{cm}^3$

(9) ① $\dfrac{1}{10}$　② $\dfrac{9}{10}$

2 ア…90　イ…共通

ウ…直角三角形の斜辺と他の1辺

エ…1　オ…2　カ…4　キ…5

ク…3　ケ…6　コ…1

3 (1) Aプラン…(イ)　Bプラン…(ウ)

(2) 4050円

(3) ① $y=500x+1000$

② 4GB以上7.5GB以下

4 (1) 100000

(2) (例)パスワード5文字の中から，英字3文字を置く場所を考える必要がある

(3) ③…250000　④…31250

1〔独立小問集合題〕

(1)＜式の計算＞与式$=\dfrac{3(3x-2y)-2(5x-y)}{6}=\dfrac{9x-6y-10x+2y}{6}=\dfrac{-x-4y}{6}=-\dfrac{x+4y}{6}$

(2)＜二次方程式＞両辺を2でわると，$x^2+5x+3=0$ となるので，二次方程式の解の公式を用いると，$x=\dfrac{-5\pm\sqrt{5^2-4\times1\times3}}{2\times1}=\dfrac{-5\pm\sqrt{13}}{2}$ となる。

(3)＜因数分解＞$a-b=X$ とおくと，与式$=X^2+5X-6=(X+6)(X-1)$ となる。Xをもとに戻して，与式$=(a-b+6)(a-b-1)$である。

(4)＜連立方程式＞$2x-y+3=12$……①，$7x+3y=12$……②とする。①より，$2x-y=9$……①′　①′×3+②より，$6x+7x=27+12$，$13x=39$　$\therefore x=3$　これを①′に代入して，$6-y=9$，$-y=9-6$　$\therefore y=-3$

(5)＜関数―直線の式＞直線 $y=-2x+5$ の傾きは-2なので，この直線と平行な直線の傾きも-2となる。また，直線 $y=6x-5$ と y 軸の交点の座標は$(0,\ -5)$より，この直線と y 軸上で交わる直線も点$(0,\ -5)$を通る。よって，求める直線は傾きが-2で点$(0,\ -5)$を通るから，その式は $y=-2x-5$ である。

(6)＜図形―長さ＞右図1のように，点Aを通り直線BDに平行な直線を引き，直線EF，CDとの交点をそれぞれG，Hとする。このとき，AB∥GF∥HD，AH∥BDより，四角形ABFG，ABDHはともに平行四辺形となり，GF＝HD＝AB＝4である。これより，EG＝EF－GF＝5－4＝1，CH＝CD－HD＝7－4＝3となる。また，△AEGと△ACHで，EG∥CHより，同位角が等しいから，∠AEG＝∠ACH，∠AGE＝∠AHCとなり，2組の角がそれぞれ等しいので，△AEG∽△ACHである。よって，AE：AC＝EG：CHだから，$2:(2+x)=1:3$ が成り立ち，これを解くと，$(2+x)\times1=2\times3$，$2+x=6$ より，$x=4$ となる。

図1

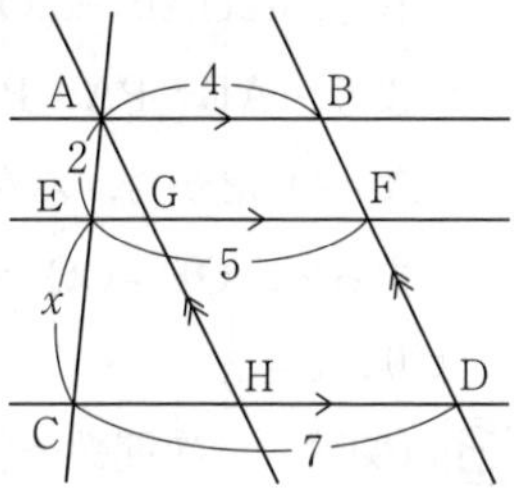

(7)＜二次方程式の応用＞右図2で，AD＝AB＋BD＝$a+10$，AE＝CA－CE＝$a-3$と表せる。よって，△ADEの面積について，$\dfrac{1}{2}(a+10)(a-3)=15$ が成り立つ。これを解くと，$(a+10)(a-3)=30$，$a^2+7a-30=30$，$a^2+7a-60=0$，$(a+12)(a-5)=0$ より，$a=-12$，5となり，$a>0$だから，$a=5$(cm)である。

図2

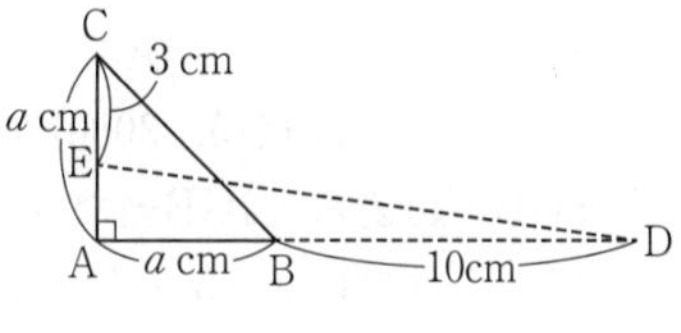

(8)＜**図形—体積—回転体**＞右図３で，点Ｅから直線 l に垂線EHを引くと，∠DHE＝∠DCB＝90°だから，直線 l を回転の軸として△BCEを１回転してできる立体は，△DBCがつくる底面の半径がBC，高さがDCの円錐から，△DEHがつくる底面の半径がEH，高さがDHの円錐と△CEHがつくる底面の半径がEH，高さがCHの円錐を除いた立体となる。ここで，点Ｅは長方形ABCDの対角線の交点で，長方形の対角線はそれぞれの中点で交わるので，DE＝EBである。また，EH∥BCより，△DEH∽△DBCとなり，相似比はDE：DB＝1：(1＋1)＝1：2である。よって，EH＝$\frac{1}{2}$BC＝$\frac{1}{2}$×6＝3，DH＝CH＝$\frac{1}{2}$DC＝$\frac{1}{2}$×8＝4である。したがって，求める立体の体積は，$\frac{1}{3}\times\pi\times BC^2\times DC-\frac{1}{3}\times\pi\times EH^2\times DH-\frac{1}{3}\times\pi\times EH^2\times CH=\frac{1}{3}\times\pi\times6^2\times8-\frac{1}{3}\times\pi\times3^2\times4-\frac{1}{3}\times\pi\times3^2\times4=96\pi-12\pi-12\pi=72\pi$ (cm^3) である。

図３

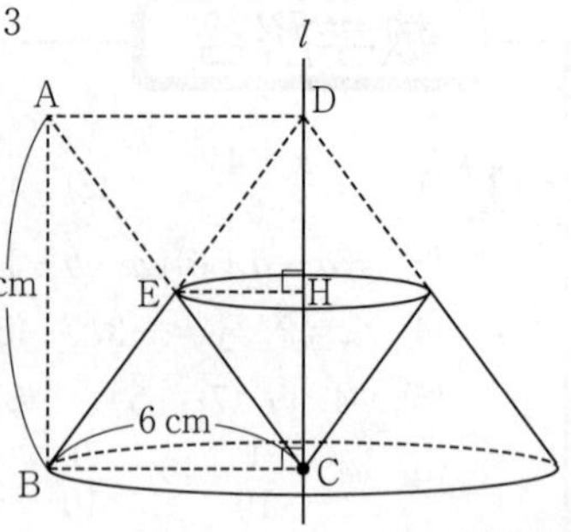

(9)＜**確率**＞①２本の当たりくじを，当たり１，当たり２とし，３本のはずれくじを，はずれ１，はずれ２，はずれ３とすると，合計５本のくじの中から同時に２本引くときのくじの引き方は，(当たり１，当たり２)，(当たり１，はずれ１)，(当たり１，はずれ２)，(当たり１，はずれ３)，(当たり２，はずれ１)，(当たり２，はずれ２)，(当たり２，はずれ３)，(はずれ１，はずれ２)，(はずれ１，はずれ３)，(はずれ２，はずれ３)の10通りある。このうち，２本とも当たりくじを引くのは，下線を引いた１通りだから，求める確率は $\frac{1}{10}$ である。　②少なくとも１本ははずれくじを引くのは，①で下線を引いていない９通りだから，求める確率は $\frac{9}{10}$ である。

2 〔平面図形—直角三角形と円〕

右図の△OBPと△OBQで，点Ｐ，Ｑはそれぞれ辺AB，BCと円Ｏとの接点であり，円の接線は接点を通る半径に垂直なので，∠OPB＝∠OQB＝90ア°……①となり，OBは共通イなので，OB＝OB……②，さらに，半径より，OP＝OQ……③となる。①，②，③より，直角三角形の斜辺と他の１辺ウがそれぞれ等しいから，△OBP≡△OBQである。対応する辺は等しいので，PB＝QBより，QB＝PB＝3となる。同様に考えると，△OAP≡△OARとなり，PA＝RA＝1エ，△OCR≡△OCQとなり，RC＝QC＝2オである。これより，AB＝PA＋PB＝1＋3＝4カ，BC＝QB＋QC＝3＋2＝5キ，CA＝RC＋RA＝2＋1＝3クとなり，∠A＝90°だから，△ABC＝$\frac{1}{2}$×AB×CA＝$\frac{1}{2}$×4×3＝6ケ (cm^2) である。ここで，円Ｏの半径を r cmとすると，OP＝OQ＝OR＝r だから，△ABCの面積について，△ABC＝△OAB＋△OBC＋△OCAより，$6=\frac{1}{2}\times4\times r+\frac{1}{2}\times5\times r+\frac{1}{2}\times3\times r$ が成り立つ。これを解くと，r＝1コ (cm)である。

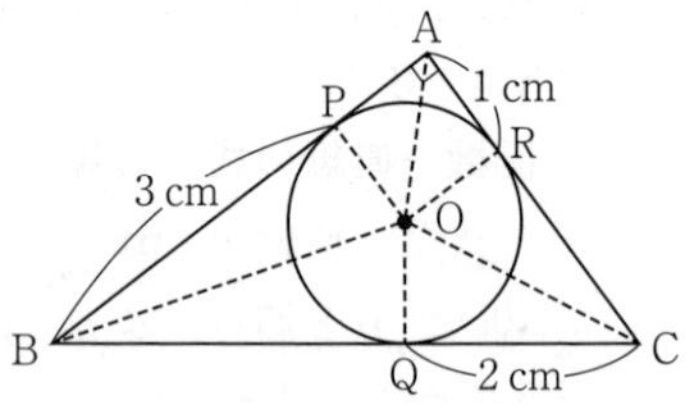

3 〔関数—一次関数—料金プラン〕

≪**基本方針の決定**≫(3)　Ａプラン，Ｂプランのグラフを利用する。

(1)＜**グラフ**＞Ａプランは，基本料金が1000円かかるので，グラフは点(0，1000)から始まる。通信料金は1GB当たり500円かかり，利用量が増加すると使用料金も増加するので，グラフは右上がりの直線となる。よって，Ａプランのグラフは(イ)である。また，Ｂプランは，基本料金が3000円かかるので，グラフは点(0，3000)から始まり，5GBまでは通信料金がないので，y＝3000で一定となる。5GBを超えると1GB当たり700円の通信料金がかかり，利用量が増加すると使用料金も増加するので，グラフは x＞5で右上がりの直線となる。したがって，Ｂプランのグラフは(ウ)である。

(2)＜**使用料金**＞Bプランは5GBまでは通信料金がないので，6.5GB利用した場合，5GBを超えた$6.5-5=1.5$(GB)に通信料金がかかり，通信料金は1GB当たり700円なので，$700\times1.5=1050$(円)となる。よって，基本料金は3000円なので，使用料金は$3000+1050=4050$(円)である。

(3)＜**関係式，利用量**＞①右図で，(1)より，Aプランのグラフは，点(0，1000)を通る直線であり，1GB当たり500円の通信料金がかかるので，変化の割合は$\frac{500}{1}=500$となり，直線の傾きは500である。よって，xとyの関係式は$y=500x+1000$となる。　②変化の割合がAプランでは500，Bプランでは，$x>5$のとき700だから，AプランとBプランの使用量と使用料金をそれぞれグラフに表すと，Bプランの$x>5$における直線の傾きの方がAプランより大きくなるので，2つのグラフは右図のように，2点P，Qで交わる。よって，Aプランのグラフにおいて，Aプランでの使用料金がBプランでの使用料金以上となるときを表しているのは線分PQである。(1)より，Bプランのグラフは，5GBまでは$y=3000$であり，5GBを超えると1GB当たり700円の通信料金がかかるので，$x>5$のときのBプランのグラフの式を求める。直線の傾きは700となるから，その式は$y=700x+b$とおくことができ，点(5，3000)を通るので，$3000=700\times5+b$より，$b=-500$となる。これより，$x>5$のときのBプランのグラフの式は$y=700x-500$となる。まず，交点Pのx座標を求める。点Pのx座標は$x\leqq5$なので，Aプランのグラフの式は$y=500x+1000$，Bプランのグラフの式は$y=3000$より，yを消去して，$500x+1000=3000$が成り立ち，$500x=2000$，$x=4$となる。よって，利用量は4GBである。次に，交点Qのx座標を求める。点Qのx座標は$x>5$なので，Aプランのグラフの式は$y=500x+1000$，Bプランのグラフの式は$y=700x-500$より，$500x+1000=700x-500$が成り立ち，$-200x=-1500$，$x=\frac{15}{2}=7.5$となり，利用量は7.5GBである。したがって，利用量が4GB以上7.5GB以下のときである。

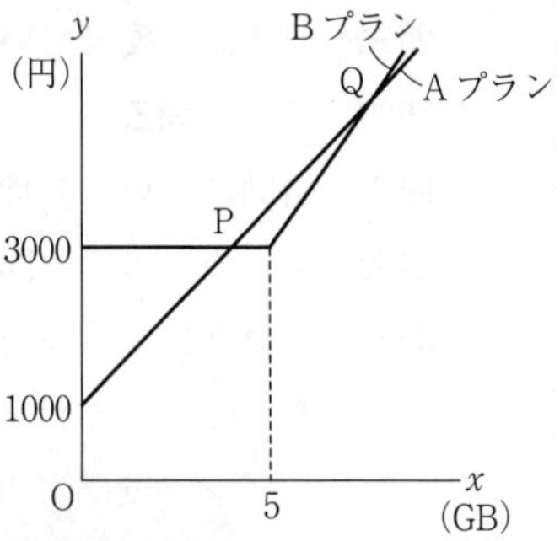

4〔**場合の数—数字と英字の列**〕

(1)＜**場合の数**＞5文字のパスワードを数字だけでつくると，パスワードの1文字目の選び方は0～9の10通りあり，同じ数字は何度使用してもよいので，2文字目の選び方も0～9の10通りある。同様に考えると，パスワードの3文字目，4文字目，5文字目の選び方もそれぞれ10通りあるので，数字だけでつくった5文字のパスワードは$10\times10\times10\times10\times10=100000$(通り)できる。

(2)＜**場合の数**＞数字の選び方は0～9の10通りであり，英字の選び方はA～Eの5通りだから，パスワードの1文字目から順番に，(数字，数字，英字，英字，英字)と並ぶとき，$10\times10\times5\times5\times5=12500$(通り)のパスワードがつくれる。実際，数字を2文字，英字を3文字使用したときのパスワードは1文字目から順番に，(数字，英字，数字，英字，英字)のような並び方もあるから，英字と数字の並び方についても考えなければならない。よって，英字3文字を置く場所を考える必要があり，太郎さんの考え方は間違いである。解答参照。

(3)＜**場合の数**＞(2)より，数字の選び方は10通り，英字の選び方は5通りある。英字が1文字のとき，数字は4文字だから，英字を1文字目に置いたパスワードは，$5\times10\times10\times10\times10=50000$(通り)つくれる。次に，英字を置く場所を考えると，1文字目から5文字目までの5通りあり，それぞれの場合で50000通りのパスワードがつくれる。よって，英字1文字のときのパスワードのつくり方は$50000\times5=\underline{250000}$③(通り)ある。同様に考えると，英字が4文字のとき，数字は1文字だから，数字を置く場所を決めれば，英字を置く場所も決まる。したがって，英字が4文字のときのパスワードは$10\times5\times5\times5\times5\times5=\underline{31250}$④(通り)つくれる。

国語解答

一 問一 エ　問二 イ

問三 日本語が痩せているということ

問四 イ　問五 ア

問六 言語についての理解の遅れた人々

問七 ア，ウ，エ　問八 エ

問九 ブログには「使用語彙」の制限がないため，それぞれの語がもつニュアンスを表す(37字)［ことができるから。］

問十 ウ

二 問一 エ　問二 そろって本

問三 ウ

問四 「わたし」も弟も，母と一緒に暮らすのが難しい状況であるということ。(33字)

問五 ウ　問六 ア

問七 弟の家族に，母がなじめるのかということ。

問八 イ

問九 あと何回，［と］お母さんに

問十 イ，エ

三 ①う　②ごうきゅう　③ふか　④けしん　⑤ていさい

a 専門　b 統率　c 著　d 盛衰　e 臨

一〔**論説文の読解―芸術・文学・言語学的分野―日本語**〕出典；内田樹『ひとりでは生きられないのも芸のうち』。

≪**本文の概要**≫小学生の語彙が少なくなってきているという指摘があるが，子どもの語彙の貧困は，子ども自身の責任ではなく，日本語が痩せているということが，全ての問題の底流にあることによって，起きている。私がメディアに執筆するときも，その読者のうち最低のリテラシーを持つ者の水準に合わせるため，難しい漢字やなじみのない外来語が使ってあるという理由で，書き直しを命じられることがある。日本は「使える言葉をひたすら減らす」というかたちで使用言語を定めてきており，「美しい言葉」や「意味の深みをたたえた言葉」を増やすという方向には，戦後日本のメディアも教育も，何のアイディアも持たなかったのである。日本語が痩せていくことに歯止めがかからないのは，「言葉なんかいくら使用制限しても日常生活に少しも不便はない」という考え方が，現代社会に広がっているからであると考えられる。最もリテラシーの低い読者の読解力に合わせて日本語の語彙を減らしていくという行為が，現代の索漠たる言語状況を招いている原因となっているのである。

問一＜**ことばの単位**＞文節に区切るときは，それぞれの文節に一つずつの自立語が入るようにするので，「最後が／え段に／なって／いる／ことばを／使わないと／いう／ことです」となる。

問二＜**文章内容**＞「自分のことばを引き取らない」表現とは，「たぶん」「かもね」などの言葉をつけて，断定を避ける表現である。「おそらく」は推量の意味を表す副詞で，「でしょう」の「う」は推量の意味を表す助動詞なので，「おそらく彼は成功するでしょう」は，断定していない表現といえる。

問三＜**文章内容**＞「子どもの語彙の貧困」は，「子ども自身の責任」ではなく，「情感を表すようなことばが減ってきている」ことや，「むずかしい漢字」を読めない人が増えてきているといったことなど，「日本語が痩せているということがすべての問題の底流にある」ことによって起きていると考えられる。

問四＜**文章内容**＞「下方修正」は，計画や予想より低い数値に設定し直すこと。「読者のうち最低のリテラシーを持つものの水準に合わせ」ると，使用できる言語も常に低い水準に下げなければならなくなるのである。

問五＜**慣用句**＞「肌に粟を生じる」は，恐ろしさや寒さのために肌に粟粒のようなぼつぼつが生じる，という意味。「私」は，「語い」「範ちゅう」「破たん」など，「メディア言語」が「痩せ細って」きた例を示す表記に恐怖を感じている。「目から鼻に抜ける」は，物事の理解が早い，判断がすばやく抜け目がない，という意味。「面の皮を剥ぐ」は，正体をあばいてこらしめる，という意味。「後ろ髪を引かれる」は，心残りがあって思い切れない，という意味。

問六＜**文章内容**＞今の日本では，「語い」「範ちゅう」「破たん」などの文字を見ても「平気」と感じてしまう人間が「使用文字について公的な決定権」を持っている。また，「瘴気」を「しょう気」と書き直すなど，難しい漢字を使わないようにしてしまうと，「原義」にたどりつけなかったり，「ニュアンス」が変わってしまったりするのに，「言語についての理解の遅れた人々」が，現代日本の「国語」を「宰領」しているために「使用語彙の制限」が進んでしまうのである。

問七＜**文章内容**＞読者の中の「最低のリテラシーを持つもの」に使用言語の水準を合わるようにした結果(ア…○)，「むずかしい漢字」や「なじみのない外来語」は使えないようになってしまった(ウ…○)。また，「身体障害者差別」になるような表現を，「メディアや文科省」は，「政治的に正しい」という理由の下に，排除を唱えてきた(エ…○)。

問八＜**文章内容**＞「言語についての理解の遅れた人々」が現代日本の「国語」を「宰領」しているために，「使用語彙の制限」が進み，「情感を表すようなことば」が減り，現代人の情感が乏しくなったのであり(…Ⅱ)，現代人の情感の貧しさが「日本語が痩せて」きているという状況を招いた(…Ⅰ)のではないのである。

問九＜**文章内容**＞テレビや本などのメディアには「使用語彙の制限」があるため，ニュアンスが変わってしまうとわかっていても，仮名などで書き直しをしなければならない。しかし，ブログには「使用語彙の制限」がないので，自分の表したいニュアンスを，自由に文字を使って表現できる。

問十＜**主題**＞「日本語が痩せ」てきたり，日本人の情感が貧困になってきたりしているなどの「日本語の痩弱に歯止めがかからない」のは，「言葉なんかいくら使用制限しても日常生活に少しも不便はない」という「生活言語」への過信が，現代社会に広がっているためである。

二〔**小説の読解**〕出典；益田ミリ『ニリンソウ』(『五年前の忘れ物』所収)。

問一＜**文章内容**＞「わたし」の書いた作文は，家族が亡くなると悲しくなるという思いをつづったものだった。その真意を「わたし」から聞いた父は，心を打たれて涙を浮かべ，その父につられて担任の女性教師も泣き出したのである。

問二＜**文章内容**＞いつもテレビの音が響いている夫の実家とは対照的に，子どもの頃の「わたし」の家族は，「そろって本好きで，四人で旅行にでかけても夜はそれぞれに読書を楽しむ」という家族だった。

問三＜**状況**＞大阪の実家で「ボヤ」を起こした母を，弟の玲司が東京に呼び寄せ，その母と「わたし」は，弟の家がある東京の公園で話している。

問四＜文章内容＞「福岡で夫の両親と同居」している「わたし」が，母と一緒に暮らすのは難しいし，そうかといって「転勤」が多い弟も，「母をあっちへこっちへ連れ回す」ことになってしまうので，同居は難しい。いつかは老いた母と同居しなければと思ってはいるものの，母と一緒に暮らすためにはどうしたらよいかを考えることを，「わたし」はずっと「先延ばし」にしてきたのである。

問五＜文章内容＞「わたし」は，母を「馴染んだ大阪の地に戻し」てやりたいと考えてはいるが，弟がマイホームを建てても，その家に母が「何年暮らせるだろう」とか「弟の家族に，母はちゃんと根付けるのだろうか」などと考えると，心配になったのである。

問六＜語句＞「栄転」は，それまでより高い地位や役職に移ること。

問七＜文章内容＞「わたし」は，「土ごと持って来て他のところに植えても，なかなか育たん花なんよ」というニリンソウについての母の説明を聞き，「弟の家族に，母はちゃんと根付けるのだろうか」，つまり弟の家族と母はうまく暮らしていけるのだろうかと心配した。

問八＜文章内容＞「はかなさ」は，すぐに消えてしまうくらいあっけないこと。母は，春だけ花をつけて五月の初旬には「なんにもなかったみたいに葉っぱも残らぬ」ところ，つまり消えやすくて長続きしないところが，ニリンソウのよいところだと言った。

問九＜文章内容＞「わたし」は，「きっと，なんとかなる」とは思ったものの，「あと何回，わたしは母に会えるんだろう」と気弱になったり，「お母さんに新しい友達なんてできるのかな」と心配になったりした。

問十＜表現＞「わたし」は，母が「明るく振る舞って」いる様子を見て，「ヘンゼルとグレーテルが森にしるしを残したみたいに」というたとえを用い，母もそれと同じように「小石をぽとりぽとりと落としているよう」に感じた(イ…○)。また，「わたし」は，植え替えが難しかったり，花も葉も短い期間しか残らなかったりするニリンソウの性質と年老いた母の今後の人生が重ね合わさったように感じられて，不安を覚えてはいるが，あえて「きっと，なんとかなる」と思うようにし，「ここから逃げたかった」，「とにかく今は帰りたい」などと直面している現実から逃避しようとした(エ…○)。

三〔漢字〕

①音読みは「成熟」などの「ジュク」。　②「号泣」は，大きな声で泣くこと。　③「負荷」は，責任や任務を負わせること。または，発生させたエネルギーを消費するもののこと。　④「化身」は，神仏などが姿を伴って現れたもののこと。　⑤「体裁」は，外から見える形や様子のこと。　a．「専門」は，限られた範囲の学問や仕事にもっぱら取り組むこと。　b．「統率」は，多くの人をよくまとめて率いること。　c．他の訓読みは「いちじる(しい)」。音読みは「著者」などの「チョ」。　d．「盛衰」は，物事が盛んになったり衰えたりすること。　e．音読みは「臨戦」などの「リン」。

2021年度 獨協埼玉高等学校（第２回）

【英　語】（50分）〈満点：100点〉

1 リスニング問題　〈編集部注：放送文は未公表につき掲載してありません。〉

Part 1　これから流れる英語を聞き，1～5の質問に対する答えを１つ選び，記号で答えなさい。英文は２度読まれます。

1　(A)　New York　(B)　London　(C)　Budapest

2　(A)　Business　(B)　Show business　(C)　Acting

3　(A)　Chains　(B)　Ropes　(C)　Tape

4　(A)　A black boat　(B)　A wooden box　(C)　A black sack

5　(A)　He didn't.　(B)　By swimming.　(C)　No one knows.

Part 2　これから短い会話文を聞きます。下の1～5の空欄に適切な語や文字，数字などを書きなさい。英文は１度だけ読まれます。

Food Order

1	Type of food ordered :	□A．Pizza / □B．Cheeseburger (Check A or B.)
2	Dessert :	＿＿＿＿＿ & ice cream
3	Customer's name :	Jane ＿＿＿＿＿
4	Telephone No :	070-9543- ＿＿＿
5	Address :	60 ＿＿＿＿＿ Street

Part 3　２人の会話を聞き，下の表の項目に当てはまるものを(A)～(H)の中から選び，記号で答えなさい。英文は２度読まれます。また，会話の場面の概要が日本語で書かれているので，今読みなさい。

サラが一日を振り返って，何時ごろ何をしたのかを友人に話している。

Times	Activities
10:00	1
12:00	2
2:00	3
4:00	4
6:00	5

(A)　Shopping　(B)　French restaurant　(C)　Art gallery

(D)　Italian restaurant　(E)　Library　(F)　Theater

(G)　Gregg's Café　(H)　Museum

2 次の会話が成立するように空欄に適切な1語を入れなさい。ただし，答えは全て空欄内に示された文字で書き始めなさい。

1 A： Oh, I've never come to this park. What a beautiful mountain!
B： Yeah. Also, you can see some flowers and wild animals here.
A： I've always wanted to visit such a wonderful park. My dream has just come (t).

2 A： Hey, don't (c) the window, or we'll get sick. The air in this room isn't good.
B： OK. I'll leave it open.
A： Thank you.

3 A： Oliver, can you help me? I think my PC has broken. I can't see anything on my screen.
B： Let me check. Oh, it is a really (d) problem. I don't know what to do.

4 A： Excuse me.
B： Yes.
A： Do you know how to get to "Ichiban-boshi", a famous ramen shop?
B： Yes, I do. It's right in (f) of a sports gym, next to Ohdori station.

5 A： What do you want to be in the (f)?
B： Well, my dream is to be a singer.

3 日本語の意味に合う英文になるよう，下線部に適切な英語3語を入れなさい。

1 私たちはその悲しいニュースに驚きました。
We _________ the sad news.

2 あなたに会えるのを楽しみにしています。
I'm looking _________ you.

3 私は紅茶とコーヒーのどちらも好きなので，決めかねます。
It's hard to decide because I like _________ coffee.

4 あなたは埼玉にどれくらい長く住んでいますか。
_________ you lived in Saitama?

5 ピアノを弾いている女の子は，私の妹です。
The girl _________ is my sister.

4 2つの会話文の空欄に当てはまる英文を下の選択肢から選び，会話文を完成させなさい。ただし，英文は1度だけ使うこと。

A： Hi. I haven't seen you for a long time. How have you been?
B： Hello! (1)
A： What did you do when you stayed home?
B： (2) I'm two kilograms heavier. What did you do?
A： I often played video games until late. It was a bad idea.
B： (3)
A： I'm very tired these days.

ア I've been to America.
イ What's up?
ウ I ate a lot every day.

エ　Why's that?
オ　I've been good.

A : What are you studying in college?
B : English.
A : What are you going to do after you graduate?
B : I'm going to be an English teacher.
A : High school or middle school?
B : High school, I guess.
A : You know, (　4　)
B : Oh.　I didn't know that.
A : I started teaching five years ago.
B : (　5　)
A : Do you see all this gray hair?　It was totally black five years ago.
B : Maybe I'll teach middle school.

ア　Why did you start teaching there?
イ　How do you like it?
ウ　What do you see at your school?
エ　I teach high school English.
オ　I teach middle school English.

5　日本語の意味に合うように与えられた語句を並べかえなさい。文頭に来る語も小文字になっているので，大文字にして書きなさい。

1　私はあなたに駅で会ったことを覚えています。
(seeing / remember / at / the station / you / I).

2　私たちはどこでマスクを買うか分かりませんでした。
(where / we / the face masks / know / to / didn't / buy).

3　ドイツ語で書かれたその本をあなたに読んで欲しいです。
(read / want / in / written / you / I / to / the book) German.

4　彼女にとって毎日料理をするのは簡単です。
(easy / for / it / cook / her / to / is) every day.

5　私は弟ほど背が高くありません。
(my / tall / not / as / brother / as / I'm).

6　私はまだこの本を読み終えていません。
(yet / this / reading / finished / I / book / haven't).

6 次の英文は今から30年後の2050年に書かれたものである。英文を読み，以下の設問に答えなさい。

TRINITY was developed in 2045 to help people around the world. It can directly communicate with people through an IC chip in their head. It gathers as much information as it can, and allows them to find the best solution for any situation. Imagine. While you're talking with your friend, she looks (1). If you ask TRINITY why, it will answer in the way below :

① She had a fight with her mother about her grade this morning. ☆☆☆☆☆
② She left her homework at home today. ☆☆☆
③ She doesn't like today's weather. ☆
④ You said something she didn't like.

The best answer for the question gets five stars. For example, ① has five full stars, so you could say it is the main reason. ④ doesn't have any stars, so now you don't have to worry about what you said. You may think that TRINITY can solve any problem. Actually, it is very helpful. However, you must be careful of something.

First, it doesn't always help you. I had a fight with my friend last month. I asked TRINITY what to do. I chose ②, but he has said nothing to me so far. Since the fight, we haven't talked with each other.

① [A] ☆☆☆☆☆
② [B] ☆☆☆☆☆

Second, you may have to face another problem. I bought TRINITY for ¥1,000,000. I couldn't pay all at once, so I chose to pay ¥100,000 every month. I had to save money every month. That was very hard. I asked TRINITY how to solve this problem. When I got its answer, I felt like crying. I chose ①, and I'm still paying ¥100,000 every month.

① [C] ☆☆☆☆☆
② [D]

Again, it helps. That's true, but YOU make the choice. TRINITY (2).

問1 (1)に当てはまる語として，最も適切なものをア～エの中から1つ選び，記号で答えなさい。
ア crying　イ upset　ウ happy　エ excited

問2 [A]，[B]，[C]，[D]に当てはまる文として，最も適切なものをア～エの中から1つずつ選び，記号で答えなさい。
ア Wait until he says 'sorry' first.
イ Work hard and keep paying.
ウ Say 'sorry' first.
エ Wait until someone else starts to pay ¥100,000 every month to help you.

問3　(2)に当てはまる1語を最初の段落(TRINITY was developed ～ be careful of something.)の中から抜き出して書きなさい。

問4　TRINITYについて，最も適切なものをア～エの中から1つ選び，記号で答えなさい。ただし，'the writer'は本文の書き手のこととする。

ア　TRINITY and the writer were good friends but had a fight a month ago.

イ　TRINITY and her mother had a fight about her grade.

ウ　TRINITY is a small computer connected directly to a user's head.

エ　TRINITY is widely used thanks to its low price.

問5　本文について，最も適切なものをア～エの中から1つ選び，記号で答えなさい。ただし，'the writer'は本文の書き手のこととする。

ア　The writer explains that TRINITY is dangerous and tells you not to buy one.

イ　The writer explains that you should buy TRINITY because it has a lot of good points.

ウ　The writer explains that TRINITY will understand the situation and make decisions for you.

エ　The writer explains that you should be careful when you use TRINITY.

7　次の英文を読み，問1～7の英文に続くものとして最も適切なものをそれぞれ1つ選び，記号で答えなさい。問8については，質問の答えとして最も適切なものを1つ選び，記号で答えなさい。

Greenland is a huge island in the far, far north of the world. The weather there is very severe and cold. Even the 'hottest' summer day in Greenland is like a cold winter's day in England. In the summer months, the sun never sets; it is light all through the night. The warmest part of the island is on the south coast and most Greenlanders live there. However, it is still a very hard place to live because of the cold.

Over the years, different groups of people tried to live in Greenland, but most found it too difficult. One of the most famous Greenlanders was 'Erik the Red'. Erik's name probably came from the color of his hair and beard. Some believe that he got angry very easily, so people called him "Red". About 1000 years ago, Erik was sent away from his home in Iceland. He sailed away from this small ice-covered island to a great big ice-covered island. This island had no name yet and no one lived there, so Erik made it his home.

The old stories of Iceland say that Erik became bored and lonely and wanted other people to come and live on this freezing-cold island with him. Erik had an idea. He called the island 'Greenland' and pretended that it was lovely, warm, and green. His trick worked. When people from Iceland heard about this perfect place called 'Greenland', many of them wanted to join Erik. About 300 of them packed up their belongings and set off to join him.

Although life was hard, these people lived on Greenland for many years and it became their home. Their houses were made of stone and wood, so they were comfortable. They planted vegetables and kept cows, goats and sheep. They brought these animals with them all the way from Iceland. However, 500 years later, there was nothing left of Erik and his friends in Greenland.

What happened to them? That is still a mystery.

問1 In the south part of Greenland, . . .
ア it is as cold as in the hottest winter day in England.
イ you cannot see the sun during summer.
ウ people cannot live.
エ the cold makes life there hard.
問2 About 1000 years ago, . . .
ア people in Greenland couldn't live with those from other groups.
イ people in Greenland could live with those from different groups.
ウ Erik was sent away from Iceland.
エ Erik was sent to Iceland.
問3 Erik the Red . . .
ア had a beard.
イ had red eyes.
ウ was always gentle.
エ was named after a famous Greenlander.
問4 Erik . . .
ア was born in Greenland.
イ lived in Iceland before moving to Greenland.
ウ lived in Greenland before moving to Iceland.
エ named the small island 'Iceland'.
問5 According to the old stories of Iceland, . . .
ア Erik was so bored that he started planting trees.
イ Erik was so lonely that he stopped living on Greenland.
ウ Erik tried to build a warmer house in Greenland.
エ Erik made up a story, and some people believed it.
問6 The underlined part "His trick worked." means that . . .
ア many people visited Greenland to live there with Erik.
イ Erik visited Iceland to live there with his friends.
ウ many people worked very hard to make Iceland a better place.
エ Erik worked very hard to make Greenland a better place.
問7 Erik and his friends . . .
ア failed in living in Greenland together.
イ built houses from ice.
ウ brought some animals to Greenland.
エ could finally go back to their hometown in Iceland.
問8 Where did Erik and his friends go in the end?
ア They went back to Iceland.
イ They didn't move from Greenland.
ウ They went to an island with no name.
エ Nobody knows where they went.

【数　学】 (50分) 〈満点：100点〉

(注意) 定規，分度器は使用してはいけません。

1 次の各問に答えなさい。

(1) $\frac{2}{5}(15x-25y)-\frac{7}{3}(3x-9y)$ を計算しなさい。

(2) 2次方程式 $x^2+3x=11x-5$ を解きなさい。

(3) $5(x+2)(x-2)+2x(x-2)$ を因数分解しなさい。

(4) 連立方程式 $\begin{cases} x+2y=6 \\ \frac{5}{4}x+\frac{1}{3}y=-\frac{1}{12} \end{cases}$ を解きなさい。

(5) 2つの関数 $y=2x^2$，$y=ax+5$ について，x の値が -2 から3まで増加するときの変化の割合が等しいとき，a の値を求めなさい。

(6) $x=\sqrt{3}+8$，$y=\sqrt{3}-2$ のとき，$x^2+8xy+16y^2$ の値を求めなさい。

(7) $4<\sqrt{5n}<6$ を満たす自然数 n をすべて求めなさい。

(8) 下の図1で，△ABCの辺BC上に点Dを，線分AD上に点Eを，辺AC上に点Fをとります。∠BAD＝∠CAD，∠ABC＝∠AEF，AB＝14cm，AD＝10cm，AF＝6cmのとき，線分DEの長さを求めなさい。

図1

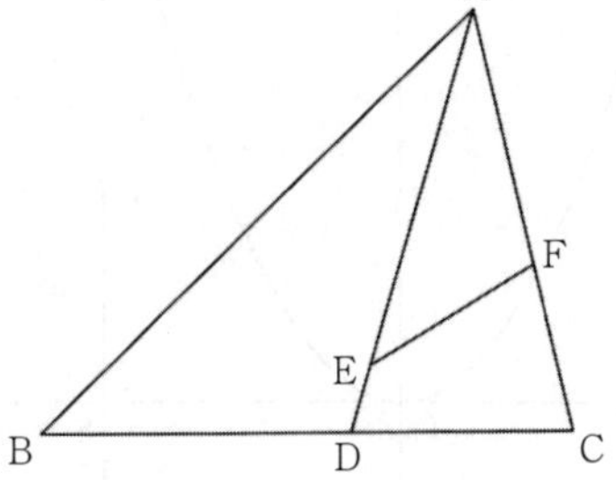

図2

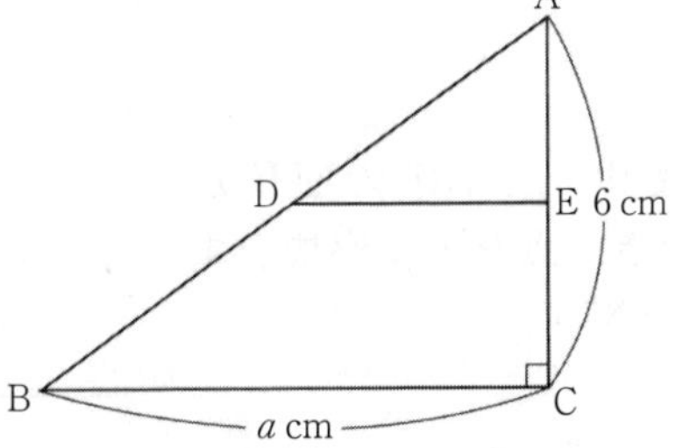

(9) 上の図2は，∠ACB＝90°，AC＝6cm，BC＝a cmの直角三角形ABCです。辺ABの中点をD，辺ACの中点をEとして，点Dと点Eを結びます。

このとき，次の各問に答えなさい。

① △ABCを直線ACを軸として1回転させてできる立体の体積が $98\pi\,\mathrm{cm}^3$ のとき，a の値を求めなさい。

② $a=8$ のとき，四角形DBCEを直線ACを軸として1回転させてできる立体の体積を求めなさい。

2 次の各問に答えなさい。

(1) 数学の数量分野で使われる言葉の意味(定義)について，次の中から正しいものを2つ選びなさい。

① 素数とは，その数のほかに約数が無い自然数のことである。

② a の平方根とは，2乗すると a^2 になる数のことである。

③ 無理数とは，分数の形に表せない数のことである。

④ 単項式とは，数や文字についての乗法だけでできている式のことである。

⑤ 移項とは，等式の一方の辺の項を符《ふ》号《ごう》を変えずに他方の辺に移すことである。

(2) 数学の図形分野で使われる言葉の意味(定義)について，次の中から正しいものを2つ選びなさい。

① 垂直二等分線とは，線分の中点を通り，その線分と垂直に交わる直線のことである。

② 弦《げん》とは，円周の一部分のことである。

③ 平行四辺形とは，２組の向かいあう辺がそれぞれ平行な四角形のことである。

④ 立面図とは，立体を真上から見た図のことである。

⑤ 正多面体とは，すべての面が合同な三角形で，へこみのない多面体のことである。

⑶ 大小２つのさいころを１回ずつ投げ，大きいさいころの出た目の数をa，小さいさいころの出た目の数をbとします。点Ｐの座標を$(a,\ b)$とするとき，次の各問に答えなさい。

① 点Ｐが曲線$y=\dfrac{6}{x}$上にある確率を求めなさい。

② 点Ｐが曲線$y=\dfrac{6}{x}$，直線$y=6x$，直線$x=4$，x軸で囲まれる図形の内部または周上にある確率を求めなさい。

3 右の図のように，関数$y=ax^2$…①のグラフ上に，２点Ａ，Ｂがあります。点Ａのx座標は-6，点Ｂのx座標は８で，点Ａのy座標と点Ｂのy座標の差は７です。点Ｂを通りx軸に垂直な直線とx軸との交点をＣとします。このとき，次の各問に答えなさい。

ただし，$a>0$とします。

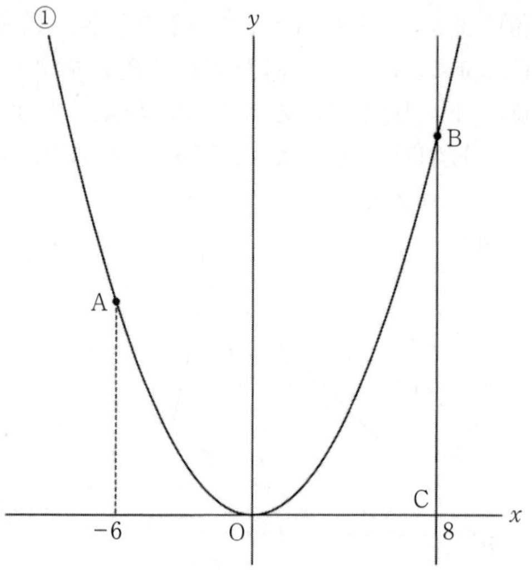

⑴ aの値を求めなさい。

⑵ 直線ABの式を求めなさい。

⑶ 直線BC上に点Ｐをとります。△ABPの面積が△OABの面積と等しくなるとき，点Ｐのy座標をすべて求め，その理由を説明しなさい。

4 現在，郵便局で売られている切手には，特殊《とくしゅ》切手と普通《ふつう》切手があり，特殊切手は，記念切手などで63円と84円の２種類の金額しかありませんが，普通切手は，次の表のように，１円から500円まで16種類の金額があります。切手を何枚か使って支払《しはら》うことのできる合計金額について考えました。このとき，下の各問に答えなさい。

普通切手の金額(単位：円)
１，２，５，
10，20，50，63，84，94，
100，120，140，210，290，320，500

⑴ 79円の金額を最も少ない枚数の切手で支払うとき，必要な切手の枚数を求めなさい。

⑵ ５円切手，10円切手，20円切手の３種類で85円を支払う方法は何通りあるか，求めなさい。ただし，３種類の切手はどれも最低１枚は使うものとします。

⑶ 郵便局で２種類の記念切手を合計15枚買う予定でしたが，売り切れていたので合計金額が等しくなるように，同じ金額の普通切手を５枚買いました。買った普通切手の金額は１枚何円かを求め，その理由を説明しなさい。ただし，２種類の記念切手はともに最低１枚は買う予定だったものとします。

エ　林太郎は、たった一言で自分を立ち直らせ、普段以上の力を出せるようにしてくれた熊沢に感謝するとともに、自分のことを気にかけてくれた熊沢の思いを糧《かて》に順位を取り戻した。

三

次の①～⑤の傍線部の漢字の読みをひらがなで書きなさい。
また、ａ～ｅの傍線部のカタカナを漢字に直しなさい。

①　街に鉄道を敷く。
②　寸暇を惜しんで練習する。
③　試合を途中で棄権する。
④　二酸化炭素の削減に努める。
⑤　意識の混濁が見られる。
ａ　あまりの暑さに庭の木がカれる。
ｂ　大型の台風がモウイを振るう。
ｃ　朝のアイサツをする。
ｄ　幼稚園児をバスでソウゲイする。
ｅ　兄はオンコウな性格である。

たことから、林太郎が自分よりも期待されていると感じたから。

エ　白橋先生が髪型からすればわかるはずのない林太郎の白髪に気づいたことを受け、白橋先生の鋭い観察力に恐れ入ったから。

問四　傍線部③「だがあれは林太郎には、少々荷が重たい言葉ではなかっただろうか」とありますが、熊沢がこのように考えた理由の説明として最も適当なものを次の中から一つ選び、記号で答えなさい。

ア　白橋先生の言葉は、今の林太郎の精神では必要以上のプレッシャーになり得るのではないかと思ったから。

イ　白橋先生から直接声をかけられたことによって、林太郎が自分の実力を見誤るのではないかと思ったから。

ウ　白橋先生が林太郎だけに声をかけたことで、林太郎がチーム内で浮いてしまうのではないかと思ったから。

エ　白橋先生の期待に応えることに必死になり、予定していた戦術や戦略を忘れるのではないかと思ったから。

問五　傍線部④「白い閃光のような思いつき」とありますが、熊沢はどのようなことを思いついたのですか。文中の表現を用いて、三十字以上四十字以内で説明しなさい。（句読点を含みます。）

問六　傍線部⑤「弓の名手が、きゃんっと的を射たのが見えた気がした」とありますが、どういうことですか。説明として最も適当なものを次の中から一つ選び、記号で答えなさい。

ア　林太郎が、耳に届いた言葉に励まされて冷静になれたということ。

イ　林太郎が、追い抜くべき選手を視界に捉えて迷いが消えたということ。

ウ　林太郎が、自分にかけられた言葉の意味を理解したということ。

エ　林太郎が、自分を応援する声に勇気をもらって勢いづいたということ。

問七　傍線部⑥「ええいっ。出ていけ」とありますが、このときの林太郎はどういう気持ちでしたか。「雑念」という言葉を用いて、二十字以上三十字以内で説明しなさい。（句読点を含みます。）

問八　傍線部⑦「純粋な思い」とありますが、どのようなものですか。文中から探し、十七字で抜き出して答えなさい。

問九　傍線部⑧「おれにも光を」とありますが、このときの林太郎の説明として最も適当なものを次の中から一つ選び、記号で答えなさい。

ア　自分が主役になれる機会がようやく巡ってきたと感じて高揚し、注目されずに悔しい思いをしてきた過去をぬぐい去ろうと、自身を奮い立たせている。

イ　これまで心の奥に抑え込んでいた、注目を集めて主役になりたいという自分の本当の思いがあふれ出し、その思いのままに素直に走りたいと思っている。

ウ　白橋先生から声をかけられたことを思い出し、自分にも主役になれるだけの実力があるのだという自信を持てるようになったことで、希望を見出している。

エ　自分の役目を果たすことが大切だと考えていたが、主役になりたいという欲求に従うことが今の自分には必要だったと気づき、晴れやかな気持ちになっている。

問十　問題文の内容や表現の説明として最も適当なものを次の中から一つ選び、記号で答えなさい。

ア　熊沢と林太郎の視点から物語を進めることで、白橋先生の言葉や選手としてのあり方に悩みながらも、駅伝を通して成長していくそれぞれの姿を丁寧に描いている。

イ　林太郎は、武士道には駅伝に通じる精神があるということに喜びを感じ、自分が感銘を受けて指針としてきたことは間違いではなかったと、前向きな気持ちで走ることができた。

ウ　短文を連ねて林太郎が走っている場面をテンポよく描くことで、林太郎の心情や走りがしだいに変化していく様子や試合展開に、臨場感や緊張感を持たせている。

タンッ。
脚に強い刺激が走り、力が巡《めぐ》った。
ずっしりとかぶさっていた、呪いのような荷物をふりほどくように、すとんと両肩の力を抜く。
全身が軽くなった。
その脚で林太郎は走る。たすきを受けてから、やっと走り始めた気分だった。前を見据《みす》えると、大阪の背中が両目に突き刺さった。
抜きたい。
そのとたん、突き上げてきたのはそれだ。抜きたいというまざり気のない気持ちが、真っ白な胸に突き上げてきた。それこそが、自分自身の欲求だ。翻《ひるがえ》って己が求めていたものだと悟る。
ほかでもない、おれが抜きたいのだ。
今、林太郎の胸のうちには、それしかなかった。
⑦純粋な思いをぎゅっとにぎって、林太郎は走る。
背中がぐんぐん近くなる。並走はせず、一気に抜いた。
林太郎は、あのとき白橋先生から声をかけてもらったことがうれしかった。白髪をほめられたことではない。声をかけられたのが、瞬太ではなく、自分だったことに大きな意味があった。
それは、高校に入って以来、初めて自分に当たった光だった。どんなに努力しても、瞬太にはかなわなかった。試合でいちばん注目が集まるのは、いつだって瞬太だ。それでいいと思っていた。いや、それがいいと思っていた。人にはそれぞれの役どころがあり、その役目を果たすことが、自分の人生をまっとうすることだと。
前方を並走する二つの背中が近づいてくる。
⑧おれにも光を。
けれども本当は、自分だって主役になってみたかったのだ。
※4明智《あけち》光秀《みつひで》でなく信長《のぶなが》に、※5蜂須賀小六《はちすかころく》でなく、秀吉《ひでよし》になってみたかったのだ。
二つの背中を捉えて抜き去った。さあこれで、抜かれた分を取り戻した。三区水島の持ってきた順位になった。
一番だ。
今まさに、光は林太郎に当たっていた。

（まはら三桃『白をつなぐ』による）

〈注〉※1 白橋先生…多くの名ランナーを育ててきた陸上競技の指導者。
※2 都大路…全国高等学校駅伝競走大会のこと。
※3 リフレイン…何度も繰り返されること。
※4 明智光秀…安土《あづち》桃山《ももやま》時代の武将。織田《おだ》信長《のぶなが》の家臣。
※5 蜂須賀小六…安土桃山時代の武将。豊臣《とよとみ》秀吉《ひでよし》の家臣。

問一　空欄 A ～ C に当てはまる表現として、最も適当なものを次の中からそれぞれ一つ選び、記号で答えなさい。ただし同じ記号は一回だけの使用とします。
ア　気をもんでいた
イ　調子に乗った
ウ　裏目に出た
エ　大目に見ていた

問二　傍線部①「ほぞをかむような思い」とありますが、どのような思いですか。説明として最も適当なものを次の中から一つ選び、記号で答えなさい。
ア　どうにもならないことを悔やむ思い。
イ　何とかしてやりたいと強く願う思い。
ウ　状況の好転を神仏に祈るような思い。
エ　都合通りにいかないことで悩む思い。

問三　傍線部②「熊沢は唸ってしまった」とありますが、その理由の説明として最も適当なものを次の中から一つ選び、記号で答えなさい。
ア　白橋先生が目立つ選手ではない林太郎の白髪のことまで把握しており、どの選手にも関心を持っていることに驚いたから。
イ　白橋先生が林太郎が白髪を気にしていると察したうえでそれを逆手にとったことで、指導者としての手腕を確信したから。
ウ　白橋先生が白髪を内面的な成熟と結びつけて林太郎をおだて

しら、が……？
白い色を思い浮かべると、頭のすみで、ぱちんと自然にはじけるものがあった。

この大会のテーマは、白だったじゃないか。

熊沢は、自分が決めたテーマを思い出した。

もう一度林太郎に伝えよう。武士道を愛する林太郎になら、伝わるはずだ。

④白い閃光《せんこう》のような思いつきに息をはずませ、すぐさまスマートフォンを取り出した。

福岡県人会の会長、富松《とみまつ》久《ひさし》の携帯が鳴ったのは、午後一時三十二分のことだった。毎年のように、宮島口《みやじまぐち》駅前に「福岡県」と染め抜かれた幟旗をにぎって、今か今かと選手たちを待っていたときだ。福岡県人会は手分けして、それぞれの中間点あたりで応援することにしている。富松は毎年三区と四区の担当だった。沿道の声援が大きくなり始めたとき、だしぬけに鳴った。

「誰だ、こんなときに」

今か今かと路上に乗り出していた体を戻して、携帯画面を見ると、熊沢の名前が出ている。何事かと出てみると、相手はかみつかんばかりの勢いで言った。

「林太郎が、四区の谷山林太郎が来たら、こう声をかけてもらえますか」

ずいぶんとあせっているようだが、その言葉が終わらぬうちに、選手の姿が見えてきた。富松もあせった。

「なんて？」

「まっしろになれ！」

「は？」

きき返す間もなく、選手が目の前にさしかかる。選手が通り過ぎるのは、あっという間だ。テレビに映る正面からの映像だと、それなりの時間をかけて走っているようにも見えるが、実際に沿道で見てみると、びっくりするくらいあっけなく駆け抜けていく。まるで、びゅーっと強い風がひと吹きするくらいの感じだ。

そして今まさに、富松の前には強い風の行列が通り過ぎている。

富松は、携帯電話を耳に当てたまま、大声で叫んだ。

「たにやまりんたろー、まっしろになれー」

林太郎の顔には覚えはなかったが、40のナンバーカードを確かめて、富松は叫んだ。

「これでよかったですか」

富松は、電話の向こうの熊沢にたずねた。

「はい、ありがとうございましたっ」

負けないくらいの大きな声が返ってきた。

林太郎はぶるんと体を震わせた。耳が捉えたのは、確かに自分の名前だった。体のほうが先に反応したようだ。そのとたん、脚に力がみなぎった。しばらくたってから、かけられた言葉が耳に届いた。

真っ白？

声の主はそう言った。

ああ、そうだ。

⑤弓の名手が、きゃんっと的を射たのが見えた気がした。林太郎は合点した。真っ白とは、今回の我がチームのテーマでもあるが、自分が愛してやまない武士道の心の境地ではないか。

無心。

それは、雑念を追い払い、まっさらになった心の状態。正しい武士の道には、目的も意図もない。自分がなにをすべきかを、あれこれ考えてはいけない。あまりにも強い意志を持つことが、かえって自分の邪魔になるからだ。捉われてはいけない。

宮本武蔵を導いたとされる沢庵《たくあん》和尚《おしょう》もそう説いている。

「⑥ええいっ。出ていけ」

余計なものを追い出すべく、林太郎は太ももをこぶしでひとつ打った。

正直に言って、今年のチームの中でいちばん目立たないのが、谷山林太郎だと、熊沢は思っていた。

「ぼ、ぼくですか」

本人も意外だったのだろう。きょとんとしていたが、白橋先生は静かにうなずいた。そして、こう言った。

「いい髪をしていますね」

その言葉に、誰もがみな顔を見合わせた。無理もない。林太郎の頭は丸坊主だからだ。当の本人だって、怪訝《けげん》そうな顔をしていた。けれど白橋先生は、おだやかで平坦《へいたん》な声で続けた。

「白髪《しらが》は神の世界とつながっていると言います。老人に限らず内面的に成熟すると、髪は白くなるのです」

「むっ」

②熊沢は唸《うな》ってしまった。林太郎はと見ると、まっすぐに白橋先生を見つめていた。顔がみるみる紅潮していった。

やがて林太郎は、ゆっくりと立ち上がった。

「お言葉、いたみいりまする」

と、頭を下げた。まさに、武士のような所作《しょさ》だった。

「ありがたき幸せ」とでもいうように、両手で軽くこぶしを作り、それをテーブルについて両腕をおり、深々とおじぎをした。その頭の輪郭が、電灯に白っぽく照らされていた。

有明《ありあけ》学院の陸上部は全員坊主にするのが規則だが、その中でも林太郎はいちばん短い。いわば、小坊主のようにつるりとした坊主刈りだ。

坊主の種類までは、はっきりとした決まりはないが、前髪を残すスポーツ刈りは禁じているので、たいていの選手は、手のひらで頭を押さえても、指の間から髪の毛が出ない長さに刈っている。それでも三年生は、最後の試合を終えたあとは、ゆるやかに伸ばしていくのが常で、そこに至っては、熊沢も［ B ］。

実際、沢田瞬太も、※2都大路《みやこおおじ》の直前にバリカンのいちばん深い刃で刈った髪をそのままにしていて、今では全体的に黒々としてきた。手のひらで押さえてみたら、五ミリくらいははみ出しそうだ。

そんな中での林太郎のきれいな丸坊主。

さすがは白橋先生だ。

熊沢は感服せずにはいられなかった。犬がやる服従の印のように、その場で仰向けになって、腹でも見せたいような気分だった。

林太郎の髪には、白髪がまじっているのだ。いわゆる若白髪と言うのか、入学してきたときからだった。それを本人も気にしているのか、いつもつるつるに剃《そ》り上げている。だから知らない人間には、林太郎の白髪はわからない。それを白橋先生は見抜いた。

「頑張りなさい」

白橋先生に、大きくはないがよく通る声で励まされ、林太郎は、身を震わせて再度頭を深く下げた。全身全霊で、白橋先生の言葉を引き受けようとするような態度だった。

③だがあれは林太郎には、少々荷が重たい言葉ではなかっただろうか。

熊沢の喉もとに苦さがこみ上げる。瞬太ならうまく［ C ］かもしれないが、林太郎には、特に、武士道に感化されて、忠誠心や忠義心をみなぎらせている今の林太郎には、やや重すぎたとしても不思議はない。

熊沢は画面をにらみつける。

「トップ集団の順位が入れ替わりました。長野と埼玉が前に出て、そのあとに大阪、福岡の選手は少し遅れ始めています」

早口の実況が伝えている。

「踏ん張れ、林太郎」

テレビの前で熊沢は両手を組み合わせた。

「白髪は神の世界とつながっていると言います」

耳の奥で白橋先生の声が※3リフレインする。日ごろは無信心な熊沢だが、祈って届くならいくらでも祈りたかった。

ああ、神様仏様。

が、力を入れようとした手を、ふと熊沢はほどいた。

なさないということ。

エ　知識の獲得よりも考えることを優先しなければ、教養は育てられないということ。

問七　傍線部⑥「大問題は、充分な知識や情緒や形を得るために、実体験だけで足りるかということ」とありますが、この問題に対処するために、筆者はどのようなことをすべきだと考えていますか。文中の表現を用いて、二十字以上二十五字以内で説明しなさい。（句読点を含みます。）

問八　空欄 [X] に当てはまる語として最も適当なものを次の中から一つ選び、記号で答えなさい。

ア　右往左往

イ　古今東西

ウ　一期一会

エ　森羅万象

問九　本文の内容と**一致しない**ものを次の中から一つ選び、記号で答えなさい。

ア　現代は広範に渡って深化する情報社会であり、そうした社会を生き抜くためには教養を身につける必要がある。

イ　これからの教養に求められるものは、物事を自分自身の体験を通して理解することによって獲得した知識である。

ウ　実際に関わりをもつ人間は一生を通しても多くはないのに、我々は人間がどのようなものかをよく知っている。

エ　後世に影響を与えた人物の思想や言葉に触れることで、教養を構成するための、より質の高い知識を得られる。

二　次の文章を読んで、後の問いに答えなさい。

社会人や学生のトップランナーによってチームを構成する、都道府県対抗男子駅伝大会で、高校生の谷山林《たにやまりん》太郎《たろう》は、福岡県チームの第四区を走ることになった。しかし、調子の出ない林太郎は、トップでたすきを受け取ったが、徐々に遅れ始める。

画面の中の林太郎は苦しそうだった。なんとかギアを切り替えようとしているが、体がうまく動かないらしい。きっと風で冷えてしまったのだ。スタートしてしばらく林太郎は、後続の選手たちから風よけにされていた。風の具合は丸坊主《まるぼうず》の林太郎からでは、計りかねたが、沿道の幟旗《のぼりばた》の揺れ方から見て、かなり強い向かい風だったと思える。

[A]か。

熊沢《くまざわ》は、①ほぞをかむような思いにかられた。

武士道に感銘を受けたらしい林太郎は、前にもまして、正義感が強くなった。このところ、戦術とか戦略の中にひそむひきょうな空気に、めっきり敏感になってしまっているようだ。読み方のせいだろうか。林太郎のフィルターを通せば、狡猾《こうかつ》なあの宮本武蔵《みやもとむさし》でさえ、清廉潔白な正義漢になっているようなのだ。

もうひとつ気にかかるのが、※1白橋《しらはし》先生が林太郎にかけた言葉だった。

「ところで、あなたは」

合宿所にやってきた白橋先生は帰り際《ぎわ》、林太郎を見て言った。その場にいた者は、一様に意外そうな顔をした。

というのは、声をかけた相手が林太郎だったからだ。チームには大学エースの水島《みずしま》もいるし、ベテランの吉竹《よしたけ》もいる。特に吉竹は、かつて白橋先生が指導していた実業団の選手なのだから、特別な思いを持っているはずだ。ところが、白橋先生が唯一個人的に声をかけたのは、林太郎だけだったのだ。沢田瞬太《さわだしゅんた》ならまだしも、林太郎。

スピアと親しく対面することもできます。文庫本代を払うだけで、あり得ないような恩恵を受けることができるのです。

（藤原正彦『国家と教養』による）

〈注〉※1 ドイツ型教養…古典や哲学を徹底的に学び、政治や社会といった実生活から隔離された教育によって精神を培うこと。

※2 旧制高校…明治時代から昭和時代の前半にかけて存在した教育機関。

※3 スーパーパワー…超大国。世界全体に影響を及ぼす国家のこと。

※4 功利主義…功績や利益を上げることを第一とする考え方。

※5 第一章…第一章では、アメリカの思惑を見抜けなかったために、不適切な改革を行うことになった日本について取り上げている。

※6 第四章と第五章…第四章ではヨーロッパで、第五章では日本で、人文的教養が衰退した原因について述べている。

※7 智に働けば角が立つ。情に棹させば流される。…理知的に動きすぎると他人とぶつかる。情を重んじすぎると感情に流される。

問一 傍線部a～fから副詞を**二つ**選び、記号で答えなさい。

問二 傍線部①「戦後になり、人文的教養の地位が下がることとなりました」とありますが、この原因として**当てはまらないもの**を次の中から一つ選び、記号で答えなさい。

ア 人文的教養を身につけた教養層が、二度の世界大戦を回避するための力にならなかったこと。

イ 科学技術が急速に発展する事態を受けて、人文的教養の価値が相対的に低くなったこと。

ウ 社会の情報化が進むことで知識の会得《えとく》が容易になり、人文的教養を学ぶ必要性が薄れたこと。

エ 二度の世界大戦を経た後の世界で、人文的教養よりも功利主義的な考え方が主流になったこと。

問三 傍線部②「これからの教養とは一体何でしょうか」とありますが、筆者が考える「これからの教養」の説明として最も適当なものを次の中から一つ選び、記号で答えなさい。

ア 古典や哲学などの限られた学問ではなく、インターネットにある幅広い情報を使って社会を生き抜いていくための知識。

イ 経験から形作られた情緒や、意志や道徳といったものと結びついた、ものを考えて適切な判断を下すのに必要な知識。

ウ プラトンやカントといった様々な哲学者が語ってきたことを、経験や人間のあり方に基づいて考えられる生きた知識。

エ 読書と登山と古典音楽の愉しさなどのように、個性や趣味に応じて違いが生じる、一人前の人間として大切になる知識。

問四 傍線部③「ほぼ先天的に備わっている喜怒哀楽」とありますが、これと対照的な内容を述べた箇所を文中から三十八字で探し、初めと終わりの五字を答えなさい。

問五 傍線部④「私と同じことを言っている」とありますが、どのようなことが同じなのですか。それについて説明した次の文の空欄に当てはまる言葉を、文中の表現を用いて、五字以上十字以内で答えなさい。

必要な教養とは、複数の要素が［五～十字］した知識だということ。

問六 傍線部⑤「本をめくることばかりしている学者は、ついにはものを考える能力をまったく喪失する」とありますが、ニーチェのこの言葉を引用することで、筆者は何を伝えたかったのですか。説明として最も適当なものを次の中から一つ選び、記号で答えなさい。

ア 既存の知識ばかりに固執していると、見識を広げることが難しくなるということ。

イ 書物に依存しすぎると、偏った知識を身につけることになってしまうということ。

ウ 蓄えた知識を生かすことができなければ、その知識は意味をいうことでしょう。

一人前の人間として大切な教養については、人により言い方が異なります。東京女学館女子中高の校長をしていた四竈経夫《しかまつねお》先生は、「私が生徒にどうしても伝えたいのは三つのこと、読書と登山と古典音楽の愉《たの》しさです」と私に語りました。ある会社の社長は「人間にとって最も大切なのは、人と付き合い、本を読み、旅をすることだ」と言いました。手塚治虫《てづかおさむ》はこう言いました。「君たち、漫画から漫画の勉強をするのをやめなさい。一流の映画を見ろ、一流の音楽を聴け、一流の芝居を見ろ、一流の本を読め。そしてそれから自分の世界を作れ」。表現は様々ですが、大体、④私と同じことを言っているように思います。

ニーチェは「⑤本をめくることばかりしている学者は、ついにはものを考える能力をまったく喪失する」と言いました。知識が充分にあるだけでは、死蔵された知識に過ぎず、考える能力に結びつかないのです。

これからの教養を構成するものは、情緒や形ばかりか知識も、基本は実体験によって得られるものです。京都がどんな町かは、京都に行って見なければ完全には理解することはできません。象やキリンがどんな動物かも、何らかの方法で見る必要があります。モーツァルトやビートルズの音楽がどんなものかは、聴く以外にないのです。ぶたれた時の痛さも、貧しくて充分に食べられない悲しさや苦しさも、仲間外れにされる辛さも、欺《だま》されたり裏切られた時の悔しさも、そんな目にあって初めて分かります。自分自身の体験によって、そういう目にあっている人に同情したり、他人をそういう目にあわせないよう心がけることになります。

ここで⑥大問題は、充分な知識や情緒や形を得るために、実体験だけで足りるかということです。一生の間に実体験できることはとても限られています。自らが生涯に歩いた道路の長さの総和は、世界全道路の長さの兆分の一にもなりません。出会った人の数だって限られています。言葉を交《かわ》した人の数はさらに少なく、深い意志の疎通を交した人の数ともなると、大抵の場合、家族を除くと片手の指、多くても両手の指で足りてしまうのではないでしょうか。

にもかかわらず私達は、人間とはこういうものだ、こういう状況ではこう考え、こう思い、こう行動する、というかなり正しいイメージを持っています。これを持たないと社会生活ができません。私達が、よく知る人はたった数名なのに、そんなイメージを持つことができるのは、映画やテレビドラマや読書などで、乏しい実体験を補強しているからです。

家族や学校で親や先生に教わる知識だって、ほんの基礎基本だけです。人間として真っ当で充実した生き方をするためにはとても充分とは言えません。これからの教養、すなわち情緒や形と一体化した知識を獲得するには、まず自ら努力して得る必要があります。実体験では余りにも足りないので、間接体験（追体験）によることになります。読書、文化、芸術などに親しむことが大切となるのです。人によっては自然や宗教もあるかも知れません。先ほど京都がdどんな町かは京都に行って見なければ分からないと言いましたが、注意すべきは、それでは目に見えるものしか分からないということです。

（中略）

読書を代表とする疑似体験は、実体験に比べれば概して深さも強烈さもはるかに小さく、人間の教養をe豊かにする力としては微々たるもの、という声が聞こえてきそうです。その通りです。力としては十分の一かも知れません。しかし、一つ一つは十分の一の深さや強烈さの疑似体験でも、自ら求めさえすれば実体験の百倍に上る回数を体験することも可能です。そうすれば実体験だけの人に比べ十倍の教養を得ることができることになります。

特に疑似体験の柱となる読書なら時間も金もfさほどかかりませんから、いくらでも重ねることが可能です。読書を通じ、[X]の賢人や哲人や文人の言葉に耳を傾けることができます。漱石やドストエフスキーの言葉に耳を傾け、紫式部《むらさきしきぶ》や清少納言《せいしょうなごん》やシェーク

二〇二一年度 獨協埼玉高等学校（第二回）

【国語】（五〇分）〈満点：一〇〇点〉

一 次の文章を読んで、後の問いに答えなさい（出題の都合上、一部変更している箇所があります）。

我が国は、明治維新より軍隊、憲法、高等教育などでドイツをa手本とした国造りをしました。その結果、明治末期の頃から、※1ドイツ型教養を身につけた教養層、具体的には※2旧制高校出身者達が生まれました。bそしてこれら人文的教養に身を包んだ教養層が、二十世紀になって、ドイツでも日本でも、第一次大戦、第二次大戦という歴史的愚行に際し、ほとんど抑止力とならなかったことを見ました。

その結果、①戦後になり、人文的教養の地位が下がることとなりました。加えて、両大戦を経て世界の※3スーパーパワーに躍《おど》り出たアメリカが、教養とは対局にある※4功利主義の国であったことや、科学技術の驚異的発達などが人文的教養のさらなる地位低下に連なったことも見てきました。

しかしながら一方で、※5第一章で述べたように、諸現象の真髄を見抜くために、知識や情緒に根差した物差しは欠かせません。cとりわけ、ますます広範に渡り深化する情報社会を生き抜くために、この物差しの必要度はかつてより増していると言えます。無限にある雑多な情報を有限なものに仕分けし、その中から最も自分にとって必要なもの、最も本質的なものを選択するには何か強力な物差しがいるからです。

歴史的には古典や哲学を中心とした人文的教養がその役を担《にな》ってきました。しかし二十世紀になって、その限界が露《あら》わになったのを※6第四章と第五章で検証しました。新しい情報社会に対応する強力な物差し、②これからの教養とは一体何でしょうか。

それは従来の教養のごとく、少数エリートにより独占されるものではありません。独裁政権や軍事政権の下では、瞬《またた》く間に排除あるいは抑圧されてしまうからです。我が国に強く見られた、西洋崇拝に基づいた教養のひ弱さも第五章で見ました。

これからの教養とは無論、インターネットにある雑多な情報の集合体ではありません。情報を論理的に体系化したものが知識とすると、これからの教養は書斎型の知識でなく、現実対応型のものでなくてはなりません。現実対応型の知識とは、屍《しかばね》のごとき知識ではなく、生を吹き込まれた知識、情緒や形と一体となった知識です。

ここで言う情緒や形とは一体何でしょうか。まず情緒ですが、③ほぼ先天的に備わっている喜怒哀楽ではありません。それなら獣にもあります。より高次元とも言える、後天的に得られるもの、すなわちその人が生まれ落ちてからこれまでにどんな経験をしてきたか、によって培《つちか》われる心です。どんな親に育てられたか、どんな友達や先生と出会ってきたか、どんな美しいものを見たり読んだりして感動してきたか、どんな恋や失恋や片思いをしてきたか、どんな悲しい別れに会ってきたか……などにより形成されるものです。美的感受性やもののあわれなどの美的情緒、宗教によって得られる宗教的情緒なども含まれます。

また形とは、日本人としての形、すなわち弱者に対する涙、卑怯《ひきょう》を憎む心、正義感、勇気、忍耐、誠実、などです。論理的とは言えないものの価値基準となりうる、獣ではない人間のあり方です。こう書いてくると、これからの教養とはプラトンからカントまで、様々な哲学者が語った知情意や真善美に似ています。これらを荒っぽく要約すると、知（真）が知識、情（美）が情緒、意（善）が意志や道徳ですから、私の言う教養、すなわち情緒や形と一体になった知識、とはそれらに近いと言えます。

漱石《そうせき》も『草枕《くさまくら》』の冒頭で言っています。「山路を登りながら、こう考えた。※7智《ち》に働けば角が立つ。情に棹《さお》させば流される。意地を通せば窮屈だ。兎角《とかく》に人の世は住みにくい」。バランスが大切と

英語解答

1 Part 1　1…(C)　2…(B)　3…(A)　4…(B)　5…(C)
Part 2　1…A　2　pancake(s)〔pan cake(s)〕　3　Warner　4　7904　5　Temple
Part 3　1…(F)　2…(G)　3…(A)　4…(C)　5…(D)

2 1　true　2　close　3　difficult　4　front　5　future

3 1　were surprised at〔by〕
2　forward to seeing〔meeting〕
3　both tea and
4　How long have
5　playing the piano

4 1　オ　2　ウ　3　エ　4　エ　5　イ

5 1　I remember seeing you at the station
2　We didn't know where to buy the face masks
3　I want you to read the book written in
4　It is easy for her to cook
5　I'm not as tall as my brother
6　I haven't finished reading this book yet〔I haven't yet finished reading this book〕

6 問1　イ
問2　A…ウ　B…ア　C…イ　D…エ
問3　doesn't　問4　ウ
問5　エ

7 問1　エ　問2　ウ　問3　ア
問4　イ　問5　エ　問6　ア
問7　ウ　問8　エ

1〔放送問題〕放送文未公表

2〔対話文完成―適語補充〕

1．A：わあ，私はこの公園に来たことがなかったんです。なんてきれいな山でしょう！／B：ええ。それに，ここでは花や野生の動物を見ることもできますよ。／A：私はこういうすばらしい公園に来たいといつも思っていたんです。まさに夢がかないました。∥Aはすてきな公園を訪れたいと思っていたのだから，夢がかなったとするのが適切。　come true「(夢などが)実現する，かなう」

2．A：ねえ，窓を閉めないでよ，でないと具合が悪くなっちゃう。この部屋は空気がよくないわ。／B：わかったよ。開けておくね。／A：ありがとう。∥Bが窓を開けておくと言っているので，Aは窓を閉めないように頼んだとわかる。

3．A：オリバー，助けてくれない？　私のパソコン，壊れてるみたい。画面に何も見えないの。／B：チェックさせてよ。わあ，本当に難しい問題だ。どうしたらいいかわからないな。∥Bはどうしたらいいかわからないと言っているので，difficult「困難な」が適切。

4．A：すみません。／B：はい。／A：有名なラーメン屋の「イチバンボシ」への行き方を知っていますか？／B：ええ，知っていますよ。オオドオリ駅の隣のスポーツジムの真正面です。∥in front of ～「～の正面に」

5．A：君は将来，何になりたい？／B：そうね，私の夢は歌手になることよ。∥Bが将来の夢を答えているので，in the future「将来」が適切。

3〔和文英訳―部分記述〕

1．「～に驚く」はbe surprised at〔by〕～で表せる。主語が複数で過去の文なので，be動詞はwere。

2．look forward to ～ing「～するのを楽しみにする」

3．‘both *A* and *B*’「*A*と*B*の両方」

4．「どのくらい～」と‘期間’を尋ねる表現は，How long「どのくらい(長く)～」と‘継続’を表す現在完了の疑問文‘have/has＋主語＋過去分詞～?’を組み合わせることで表せる。

5．「～している…」という表現は，‘…’の後ろに‘形容詞的用法の現在分詞(～ing)＋語句’を置いて修飾する形で表せる。

4〔対話文完成─適文選択〕

≪全訳≫❶A：こんにちは。久しぶり。どうしてた？❷B：こんにちは！ 1元気だったよ。❸A：家にいるときは何をしてたの？❹B：2毎日たくさん食べていたよ。2キロ太っちゃった。君は何をしてた？❺A：しょっちゅう遅くまでテレビゲームをしていたよ。それは良くなかったな。❻B：3それはどうして？❼A：最近，とても疲れてるんだ。

1．Aの「どうしてた？」に対する返答なので，「元気だった」というオが適する。　2．直後でBが「2キロ太っちゃった」と続けているので，「たくさん食べた」というウが適する。　3．この後Aは「最近，とても疲れてる」と答えている。これは，Aが遅くまでテレビゲームをするのは良くなかったと考える理由になっているので，理由を尋ねるエが適する。

≪全訳≫❶A：あなたは大学で何を勉強していますか？❷B：英語です。❸A：卒業したら何をするつもりですか？❹B：英語の教師になるつもりです。❺A：高校，それとも中学校？❻B：たぶん高校だと思います。❼A：4私は高校で英語を教えていますよ。❽B：まあ。それは知りませんでした。❾A：5年前に教え始めました。❿B：5どうですか？⓫A：これ全部白髪なのがわかりますか？ 5年前は全体的に黒髪だったんですよ。⓬B：中学で教えることにしようかしら。

1．直前でBが高校の英語教師になりたいと言っていることや，この後でAが5年前に教え始めたと言っていることから，Aは自分が高校の英語教師だと言ったと考えられる。　2．この後のAの「白髪になった」という発言は，高校で英語を教える仕事が楽ではないということを意味している。ここから，Bは高校の英語教師の仕事に対する感想や印象を尋ねたとわかる。How do you like ～?「～(の印象や感想)はどうですか」

5〔整序結合〕

1．「～したことを覚えている」は remember ～ing で表す。「駅で」は at the station。

2．We didn't know「私たちは分かりませんでした」で始める。これに where to ～「どこで～する(べき)か」の形を用いて where to buy the face masks を続ける。

3．「(人)に～して欲しい」は‘want＋人＋to ～’で表せる。「ドイツ語で書かれたその本」は the book「本」を前に置き，この後に受け身の意味を持つ過去分詞の形容詞的用法を用いて written in German と続ける。

4．「…が〔…にとって〕─することは～だ」は‘It is ～ for … to ─’で表せる。「毎日料理をする」は cook every day。

5．「～ほど…ではない」は‘not as … as ～’で表す。

6．「まだ～していない」は‘完了’を表す現在完了の否定形で表し，yet を文末あるいは not の後に置く。「～し終える」は finish ～ing。

6〔長文読解総合─物語〕

≪全訳≫❶トリニティは2045年，世界中の人々を救うために開発された。それは，頭に埋め込まれたICチップを通じて人間と直接，意思疎通ができる。それはできるかぎり多くの情報を集め，その情報を用いることで，いかなる状況においても最善の解決策を見つけられる。想像してほしい。あなたは友達と話しており，彼女は腹を立てているようだ。もしトリニティに原因を尋ねたら，次のように答えるだろう。／①彼女は今朝，成績のことでお母さんとけんかをした。(星５つ)／②彼女は今日，宿題を家に忘れてきた。(星３つ)／③彼女は今日の天気が気に入らない。(星１つ)／④あなたが彼女の気にさわることを言った。(星なし)／質問に対する最善の答えは，星を５つ獲得する。例えば，①は星が５つなので，それが最大の原因だということができるだろう。④は星がないので，今は自分が言ったことを気にする必要はない。あなたはトリニティがどんな問題も解決できると考えるかもしれない。実際，とても役に立つ。しかし，気をつけなければならないこともある。❷まず，いつも役に立つとは限らない。私は先月，友達とけんかをした。私はトリニティに何をすべきかと尋ねた。私は②を選んだが，彼は私に今までのところ何も言ってこない。けんかをして以来，お互いに口をきいていないのだ。／①先に「ごめんなさい」と言う。(星５つ)／②彼が先に「ごめんなさい」と言うまで待つ。(星５つ)❸次に，別の問題にも直面しなければならないかもしれない。私はトリニティを100万円で購入した。一度に払うことはできなかったので，毎月10万円ずつ払うことにした。私は毎月節約しなければならなかった。それはとても大変なことだった。私はトリニティにこの問題の解決方法を尋ねた。答えが出たとき，私は泣きたくなった。私は①を選び，そして今も毎月10万円を払っている。／①一生懸命働いて支払いを続ける。(星５つ)／②誰かがあなたを助けるために毎月10万円払ってくれるのを待つ。(星なし)❹繰り返すが，トリニティは役に立つ。それは真実だが，選択するのはあなただ。トリニティではない。

問１＜**適語選択**＞友達の様子についてトリニティに理由を尋ねたところ，トリニティは友達にとって悪い状況ばかり並べあげた。ここから，友達の様子としては upset「腹を立てる，取り乱す」が適切。

問２＜**適文選択**＞**Ａ・Ｂ．**友達とけんかをしたときのトリニティの回答としてふさわしいのはアとウ。「私」は②を選んだが，相手からはいまだに何も言ってこないと述べているので，Ｂにはア．「彼が先に『ごめんなさい』と言うまで待つ」が適切。Ａにはウ．「先に『ごめんなさい』と言う」が当てはまる。　**Ｃ・Ｄ．**毎月10万円支払うための方法を提示するトリニティの回答としてふさわしいのはイとエ。筆者は①を選んで今も支払いを続けているとあるので，Ｃはイ．「一生懸命働いて支払いを続ける」が適切。Ｄにはエ．「誰かがあなたを助けるために毎月10万円払ってくれるのを待つ」が当てはまる。

問３＜**要旨把握**＞直前の文で作者は，トリニティは役に立つが，選択をするのはあなただと述べている。つまり，作者は，選択するのは人間であってトリニティではないという結論を示しているのである。空所の後には make the choice が省略されており，主語の TRINITY は３人称単数，かつ現在の文なので，否定には doesn’t を用いる。

問４＜**内容真偽**＞ア．「トリニティと私は良い友達だが，１か月前にけんかをした」…×　このような記述はない。　イ．「トリニティと彼女の母親は成績のことに関してけんかをした」…×　このような記述はない。　ウ．「トリニティは，ユーザーの頭部に直接つながれた小型コンピュータである」…○　第１段落第２文参照。　エ．「トリニティは，低価格のおかげで広く使われている」…×　第３段落第１，２文参照。高価なものだとわかる。

問５＜**内容真偽**＞ア．「作者は，トリニティは危険だと説明し，買わないようにと言っている」…×　このような記述はない。　イ．「作者は，トリニティには良いところがたくさんあるので，買うべきだと説明している」…×　トリニティを買うべきだという記述はない。　ウ．「作者は，トリニティは状況を理解し，解決策を決定してくれると説明している」…×　第４段落参照。作者は，解決策を選ぶのはトリニティではなくあなただと述べている。　エ.「作者は，トリニティを使うときには気をつけるべきだと説明している」…○　第１段落最終文に一致する。

7〔長文読解総合―説明文〕

《全訳》❶グリーンランドは世界の極北に位置する巨大な島だ。その気候は非常に厳しく，寒冷である。グリーンランドの「最も暑い」夏の日でも，イングランドの寒い冬の一日と似たようなものだ。夏の間は太陽は沈まず，夜通し明るい。島の中で最も暖かいのは南岸で，グリーンランドの人々はほとんどそこに住んでいる。しかしながら，その寒さのため，そこは今でも生きていくのがとても厳しい場所だ。❷長年にわたり，いろいろな人々がグリーンランドに居住しようとしたが，ほとんどの人はあまりにも困難だと思った。グリーンランドに住んだ人の中で最も有名な人の１人が，「赤毛のエイリーク」だった。エイリークの呼び名は，たぶんその髪とひげの色に由来するのだろう。すぐに怒り出すので，人々は彼を「赤」と呼んだと信じている人もいる。約1000年前，エイリークはアイスランドの家を追放された。彼は氷で覆われたこの小さな島から船出して，氷で覆われた巨大な島にやってきた。この島にはまだ名前がなく，そこには誰も住んでいなかったので，彼はそこに住むことにした。❸アイスランドの昔話によると，エイリークは退屈で寂しくなり，他の人々にもこの寒い島に来て一緒に住んでほしいと望むようになった。エイリークには考えがあった。彼はこの島を「グリーンランド」と呼び，あたかも美しく，暖かな緑の島であるように装った。彼の企みはうまくいった。アイスランドの人たちが，この「グリーンランド」と呼ばれる完璧な場所について耳にすると，多くの人がエイリークと暮らしたいと望んだ。そのうち約300人が荷物をまとめて，彼のもとへ出発した。❹生活は大変だったが，この人たちはグリーンランドに長い間暮らし，そこが彼らの住みかとなっていった。彼らの家は石と木でつくられたので，快適だった。彼らは野菜を植え，牛やヤギや羊を飼った。こうした動物はアイスランドから連れてこられたのだった。しかし，500年後，グリーンランドには，エイリークとその仲間たちの残したものは何も残っていなかった。❺彼らに何があったのか。それはいまだに謎である。

問１＜内容一致＞「グリーンランドの南部では，（　　）」―エ.「寒さがそこでの暮らしを困難なものにしている」　第１段落最後の２文参照。

問２＜内容一致＞「約1000年前，（　　）」―ウ.「エイリークはアイスランドを追放された」　第２段落第５文参照。

問３＜内容一致＞「赤毛のエイリークは，（　　）」―ア.「ひげを生やしていた」　第２段落第３文参照。

問４＜内容一致＞「エイリークは，（　　）」―イ.「グリーンランドに移住する前はアイスランドに住んでいた」　第２段落第５文～第３段落第３文参照。エイリークは，移住した島を，後にグリーンランドと名づけた。

問５＜内容一致＞「アイスランドの昔話によれば，（　　）」―エ.「エイリークは話をつくり上げて，それを信じた人々がいた」　第３段落第１～５文参照。

問６＜内容一致＞「下線部の『彼の企みはうまくいった』というのは，（　　）ということを意味する」―ア.「多くの人がエイリークと暮らすためにグリーンランドを訪れた」　第３段落最後の２文参照。

問７＜内容一致＞「エイリークと彼の友人たちは，（　　）」―ウ.「グリーンランドに何頭かの動物を連れてきた」　第４段落第４文参照。

問８＜英問英答＞「最終的に，エイリークとその友人たちはどこへ行ったか」―エ.「彼らがどこに行ったのかは誰も知らない」　第４段落最終文～第５段落参照。

2021年度／獨協埼玉高等学校(第2回)

数学解答

1 (1) $-x+11y$　(2) $x=4\pm\sqrt{11}$

(3) $(x-2)(7x+10)$

(4) $x=-1,\ y=\frac{7}{2}$　(5) 2

(6) 75　(7) 4，5，6，7

(8) $\frac{8}{5}$cm　(9) ① 7　② $112\pi\text{cm}^3$

2 (1) ③，④　(2) ①，③

(3) ① $\frac{1}{9}$　② $\frac{1}{3}$

3 (1) $\frac{1}{4}$　(2) $y=\frac{1}{2}x+12$

(3) 4，28

4 (1) 4枚　(2) 12通り　(3) 210円

1〔独立小問集合題〕

(1)＜式の計算＞与式$=\frac{2}{5}\times15x-\frac{2}{5}\times25y-\frac{7}{3}\times3x+\frac{7}{3}\times9y=6x-10y-7x+21y=-x+11y$

(2)＜二次方程式＞$x^2+3x-11x=-5$，$x^2-8x=-5$，$x^2-8x+4^2=-5+4^2$，$(x-4)^2=11$，$x-4=\pm\sqrt{11}$　$\therefore x=4\pm\sqrt{11}$

《別解》$x^2+3x-11x+5=0$，$x^2-8x+5=0$ とし，二次方程式の解の公式を用いると，$x=\frac{-(-8)\pm\sqrt{(-8)^2-4\times1\times5}}{2\times1}=\frac{8\pm\sqrt{44}}{2}=\frac{8\pm2\sqrt{11}}{2}=4\pm\sqrt{11}$ となる。

(3)＜因数分解＞$x-2=A$ とおくと，与式$=5(x+2)A+2xA=A\{5(x+2)+2x\}=A(5x+10+2x)=A(7x+10)$ となり，Aをもとに戻すと，与式$=(x-2)(7x+10)$ となる。

(4)＜連立方程式＞$x+2y=6$……①，$\frac{5}{4}x+\frac{1}{3}y=-\frac{1}{12}$……②とする。②×12 より，$15x+4y=-1$……②′　①×2－②′より，$2x-15x=12-(-1)$，$-13x=13$　$\therefore x=-1$　これを①に代入して，$-1+2y=6$，$2y=7$　$\therefore y=\frac{7}{2}$

(5)＜関数―変化の割合＞関数 $y=2x^2$ において，$x=-2$ のとき，$y=2\times(-2)^2=8$ であり，$x=3$ のとき，$y=2\times3^2=18$ となる。これより，x の値が-2から 3 まで増加するときの変化の割合は $\frac{18-8}{3-(-2)}=\frac{10}{5}=2$ である。一方，関数 $y=ax+5$ の変化の割合は一定で，a となる。よって，これらの変化の割合が等しいとき，$a=2$ となる。

(6)＜式の値＞与式$=x^2+2\times x\times4y+(4y)^2=(x+4y)^2$ となる。よって，$x=\sqrt{3}+8$，$y=\sqrt{3}-2$ のとき，$x+4y=(\sqrt{3}+8)+4(\sqrt{3}-2)=\sqrt{3}+8+4\sqrt{3}-8=5\sqrt{3}$ となるから，与式$=(5\sqrt{3})^2=75$ である。

(7)＜数の性質＞$4=\sqrt{4^2}=\sqrt{16}$，$6=\sqrt{6^2}=\sqrt{36}$ より，$\sqrt{16}<\sqrt{5n}<\sqrt{36}$ となる。各辺を 2 乗しても不等号の向きは変わらないから，$16<5n<36$，$\frac{16}{5}<n<\frac{36}{5}$ となり，$3\frac{1}{5}<n<7\frac{1}{5}$ である。よって，条件を満たす自然数 n は，4，5，6，7 となる。

(8)＜図形―長さ＞右図 1 で，△ABD と △AEF において，∠BAD＝∠EAF，∠ABD＝∠AEF より，2 組の角がそれぞれ等しいから，△ABD∽△AEF である。よって，AB：AE＝AD：AF となり，14：AE＝10：6 である。これより，10AE＝84，AE$=\frac{42}{5}$ となるから，DE＝AD－AE$=10-\frac{42}{5}=\frac{8}{5}$(cm) である。

図1

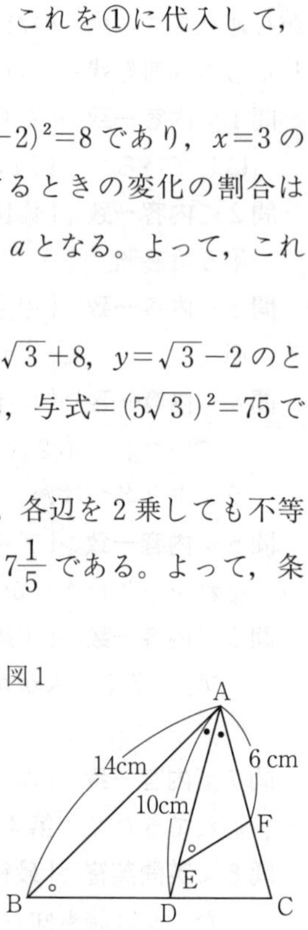

(9)<**図形―体積**>①右図2のように，△ABCを，直線ACを軸として1回転させてできる立体は，底面の半径がBC＝a cm，高さがAC＝6 cmの円錐だから，体積が98π cm^{3}のとき，$\frac{1}{3}\times\pi\times a^2\times 6=98\pi$ が成り立つ。これを解くと，$2a^2=98$，$a^2=49$，$a=\pm7$ となり，$a>0$ だから，$a=7$ となる。　②図2で，$a=8$ のとき，四角形DBCEを，直線ACを軸として1回転させてできる立体は，底面が円C，高さがACの円錐から，底面が円E，高さがAEの円錐を除いた立体となる。また，△ABCで点D，Eはそれぞれ辺AB，ACの中点だから，底面が円Cの円錐と円Eの円錐は相似であり，その相似比は2：1である。よって，体積の比は $2^3：1^3=8：1$ となり，底面が円Cの円錐の体積は，$\frac{1}{3}\times\pi\times8^2\times6=128\pi$ より，底面が円Eの円錐の体積は，$128\pi\times\frac{1}{8}=16\pi$ である。したがって，求める立体の体積は，$128\pi-16\pi=112\pi$ (cm^3)となる。

図2

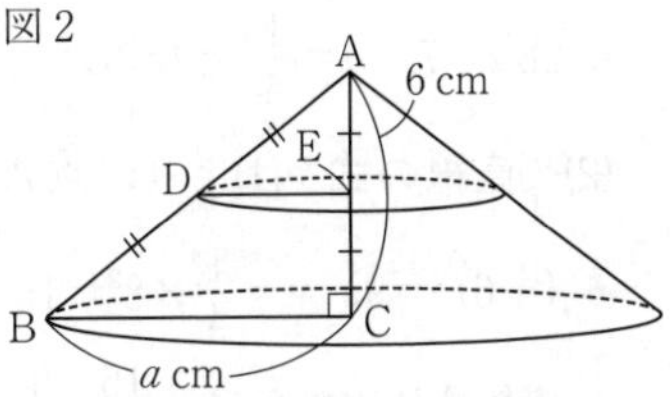

2 〔独立小問集合題〕

(1)<**正誤問題**>①…誤。素数とは，1とその数のほかに約数がない自然数のことである。　②…誤。aの平方根とは，2乗するとaになる数のことである。　③…正。$\frac{m}{n}$(m，nは整数，$n\neq0$)の形に表せる数を有理数といい，表せない数を無理数という。　④…正。　⑤…誤。移項とは，等式の一方の辺の項を符号を変えて他方の辺に移すことである。

(2)<**正誤問題**>①…正。　②…誤。弦とは，円周上の2点を結ぶ線分のことである。円周の一部分は弧という。　③…正。　④…誤。立面図とは，立体を正面から見た図のことである。立体を真上から見た図は平面図という。　⑤…誤。正多面体とは，全ての面が合同な正多面形で，どの頂点にも面が同じ数だけ集まっているへこみのない立体のことである。正多面体の面は三角形とは限らない。

(3)<**確率―さいころ**>①大小2つのさいころを1回ずつ投げたときの目の出方は，全部で $6\times6=36$(通り)ある。また，P(a，b)が曲線 $y=\frac{6}{x}$ 上にあるのは，$b=\frac{6}{a}$ のとき，すなわち $ab=6$ のときだから，(a，b)＝(1，6)，(2，3)，(3，2)，(6，1)の4通りある。よって，求める確率は $\frac{4}{36}=\frac{1}{9}$ となる。　②点(1，6)，(2，3)，(3，2)，(6，1)が曲線 $y=\frac{6}{x}$ 上にあり，点(1，6)が直線 $y=6x$ 上にあることから，グラフは右図のようになる。右図より，曲線 $y=\frac{6}{x}$，直線 $y=6x$，直線 $x=4$，x軸で囲まれる図形の内部または周上にあって，x座標，y座標がともに1以上6以下の整数である点は，(1，1)，(1，2)，(1，3)，(1，4)，(1，5)，(1，6)，(2，1)，(2，2)，(2，3)，(3，1)，(3，2)，(4，1)の12個あるから，条件を満たすさいころの目の出方は12通りある。よって，求める確率は $\frac{12}{36}=\frac{1}{3}$ となる。

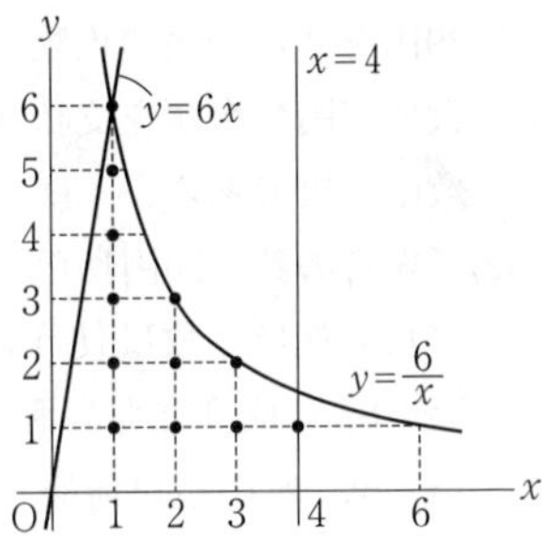

3 〔関数―関数 $y=ax^2$ と直線〕

(1)<**比例定数**>次ページの図で，点A，Bは放物線 $y=ax^2$ 上にあり，x座標がそれぞれ-6，8だから，$y=a\times(-6)^2=36a$，$y=a\times8^2=64a$ より，A(-6，$36a$)，B(8，$64a$)と表せる。$a>0$ より，$36a<64a$ であり，点A，Bのy座標の差は7だから，$64a-36a=7$ が成り立つ。これを解くと，

$28a=7$，$a=\dfrac{1}{4}$となる。

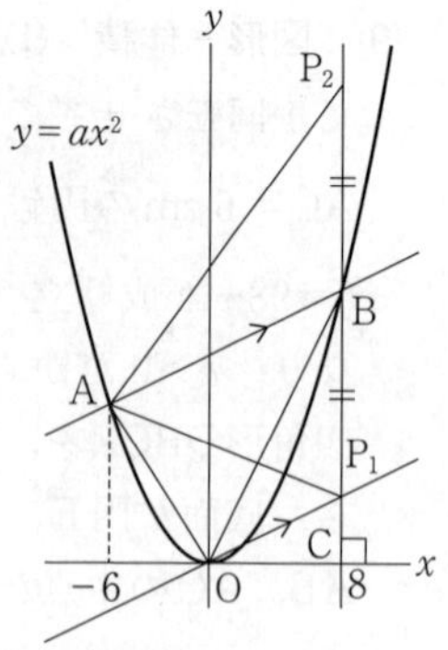

(2)＜**直線の式**＞(1)より，点A，Bは放物線$y=\dfrac{1}{4}x^2$上にあるから，$y=\dfrac{1}{4}\times(-6)^2=9$，$y=\dfrac{1}{4}\times8^2=16$より，$A(-6,\ 9)$，$B(8,\ 16)$となる。よって，直線ABの傾きは$\dfrac{16-9}{8-(-6)}=\dfrac{1}{2}$だから，その式を$y=\dfrac{1}{2}x+b$とおくと，点Bの座標より，$x=8$，$y=16$を代入して，$16=\dfrac{1}{2}\times8+b$，$16=4+b$，$b=12$となる。したがって，直線ABの式は$y=\dfrac{1}{2}x+12$である。

(3)＜**座標―等積変形**＞まず，右上図のように，点Oを通り直線ABに平行な直線と直線BCの交点をP_1とすると，△ABPと△OABは，底辺を共有するABと見ると高さが等しくなるため，△ABP_1＝△OABとなる。よって，点P_1は条件を満たす点Pの1つである。直線OP_1は原点Oを通り，AB∥OP_1より，傾きは直線ABの傾きと等しく$\dfrac{1}{2}$だから，直線OP_1の式は$y=\dfrac{1}{2}x$となる。点P_1のx座標は8なので，$y=\dfrac{1}{2}\times8=4$より，y座標は4である。次に，直線BC上の点Bより上側の部分に$BP_1=BP_2$となるような点P_2をとり，BP_1とBP_2をそれぞれ△ABP_1と△ABP_2の底辺と見ると，高さは共通なので，△ABP_2＝△ABP_1となる。これより，△ABP_2＝△OABとなるので，点P_2も条件を満たす点Pの1つである。点B，P_1のy座標より，$BP_1=16-4=12$だから，$BP_2=BP_1=12$より，点P_2のy座標は，$16+12=28$となる。以上より，求める点Pのy座標は4，28である。

4〔**特殊・新傾向問題―切手の枚数と金額**〕

(1)＜**切手の枚数**＞切手1枚の金額のうち，79円以下で最も高いものは63円である。63円切手を1枚使うと，79円まであと，$79-63=16$(円)となり，16円を最も少ない枚数で支払うには，10円切手，5円切手，1円切手を1枚ずつ使うことになる。よって，63円切手を使う場合，必要な枚数は4枚である。また，63円切手を使わず50円切手を1枚使うと，79円まであと，$79-50=29$(円)となるが，29円を3枚未満の枚数で支払う方法はない。さらに，63円切手，50円切手を使わず，4枚未満の枚数で79円の金額を支払う方法はない。したがって，79円を最も少ない枚数で支払うとき，必要な枚数は4枚である。

(2)＜**場合の数**＞20円切手，10円切手，5円切手をそれぞれx枚，y枚，z枚使うとすると，3種類をどれも最低1枚は使うので，x，y，zは自然数である。また，85円を支払うので，$20x+10y+5z=85$が成り立ち，両辺を5でわると，$4x+2y+z=17$となる。よって，これを満たす自然数$(x,\ y,\ z)$の組が何通りあるかを求めればよい。xが4以上のとき，$4x+2y+z=17$を満たす自然数y，zはない。$x=3$のとき，$4\times3+2y+z=17$，$2y+z=5$，$z=5-2y$より，$(y,\ z)=(1,\ 3)$，$(2,\ 1)$の2通りある。$x=2$のとき，$4\times2+2y+z=17$，$2y+z=9$，$z=9-2y$より，$(y,\ z)=(1,\ 7)$，$(2,\ 5)$，$(3,\ 3)$，$(4,\ 1)$の4通りある。$x=1$のとき，$4\times1+2y+z=17$，$2y+z=13$，$z=13-2y$より，$(y,\ z)=(1,\ 11)$，$(2,\ 9)$，$(3,\ 7)$，$(4,\ 5)$，$(5,\ 3)$，$(6,\ 1)$の6通りある。よって，5円，10円，20円切手で85円を支払う方法は全部で，$2+4+6=12$(通り)ある。

(3)＜**方程式**＞2種類の記念切手は63円切手と84円切手であり，これらをともに最低1枚，合計15枚買う予定だったので，金額の合計は，$63\times14+84\times1=966$(円)以上，$63\times1+84\times14=1239$(円)以下である。これらの代わりに同じ金額の普通切手5枚を合計金額が等しくなるように買ったから，その普通切手1枚の金額は，$966\div5=193.2$，$1239\div5=247.8$より，194円以上247円以下となり，これを満たす普通切手1枚の金額は210円しかない。ここで，210円切手を5枚買ったとすると，合計

金額は $210\times5=1050$(円)だから，買う予定だった63円切手の枚数を a 枚，84円切手の枚数を b 枚とすると，$a+b=15$……①，$63a+84b=1050$……②が成り立つ。②より，$3a+4b=50$……②′ ①×4－②′より，$a=10$ となり，これを①に代入すると，$10+b=15$，$b=5$ となる。これらの a，b の値は自然数なので，条件を満たしている。よって，買った普通切手１枚の金額は210円である。

≪別解≫買う予定だった63円の記念切手の枚数を a 枚とすると，84円の記念切手の枚数は $15-a$ 枚と表せるので，合計金額は $63\times a+84\times(15-a)=63a+1260-84a=1260-21a=21(60-a)$(円)となる。これより，買った普通切手１枚の金額は，$21(60-a)\div5=\dfrac{21(60-a)}{5}$(円)となる。ここで，$\dfrac{21(60-a)}{5}$ は自然数となるので，$60-a$ は５の倍数であり，60が５の倍数であることから，a も５の倍数である。よって，$1<a<15$ より，$a=5$，10の場合が考えられる。$a=5$ の場合，普通切手の金額は $\dfrac{21(60-5)}{5}=231$(円)となり，条件に適さない。$a=10$ の場合，普通切手の金額は $\dfrac{21(60-10)}{5}=210$(円)となるから，買った普通切手１枚の金額は210円である。

2021年度／獨協埼玉高等学校（第２回）

国語解答

一 問一　c，f　問二　ウ　問三　イ

問四　その人が生～培われる心

問五　バランスよく一体化　問六　ウ

問七　間接体験をして，乏しい実体験を補強すること。（22字）

問八　イ　問九　エ

二 問一　A…ウ　B…エ　C…イ

問二　ア　問三　エ　問四　ア

問五　林太郎に真っ白という言葉をかけることで，武士道の心の境地になるように伝えること。（40字）

問六　ウ

問七　雑念を追い払い，まっさらな心の状態で走りたいと思う気持ち。（29字）

問八　抜きたいというまざり気のない気持ち

問九　イ　問十　ウ

三 ①　し　②　すんか　③　きけん

④　さくげん　⑤　こんだく

a　枯　b　猛威　c　挨拶

d　送迎　e　温厚

一〔論説文の読解―哲学的分野―哲学〕出典；藤原正彦『国家と教養』。

≪本文の概要≫我が国では，明治の末期の頃からドイツ型教養を身につけた教養層が生まれたが，戦争の抑止力にはほとんどならず，その結果，人文的教養の地位が下がってしまった。諸現象の真髄を見抜いたり，情報社会を生き抜いたりするためには，知識や情緒に根ざした物差しは欠かせない。歴史的には人文的教養がその役を担ってきたが，新しい情報社会に対応する強力な物差しとなる教養は，経験によって培われる情緒と日本人としての形が一体となった，現実対応型の知識である。そして，この教養を構成するものは，情緒や形ばかりか知識も，基本は実体験によって得られるものである。しかし，十分な知識や情緒や形を得るためには，実体験や教わる知識だけでは足りない。これからの教養を獲得するには，読書や文化や芸術などの間接体験を重ね，自ら努力して得ようとすることが，大切である。読書を代表とする疑似体験は，実体験に比べれば深さも強烈さも小さいが，自ら求めさえすれば，実体験の百倍以上の回数を体験することも可能である。

問一＜品詞＞「とりわけ」「さほど」は，活用のない自立語で，主として用言を修飾するはたらきを持つ副詞。「手本」は，名詞。「そして」は，接続詞。「どんな」は，活用のない自立語で，体言を修飾するはたらきを持つ連体詞。「豊かに」は，形容動詞「豊かだ」の連用形。

問二＜文章内容＞「ドイツ型教養を身につけた教養層」は，「第一次大戦，第二次大戦という歴史的愚行」の「抑止力」にはほとんどならなかった（ア…○）。また，戦後に超大国として台頭したアメリカが「教養」とは対極の「功利主義の国」であったことや（エ…○），「科学技術の驚異的発達など」が，「人文的教養のさらなる地位低下」を招いてしまった（イ…○）。しかし一方で，「諸現象の真髄」を見抜いたり，「情報社会を生き抜」いたりするためには，人文的教養に基づく「知識や情緒に根差した物差し」が欠かせないのである（ウ…×）。

問三＜文章内容＞「新しい情報社会に対応する強力な物差し」となる「これからの教養」は，「現実対応型の知識」である。それは，「どんな経験をしてきたか」によって培われる「情緒」や，「弱者に対する涙，卑怯を憎む心，正義感，勇気，忍耐，誠実」といった「日本人としての形」，つまり「獣ではない人間のあり方」と，「一体になった知識」である。

問四＜文章内容＞生まれながらに備わっている「喜怒哀楽」は，人間だけでなく「獣」にもある。これに対して,「その人が生まれ落ちてからこれまでにどんな体験をしてきたか,によって培われる心」は,「後天的に得られるもの」で,「より高次元」ともいえる。「先天的」は,生まれつきである様子。「後天的」は,生まれた後に備わる様子。

問五＜文章内容＞夏目漱石は,理知的にはたらいてばかりでもよくないし,情を重んじすぎてもよくないし,意地を通すこともよくないと説いている。四竈経夫校長は,「読書と登山と古典音楽の愉しさ」を生徒に伝えたいと語り,ある会社の社長は,人とつき合うことと本を読むことと旅をすることが人間にとって大切だといっている。さらに,手塚治虫は,一流の映画や音楽や芝居や本にふれることが大切だといっている。つまり,教養の構成に必要なのは,いくつもの要素が「バランス」よく取り入れられて,「一体化」した知識なのである。

問六＜文章内容＞ニーチェは,本を読んで「知識が充分」にあっても,それは物があってもしまい込んでいて役に立っていない「死蔵された知識」にすぎず,「考える能力に結びつかない」と説いている。つまり,得た知識を役立たせようとしなければ,結局は「考える能力」が養えず,その知識は無駄になってしまうのである。

問七＜文章内容＞実体験において限られた数の人としか接していない私たちが,人間というものについて「かなり正しいイメージ」を持っているのは,「映画やテレビドラマや読書など」を通じて,「乏しい実体験を補強しているから」である。「情緒や形と一体化した知識を獲得する」ためには,実体験で足りない分を,「間接体験」で補うことが必要なのである。

問八＜四字熟語＞「古今東西」は,昔から今までと,全ての場所のこと。読書をすると,あらゆる時代のあらゆる場所の「賢人や哲人や文人の言葉」を知ることができるのである。「右往左往」は,うろたえてあちらこちらに行ったり来たりすること。「一期一会」は,一生にただ一度だけの機会のこと。「森羅万象」は,宇宙に存在する全てのもののこと。

問九＜要旨＞現代のように「広範に渡り深化する情報社会を生き抜くため」には,「知識や情緒に根差した物差し」となる教養がますます必要である(ア…○)。新しい情報社会に対応する「これからの教養」は,「どんな経験をしてきたか」によって培われる「現実対応型」の「情緒や形と一体となった知識」でなくてはならない(イ…○)。そして,夏目漱石やニーチェも説いているように,「バランス」よく実体験を重ねることが大切である(エ…×)。「一生の間に実体験できることはとても限られて」いることは問題となるが,実体験で接することのできる人の数が限られている私たちが,「人間とはこういうものだ」という人間についての「かなり正しいイメージ」を持っているのは,「映画やテレビドラマや読書」などの「間接体験」で「乏しい実体験を補強しているから」であり(ウ…○),読書などで「間接体験」を重ねることも大切である。

二〔**小説の読解**〕出典;まはら三桃『白をつなぐ』。

問一＜慣用句＞A.「裏目に出る」は,よい結果を期待してやったことが,予想に反して不都合な結果になる,という意味。熊沢は,林太郎の苦しそうな様子を見て,林太郎の正義感や白橋先生のかけた言葉が,逆に林太郎を追い込んでいるのではないかと思った。　B.「大目に見る」は,厳しくとがめずに寛大に扱う,という意味。「有明学院の陸上部は全員坊主にするのが規則」だが,最後の試合を終えた三年生が髪を「ゆるやかに伸ばしていく」ことは,熊沢もとがめずに見過ごすようにしていた。　C.「調子に乗る」は,おだてられて,得意になって物事を行う,という意味。熊沢は,「忠誠心や忠義心をみなぎらせて」いる林太郎ではなく,瞬太なら,白橋先生の言葉をうまく生かして調子よく走れたのではないかと思った。

問二＜慣用句＞「ほぞをかむ」は，どうしようもならないことを悔やむ，という意味。

問三＜文章内容＞林太郎は，自分の「若白髪」を気にしており，「いつもつるつるに剃り上げている」ため，知らない人間は，林太郎の白髪には気づかないはずである。しかし，白橋先生は，林太郎に白髪があることを見抜き，それを「内面的に成熟すると，髪は白くなる」と言って，林太郎を励ました。熊沢は，白橋先生の観察力の鋭さに「感服」し，思わず「唸ってしまった」のである。

問四＜文章内容＞林太郎は，白橋先生に「内面的に成熟すると，髪は白くなる」という言葉をかけられ，「頑張りなさい」と励まされて，「全身全霊で，白橋先生の言葉を引き受けようとする」態度を見せていた。熊沢は，現在の苦しそうな林太郎の様子を見て，白橋先生の言葉が，林太郎にはかえって重圧になってしまっているのではないかと感じたのである。

問五＜文章内容＞白橋先生の言葉を思い出していた熊沢は，先生の言葉の「白髪」から「白い色」を連想した。そして「武士道を愛する林太郎」であれば，「真っ白」という言葉がきっかけとなり，「武士道の心の境地」になってくれるのではないかとひらめき，熊沢は，富松久に電話し，林太郎に「まっしろになれ！」と声を掛けてくれるように頼んだのである。

問六＜文章内容＞「真っ白」という言葉を聞いた林太郎は，「真っ白」が自分の愛する「武士道の心の境地」である「無心」を表す言葉であることを，矢がずばりと「的を射た」ように「合点した」のである。

問七＜心情＞「真っ白」という言葉から，「武士道の心の境地」である「無心」になることに気づいた林太郎は，武士道と同じように「自分がなにをすべきかを，あれこれ考え」ず，「雑念を追い払い，まっさらになった心の状態」になろうと思ったのである。

問八＜文章内容＞「無心」で走り始めた林太郎は，重圧から逃れて「全身が軽くなった」ことで，前の選手を「抜きたいというまざり気のない」純粋な気持ちが湧いてきたのである。

問九＜心情＞林太郎にとって，白橋先生に「声をかけられたのが，瞬太ではなく，自分だったこと」に大きな意味があった。それは高校に入学して初めて自分に「光」が当たったときだった。林太郎は，今までは「人にはそれぞれの役どころが」あるのだから，瞬太に「いちばん注目が集まる」のはいいと思っていた。しかし，無心になって走り，前を走る二人の選手に迫ってきた今，林太郎は，「自分だって主役になってみたかったのだ」という思いがあったことに気づくとともに，今が自分が主役になるときだと思ったのである。

問十＜表現＞林太郎が走る場面で，「タンッ」「全身が軽くなった」「抜きたい」「背中がぐんぐん近くなる」といった短文を用い，レースの様子や，「まっしろになれ！」という言葉をきっかけにして林太郎が「無心」で走ることの大切さに気づいたこと，自分も主役になりたかったという内面の変化などを，緊張感や臨場感をもって読者に伝わるよう工夫されている。

三〔漢字〕

①音読みは「敷設」などの「フ」。　②「寸暇」は，ほんの少しの空いている時間のこと。　③「棄権」は，権利をすてて，使わないこと。　④「削減」は，けずってへらすこと。　⑤「混濁」は，いろいろなものがまじってにごること。　a．音読みは「枯死」などの「コ」。　b.「猛威」は，すさまじい勢いや威力。　c．「挨拶」は，人に会ったときや別れるときなどに取り交わす定型的な言葉や動作。　d．「送迎」は，人を送ったり迎えたりすること。　e．「温厚」は，穏やかで優しいこと。

2020年度 獨協埼玉高等学校(第1回)

【英　語】 (50分) 〈満点：100点〉

1 リスニング問題 〈編集部注：放送文は未公表につき掲載してありません。〉

Part 1 これから流れる英語を聞き，1～5の質問に対する答えを1つ選び，記号で答えなさい。英文は2度読まれます。

1 (A) By using telephones.
(B) By writing letters.
(C) By using secret codes.

2 (A) Britain (B) Germany (C) Cambridge

3 (A) He liked to teach mathematics.
(B) He liked to solve puzzles.
(C) He liked to study.

4 (A) Many lives were lost.
(B) The machine broke.
(C) The war ended earlier.

5 (A) To build a computer.
(B) To develop AI (artificial intelligence).
(C) To invent the TV.

Part 2 これから短い会話文を聞きます。下の1～5の空欄に適切な語や文字，数字などを書きなさい。英文は1度だけ読まれます。

Pizza Order

1	Customer's name :	Sarah ....
2	Drink :	.... juice
3	Dessert :	.... ice cream
4	Telephone No. :	080-6475- ....
5	Address :	23, ... Street

Part 3 サリー(Sally)とパーカーさん(Mr Parker)は明日の予定について話しています。2人の会話を聞き，誰が何を持ってくるのか，Peopleの(A)～(H)の中から選び，記号で答えなさい。英文は2度読まれます。

Jobs

1 Sandwiches
2 Umbrellas
3 Games
4 Drinks
5 Camera

People

(A) Mr Parker (B) Mr Jenkins (C) Mr Hall (D) Mrs Hall
(E) Mrs Jacks (F) Sally (G) Mr Jacks (H) Mrs Jones

2 次の会話が成立するように空欄に適切な１語を入れなさい。ただし，答えは全て空欄内に示された文字で書き始めなさい。

1 A： I'll show you some photos. Oh, this is David, the boy who broke his leg.
B： How did he break his leg?
A： He fell off the climbing wall. It was five meters high.
B： Did you call 119?
A： Yeah. He needed to see a doctor. He was taken to (h　　).

2 A： I am the captain of the school soccer team. Could you give me some (a　　)?
B： All right. Work hard all the time for your team and treat your teammates with respect.
A： OK. I'll try my best.

3 A： Why don't we go shopping tomorrow?
B： That's a good (i　　). Let's meet at the station at two o'clock.

4 A： What (c　　) do you like?
B： I love blue. It's my favorite.

5 A： Where are you, Mom?
B： I'm in the (k　　) and I'm making tea.

3 日本語の意味に合う英文になるように下線部に２語または３語の適切な語句を入れなさい。

1 将来大きくなったら，私は歌手になりたいと思っています。
I want to be a singer when I _________.

2 日本では学校はたいてい４月から始まります。
Schools usually _________ in Japan.

3 彼は息子をとても誇りに思っています。
He is very _________ his son.

4 サッカーをするのが男の子の間で人気があります。
Playing soccer is _________ boys.

5 私は昼食にピザを１切れ食べました。
I ate _________ pizza for lunch.

4 ２つの会話文の空欄に当てはまる英文を下の選択肢から選び，会話文を完成させなさい。ただし，与えられた英文はそれぞれ１度だけ使うこと。

A：(　1　)
B： No. Who is that?
A： Really? She is one of the best tennis players in the world.
B： I'll check on my smartphone.
⋮
B： She has won many tournaments. (　2　)
A： I have already got a ticket for the Olympic tennis. (　3　)
B： Yes, I got a ticket for the soccer.

ア Did you buy any tickets?
イ Have you ever heard of Osaka Naomi?

ウ　Do you think Osaka Naomi is the best player in the world?
エ　She will take part in the 2020 Olympic Games.
オ　She was born in America.

A: Hi, to the Royal Hotel, please?
B: Sorry, sir, but could you tell me the hotel's address?
A: It's one of the most famous hotels in the city. (　4　)
B: I'm sorry, I don't. I only just started this job.
A: Oh, I think it's near the corner of 3rd Avenue.
B: Thank you. (　5　)
A: Not really, I have a lot of time.

ア　You must know where it is.
イ　Can you help me find it?
ウ　Do you really want to stay here?
エ　How do you like your job?
オ　Are you in a hurry?

5　日本語の意味に合うように与えられた語句を並べかえなさい。文頭に来る語も小文字になっているので，大文字にして書きなさい。

1　このバスに乗れば獨協埼玉に行けますよ。
(this / Dokkyo Saitama / you / bus / will / to / take).

2　昨日，彼女がだれと会ったか知っていますか。
(do / know / who / met / she / you) yesterday?

3　私に何か面白い読み物を持ってきてくれませんか。
Please (me / interesting / to / something / read / bring).

4　私は読みたかった本を見つけられませんでした。
I (I / to / find / the book / could / wanted / not / read).

5　これは去年出版された中で一番有名な小説です。
(is / published / most / this / the / famous / last year / novel).

6　私のことを気にかけてくれてありがとうございます。
(of / for / you / thinking / thank / me).

6　いじめ(bullying)にあいながらも，人種差別(racism)に立ち向かうPatchについての物語を読み，設問に答えなさい。

(1)Patch was bullied at school because he was different and he stood up to the racism that he saw around him. Because of the bullying, he was sent to the hospital three times. On his third visit, when Patch was eighteen, he decided that, after he got out, he'd start a revolution to spread (　2　).

For a while, he found it difficult to be around people, so he started to do (3)experiments in friendliness. He would call ※random numbers on his phone and keep talking to the people on the other end until they became friends. He would start talking with strangers in the street. And he would ride elevators up as many floors as it took for the people inside to introduce themselves and start laughing together.

Patch became a clown and a doctor. He started his own hospital and his goal wasn't only to make his patients (4 A), but to make them (4 B), too. These days he flies all over the world and gives talks and ※performances as a clown and as a doctor. Patch doesn't think (5)the two jobs have to be separate. To him, (6)laughing is one of the best medicines. It can get the blood ※flowing and make your heart stronger, and even help your body fight off diseases.

If you want to help make the world a better place, Patch has some ideas : be crazy in public, wear funny clothes, be friendly to everyone you meet, and pick up all the garbage you see in your town.

"Anyone can do something," he says. "It's about deciding to do it — to work for peace and justice and care for everybody on the planet."

※ random number(s)：あてずっぽうの電話番号　performance(s)：演技　flow：流れる

問1　下線部(1)が表す内容として，最も適切なものをア～エの中から１つ選び，記号で答えなさい。

ア　Patch's friends were always afraid of him because he was very strong and violent.

イ　Students in Patch's school were all different from each other, and always had fights.

ウ　Patch wanted to become different from others.

エ　Patch had a hard time at school because he was different from other students.

問2　（２）に当てはまる語として，最も適切なものをア～エの中から１つ選び，記号で答えなさい。

ア　bullying　イ　happiness　ウ　difficulties　エ　sadness

問3　下線部(3)の具体例として，**当てはまらないもの**をア～エの中から１つ選び，記号で答えなさい。

ア　エレベーターの中にいる人と，互いに自己紹介をして一緒に笑い合えるまで乗る。

イ　あてずっぽうの番号に電話をかけて，出た人と友達になるまで話をする。

ウ　自分の病院で，ピエロの服装で患者の診察をする。

エ　道端で見知らぬ人に話しかける。

問4　（４A）（４B）に当てはまるものとして，最も適切な組み合わせをア～エの中から１つ選び，記号で答えなさい。

ア　4 A : less sick　4 B : happier

イ　4 A : less healthy　4 B : sicker

ウ　4 A : a clown　4 B : a doctor

エ　4 A : happy　4 B : dead

問5　下線部(5)が指し示すものを，同じ段落の中から５語で抜き出しなさい。

問6　下線部(6)の具体例として，**当てはまらないもの**をア～エの中から１つ選び，記号で答えなさい。

ア　血圧を下げる　イ　心臓を強くする

ウ　病気への抵抗力を上げる　エ　血流を良くする

問7　本文の内容に合うものを，ア～カの中から２つ選び，記号で答えなさい。

ア　Patch decided to start a revolution when he made the third visit to the hospital as a clown.

イ　After leaving hospital, Patch didn't feel like getting along with people for a while.

ウ　On his experiments in friendliness, Patch found himself getting healthier.

エ　Patch started his own hospital and his patients could die peacefully.

オ　Patch suggests that everyone can do something to make the world a better place.

カ　Patch doesn't believe that he will be able to work for peace with everybody on the planet.

7 妖精(elf)としてリゾート地で働いていた人のエッセイを読み，問１～８の英文に続くものとして最も適切なものをそれぞれ１つ選び，記号で答えなさい。

A few years ago, I worked as an elf at a holiday resort in Lapland, in the north of Sweden. The resort was in a forest. Visitors and workers stayed in small wooden ※cabins all around the forest. There was one large cabin and people ate meals there. I started working there in mid-November and stayed until just after Christmas.

Tourists used to stay at the resort for four days. On the first day, they arrived at the airport and traveled to the resort by bus. I didn't have to work until the evening. Sometimes I went skiing. Then, while the guests had their evening meal, I worked behind the desk in ※reception. I helped people find their cabins, told them about the travel plan and sold tickets for extra tours. I didn't dress as an elf at that time ; I wore the hotel uniform.

On the second day, three other elves and I got up at about eight o'clock. Of course, it was still dark at that time. In Lapland, it gets light at about half past ten during the winter, and it gets dark again soon after two o'clock. We dressed in our elf costumes and drove across the snow on ※skidoos to a cabin in the forest. Inside the cabin, there were huge presents and huge tools. We had to wrap the presents and ※pretend to make toys with the tools. There were mirrors in the cabin windows. These made us look very small. When tourists looked through the windows, they saw tiny elves using normal-sized tools!

On the third day, we went to a different cabin — Santa's cabin! On this day, the children finally met Father Christmas. The children would meet Santa and get a toy. Then they came into the elves' workshop to meet us. This room was full of toys and beautifully decorated with a Christmas tree. The other elves and I pretended to make toys and chatted to the children in our own elf language.

The next day, the tourists went home and the next group arrived. I worked on reception again.

Working as an elf was great fun, and a magical way to spend Christmas!

※ cabin(s)：山小屋　reception：受付　skidoo(s)：スキースクーター　pretend：ふりをする

問１ Visitors and workers . . .

ア worked together at the resort in Sweden.
イ worked in small wooden cabins in the forest.
ウ stayed in small cabins made of wood.
エ stayed together in one large cabin.

問２ The writer worked at the resort for about . . .

ア two weeks.　イ six weeks.
ウ ten weeks.　エ two months.

問３ The tourists stayed in one of the cabins in the forest for . . .

ア two nights.　イ three nights.
ウ four nights.　エ five nights.

問４ On the first day, the writer . . .

ア picked up tourists at the airport.
イ gave skiing lessons.
ウ had some free time.

エ　worked in small cabins to sell tickets.

問5　In Lapland it is . . . in winter.

ア　light at about eight o'clock in the morning
イ　dark at about eight o'clock in the morning
ウ　dark at two o'clock in the afternoon
エ　light at two thirty in the afternoon

問6　The mirrors in the cabin . . .

ア　made the elves look smaller.
イ　made the cabins look bigger.
ウ　made the elves look like they are working.
エ　allow the elves to get ready.

問7　On the third day, children . . .

ア　met Santa and the elves at the same time in the beautifully decorated room.
イ　talked with elves in English in the beautifully decorated room with a Christmas tree.
ウ　made a toy with elves and then got it from Santa.
エ　met Santa, and then met the elves in a room which was full of toys.

問8　The writer wore her elf costume . . .

ア　on the first and second day.
イ　on the second and third day.
ウ　on the third and fourth day.
エ　on the first and fourth day.

【数　学】 (50分) 〈満点：100点〉

(注意)　定規は使用してもかまいませんが，分度器は使用してはいけません。

1　次の各問に答えなさい。

(1)　$(3xy^2)^3 \times \left(-\dfrac{x}{6}\right)^2 \div x^3y^3$ を計算しなさい。

(2)　2次方程式 $14x^2-35x-7=0$ を解きなさい。

(3)　$2(x-4)^2-2x+8$ を因数分解しなさい。

(4)　連立方程式 $3x+y=-2x-3y+1=-5$ を解きなさい。

(5)　y は x に反比例し，$x=3$ のとき $y=-\dfrac{4}{3}$ である。$y=-7$ のときの x の値を求めなさい。

(6)　$x=38$，$y=33$ のとき，$2x^2-4xy+2y^2$ の値を求めなさい。

(7)　大，中，小3つのさいころを投げるとき，すべて同じ目が出る確率を求めなさい。

(8)　下の図1で $l \parallel m$，AB＝AC，∠BAD＝12°，∠ACB＝60° のとき，$\angle x$ の大きさを求めなさい。ただし，点Aは m 上の点とします。

図1

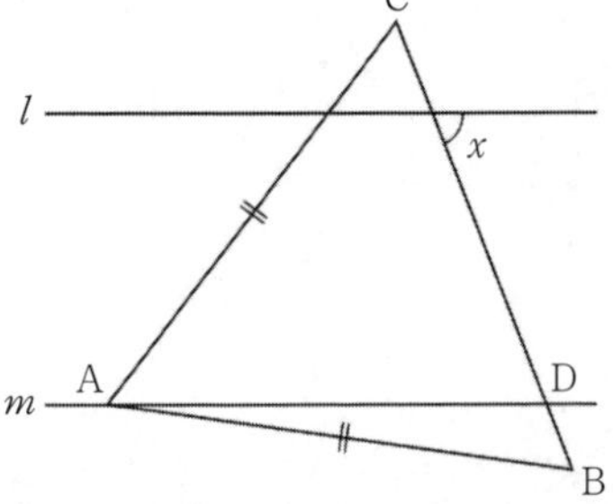

図2

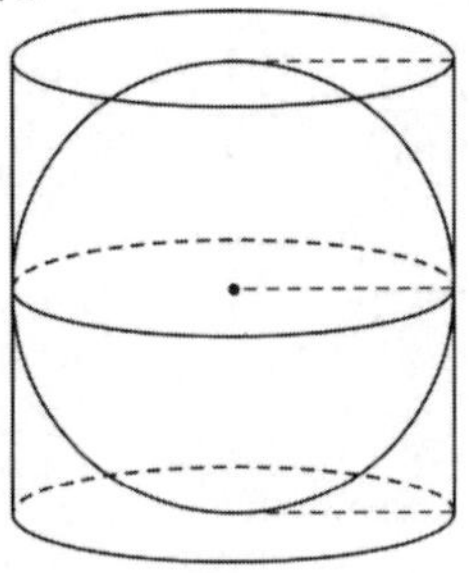

(9)　上の図2のように円柱の中にぴったりと球が入っています。球の半径を a とするとき，

①　円柱の体積を求めなさい。

②　円柱と球の表面積の比を最も簡単な整数の比で表しなさい。

2　次の各問に答えなさい。

(1)　空間内に異なる3つの点A，B，Cと異なる2つの直線 l，m があります。次の中から，平面が1つだけに決まるものを2つ選びなさい。

①　同じ直線上にある3点A，B，Cを含む。

②　同じ直線上にない3点A，B，Cを含む。

③　ねじれの位置にある2直線 l，m を含む。

④　交わる2直線 l，m を含む。

⑤　2点A，Bを含む。

(2)　空間内に異なる2つの直線 l，m と異なる2つの平面P，Qがあります。次の中から，つねに成り立つものを2つ選びなさい。

①　$l \perp$P，$l \perp$Q ならば P$\parallel$Q

②　$l \parallel$P，$l \parallel$Q ならば P$\parallel$Q

③　$l \perp$P，P$\parallel$Q ならば $l \perp$Q

④　$l \parallel$P，$m \parallel$Q，P$\parallel$Q ならば $l \parallel m$

⑤　$l \parallel$P，$m \parallel$Q，P$\perp$Q ならば $l \parallel m$

(3) 大小2つのさいころを1回ずつ投げ，大きいさいころの出た目の数を a，小さいさいころの出た目の数を b とします。直線 l の式を $y=\frac{a}{b}x$ とし，直線mの式を $y=3x+2$ とするとき，次の各問に答えなさい。

① 直線 l と直線mが平行となる確率を求めなさい。

② 直線 l と直線mが1点で交わる確率を求めなさい。

3 次の①～⑤のグラフはすべて原点を通る放物線で，比例定数をそれぞれ a_1，a_2，a_3，a_4，a_5 とすると，$a_5 < a_4 < 0 < a_3 < a_2 < a_1$ を満たしています。①は点(4，24)を通り，③のグラフの式は $y=\frac{1}{8}x^2$，⑤は点(−2，−6)を通ります。このとき，下の各問に答えなさい。

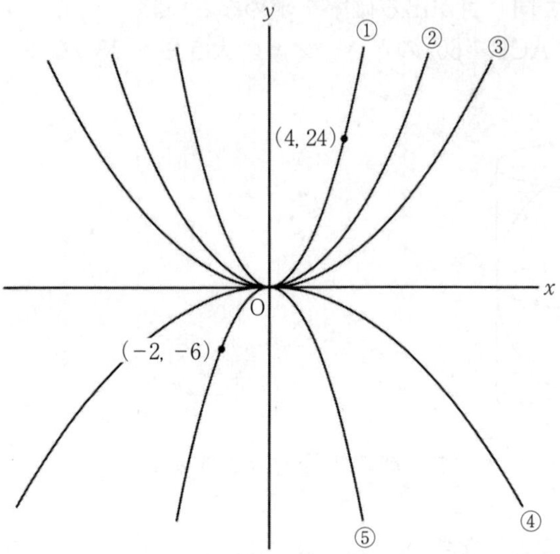

(1) a_2の取りうる値の範囲を不等号を用いて表しなさい。

(2) ④のグラフとして正しくないものをすべて選びなさい。

(ア) 点(1，1)を通る。

(イ) 点(1，−1)を通る。

(ウ) 点(1，−2)を通る。

(エ) 点(2，−6)を通る。

(オ) 点(−4，−6)を通る。

(3) a_2，a_4をともに整数とします。②と④のグラフにおいてx座標が t である点をそれぞれとり，結んでできる線分の長さが$\frac{25}{2}$となるとき，t の値をすべて求めなさい。

4 太郎さんと花子さんは，夏休みの宿題について会話をしています。

宿題

条件：AB＝ACの二等辺三角形ABCと合同な三角形をDEFとし，図1のように点Cと点Fを重ね，3点B，C，Dが一直線上になるようにします。また，ACとBEの交点をGとします。

問題：点Aと点Eを結ぶと，3点A，E，Dは一直線上に並びました。このとき，△AECがどのような三角形になるかを求めなさい。

図1

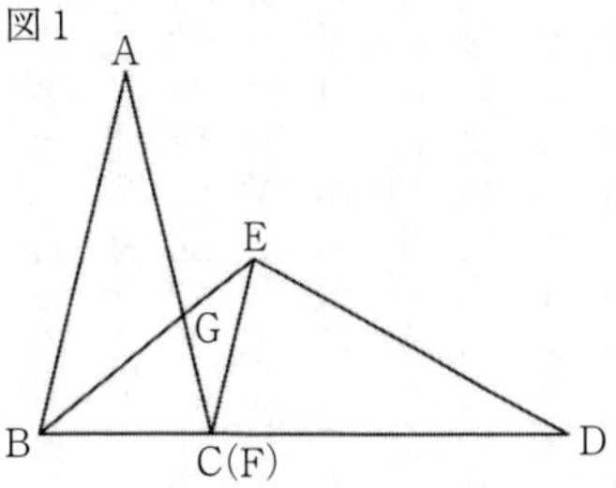

花子：最初に，この 条件 だけからわかることを探してみましょう。

太郎：わかりました。(しばらく図を見ながら考えた後，……)

花子：図1を見ると，3点A，E，Dは一直線上にありませんよね。BC＝ECより，△BCEは［ あ ］ですね。また，図1では，［ い ］であることもわかりますね。

太郎：本当ですね。よくわかりました。

花子：では，問題 を解いていきましょう。このときの図は次のようになりますね。

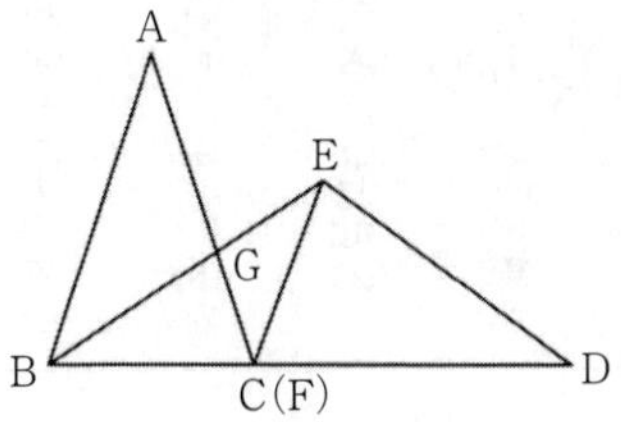

まずは，∠BAC＝x，∠ABC＝yとして，x，yの連立方程式を作って求めようと思います。(しばらく考えた後……)

太郎：連立方程式を解き，x，yの値がわかったので，△AECは［ う ］となることがわかりました。

以上の会話から次の各問について答えなさい。

(1) ［ あ ］に入る正しい図形を次の(ア)～(ウ)から選びなさい。

(ア) 正三角形　(イ) 二等辺三角形　(ウ) 直角三角形

(2) ［ い ］に入る正しいものを次の(ア)～(エ)からすべて選びなさい。

(ア) AB∥EC　(イ) △CGEは二等辺三角形

(ウ) ∠ABG＝∠CBG　(エ) △ABC∽△BCG

(3) 問題 について，花子さんの考え方を使って，x，yの値を求めなさい。また，［ う ］に当てはまる図形の名称とその図形になる理由を説明しなさい。

が、この問いに関する筆者の考えとして最も適当なものを、次の中から一つ選び記号で答えなさい。

ア　科学者は、一般の人々でも分かるように細かい基準を作って、大学の講義をするようにする。

イ　科学者は、科学が難しい特別の分野であると自覚し、専門的な知識のみを深めるようにする。

ウ　科学者は自分自身を、普通の人と同じ考え方ができ、普通の言葉を話せる人だと思い込むようにする。

エ　科学者は、一般の人々を惹きつけるような魅力をもって、専門的なことを話すようにする。

問七　傍線部⑥「持っていらした」の「いらした」と同じ敬語の種類のものを、次の傍線部の中から一つ選び記号で答えなさい。

ア　上司に悩みを相談申し上げた。

イ　先生がお弁当をくださった。

ウ　先輩と近所の神社に参拝した。

エ　部長が社長に財務状況を尋ねた。

問八　次の一文を挿入するのに最もふさわしい箇所を【Ⅰ】～【Ⅳ】の中から一つ選び、番号で答えなさい。

科学者も本来は、そうあるべきなのではないでしょうか。

問九　この文章に書かれている内容として最も適当なものを、次の中から一つ選び記号で答えなさい。

ア　科学者は、自分の研究対象のみにとどまるのではなく、生活者として世界観をさぐっていく必要がある。

イ　科学が役に立つということを科学者が表現することで、一般の人々に科学が文化として受け入れられる。

ウ　科学は、本来役に立つものであるはずだが、それがうまくいかないのは科学者が社会から信頼されていないからである。

エ　科学は文化であるという意識は一般の人々も共有しているため、コミュニケーターではなく表現者が必要である。

問十　本文の表現の特徴を説明しているものとして最も適当なものを、次の中から一つ選び記号で答えなさい。

ア　筆者自身が権威ある学者から学んだという体験談を語ることで、筆者の主張に説得力を与えている。

イ　科学者と一般の人々のそれぞれの立場に立って説明することで、筆者の主張が主観的に伝わるようにしている。

ウ　適度に具体例を出すことによって、読者に筆者の主張を身近に感じさせ、理解させやすくしている。

エ　専門用語を多用しているが、そのつど丁寧に解説することで、筆者の主張を読者に伝わりやすくしている。

三

次の①～⑤の傍線部の漢字の読みをひらがなで書きなさい。
また、a～eの傍線部のカタカナを漢字に直しなさい。

① 寡黙な人物。
② 戸外に出る。
③ 秘密を暴露する。
④ 滴が垂れる。
⑤ 傘の柄をつかむ。
a 病人をカイホウする。
b レイトウ庫に入れる。
c コッキ心を養う。
d レッセイにおちいる。
e お湯をワかす。

いと思うのです。しかも人間としての魅力を持っていたとしたら、それはすばらしいことでしょう。

（中略）

作家や画家や音楽家はそのまま社会に見えているのになぜか科学は特別のものとされ、改めて科学と社会を結びつける手段を考えるのはおかしいということに気づかなければなりません。科学者自身が生活者であり、自然について考える思想を持つ人として社会に見えているはずなのです。科学教育は、そのような人になる教育であることが重要です。

とくに日本では、文科系・理科系という言葉が使われ、理科系となると特定分野の専門教育に徹するところがあります。科学者であっても、まずは生活者として、考える人として教育するというように、社会の価値観を変えていかなければなりません。

研究者自身もまた、自分の研究対象という狭いところだけでなく、自然そのものに向き合い、自然観、人間観を培う努力が必要です。自然とはなにか、生命とはなにか、生きものの一つである人間とはなにか……哲学というほど難しくなく素朴な問いでよいので、常にそれを考え続けていたいと思います。生活者の感覚を持ちながら世界観を探っていくことも含めての研究と考えて、初めてその人の進める研究は社会から信頼されるものになるのではないでしょうか。研究者の評価についても、単に大きなお金を動かす大プロジェクトの実行をよしとするのではなく、基本から考える研究、新しいことを探す研究に眼を向けているかどうかを評価するべきでしょう。

（中村桂子『科学者が人間であること』による）

※1　リテラシー…ある分野に関する知識・能力。

※2　述べましたが…筆者はこの文章が書かれている本の「はじめに」で、同様のことを一度述べている。

※3　標榜…主義や主張などを掲げて示すこと。

問一　傍線部①「『役に立つ』という言葉に、科学者も社会も縛られている」とありますが、それによって生じる問題として**当てはまらないもの**を、次の中から一つ選び記号で答えなさい。

ア　本来の科学の姿が忘れられてしまうという問題。

イ　科学が科学技術と同じものとされるという問題。

ウ　文化として存在する科学そのものを忘れるという問題。

エ　科学が自然観や人間観を生み出す営みになるという問題。

問二　［A］～［C］に当てはまる接続詞として最も適当なものを、次の中から選び、それぞれ記号で答えなさい。ただし、同じ記号の使用は一度のみとします。

ア　あるいは　　イ　では

ウ　つまり　　エ　しかも

問三　傍線部②「どうしたらよいか」とありますが、この一文の前に言葉を補うとき、どのような言葉が入りますか。「～にはどうしたらよいか」につながるように、最も適当な部分を、本文中から十七字で抜き出して答えなさい。

問四　傍線部③「演奏家は楽譜を通して、音楽と同時に自分を表現します」を次のように書き換えた場合、［X］～［Z］に当てはまる語の組み合わせとして最も適当なものを、後の中から一つ選び記号で答えなさい。

「科学者は［X］を通して、［Y］と同時に［Z］を表現します」

ア　X　研究　Y　科学技術　Z　社会

イ　X　論文　Y　研究　Z　自分

ウ　X　研究　Y　論文　Z　自分

エ　X　論文　Y　科学技術　Z　社会

問五　傍線部④「広報となりがちです」とありますが、筆者はなぜ広報になってはいけないと考えているのですか。本文の内容に即して四十～五十字で説明しなさい。

問六　傍線部⑤「科学者はどうすればよいでしょうか」とあります

朝永先生の講義をぜひ聞きたいと思い、憧れの気持で教室に行きました。先生は文章がお上手ですし、みごとな講義をしてくださっているには違いないのですが、なにせお声が小さくボソボソっと話されるのです。でも、先生の話を聞きたい一心で耳を傾けました。講義はわかりやすくなければならないという基準を作って学生に評価させるのが最近の風潮ですが、それとはまったく別の魅力でした。

幸い朝永先生も湯川先生も生物学に強い関心を⑥持っていらしたので、大学院生になってからは、物理の難しい話でなくＤＮＡや細胞についてのお話をする機会がありました。そのような時先生方は、常に新しい学問を学ぶ楽しさを感じておられるのがわかりました。科学に限らず、さまざまなことに関心を向けられている幅の広さが印象的で、これが若者を惹きつける力なのだと感じたのを思い出します。

教育とはまさに、こういうものでしょう。先生への信頼が基本です。最も大事なのは人間として語っているかどうかということです。それを考慮せずに、科学は難しい特別の分野とし、科学者・科学技術者は、普通の人と同じ考え方ができない、普通の言葉も話せない人としてしまうことには疑問を感じますし、それをしてはいけないと思います。

専門のことはそれを専門とする人が最もよくわかっているのですから、その人に聞くのが最もよいはずです。私は仕事の中で専門の異なる方たちと話す機会が多く、その場合、数学、情報科学、言語学など、なじみのない分野の話を聞くこともよくあります。それらをすべて理解することなど到底できません。正直、難しいと思います。でも、お話の中から自分にとって本当に大切なことを探し出すことはできますし、最も得るところが多いのはやはり専門家に直接話を伺った時です。

あらためて強調しておきたいのですが、専門家への信頼がなくなっている理由は、現在の科学そして科学者のありようそのものが間違っているからなのです。その根本を直さずにコミュニケーターを置くことで解決しようとするのは間違いだと思います。【Ⅲ】

専門家の言葉を受けとめる社会の側も、「言葉の意味をよく考えることの大切さ」を改めて認識しなければなりません。とくに、新たな技術を※3標榜《ひょうぼう》する新しいキャッチフレーズが独り歩きしがちです。生物学の関連で言うなら一九八〇年代に「バイオテクノロジー」という言葉が流行し、製造業だけでなく、出版社までその研究に参入するという事態になりました。しかし、どのような技術を用いて何を生み出すのかという明確な道筋もなく言葉だけが躍《おど》った感があり、その流れから確たる産業構造が生まれることにはなりませんでした。「よくわからないから無関心」でも「過剰な期待」でもない態度で、科学が明らかにした成果やそこから生まれた科学技術を、適切に利用できる社会を作っていくためには、社会を構成する一人一人が、自律的に、自分の感覚で、考えていかなくてはなりません。

今回、原発事故を機に関心が高まった「自然・再生エネルギー」という言葉も、自然エネルギーとは、再生とはと考えてみると、実際にそのエネルギーで社会を動かしていくには、社会のしくみを変えていくほかないことが見えてきます。現在のような一極集中型で大型化をめざす社会には、太陽光・風・水・地熱の利用のどれも向きません。地産地消型の小さな地域を基本に置き、経済価値からだけの評価ではなく、生活すべてからの評価で事が動く社会に変わらなければ、自然エネルギーの活用は無理です。【Ⅳ】

こうした社会の方向転換が、専門家の力だけでなし得ないことは明らかです。けれども多くの人が、社会の変化の必要性には眼をつぶっているために、メガソーラーという自然・再生とは合わない方向へと大勢は動いています。ていねいな検討が必要です。そこでまず専門家が言葉を大切にし、誰にも話が通じるようにしなければなりません。高度の専門的内容そのものを理解させるというより本質を語れなければなりません。それには、専門家が専門の中だけにあるのでなく、聞く側の人と人間としての共通基盤がなければならな

二 次の文章を読んで、後の問いに答えなさい。（出題の都合上、一部変更している箇所がある。）

現代社会の中での科学は、まず「役に立つ技術を生むための知識」とされているのではないでしょうか。この①「役に立つ」という言葉に、科学者も社会も縛られているのです。もちろん「役に立つ」ことは大事ですが、その意味をていねいに考える必要があります。しかも、科学と科学技術は決して同じものではありません。科学、科学技術、役に立つというような言葉を一つ一つていねいに考えることが必要だと思うのです。

子どもたちの理科離れを憂い、大人の科学※1リテラシーの欠如を嘆く声は、新しい科学技術開発とそれが生み出す新製品、そこから生まれる経済成長を求めてのものになっています。その必要性を否定はしませんが、「自然科学」というように、科学の本来の姿は、自然と向き合うことであり、そこから自然観、人間観を生みだすことです。［A］、科学は一つの文化なのです。近年日本では、科学という言葉を単純に科学技術に置き換えてしまい、文化として存在する科学そのものを忘れる傾向があります。

科学を文化とするなら、本を読み、絵を眺め、音楽を聴くのと同じように、誰もが科学と接することができて初めて、科学が社会の中に存在したことになるはずです。ここで、作家や画家や音楽家が自分の作品を世に出すときに、コミュニケーターを求めたりするだろうかと考えてみると、今の科学のありようの不自然さが見えてきます。【Ⅰ】

私は、ここに科学の問題があると考えています。現在の制度では、科学が社会へと出ていく方法は論文と決められています。論文は、分野を同じくしている専門家に理解されればよいのであり、そのために必要で十分な事柄を書くための作法もきめられています。もちろん論文は重要な発信方法ですが、文化として科学が広く受けとめられることを考えた時には、あまりにも限定された対象への特殊な形での発信と言わざるを得ません。小説や絵や音楽とはまったく違います。［B］最近は論文の数やどの専門誌に投稿するかなどによって評価されるので、ここでの競争に明け暮れることになります。震災後に、音楽家はすぐ被災地で歌い人の心を明るくすることができるのに、基礎科学の研究者は何もできないことを痛感したと※2述べましたが、まさにそうなのです。

②どうしたらよいか。ここで比較してみたいのが音楽です。小説や絵は作品がそのまま受けとめられますが、音楽は楽譜の状態で理解することは一般の聞き手には難しく、演奏されることが必要です。ベートーヴェンがすばらしいと思えるのは、オーケストラ、ピアノなどさまざまな演奏家という「専門家」による表現があるからです。

③演奏家は楽譜を通して、音楽と同時に自分を表現します。私は、科学にもこの作業が必要なのではないかと思っています。コミュニケーターでなく表現者です。しかも、本来なら音楽も作曲家が演奏者でもある、シンガーソングライターが原点でしょう。モーツァルトもベートーヴェンも演奏をしていました。【Ⅱ】

「科学の表現」、これは重要なテーマです。コミュニケーターと言ってしまうと科学の成果や社会でいかに役立つかを伝えることとなり、得てして④広報となりがちです。論文という楽譜をいかに演奏するか、表現するか。後述するように、私の属する生命誌研究館ではこの道を探っています。

［C］、文化としての科学の表現に対して、広く一般の人々が関心を持つようにするには、⑤科学者はどうすればよいでしょうか。

概して、人の話を聞く場合、大切なのはその内容と同じくらい、またはそれ以上にその人への関心であり、さらには信頼です。それがあれば少々難しいことでも耳を傾け、学ぶ気持になります。話上手でなくても惹《ひ》きつけられます。

ここで思い出すことがあります。私が学生の頃は、湯川秀樹先生が日本で初めてノーベル賞を受賞され、朝永振一郎《ともながしんいちろう》先生もその候補としてあげられるなど、物理学が輝いていた時代でした。ですから、知らない新しいことなら何でも吸収したいと思っている。

エ　小鹿田の陶器を美しく感じ、尊重してくれる先生の期待に沿えるように、日頃の上手な腕前を見せたいと思っている。

問三　X に当てはまる語として最も適当なものを、次の中から一つ選び記号で答えなさい。

ア　連続　イ　民族　ウ　感受　エ　個人

問四　傍線部③「なんだか奇妙な気がするのだが」とありますが、河井の話からどういうことを感じたのですか。漢字二字の熟語で答えなさい。

問五　傍線部④「その様子を見守っていたリーチの表情に次第に雲がかかり始めた」とありますが、それは河井の行動をどう思ったからですか。理由を本文の内容に即して二十五～三十五字で説明しなさい。

問六　傍線部⑤「リーチによる小鹿田の陶工たちへの指導が始まった」とありますが、この後のリーチの行動を「指導」と呼ぶとすれば、それはどのような過程をたどりましたか。説明として最も適当なものを、次の中から一つ選び記号で答えなさい。

ア　濱田や河井という名人が一度指導していったので気が楽になったリーチは、自分が学びたかった日本の技を身につけてから、ゆっくりと人々に腕前を見せ始めたという過程。

イ　リーチ自身が、初めに小鹿田の陶器の作り方や周囲の様々なものをよく見て、次にそれらを生かしながら創作をしていったが、その様子を人々が囲んで見ていたという過程。

ウ　もの静かなリーチは、そっと陶工の仕事を見つめ、陶器や自然を観察するなどしていたが、観察される側になりたいと思うようになり、見られるままにしていたという過程。

エ　まず小鹿田の技を吸収したリーチは、中でも独特な模様や絵付に関心を抱き創作に夢中になったので、最後まで自分から人々に見せる気持ちにはならなかったという過程。

問七　傍線部⑥「盛んに手を動かした」とありますが、つまり何をしているのか、簡潔に説明しなさい。

問八　〈I〉「すごいですね……オンタのニワトリだ」について説明した次の文の空欄に最もよく当てはまる表現を、これ以後の本文中から七字で抜き出して答えなさい。

リーチは、陶芸の里ならではのできごとを目の当たりにして、「すごいですね」と感動している。高市も含め、無意識に器にふさわしい対応ができるのは、（　　　）からだと、リーチは考えている。

問九　【　】部分の表現の特徴を説明しているものとして最も適当なものを、次の中から一つ選び記号で答えなさい。

ア　リーチが会話をするところでは、漢字やひらがなに加えてカタカナを用いることによって、英語よりも日本語が上手になり、小鹿田の一員になった様子を、さりげなく表している。

イ　リーチが陶器に模様を付けるところでは、擬態語や読点を用いることによって、回っているろくろ台の上の鉢に、規則正しく飛び飛びに柄ができる様子を、生き生きと表している。

ウ　リーチの初めての模様付けの結果は、かぎかっこを用いることによって、まるでもともと身につけていた技術であったかのように上手にできたということを、強調して表している。

エ　高市が自問自答をしているところでは、方言を用いることによって、リーチの手の動きに気を取られるあまり、緊張が解けて本来の自分を取り戻した様子を、印象的に表している。

問十　Y に当てはまる表現として最も適当なものを、次の中から一つ選び記号で答えなさい。

ア　陶工じみている自分が解き放たれたような

イ　まともに小鹿田の地に迎えてもらったような

ウ　自分も職人の端くれとして仲間入りしたような

エ　リーチの芸術的な感性をぱっと身につけたような

小鹿田に修業に来てからも、高市が窯焚《かまた》きにかかわれないことに変わりはなかった。

窯詰めにも窯出しにも一切手出しが許されない。ろくろにすら触らせてもらえないのだ、もっとも重要な窯周辺の作業に自分がかかわろうなどとは、高市自身も考えてはいなかった。

ところが、リーチのお世話係となって、状況は一変した。

窯焚きに手出しできないことは相変わらずであったが、リーチのそばにいることが許されたのだ。つまり、リーチを通して、窯焚きの一連の作業を見ることができる。

ただ見るだけであっても、高市は、[Y]高揚感を味わうことができた。

リーチは、陶工たちと一緒に、自分が絵付《えつけ》をした皿、模様を付けた壺、成形した水差しなどを、五番目の※4房《ぼう》に詰めることになった。そして、高市は、これから詰める器をリーチに手渡すという大役を仰せつかったのである。

「では、大きなものから詰めていきます。コウちゃん、そこの瓶を渡してください」

リーチは、板の上に並べられた器の横に膝《ひざ》をついている高市に声をかけた。

「は……はいっ」

高市は緊張して、手が震えてしまう。右手の震えを左手で押さえようとして、両手がぶるぶるする始末だ。近くで窯詰めをしている一郎が、

「おい、高市。お前《めえ》、大丈夫か」

しきりに心配している。リーチ先生の「作品」を手渡すのだ、もしも落としたりしたら取り返しがつかなくなる。

「大丈夫ですよ。コウちゃんは、焼き物の里に生まれて、焼き物と一緒に育ったのです。その瓶がどんなふうに重たいか、どこを持ったらいいか、全部、体が知っているはずです」

リーチのそのひと言が高市の手の震えを止めた。

壺、大皿、水差し。流れるように高市からリーチへ、ひとつひとつ、器が手渡されていく。リーチは、器同士の間隔を目で測りながら、ていねいに房の中に詰めていく。

リーチ作の器をひとつも損じることなく手渡すことができて、高市は、ほっと胸を撫《な》で下ろした。

「とても助かりました。君はとてもいい助手でしたよ、コウちゃん」

そう言って、リーチがねぎらってくれた。ささやかなことではあったが、自分もほんの少しだけお役に立てたと、高市は飛び跳ねたくなるほどうれしくなった。

房は焚き口を残してレンガと泥で塞《ふさ》ぎ、火入れの準備が整った。

（原田マハ『リーチ先生』による）

※1　窯元…陶磁器を作る所・人。
※2　民陶…民衆が主体となって、日常生活で使う様々な器を作る陶芸。
※3　高台…茶碗などの円形の底の部分。
※4　房…陶磁器を焼く窯の中の部屋。

問一　傍線部①「表情」は、ここでは何のことですか。最も適当なものを次の中から一つ選び、記号で答えなさい。

ア　陶器が持つ、ものの味わいや面白味
イ　陶器の形の、さりげなく便利な工夫
ウ　陶芸家が抱く、伝統を愛する気持ち
エ　若い陶工たちの、ひたむきな顔つき

問二　傍線部②「どの陶工も熱心な様子だった」とありますが、この時の陶工たちの気持ちとして最も適当なものを、次の中から一つ選び記号で答えなさい。

ア　小鹿田の陶器が多くの人々から注目されるきっかけになるので、民藝運動というものをぜひ理解したいと思っている。
イ　これから小鹿田の陶器が世界に通用するものになるために、イギリス的な陶器の雰囲気を見ておきたいと思っている。
ウ　せっかく高名な先生が小鹿田を訪れているので、自分たちが

（中略）

【その日から、⑤リーチによる小鹿田の陶工たちへの指導が始まった。

　とはいえ、リーチはやはり教えることに消極的だった。自分でろくろを挽《ひ》くでもなく、土を練ったり成形したりするでもなく過ごしていた。

　その代わりに、陶工たちが成形したり模様を付けたりする過程をじっくりと観察していた。瞬《まばた》きするのも忘れたんじゃないかと思えるほど熱心にみつめていた。

　また、リーチはたくさんのスケッチをした。持参したスケッチブックに身の回りのものを次々に写していく。高市は、リーチから少し離れた場所に陣取り、鉛筆が滑らかに紙の上を滑っていくのをひたすら見守った。

　実にさまざまなものを描き写す。水差し、瓶《かめ》、碗などの陶器はもちろんのこと、濱田たちが大絶賛していた「便器《おまる》」まで、真剣にみつめながら描いている。その様子が面白くて、高市は笑いを我慢するのに苦労した。

　天日に干している器がずらりと並んだ板のあいだをニワトリが走り回る。その後を小さな子供たちが追いかけ回す。その様子を眺めながら、リーチは⑥盛んに手を動かした。そして、高市のほうを振り向き、

〈Ｉ〉「すごいですね、コウちゃん。ニワトリも、子供たちも、皆、器を壊さないように、ちゃんと避けて走り回っていますよ。さすが、オンタの子供だ。オンタのニワトリだ」

　そう言って、楽しそうに笑った。

　リーチは、成形された器に小鹿田独自の模様を施すのにも挑戦した。

　飛び金《がね》や刷毛目《はけめ》の模様の付け方は、一郎がまず手本を見せて、それからリーチがやってみた。ゆっくりと回転するろくろ台の上に鉢《はち》を載せ、その素地《きじ》の表面に湾曲して先の尖《とが》った「金《かね》」を近づける。金の先がす、す、す、すと飛び飛びに素地を削り、リズミカルに一定の間隔で削った跡が残る。これが飛び金模様だ。

「オオ、これは面白い」

　一郎が示した手本をよくよく観察してから、自分も模様を付けてみたリーチは、初めての挑戦にもかかわらず、実に滑らかにやってのけた。そして、たちまち小鹿田の技術を「自分のもの」にしてしまった。

　リーチは、小鹿田ではほとんど作られていない絵入りの焼き物作りも手がけた。たくさんの素描は器に絵を入れるための下準備でもあった。

　成形された大皿を前にして、リーチは、一瞬、何かを思い浮かべるような表情になる。それから、尖った木べらの先をそっと素地の表面に近づけると、迷いなく線を描き込んでいく。すうっ、すうっ、ツバメが空を飛ぶようにへらが軽やかに動き、ほんの数分で絵が出来上がる。

　——すごい。

　高市は、リーチの手の動きを一瞬たりとも見逃すまいと、息を詰め、むさぼるように見入った。

　——先生《しぇんしぇー》の描きなさる鳥、カエル、ニワトリ、全部《じぇんぶ》、生きちょるごたる。どげーしたら、あんなふうに描けるんじゃろうか？

　もしも父がいまも元気で、この場に立ち会うことができたら、どんなに喜んだだろう。高市は、リーチと一緒にいると、なぜか父のことばかりが思い出されてならないのだった。

　自分を取り囲む陶工たちに、リーチは何ひとつ教えようとはせず、ただ自らの仕事に没頭していた。自分のしていることをとことん見て、そこから学んでほしい、とでも言うように。】

（中略）

二〇二〇年度 獨協埼玉高等学校（第一回）

【国語】（五〇分）〈満点：一〇〇点〉

一 次の文章を読んで、後の問いに答えなさい。

〔大分県の小鹿田《おんた》という集落は、江戸時代から続く陶芸の里である。十六歳の沖高市《おきこういち》は、亡き父の知人であった坂上一郎のもとに弟子入りをして、陶器を作る陶工《とうこう》の見習いをしている。昭和二十九年の春、日本に縁が深い高名なイギリス人陶芸家バーナード・リーチが、友人でやはり評価が高い濱田庄司《はまだしょうじ》、河井寛次郎《かわいかんじろう》と共に、この地を訪れた。〕

翌日、小鹿田の若い陶工たちは、濱田庄司と河井寛次郎に器作りの手ほどきを受けた。

と言っても、当然、小鹿田には小鹿田の伝統があり、手法がある。両陶芸家は、それをじゅうぶんに尊重し、そこに「少し手を加えれば、もっと①表情が豊かになるかもしれない」と思われる知恵と技術を伝授したのである。

リーチは、この先三週間近く滞在して、陶工たちとさらに緊密に接する機会があるからと、滞在三日間の濱田・河井のふたりが、若い陶工たちに何をどう教えるのかを、まずは見守っていた。

リーチのお世話係となった高市も、リーチとともに、濱田・河井両先生が伝授する場に立ち会う機会を得た。②どの陶工も熱心な様子だった。が、先生たちは教えるのに慎重だった。

それはひとえに、いままで小鹿田が守り継いできた独特の技術や意匠を、いたずらに壊したくはないと思っているからのようであった。

三人の陶芸家は、美学者である柳宗悦《やなぎむねよし》とともに、「民藝《みんげい》運動」という活動を行っている、ということだった。

その活動がどういうものか、歓迎の宴席で、濱田と河井が中心になって、しきりに各※1窯元《かまもと》の長に向かって説いていたが、高市は座敷に出たり入ったりでまともに聞くことができなかった。

面白そうな気がしたので、ちゃんと聞いてみたかったが、何やら立派で高尚《こうしょう》な活動なのだということだけは感じることができた。

その「民藝運動」の考え方に則すれば、小鹿田の陶芸は、尊い「※2民陶」であり、下手に手を加えるべきではないし、むしろいまのままの姿で、これからも伝えられるべきなのだというのが、三人の先生方の一致した考えであった。

「非[X]性、ということです。それが大事なんだ。誰それという芸術家が創った、だからいいものなんだ、という考え方は、民藝運動では通りません」

河井寛次郎は、宴席で、陶工たちにそう説明した。「有名」だからいい、というわけじゃない。むしろ「無名」であることに誇りを持ちなさい、と。

しかし、そう力説する河井先生は有名なのだ。有名な人が無名であることのすばらしさを説く、というのは、③なんだか奇妙な気がするのだが。

濱田は湯呑《ゆの》みを成形する際の形作りについて教え、河井はいつも自分が付けているような※3高台《こうだい》を皿に付けるアイデアを披露《ひろう》した。ところが④その様子を見守っていたリーチの表情に次第に雲がかかり始めた。

しかし、リーチは何を言うでもなく、ただ黙って「授業」の様子を見つめるだけだった。

濱田と河井は、教えるばかりではなく、各窯元で作られる陶器の数々を、細かく検分して、いくつかの器を買い求め、自分たちが持参した陶器を集落へ寄贈もして、帰途に就いた。

2020年度／獨協埼玉高等学校（第1回）

英語解答

1 Part 1　1…(C)　2…(B)　3…(B)
4…(C)　5…(B)
Part 2　1　Browne　2　Orange
3　Banana　4　9403
5　Queen
Part 3　1…(H)　2…(G)　3…(A)
4…(C)　5…(F)

2 1　hospital　2　advice
3　idea　4　color(s)〔colour(s)〕
5　kitchen

3 1　grow up〔become an adult〕
2　start〔begin〕 in April
3　proud of
4　popular among〔with〕
5　a piece〔slice〕 of

4 1　イ　2　エ　3　ア　4　ア
5　オ

5 1　This bus will take you to Dokkyo Saitama
2　Do you know who she met
3　bring me something interesting to read
4　could not find the book I wanted to read
5　This is the most famous novel published last year
6　Thank you for thinking of me

6 問1　エ　問2　イ　問3　ウ
問4　ア
問5　a clown and a doctor
問6　ア　問7　イ，オ

7 問1　ウ　問2　イ　問3　イ
問4　ウ　問5　イ　問6　ア
問7　エ　問8　イ

1〔放送問題〕放送文未公表

2〔対話文完成─適語補充〕

1．A：写真を何枚か見せてあげるね。ああ，これはデービッドだ，足を骨折した男の子だよ。／B：どういうわけで足を骨折したの？／A：ロッククライミングの壁から落ちたんだ。高さは5メートルあったよ。／B：君が119番に電話したの？／A：うん。医者にみてもらう必要があったからね。彼は病院に連れていかれたよ。//医者にみてもらう必要があったのだから，連れていかれた場所として hospital「病院」が適切。

2．A：僕は学校のサッカー部のキャプテンなんです。少しアドバイスをいただけますか？／B：いいよ。いつでもチームのために一生懸命がんばることと，チームメイトに敬意を持って接することだよ。／A：わかりました。最善を尽くしてみます。//チームのキャプテンとしてどう行動すべきかをBがAに伝えているので，advice「アドバイス」を求めたとわかる。

3．A：明日買い物に行かない？／B：いい考えだね。2時に駅で待ち合わせよう。//Why don't we ～？で「～しませんか？」と誘う表現。Aの誘いに対してBが待ち合わせの時刻や場所を提案しているので，That's a good idea.「(それは)いい考えだね」と言って同意したのだとわかる。

4．A：何色が好き？／B：青が大好きなんだ。それが私の好きな色だよ。//Bが「青が大好き」と答えているので，好きな color〔colour〕「色」を尋ねたのだとわかる。

5．A：お母さん，どこにいるの？／B：キッチンにいるわよ，お茶を入れてるところなの。//お茶を入れる場所なので，kitchen「キッチン，台所」が適切。

3〔和文英訳─部分記述〕

1．「成長する，大人になる」という意味の「大きくなる」は grow up「成長する」や become an adult「大人になる」と表せる。「～するとき」という意味を表す when の後では，未来のことでも現在形で表す。

2．「始まります」には start か begin を用いる。「4月から」は「4月に」ということなので，「～月に」を表す in を用いて in April とする。

3．be proud of ～ で「～を誇りに思う」。

4．「(たくさんの人)の間で人気がある」は be popular among〔with〕～ で表せる。

5．a piece of ～ で何かの一部を取り出した「1つ」を表せる。ピザやパンのように薄い物には，a slice of ～ を用いることもできる。

4〔対話文完成―適文選択〕

≪全訳≫❶A：(1)大坂なおみって聞いたことある？❷B：ないよ。どういう人？❸A：ほんとに？彼女は世界で最も優秀なテニス選手の1人なんだよ。❹B：スマホで調べてみるね。❺B：この人，たくさんの大会で優勝してるんだね。(2)2020年のオリンピック大会に出場する予定なんだ。❻A：僕はもうオリンピックのテニスのチケットを手に入れたよ。(3)君は何かチケット買った？❼B：うん，僕はサッカーのチケットを買ったよ。

1．この後Bが「ないよ。どういう人？」ときいているので，ある人について聞いたことがあるかどうか尋ねる内容のイが適する。　hear of ～「～について〔～のことを〕聞く」　2．この後オリンピックの話題に移っているので，「大坂なおみ」と「オリンピック」という2つの話題をつなぐ文としてエが適する。　3．この後Bは「サッカーのチケットを買った」と答えているので，チケットを買ったかどうかを尋ねる疑問文のアが適する。

≪全訳≫❶A：どうも，ロイヤルホテルまでお願いできるかな？❷B：お客さま，申し訳ありませんが，そのホテルの住所を教えていただけますか？❸A：そこは市内で一番有名なホテルの1つだよ。(4)どこにあるかわかっているはずだよ。❹B：申し訳ないのですが，わかりません。この仕事を始めたばかりなもので。❺A：そうか，3番街の角の近くだと思うよ。❻B：ありがとうございます。(5)お客さま，お急ぎですか？❼A：いや，そうでもないよ，時間はたっぷりあるんだ。

4．タクシーの車内での会話。運転手と推測されるBは目的地の住所を教えてくれと言ったが，乗客のAはそこは有名なホテルだと答えた。これに，有名なホテルだからどこにあるかわかっているはずだ，という内容のアを入れると，この仕事を始めたばかりなのでわからないというBの言葉にうまくつながる。　5．この後Aが「いや，そうでもないよ，時間はたっぷりあるんだ」と答えているので，乗客であるAが急いでいるかどうか確認する内容のオが適する。

5〔整序結合〕

1．「このバスがあなたを獨協埼玉に連れていく」と読み換え，'take＋人＋to＋場所'「〈人〉を〈場所〉に連れていく」の形で表す。

2．Do you know「～知っていますか」で始め，「昨日，彼女がだれと会ったか」は'疑問詞＋主語＋動詞...'という間接疑問の形で表す。

3．'bring＋人＋物'で「〈人〉に〈物〉を持ってくる」。'物'にあたる「何か面白い読み物」は，to不定詞の形容詞的用法を用いた'～thing＋形容詞＋to …'の形で表せる。

4．I could not find「私は見つけられませんでした」で始める。「読みたかった本」は，「(私が)読みたかった」というまとまりが「本」を修飾する形なので，the book の後に I wanted to read というまとまりを置けばよい(目的格の関係代名詞が省略されている)。

5．This is the most famous novel「これは一番有名な小説です」が文の骨組み。「去年出版された中で」は，過去分詞の形容詞的用法を用いて published last year とまとめ，novel の後に置く。

6．Thank you for ～ing で「～してくれてありがとうございます」。「私のことを気にかける」は

「私のことを考える」と読み換え，thinking of me と表して for の後に置く。

6〔長文読解総合―ノンフィクション〕

≪全訳≫❶パッチはみんなとは違っていたために学校でいじめられ，自分の周りで見かける人種差別に立ち向かった。いじめのせいで，彼は３度病院に送られた。３度目の入院のとき，パッチは18歳だったが，退院したら，幸せを広めるために革命を起こそうと決意した。❷しばらくの間，人に囲まれているのが大変だと感じたので，彼は友情に関する実験をやってみることにした。彼はあてずっぽうの番号に電話をかけてみて，友達になれるまでその電話の相手と話し続けた。通りで見知らぬ人と話し始めた。エレベーターに乗り，中の人とお互いに自己紹介をして一緒に笑い合えるまで階を上がり続けた。❸パッチは道化師と医者になった。自分の病院を開いたが，彼の目的は患者の病状を軽くすることだけでなく，彼らをもっと幸せにすることでもあった。近頃，彼は世界中を飛び回り，道化師として，そして医師として，講演や演技を行っている。パッチはこの２つの仕事を分ける必要があるとは思っていない。彼にとって，笑うことは最良の薬の１つなのだ。笑うと血流が良くなり，心臓が丈夫になり，体が病気を撃退するのに役立ちさえする。❹もしあなたが世界をより良い場所にするために役立ちたいと思うのなら，パッチにいくつかのアイデアがある――人前でおかしなことをしてみよう，こっけいな衣装を着てみよう，出会った人とは誰とでも仲良くしよう，そして町で見かけたゴミは全部拾おう。❺「誰にでも，何かできるんです」と彼は言う。「それをやると決意することです――平和と正義を求めて努力し，そして地球上の全ての人を愛すると」

問１＜英文解釈＞was bullied「いじめられた」には had a hard time「つらい時期を過ごした」が対応している。学校において different「違っている，異なる」というのは，他の生徒と違っていたということだと考えられる。したがって，エの「パッチは他の生徒と違っていたので，学校でつらい時を過ごしていた」が適切。

問２＜適語選択＞第３段落では，パッチが人を笑わせる道化師と人の病気を治す医者になったことが，第４段落では，世界をより良くするためのパッチのアイデアが書かれている。これらは，パッチが happiness「幸せ」を広めるための革命を行った結果である。

問３＜要旨把握＞experiment(s)「実験」の内容はこの直後で述べられており，アは第２段落の最終文，イは第２文，エは第３文と一致するが，ウの内容は書かれていない。

問４＜適語(句)選択＞パッチが病院を開いた目的を説明した部分で，'make＋A＋B'「AをBにする」の形になっている。4A，4B とも「患者を」に続くのだから，less sick「より病気でない(病気を軽くする)」と happier「もっと楽しい，もっと幸福な」の組み合わせが適する。

問５＜語句解釈＞第３段落第１文参照。パッチは道化師と医者になったが，この２つの仕事を分けて考える必要はないと思っているのである。

問６＜要旨把握＞laughing「笑い」の持つ medicine(s)「薬」としての効果は直後で説明されており，イは make your heart stronger，ウは help your body fight off diseases，エは get the blood flowing の部分にあたるが，「血圧を下げる」とは述べられていない。

問７＜内容真偽＞ア．「パッチは道化師として病院を３回目に訪れたとき，革命を起こそうと決めた」…×　第１段落最終文参照。当時はまだ道化師ではなかった。　イ．「退院後，パッチはしばらくの間，人々とうまくやっていける気がしなかった」…○　第２段落第１文と一致する。　get along with ～「～とうまくやっていく」　ウ．「友情の実験をしているうちに，パッチは自分自身がだんだん健康になっていくのに気づいた」…×　このような記述はない。　エ．「パッチは自分の病院を開き，彼の患者は安らかに死ぬことができた」…×　このような記述はない。
オ．「世界をより良い場所にするために，人は誰でも何かをすることができるとパッチは提案している」…○　第４，５段落と一致する。　カ．「パッチは自分が地球上の全ての人とともに平和を求めて努力することができるだろうとは思っていない」…×　第５段落参照。決意があればできると信じている。

7〔長文読解―内容一致―エッセー〕

≪全訳≫❶数年前，私はスウェーデン北部のラップランドにある休暇用のリゾート地で，妖精として働いていた。そのリゾート地は森の中にあった。来訪者と従業員はその森のあちこちにある小さな木造の山小屋に滞在していた。大きな山小屋が１つあり，みんなはそこで食事をとった。私は11月中旬にそこで働き始め，クリスマスの直後まで滞在した。❷旅行客はそのリゾート地に４日間滞在したものだった。初日は，空港に到着するとバスでこのリゾート地まで移動した。私は夕方までは仕事をしなくてよかった。スキーに行くこともあった。それから，客が夕食をとっている間に，私は受付のデスクで仕事をした。客が自分の小屋を探すのを手伝ったり，旅行プランについて説明したり，別料金のツアーのチケットを販売したりした。その時点では，妖精のような服装はせず，ホテルの制服を着た。❸２日目，他の３人の妖精と私は８時頃に起きた。もちろん，その時間はまだ暗かった。ラップランドでは，冬の間は明るくなるのは10時半頃で，（午後）２時を過ぎるとまたすぐに暗くなってしまう。私たちは妖精の衣装を身につけ，スキースクーターに乗って森の中のある小屋まで雪の中を突っ切っていった。その小屋の中には，巨大なプレゼントと巨大な工具があった。私たちはプレゼントを包んだり，その工具でおもちゃをつくるふりをしたりしなければならなかった。小屋の窓には鏡が何枚か取りつけられていた。この鏡のおかげで，私たちはとても小さく見えるようになっていた。旅行客が窓の向こうから見ると，ちっちゃな妖精たちが普通の大きさの工具を使っているように見えるというわけだ！　❹３日目，私たちは別の小屋に行った――サンタの小屋だ！　この日，子どもたちはとうとうサンタクロースに会った。子どもたちはサンタに会っておもちゃをもらった。それから私たちに会いに妖精の工房にやってきた。この部屋はおもちゃがいっぱいで，クリスマスツリーで美しく飾りつけられていた。他の妖精たちと私は，おもちゃをつくるふりをしたり，私たちにしかわからない妖精の言葉で子どもたちに向かっておしゃべりしたりした。❺次の日になると，それまでいた旅行客は帰っていき，次のグループが到着した。私は再び受付の仕事についた。❻妖精として働くのはとても楽しくて，魔法のようなクリスマスの過ごし方だった！

問１．「来訪者と従業員は（　　）」―ウ．「木造の小さな山小屋に泊まった」　第１段落第３文参照。

問２．「筆者は約（　　），このリゾート地で働いた」―イ．「６週間」　第１段落最終文参照。クリスマスは12月25日なので，11月中旬から働き始めると，その期間は約６週間となる。

問３．「旅行客は森の中の小屋の１つに（　　）宿泊した」―イ．「３泊」　第２段落第１文および第５段落第１文参照。客の滞在日数は３泊４日である。

問４．「初日，筆者は（　　）」―ウ．「少し自由時間があった」　第２段落第３，４文参照。

問５．「ラップランドでは，冬は（　　）」―イ．「朝８時頃は暗い」　第３段落第１～３文参照。

問６．「小屋の中にある鏡（　　）」―ア．「のおかげで妖精たちは実際よりも小さく見えた」　第３段落終わりの３文参照。

問７．「３日目に，子どもたちは（　　）」―エ．「サンタに会い，それからおもちゃでいっぱいの部屋にいる妖精たちに会った」　第４段落第３～５文参照。

問８．「筆者は（　　）妖精の衣装を身につけた」―イ．「２日目と３日目に」　第２段落最終文，第３段落第４文，第４段落，および第５段落第２文参照。

数学解答

1 (1) $\frac{3}{4}x^2y^3$　(2) $x=\frac{5\pm\sqrt{33}}{4}$

(3) $2(x-4)(x-5)$

(4) $x=-3,\ y=4$　(5) $\frac{4}{7}$

(6) 50　(7) $\frac{1}{36}$　(8) 72°

(9) ① $2\pi a^3$　② 3：2

2 (1) ②，④　(2) ①，③

(3) ① $\frac{1}{18}$　② $\frac{17}{18}$

3 (1) $\frac{1}{8}<a_2<\frac{3}{2}$　(2) (ア)，(ウ)，(エ)

(3) $\pm\frac{5}{2}$

4 (1) (イ)　(2) (ア)，(ウ)

(3) $x=36°,\ y=72°$

図形の名称…二等辺三角形

理由…(例) AB∥EC より錯角は等しいので，∠ACE＝∠BAC＝x＝36°　∠CAE＝x＝36°　よって，∠ACE＝∠CAE となり，２つの角が等しいので，△AEC は二等辺三角形である。

1〔独立小問集合題〕

(1)＜式の計算＞与式＝$27x^3y^6\times\frac{x^2}{36}\div x^3y^3=27x^3y^6\times\frac{x^2}{36}\times\frac{1}{x^3y^3}=\frac{27x^3y^6\times x^2\times1}{36\times x^3y^3}=\frac{3}{4}x^2y^3$

(2)＜二次方程式＞両辺を７でわって，$2x^2-5x-1=0$ とし，二次方程式の解の公式を利用すると，$x=\frac{-(-5)\pm\sqrt{(-5)^2-4\times2\times(-1)}}{2\times2}=\frac{5\pm\sqrt{33}}{4}$ となる。

(3)＜因数分解＞与式＝$2(x-4)^2-2(x-4)$ と変形して，$x-4=A$ とおくと，与式＝$2A^2-2A=2A(A-1)$ となる。A をもとに戻して，与式＝$2(x-4)(x-4-1)=2(x-4)(x-5)$ である。

(4)＜連立方程式＞$3x+y=-5$……①，$-2x-3y+1=-5$……②とする。②より，$-2x-3y=-6$……②′　①×3＋②′より，$9x+(-2x)=-15+(-6)$，$7x=-21$　∴$x=-3$　これを①に代入して，$-9+y=-5$　∴$y=4$

(5)＜関数―x の値＞y は x に反比例するから，$xy=a$ と表される。$x=3$ のとき $y=-\frac{4}{3}$ だから，$3\times\left(-\frac{4}{3}\right)=a$　∴$a=-4$　よって，反比例の式は $xy=-4$ だから，$y=-7$ のとき，$x\times(-7)=-4$ より，$x=\frac{4}{7}$ である。

(6)＜式の値＞与式＝$2(x^2-2xy+y^2)=2(x-y)^2$ とし，これに $x=38$，$y=33$ を代入すると，与式＝$2\times(38-33)^2=2\times5^2=2\times25=50$ である。

(7)＜確率―さいころ＞大，中，小の３つのさいころを投げるとき，目の出方は全部で $6\times6\times6=216$（通り）ある。このうち，全て同じ目が出る場合は，全てが１，２，３，４，５，６になる場合で６通りだから，求める確率は $\frac{6}{216}=\frac{1}{36}$ となる。

(8)＜図形―角度＞右図１で，AB＝AC より，△ABC は二等辺三角形だから，∠ABD＝∠ACB＝60° である。△ABD で内角と外角の関係より，∠ADC＝∠BAD＋∠ABD＝12°＋60°＝72° となる。よって，l∥m より錯角が等しいので，∠x＝∠ADC＝72° である。

図１

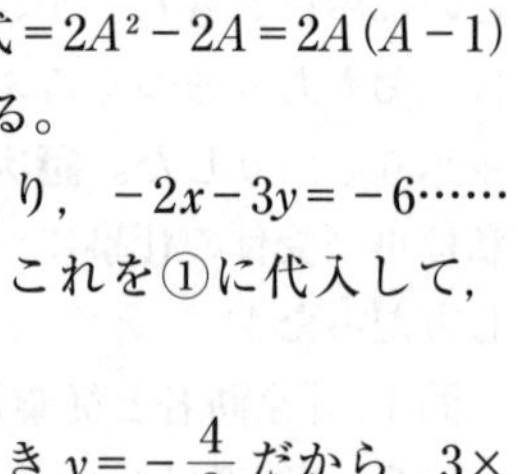

(9)＜図形─体積，表面積比＞①円柱の中に半径が a の球がぴったりと入っているので，円柱の底面の半径は a，高さは $2a$ となる。よって，円柱の体積は，$\pi a^2\times 2a=2\pi a^3$ である。　②円柱を展開すると，右図２のようになる。側面は長方形で，縦は $2a$，横は底面の円の周の長さと等しいから，$2\pi a$ である。よって，円柱の表面積は $2a\times 2\pi a+\pi a^2\times 2=6\pi a^2$ である。一方，球の表面積は $4\pi a^2$ である。したがって，円柱と球の表面積の比は，$6\pi a^2:4\pi a^2=3:2$ である。

図２

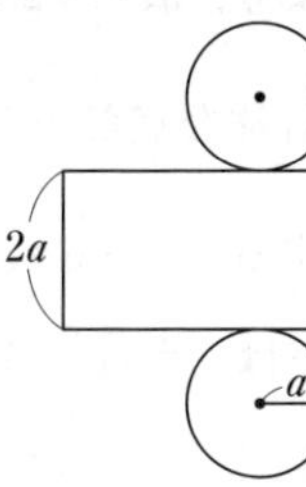

2〔独立小問集合題〕

(1)＜図形─平面が１つに決まる条件＞①１つの直線を含む平面はいくつもあるので，同じ直線上にある３点Ａ，Ｂ，Ｃを含む平面もいくつもある。　②同じ直線上にない３点Ａ，Ｂ，Ｃを含む平面は１つに決まる。　③ねじれの位置にある２直線 l，m を含む平面はない。　④交わる２直線 l，m を含む平面は１つに決まる。　⑤２点Ａ，Ｂを通る直線を含む平面はいくつもあるので，２点Ａ，Ｂを含む平面もいくつもある。

(2)＜図形─直線と平面の平行，垂直＞①直線 l が，平面Ｐ，平面Ｑに垂直に交わるとき，Ｐ∥Ｑとなる。　②右図１で，l∥Ｐ，l∥Ｑであるが，２平面Ｐ，Ｑが平行にならないこともある。　③直線 l と平行な２平面Ｐ，Ｑが交わり，l⊥Ｐのとき，l⊥Ｑとなる。　④右図２で，l∥Ｐ，m∥Ｑ，Ｐ∥Ｑであるが，２直線 l，m が平行にならないこともある。　⑤図１で，l∥Ｐ，m∥Ｑ，Ｐ⊥Ｑであるが，２直線 l，m が平行にならないこともある。

図１

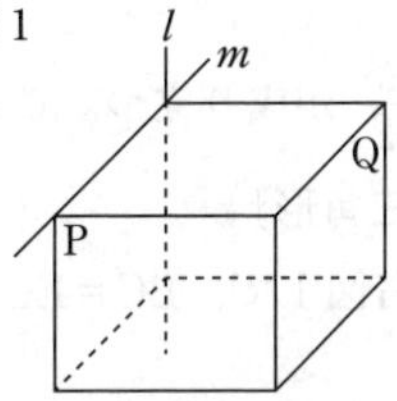

図２

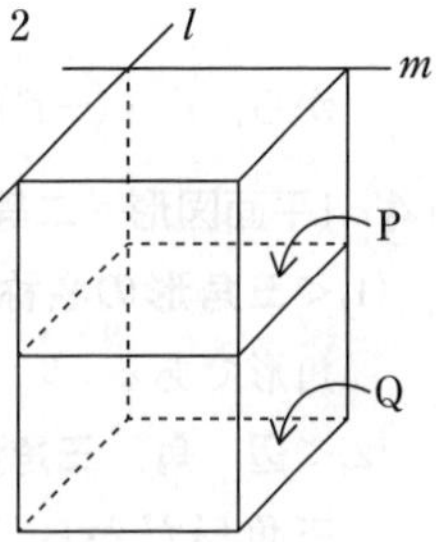

(3)＜確率─さいころ，直線の式＞①大小２つのさいころを１回ずつ投げるとき，目の出方は全部で $6\times 6=36$（通り）あるから，a，b の組も36通りある。このうち，２直線 $y=\dfrac{a}{b}x$，$y=3x+2$ が平行となるのは，傾きが等しいときだから，$\dfrac{a}{b}=3$ となる。このようになる a，b の組は $(a,\ b)=(3,\ 1)$，$(6,\ 2)$ の２通りあるから，求める確率は $\dfrac{2}{36}=\dfrac{1}{18}$ である。　②２直線 $y=\dfrac{a}{b}x$，$y=3x+2$ が１点で交わるのは，平行でないときである。①より平行になるときの確率が $\dfrac{1}{18}$ だから，求める確率は $1-\dfrac{1}{18}=\dfrac{17}{18}$ である。

3〔関数─関数 $y=ax^2$ と直線〕

(1)＜比例定数の範囲＞右図１で，放物線 $y=a_1x^2$ は点(4，24)を通るから，$24=a_1\times 4^2$ より，$a_1=\dfrac{3}{2}$ となる。よって，$\dfrac{1}{8}<a_2<\dfrac{3}{2}$ である。

(2)＜グラフが通る点，通らない点＞右図１で，放物線 $y=a_5x^2$ は，点(−2，−6)を通るから，$-6=a_5\times(-2)^2$ より，$a_5=-\dfrac{3}{2}$ である。よって，$-\dfrac{3}{2}<a_4<0$ となる。$a_4<0$ より，放物線 $y=a_4x^2$ 上の点の y 座標は０以下だから，放物線 $y=a_4x^2$ が点(1，1)を通ることはない。点(1，−1)を通るとすると，$-1=a_4\times 1^2$ より，$a_4=-1$ となり，$-\dfrac{3}{2}<a_4<0$ を満たす。点(1，−2)を通るとすると，$-2=a_4$

図１

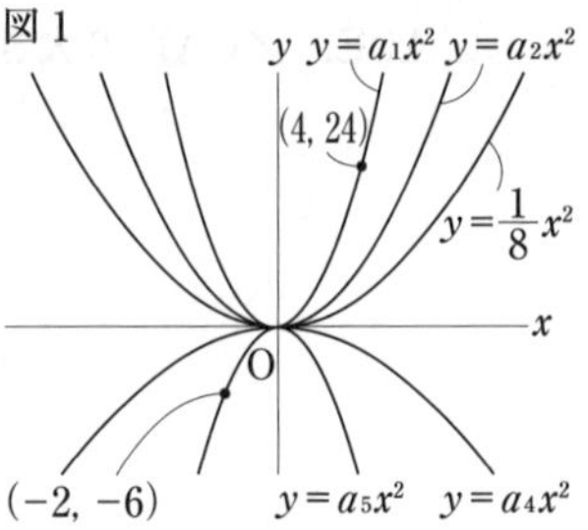

$\times 1^2$ より，$a_4=-2$ となり，$-\frac{3}{2}<a_4<0$ を満たさない。点$(2,\ -6)$は，点$(-2,\ -6)$と y 軸について対称な点だから，放物線 $y=-\frac{3}{2}x^2$ 上にあり，放物線 $y=a_4x^2$ は通らない。点$(-4,\ -6)$を通るとすると，$-6=a_4\times(-4)^2$ より，$a_4=-\frac{3}{8}$ となり，$-\frac{3}{2}<a_4<0$ を満たす。以上より，放物線 $y=a_4x^2$ は，点$(1,\ 1)$，点$(1,\ -2)$，点$(2,\ -6)$は通らないので，正しくないものは，(ア)，(ウ)，(エ)となる。

(3)＜x 座標＞(1)より，$\frac{1}{8}<a_2<\frac{3}{2}$ であり，a_2 は整数だから，$a_2=1$ である。また，(2)より，$-\frac{3}{2}<a_4<0$ であり，a_4 は整数だから，$a_4=-1$ である。右図２で，放物線 $y=x^2$ 上，$y=-x^2$ 上で x 座標が t の点をそれぞれA，Bとする。点Aの y 座標は $y=t^2$，点Bの y 座標は $y=-t^2$ となるので，$\mathrm{A}(t,\ t^2)$，$\mathrm{B}(t,\ -t^2)$となる。$\mathrm{AB}=\frac{25}{2}$ だから，$t^2-(-t^2)=\frac{25}{2}$ が成り立つ。これを解くと，$2t^2=\frac{25}{2}$ より，$t^2=\frac{25}{4}$，$t=\pm\frac{5}{2}$ となる。

図２

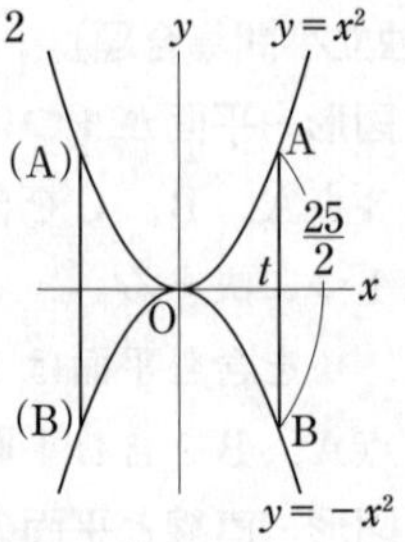

4 〔平面図形―二等辺三角形〕

(1)＜三角形の名称＞右図１で，BC＝EC だから，△BCE は二等辺三角形である。

(2)＜辺，角，三角形の性質＞右図１で，△ABC は AB＝AC の二等辺三角形だから，∠ABC＝∠ACB であり，△ABC≡△DEC だから，∠ACB＝∠DCE である。よって，∠ABC＝∠DCE となり，同位角が等しいので，AB∥EC となる。これより，錯角は等しいから，∠ABG＝∠CEB であり，△BCE が BC＝EC の二等辺三角形だから，∠CBG＝∠CEB である。したがって，∠ABG＝∠CBG となる。△CGE が二等辺三角形になること，△ABC∽△BCG になることはいえない。

図１

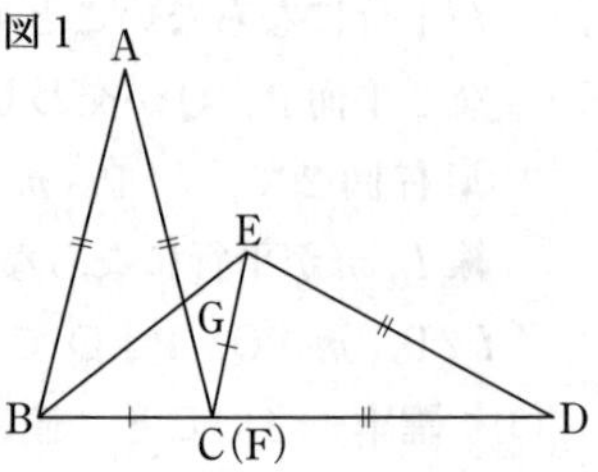

(3)＜角度，三角形の名称と理由＞右図２で，AB＝AC より，∠ACB＝∠ABC＝y だから，△ABC で，$x+2y=180°$……①が成り立つ。また，△ABC≡△DEC より，∠EDC＝∠BAC＝x，CA＝CD だから，∠CAD＝∠EDC＝x となる。△CAD で内角と外角の関係より，∠ACB＝∠CAD＋∠EDC だから，$y=2x$……②が成り立つ。①，②を連立方程式として解くと，$x=36°$，$y=72°$ となる。これを利用して，△AEC の内角である∠ACE，∠CAE の大きさを求める。理由は解答参照。

図２

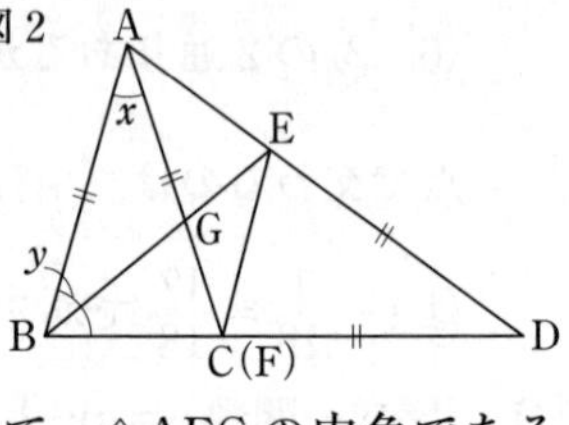

2020年度／獨協埼玉高等学校（第１回）

国語解答

一 問一　ア　問二　ウ　問三　エ

問四　矛盾

問五　小鹿田が守り継いできた独特の技術や意匠を，壊す行動だと思ったから。（33字）

問六　イ　問七　スケッチをしている。

問八　体が知っている　問九　イ

問十　ウ

二 問一　エ

問二　A…ウ　B…エ　C…イ

問三　文化として科学が広く受けとめられる［にはどうしたらよいか。］

問四　イ

問五　科学者は，科学の成果や役立つ方法を伝えるのではなく，科学そのものを表現するべきであるから。（45字）

問六　エ　問七　イ　問八　Ⅱ

問九　ア　問十　ウ

三 ①　かもく　②　こがい　③　ばくろ　④　しずく　⑤　え

a　介抱　b　冷凍　c　克己　d　劣勢　e　沸

一〔小説の読解〕出典；原田マハ『リーチ先生』。

問一＜表現＞ここでの「表情」は，ものの様子や状態のこと。濱田と河井は，小鹿田でつくられる陶器が，さらに味わい深く，趣のある様子になるよう，「知恵と技術を伝授」したのである。

問二＜心情＞濱田庄司と河井寛次郎という「有名な」陶芸家が，「器作りの手ほどき」をしてくれる貴重な機会であるため，陶工たちは皆，二人の持っている新しい知識を真剣に学ぼうとしていたのである。

問三＜文章内容＞「民藝運動」では，「誰それという芸術家が創った」から，その作品は「いいものなんだ」というような，つくり手個人の名声に基づく評価の仕方は通らないと河井は説明したのである。

問四＜文章内容＞「無名であることのすばらしさ」を説く河井の主張と，河井自身が「有名な人」であるという現実とが食い違っていて，つじつまが合わないのが，高市には「奇妙」に思えたのである。

問五＜文章内容＞「湯呑みを成形する際の形作り」の伝授や，「高台を皿に付けるアイデア」の披露など，自分の知識を教える濱田と河井の行為が，「小鹿田が守り継いできた独特の技術や意匠を，いたずらに壊したくはない」という考えに反するのではないかと，リーチは考えたのである。

問六＜文章内容＞リーチは，「陶工たちが成形したり模様を付けたりする過程をじっくりと観察」したり，「身の回りのもの」をスケッチしたりしたうえで，「小鹿田独自の模様を施す」技術を「自分のもの」にして，「絵入りの焼き物作り」を手がけた。その間，リーチは，「自分を取り囲む陶工たち」に「何ひとつ教えようとはせず」に，自分の仕事ぶりを「とことん見て」もらっていた。

問七＜文章内容＞リーチは，「身の回りのもの」をたくさんスケッチしていた。「ニワトリが走り回る」様子や，「その後を小さな子供たちが追いかけ回す」様子を眺めながらも，リーチは，スケッチするために，「盛んに手を動かした」のである。

問八＜文章内容＞ニワトリや子どもが「器を壊さないように」走り回っていたのは，小鹿田という「焼き物の里」で生活していて，焼き物に対する扱いを，自然に理解していたからである。リーチは，高市もまた「焼き物の里に生まれて，焼き物と一緒に育った」ので，焼き物をどのように扱えばいいのか，高市の「体が知っているはず」だと考えた。

問九＜表現＞リーチが陶器に「小鹿田独自の模様を施す」技術に挑戦する場面では，「す，す，す，す，す」と擬態語と読点を用いて，「回転するろくろ台の上」の鉢の表面に，「リズミカルに一定の間隔で削った跡」ができる様子が表現されている。

問十＜文章内容＞高市は，陶工見習いであり，「窯周辺の作業」のような重要な仕事には「かかわれない」立場であった。だが，リーチのお世話係になったことで，「窯焚きの一連の作業を見ることができる」ようになり，自分も職人の一人として，陶工の仲間に加われたような気持ちになったのである。

二 〔論説文の読解—自然科学的分野—科学〕出典；中村桂子『科学者が人間であること』。

≪本文の概要≫現代社会での科学は，「役に立つ技術を生むための知識」とされるが，科学の本来の姿は，自然と向き合い，そこから自然観，人間観を生み出すという，一つの文化である。科学を文化とするなら，誰もが科学と接することができなければならない。したがって科学者には，表現者として，文化である科学を表現し，広く一般の人々が関心を持つようにする作業が必要である。そのためには，科学者自身が一般の人々から関心と信頼を持たれるような魅力を持ち，誰にも話が通じるように言葉を大切にして，専門分野の本質を語れなければならない。聞く側も，一人ひとりが自律的に，自分の感覚で，科学に関する言葉の意味を考えていかなくてはならない。日本では，理科系となると特定分野の専門教育に徹するところがあるが，科学者であっても，まずは生活者として，考える人として教育するようにすべきである。研究者自身も，自分の研究対象という狭いところだけでなく，自然観，人間観を培う努力が必要である。また，研究者の評価も，基本から考える研究，新しいことを探す研究に目を向けているかどうかを評価すべきである。

問一＜文章内容＞「自然と向き合うこと」によって「自然観，人間観を生みだす」というのが「科学の本来の姿」であり，科学は，「一つの文化」である(エ…×)。だが，「役に立つ」という言葉に縛られた結果，日本では，科学を「科学技術に置き換えて」しまって，「文化として存在する科学」という「本来の姿」を忘れる傾向にある(ア・イ・ウ…○)。

問二＜接続語＞Ａ.「科学の本来の姿」は，「自然と向き合う」ことによって「自然観，人間観を生みだすこと」である，ということは，言い換えれば「科学は一つの文化」である，ということである。 Ｂ．論文は，「文化として科学が広く受けとめられる」ようにするには，「あまりにも限定された対象への特殊な形での発信」であるうえに，科学者は，「最近は論文の数やどの専門誌に投稿するかなどによって評価される」のである。　Ｃ.「私の属する生命誌研究館」では，「論文という楽譜をいかに演奏するか，表現するか」を探っているが，それでは「文化としての科学の表現に対して，広く一般の人々が関心を持つようにするには，科学者はどうすればよい」のか。

問三＜文章内容＞科学は，論文という「あまりにも限定された対象への特殊な形での発信」しかなされていない。科学が「一つの文化」であるといっても，「小説や絵や音楽」のような文化とは違って，「誰もが科学と接すること」ができる状況ではないのである。したがって，「文化として科学が広く受けとめられる」には,「どうしたらよいか」を考えなければならない。

問四＜文章内容＞演奏家が楽譜を音楽として演奏することで自己を表現するように,科学者も「論文という楽譜」を通して(…X),自分の研究という「作品」を表現すると同時に(…Y),自分という「人間」を表現して(…Z),一般の人々の関心をひきつけることが必要である。

問五＜文章内容＞科学者にとって大切なのは,「表現者」として,「文化として存在する科学そのもの」をいかに「表現するか」であり,広報として「科学の成果や社会でいかに役立つかを伝える」ことではないのである。

問六＜主題＞「私」が朝永先生や湯川先生の話を聞こうとしたのは,二人から「若者を惹きつける力」を感じ,「関心」と「信頼」を抱いたからである。一般の人々が「文化としての科学の表現」に「関心を持つようにする」ためには,表現をする科学者自身が,人間として「関心」と「信頼」を持たれるような「魅力」を持って,自分の専門分野について話す必要がある。

問七＜敬語＞「持っていらした」と「くださった」は,尊敬語。「申し上げた」は,謙譲語。「参拝した」は,神社や寺へ拝みに行った,という意味で,敬語ではない。「尋ねた」は,問いかけた,という意味で,敬語ではない。

問八＜文脈＞モーツァルトやベートーヴェンは,作曲をしながら「演奏をして」いたが,「科学者も本来は,そうあるべき」で,書いた論文を通して「科学の表現」をしなければならないのである。

問九＜要旨＞現代社会の中の科学は「役に立つ」という言葉にとらわれがちで,「文化として存在する科学そのもの」は,忘れられる傾向にある(エ…×)。科学者は,科学が「いかに役立つか」を広報するのではなく,「表現者」として,「文化としての科学」そのものを表現し,科学に対して「広く一般の人々が関心を持つようにする」必要がある(イ…×)。一般の人々が,科学が「役に立つ」かどうかではなく,科学そのものに関心を持つようにするには,それを表現する科学者自身が「関心」と「信頼」を持たれなければならないが,「現在の科学そして科学者のありようそのものが間違っている」ため,科学者への信頼がなくなっている(ウ…×)。科学者は,「自分の研究対象という狭いところだけ」ではなく,「生活者」として「自然そのものに向き合い,自然観,人間観を培う努力が必要」である(ア…○)。

問十＜表現＞湯川先生や朝永先生に「若者を惹きつける力」を感じて話を聞いた経験や,「バイオテクノロジー」という言葉が「独り歩き」してしまった出来事などの具体例によって,科学者が「人間としての魅力」を持ち,「一つの文化」としての科学を表現すると同時に,社会の側も「自律的に,自分の感覚」で,科学に関する言葉の意味を考えるべきだ,という「私」の主張が理解されやすくなっている。

三〔**漢字**〕

①「寡黙」は,口数が少ないこと。　②「戸外」は,建物の外のこと。　③「暴露」は,隠しごとをばらしてしまうこと。　④音読みは「水滴」などの「テキ」。　⑤「柄」の他の訓読みは,「花柄」などの「がら」。　a.「介抱」は,負傷者や病人の手当てをすること。　b.「冷凍」は,食べ物などを保存するために凍らせること。　c.「克己」は,強い意志によって自分の持つ欲望に打ち勝つこと。　d.「劣勢」は,相手より勢いが劣っていて不利な状況であること。　e.音読みは「煮沸」などの「フツ」。

2020年度 獨協埼玉高等学校(第2回)

【英　語】（50分）〈満点：100点〉

1 リスニング問題　〈編集部注：放送文は未公表につき掲載してありません。〉

Part 1　これから流れる英語を聞き，1～5の質問に対する答えを1つ選び，記号で答えなさい。英文は2度読まれます。

1　(A) 1914　(B) 1916　(C) 1918

2　(A) Mathematics　(B) Science　(C) Geography

3　(A) She got a job as a teacher.
　(B) She got a job as a scientist.
　(C) She did difficult math problems.

4　(A) Fly around the Earth.
　(B) Fly men to the Moon.
　(C) Fly a rocket.

5　(A) She got a medal.
　(B) She left NASA.
　(C) She flew to the moon.

Part 2　これから短い会話文を聞きます。下の1～5の空欄に適切な語句や文字，数字などを書きなさい。英文は1度だけ読まれます。

Photo Competition

1	Name :	Jane ....
2	Address :	13, ... Street.
3	Telephone No. :	080-3048- ....
4	Competition :	Favorite ....
5	Number of photos :	....

Part 3　ヘイゼルさんと先生が課外活動(Activities)について話しています。2人の会話を聞き，ヘイゼルさんが何曜日にどの活動をするのか，Activitiesの(A)～(H)の中から選び，記号で答えなさい。英文は2度読まれます。

Days

1　Monday
2　Tuesday
3　Wednesday
4　Thursday
5　Friday

Activities

(A) Basketball　(B) Cooking　(C) Art
(D) Music　(E) Swimming　(F) Dance
(G) Volleyball　(H) Tennis

2　次の会話が成立するように空欄に適切な１語を入れなさい。ただし，答えは全て空欄内に示された文字で書き始めなさい。

1　A：Do you have any plans for this winter?
　B：Yes. I'm going to Hokkaido. I'm looking forward to visiting the Sapporo Snow Festival.
　A：That sounds nice.
　B：Over two million people visit it every winter.
　A：Wow. Have a great winter (v　　).

2　A：My son is very interested in natural history.
　B：Why don't you take him to the (m　　)? Some dinosaurs are on display.

3　A：I don't know what to buy for Mom's (b　　).
　B：How old is she going to be?

4　A：What (d　　) are they coming to dinner?
　B：They are coming on January 27th.

5　A：What do you have for (b　　)?
　B：I usually eat cereal every morning.

3　日本語の意味に合う英文になるように下線部に２語または３語の適切な語句を入れなさい。

1　卒業してからも連絡を取り合いましょう。
　Let's ＿＿＿＿＿ after we leave school.

2　イギリス英語はアメリカ英語と少し異なります。
　British English is a little ＿＿＿＿＿ American English.

3　急がないとコンサートに遅れますよ。
　Hurry up, or we'll ＿＿＿＿＿ the concert!

4　私たちがボランティアをすることは重要だと思います。
　I think it's ＿＿＿＿＿ to do volunteer work.

5　ここで靴を脱いでください。
　Please ＿＿＿＿＿ your shoes here.

4　２つの会話文の空欄に当てはまる英文を下の選択肢から選び，会話文を完成させなさい。ただし，与えられた英文はそれぞれ１度だけ使うこと。

A：Did you see Cathy's dress?
B：No. (　1　)
A：I thought it was very bad. She couldn't choose between two dresses and both were terrible.
B：(　2　)
A：I just couldn't. Cathy was so excited about the party and there were 50 dresses for her to choose from.
B：(　3　)
A：Sure she did. Then she asked me which of the two I liked better.
B：Which did you say was better?
A：Well, I told her the purple one suited her well.

ア　Was she happy about it?
イ　How was it?
ウ　Then why didn't you tell her so?
エ　You mean she tried on all of them?
オ　Did you think she was beautiful?

A：Let's get some flowers for your aunt.
B：Good idea.（　4　）
A：Well, I think tulips are her favorite.
B：All right.　Let's get them at the flower shop near the station.
A：（　5　）
B：About half an hour.
A：We don't have much time.
B：You're right.　We'll get on the bus.

ア　Do you think roses are better than tulips?
イ　How long does it take to walk there?
ウ　When do we get there if we walk?
エ　I don't like it.
オ　What are the roses like?

5　日本語の意味に合うように与えられた語句を並べかえなさい。文頭に来る語も小文字になっているので，大文字にして書きなさい。

1　コーヒーを１杯飲んだら，気分がよくなりますよ。
(feel / make / coffee / cup / better / you / will / of / a).

2　その子どもの世話はその看護師がします。
(will / taken / by / care / the nurse / of / be / the child).

3　私はあなたにあの人と結婚してほしいと思っています。
(would / to / I / marry / like / you / person / that).

4　彼から２年間便りがありません。
(for / from / I / haven't / him / heard / two years).

5　彼女は速く走ったので，バスに乗ることができました。
(ran / catch / to / enough / fast / she / the bus).

6　駅に通じる道路は車でいっぱいでした。
(of / leading / the station / the street / was / to / full / cars).

6　次の英文を読み，以下の設問に答えなさい。

Louis Braille was born in France in 1809, in a small house in the country.　His father made goods for horses.　Louis liked to help him work.　One day, Louis used a tool to copy his father.　The tool slipped and hit him in the face.

Because of the accident, (1)Louis lost his eyesight.　He went to a school for blind people.　Louis was very（ A ）and did very well at school, but he easily got upset when he could not do something because he was blind.　After he graduated, he started teaching blind children.

He wanted people to understand blind people were not stupid or (B).

"We do not need people to feel (C)," he said. "People must treat us as equals."

Louis learned about (2)night writing. Soldiers sent messages without speaking on the battlefield. Instead of speaking, soldiers wrote messages and they used raised dots and dashes that you could feel with your fingers.

Louis had an idea. He used the same idea that the French soldiers used. He began making small dots in paper. People could easily read letters and numbers with them. This system is called (3)Braille. It was very easy to write, easy to read and easy to use in books.

Blind people all over the world now use Braille. Famous musicians have learned to read music with it. New books are also published with it, and it is put on ※cash registers and at traffic lights. Thanks to Louis Braille, blind people have the freedom to live their lives like everyone else.

※ cash register(s)：お店のレジ

問１ 下線部(1)の内容を表すものとして最も適切なものをア～エの中から１つ選び，記号で答えなさい。

ア Louis could see things better than before.

イ Louis couldn't see anything.

ウ Louis could hear sounds better than before.

エ Louis couldn't hear anything.

問２ 本文中の空欄（A）（B）（C）に当てはまる語をア～エの中から１つ選び，記号で答えなさい。

ア sorry イ long ウ smart エ slow

問３ 下線部(2)について本文の内容に合う説明をしているものをア～エの中から１つ選び，記号で答えなさい。

ア Soldiers used it on the battlefield to communicate with each other.

イ It was made to send messages to the soldiers' families.

ウ It was made by a soldier who liked Braille's idea very much.

エ Soldiers read it by seeing the dots and dashes.

問４ 下線部(3)は Louis Braille の名前からとったあるものを指す単語である。意味を日本語で答えなさい。

問５ 本文の内容に合うものを，ア～エの中から１つ選び，記号で答えなさい。

ア Blind people can read with the system Louis made, but can't write with it.

イ Louis became a teacher because he wanted to be like his father.

ウ The system Louis made has helped blind people all over the world.

エ Louis made the system, wrote about it in his books, and became rich.

7 次の英文を読み，問１～８の英文に続くものとして最も適切なものをそれぞれ１つ選び，記号で答えなさい。

Toprock, downrock, power moves and *freezes* are the four main movements in breakdancing — a type of street dance with tricks such as ※spinning on the knees, hands or head. Soon, it could be making an appearance at the Olympics. ※Organizers of the Paris 2024 Olympics want the sport to make the Games more ※modern and artistic. Breakdancing has already made an appearance at the 2018 Youth Olympic Games, in Argentina, and it was very popular with the crowds there. But some fans say that breakdancing has a unique culture and history. It doesn't belong at the Olympics. It can also be dangerous. Should breakdancing be an Olympic sport?

Breakdancing is popular around the world. Many people enjoy taking part or watching it. For people who don't know breakdancing, presenting it at the Olympics is the perfect place to find out more. Besides, the Games need to be more modern. Breakdancing is a difficult, athletic sport that needs ※coordination, creativity, skill and lots of practice. It is a great way to inspire young people to get fit while doing something fun. You don't need to be a member of a special club or have expensive ※equipment, and it can be done almost anywhere, by anyone. That makes it a perfect sport for an event like the Olympics and it is shown around the world to millions of people.

On the other hand, some people think it doesn't fit at the Olympics. The street dance has a special culture and history and competitions are usually organized by people for the breakdancing world who understand how it should be performed. Judges at the Olympics may not know enough about it. It can be dangerous. Lots of people injure themselves while trying the moves. If it is shown on TV as part of the Games, audiences may try and copy it without understanding how to do it ※properly. There are only a small number of sports allowed at the Olympics. If breakdancing is included, then sports like squash or karate might not be selected.

※ spin：回る　organizer(s)：組織運営者　modern：現代的な
coordination：連携，協調　equipment：装備　properly：正確に

問１ The organizers of the Paris 2024 Olympics want breakdancing to be an official sport of the Olympics because . . .

ア they want breakdancing to be more popular and famous.
イ many people want breakdancing included in the Games.
ウ breakdancing has artistic movements, such as *toprock and downrock*.
エ they want to change the style of the Olympics.

問２ Some people think breakdancing doesn't belong at the Olympics because . . .

ア it has its own unique culture and history.
イ some people do not like breakdancing.
ウ break-dancers are not interested in the Olympics.
エ breakdancing is a kind of art.

問３ If breakdancing is included in the Olympics, . . .

ア many break-dancers can get a lot of money and become rich.
イ many people will go to sports gyms to keep them healthy.
ウ break-dancers will be more creative and artistic.
エ it will be the perfect place for many to understand what breakdancing is.

問４ When you want to break-dance, you . . .

ア need some special equipment.
イ should be careful not to break any bones.
ウ may be more healthy and popular.
エ must go to a gym.

問 5　Some people think breakdancing doesn't fit at the Olympics because . . .

ア　they want other sports included in the Olympics, such as squash and karate.

イ　it is a kind of street dance and street dance is not good for the Olympics.

ウ　it is difficult for judges to understand how to make scores.

エ　they are not interested in breakdancing at all.

問 6　If breakdancing is included in the Olympics, it can be dangerous because . . .

ア　some people may copy the movements and have an accident.

イ　some people are afraid of watching dangerous movements at the Games.

ウ　many people can't understand how breakdancing can be performed.

エ　many people who copy the movements want to train their friends.

問 7　After the sentence "If breakdancing is included, then sports like squash or karate might not be selected", the next sentence should be . . .

ア　"Breakdancing is the best sport in the Olympics."

イ　"That's not fair on other athletes."

ウ　"You can decide which sports should be in the Olympics."

エ　"That's not the big problem."

問 8　The best title of this story is . . .

ア　"Breakdancing is a Fantastic Sport."

イ　"Should Breakdancing be an Olympic Sport ?"

ウ　"Breakdancing's Culture and History."

エ　"Do You Want to Breakdance ?"

【数　学】 (50分) 〈満点：100点〉

(注意)　定規は使用してもかまいませんが，分度器は使用してはいけません。

1　次の各問に答えなさい。

(1)　$\dfrac{3x-4y}{2}-\dfrac{x-5y}{3}$ を計算しなさい。

(2)　2次方程式 $x^2-15x+5=5-4x$ を解きなさい。

(3)　$2a^2-8a-10$ を因数分解しなさい。

(4)　連立方程式 $\begin{cases} x+y=\dfrac{5}{6} \\ x:y=2:3 \end{cases}$ を解きなさい。

(5)　直線 $y=-\dfrac{1}{2}x+3$ に平行で，点 $\left(-\dfrac{3}{2},\ \dfrac{1}{3}\right)$ を通る直線の式を求めなさい。

(6)　$A=2x-y$，$B=x-4y$ のとき，$5(A-B)-3(A+2B)$ を x，y の式で表しなさい。

(7)　円周上にA，B，C，D，E，Fの6つの異なる点があります。これらの点の中から3つの点を選び，それらを頂点とする三角形の個数を求めなさい。

(8)　下の図1で，$\angle x$ の大きさを求めなさい。

図1

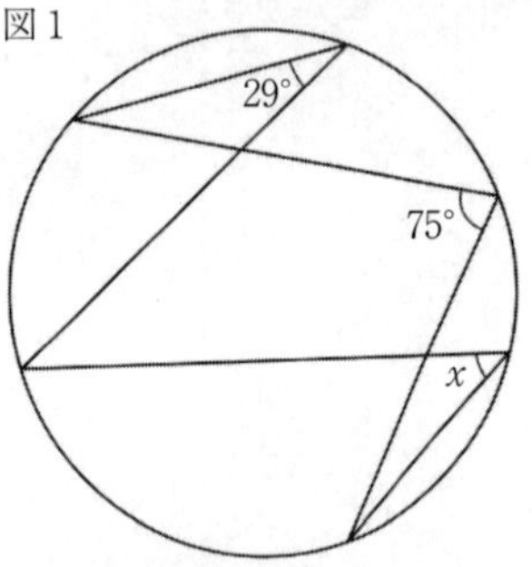

図2

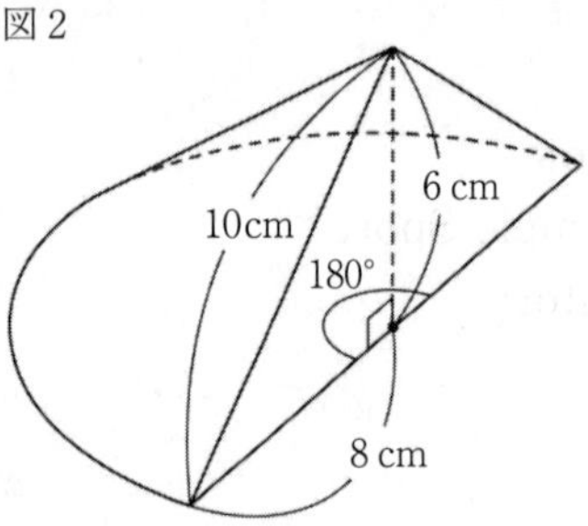

(9)　上の図2は頂点を通り底面に垂直になるように円錐を切断したものです。次の各問に答えなさい。

①　体積を求めなさい。

②　表面積を求めなさい。

2　次の各問に答えなさい。

(1)　四角形ABCDが次の条件を満たすとき，つねに平行四辺形になるものを2つ選びなさい。また，対角線AC，BDの交点をOとします。

①　$\angle A=100^\circ$，$\angle B=80^\circ$

②　$OA=\dfrac{1}{2}AC$，$OB=\dfrac{1}{2}BD$

③　$AB=DC$，$\angle A+\angle B=180^\circ$

④　$AC\perp BD$

⑤　$AD=BC$，$AD /\!/ BC$

(2)　右の図のような，直角二等辺三角形を底面とする三角柱があります。この三角柱を，辺BCを含む平面で切るとき，切り口はどのような図形になりうるかを2つ選びなさい。

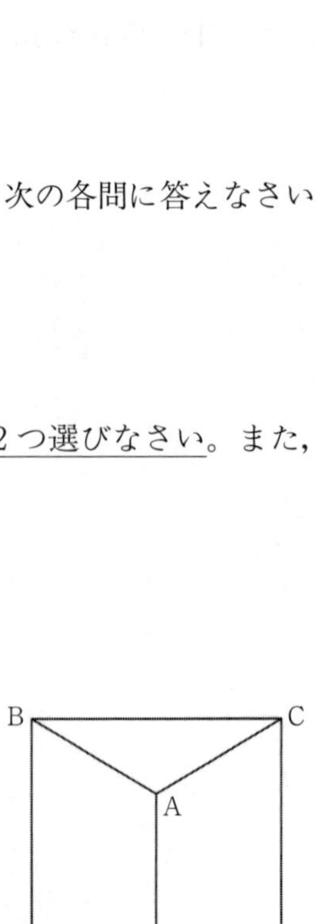

①　ひし形　　②　二等辺三角形

③　正方形　　④　正五角形

⑤　台形

(3) 大小２つのさいころを１回ずつ投げ，大きいさいころの出た目の数を a，小さいさいころの出た目の数を b とし，直線 l の式を $y=\dfrac{b}{a}x$ とします。また，点A$(3,\ 6)$，B$(4,\ 4)$とするとき，次の各問に答えなさい。

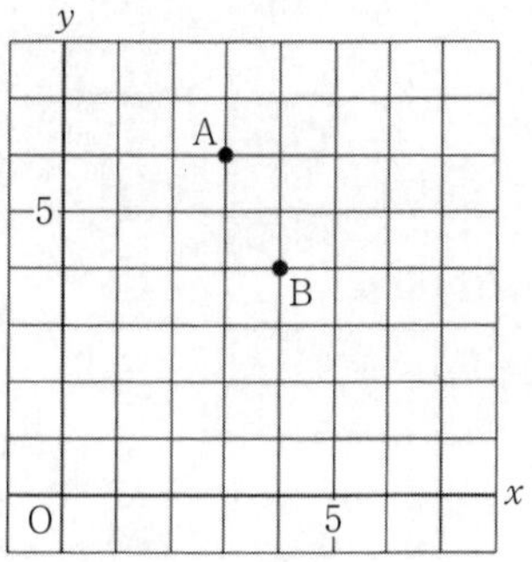

① 直線 l が点Aを通る確率を求めなさい。

② 直線 l が線分ABと交わる確率を求めなさい。ただし，点A，Bを通る場合も交わるものとします。

3 右の図のように，放物線 $y=ax^2$…①のグラフ上に，２点A，Bがあります。点Aの x 座標は -2，点Bの x 座標は４です。このとき，次の各問に答えなさい。ただし，$a>0$ とします。

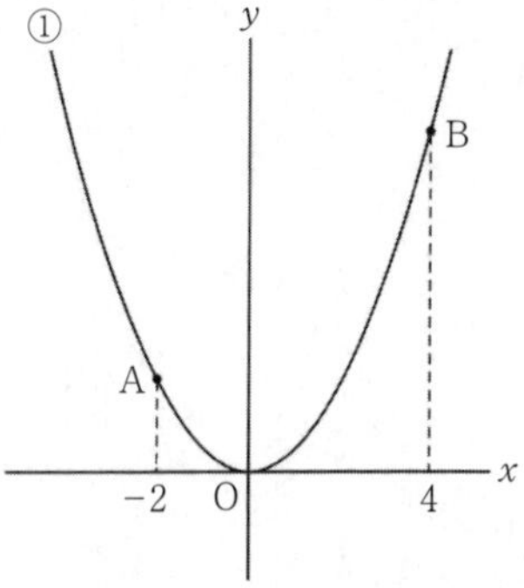

(1) ①について，x の変域が $-2\leqq x\leqq 4$ のとき，a を用いて，y の変域を求めなさい。

(2) 直線ABの式を a を用いて表しなさい。

(3) ①のグラフ上の２点A，Bの間に点Pをとります。△ABPの面積が△OABの面積と等しくなるとき，点Pの x 座標を求めなさい。ただし，点Pと原点Oは異なる点とします。

4 右の図１において，円OとO′の接点をA，直線 l と円O，O′の接点をそれぞれH，H′とします。また，２つの円の中心O，O′を通る直線と，直線 l の交点をBとします。円Oの半径が３cm，OB＝６cmのとき，次の各問に答えなさい。

図１

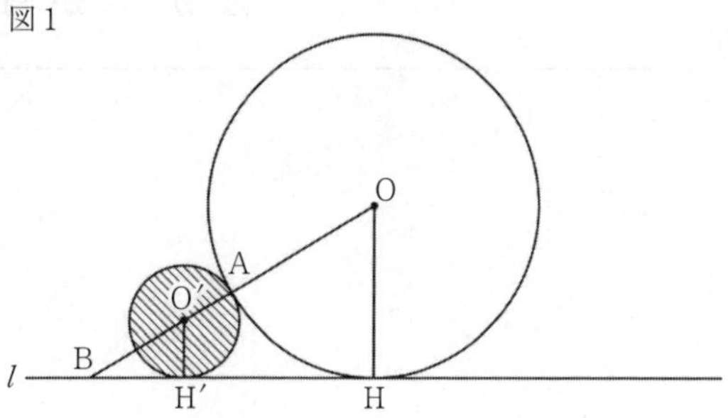

(1) ∠AOHの大きさを求めなさい。

(2) 円O′の半径を x cmとします。x の値を求めなさい。

(3) 円O′が円Oに沿って図２のように動きます。円O′が通過した部分の面積を求めなさい。

図２

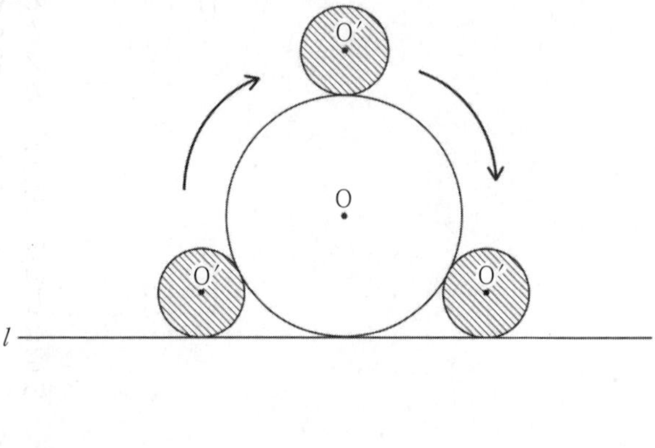

年長者を呼ばないということ。

ウ　年上の他人を、わかりやすい外見を頼りにして大まかにしか区分しないということ。

エ　自分に近い年齢の者とそうでない者で、明確に区別しているということ。

問八　傍線部⑦「父の死後のほうが母は若々しくなった」とは、どういうことですか。文中の表現を用いて、二十字以上二十五字以内で説明しなさい。

問九　問題文の内容や表現の説明として最も適当なものを次の中から一つ選び、記号で答えなさい。

ア　幼少時の数年間を大人の視点から振り返る形で、あいまいな記憶と鮮明な記憶とを織り交ぜながら、「私」が父や母、その他の大人との出来事を回想している。

イ　「私」は父の死後に母親から、父と母の結婚生活がつらいものだったと聞かされ、自分の家族に対してはそうならないようにやすらぎを大切にしている。

ウ　戦争ゆえに生き方が変わらざるを得なかった人々の存在をほのめかした「赤川さん」にだけ、「私」は「こだま」を欲しがった理由を話している。

エ　幼い頃の「私」は「赤川さん」と何度となく話をしていたが、結果として最後になってしまったときの会話が「私」の心には印象深く残っている。

三

次の①～⑤の傍線部の漢字の読みをひらがなで書きなさい。また、a～eの傍線部のカタカナを漢字に直しなさい。

① 罪を償う。

② 粗品をもらう。

③ 猛暑の弊害が生じる。

④ 戸籍の抄本を取りに行く。

⑤ 邦楽を聴く。

a ジュキョウを学ぶ。

b シンシ淑女の皆さん。

c 腰をスえて話したい。

d ツメを切る。

e 集中力のケツジョ。

それは思わず口から出た。

「こだま?」

赤川さんは訊き返し、私はだまった。自分が発したことばに困惑した。その先をどうつづけていいのか、夜中にこだまを買いに行ったときから二年ほどを経ていてもなお、語彙《ごい》がなかった。

私がだまっているので、赤川さんは、たたんだ空の米袋を自転車籠《かご》に入れて帰った。赤川さんと会話らしい会話をしたのは、このときが最初で最後だった。

赤川さんがどこに住んでいたのか、私は知らない。米櫃《こめびつ》の残量が少なくなると、母が底をのぞきこみながら、「そろそろ、赤川さんに言うとかんと」と言い、数日後に彼を見る。そういう人だった。おおさかちぇんがなくなったころから、彼のすがたを見なくなった。

（姫野カオルコ『特急こだま東海道線を走る』による）

問一　傍線部①「店員の性別はおぼえている。男だ」とありますが、この表現に見られる「私」の説明として、最も適当なものを次の中から一つ選び、記号で答えなさい。

ア　父と母のどちらと買い物に行ったかは記憶がないが、店員の記憶だけは残っているということを表している。

イ　店員と親とのやりとりの記憶は全くないのに、店員の性別だけが記憶にあるということを表している。

ウ　店員の年齢には無関心であっても、自分がわがままな言動で迷惑をかけてしまった記憶はあるということを表している。

エ　「こだま」を欲しがった行動は「私」の最初の自己主張であり、あらゆる記憶が鮮明だということを表している。

問二　空欄［A］～［C］に当てはまる表現として、最も適当なものを次の中からそれぞれ一つ選び、記号で答えなさい。ただし同じ記号は一回だけの使用とします。

ア　穏やかな　　イ　嫌悪の

ウ　なにげない　　エ　悪びれた

問三　傍線部②「わがままなんもしょがないね」という気持ちを表現した漢字二字の語を、文中から抜き出して答えなさい。

問四　傍線部③「ちがう」とは、どのようなことに対して「ちがう」と感じていますか。四十字以上五十字以内で説明しなさい。

問五　傍線部④「暗いなかで懐中電灯に照らされる玩具は皆、すさんで見える」とありますが、どういうことですか。説明として最も適当なものを次の中から一つ選び、記号で答えなさい。

ア　閉店時間を過ぎて真っ暗な店内の玩具は、間もなく消灯されることを恐れているかのように見えるということ。

イ　昼間とは異なり、子どものいない閉店後の店では、玩具も魅力的に見えないということ。

ウ　玩具が暗がりで懐中電灯に照らされると、美しいものでも不気味さを感じさせるように目に映るということ。

エ　「私」は乱暴に玩具を扱う子どもなので、その手に渡ったらひどい扱いになることが予期されているということ。

問六　傍線部⑤「『真実』になる」とは、どういうことですか。説明として最も適当なものを次の中から一つ選び、記号で答えなさい。

ア　わがままなひとりっ子の、わがままな行動であると認めざるを得なくなるということ。

イ　父と母に今後もわがままを聞いてもらえるということが確信できるということ。

ウ　他の家ではできない、夜に店に連れていってもらって店を開けるという願望が実現するということ。

エ　父や母に加えて店員たちに対しても、店を開けさせたという優越感を抱けるということ。

問七　傍線部⑥「幼児の感覚」とは、どういうことですか。説明として最も適当なものを次の中から一つ選び、記号で答えなさい。

ア　レジスター・カウンターの二人の女店員の年齢や外見の記憶がないということ。

イ　家族的な親しみのある「おねえさん」などの呼び方でしか、

「へえ、おおきに。さ、まり子。こだまが欲しいんやろ。どれや、こだまは」

どん。背中を押され、私は棚の前に立つ。④暗いなかで懐中電灯に照らされる玩具は皆、すさんで見える。どれがこだまなのか。それとももっとほかに欲しい玩具があるのか。考えられない。どうでもいい。

「こだまが欲しい言うてはりますんやな？」

「そうです。こだま、こだまて」

背後で店員と親の声がする。私はほそながい物をやみくもに摑んだ。電車だろうと。

「ええか、こだまや」

「こだまやな」

確認したいわけではなかった。確認すれば「こだまが欲しいと泣き叫んで要求した」ことが⑤「真実」になる。

＊

私は、こだまが欲しいわけではなかった。

それなのになぜ、こだまをねだったのか。その理由を親に明かすことは、年長《とした》けてもなかった。時が経ち、あの店のレジスター・カウンターにいた女の店員と同じくらいの年齢になった今も、ない。

いや、彼女たちは今の私よりももっと若かったのかもしれない。幼児の目には、小学校高学年ないし学校の制服を着ている中・高校生の「おねえさん」と、高校生以上の「おばさん」と、白髪になっていたり杖をついていたりする「おばあさん」にしか女性は分類されなかったから。男性も同様だった。

そして、あの女店員と男店員からすれば、つまり、⑥幼児の感覚ではなく成人の感覚からすれば、私を閉店直後の店に連れてきてこだま号を摑ませた親は、きっと私の「おじいさん」か「おばあさん」に見えたはずである。

私は父が四十四のときの子だった。職業軍人だった彼は遅く親となった。終戦を迎えても厳寒のシベリアに抑留されたままだったからである。母は、八人兄弟姉妹の次女で、ひとりだけ長く未婚だった。

玉音放送を古い家屋で聞き、わっと畳に泣き伏した母は、そんな時代でなければ一生未婚で苦痛ではない、それどころかそのほうが向いているような女であったのに、玉音放送を聞いて泣くように、女は必ず結婚するものだとそんな時代の教育を受けていた。

ふたりは共通の縁者により、ひどく遅い見合い結婚をした。

三歳十か月の私の目にも、ふたりの結婚は幸せそうには映らなかった。三歳十か月の者は、父と母に頼る。他の父と母を知らぬ。自分の父と母をして、父と母の平凡なすがただと思う。それでもなお、父と母は、ふたりいっしょにいるとき、べつべつにいるときよりも辛《つら》そうに見えるのは否めなかった。

父はすでに他界したが、⑦父の死後のほうが母は若々しくなった。

「戦争があったさかいなあ」

一度だけ、赤川さんが言ったことがある。

「戦争がなかったら、嬢ちゃんもっと……」

「もっと？」

促した私は、そのときは公立幼稚園に入園していた。山のふもとではなく、引っ越してまもない新しい家に赤川さんが米を持って来て帰るさいのことだった。

「嬢ちゃんはもっと……もっと父さん母さんも……」

赤川さんは言い澱《よど》んだ。

「……いや……なんちゅうか、もっと……ちがうようになったたったやろ」

なんやのん、それ。とは私は赤川さんに言わなかった。赤川さんの不明瞭な答えが妙なものに感じなかったからである。だから私は口にした。

「こだまが欲しかったわけやないねん」

山のふもとの一軒家である自宅周辺は日没とともに真っ暗になる。そのため〈真夜中に店のシャッターを開けさせた〉と長いあいだ感じていたが、店周辺の明かりのちらつきを、今もう一度思い出してみると、午後七時をまわったころだったはずである。閉店時刻になり、店員がシャッターをがらがらとおろしきる直前、最後にシャッターの下を店員がくぐろうとする、そんなときに私の親は、店員に声をかけたのだ。

「すんません。ちょっと入らしてもらえませんやろか。もう、この子が電車を買えとぐずついてなりませんのや。ほんまにもうどうにもならんので、すんませんけど、ちょっと入らしてやって。すぐに、すませますさかい」

店員にこう言ったことまでおぼえているのに、男声だったのか女声だったのかの記憶がない。私に食品をはじめとする物品を与えるもの、すなわち親、の声としかおぼえていないのである。

「ああ、よろしおすえ。どうぞ、ここから。頭、気ィつけてくださいや。シャッターがここまで来てますさかいな」

店員はシャッターを引く鉄のかぎ棒をはずし、片手を店内に向けて親を導いた。①店員の性別はおぼえている。男だ。

「すんません。さ、まり子」

自転車の荷台にすわった私の脇の下へ手が入り、私は荷台から下ろされた。

親が自転車をとめたときから、私は店員の顔ばかりを見ていた。顔だちではない。顔色を。

声をかけられてシャッターおろしの作業をとめた顔は［A］色。私の親の要求を理解したときはやわらかな色。そしてあらためて私を見たときの、その一瞬の、［B］色。わがままな子なのだと見る険しい目。やがてそれはすぐに［C］色に変わる。私の小さな肉体は、彼にわがままを許させた。

「いくつや？」

彼は大人が必ず幼児にする質問をした。

「さんさいじゅっかげつ」

訊《き》かれたらそう言えと教えられているとおりに私は答えた。

「いやあ、利発な子たちや。そうか、三歳十か月か」

店員の顔はさらにおだやかな色になった。

彼は親となにか短く話したあと、さきだって店内に入った。つづいて親、私。店内は、シャッター付近は暗かったが、レジスターのあるカウンターあたりの蛍光灯はついており、そこに店員がふたりいた。女。おばさん。

ふたりは怪訝《けげん》な顔色で、親と私を見た。男の店員が彼女たちになにかを話した。ふたりの顔から怪訝な色がなくなり、かわって諦念の色が浮かんだ。それは私にしじゅう向けられる色である。

ふたりの女の前を通り過ぎて階段をのぼるさい、「そうかあ、かわいかわいのひとりっ子さんなんやね」といったような、もう何回も何回も聞いたことのあるつぶやきを私は耳にした。

ふたりのうちひとりが、

「②わがままなんもしょがないね。まだ小さいんやしね」

と言うと、階段をのぼりかけていた親が、

「へえ、ほんまに。すぐにすませますさかい」

と顔を下に向ける。

③ちがう。私は明確に思うのだが、説明できない。ちがうことをしている居心地の悪さに、階段をのぼる足の感覚がなくなってゆく。考えられなくなってゆく。

「早《は》よ、しい」

親にぐいと手を引かれ、のぼりきった所は真っ暗だった。

「二階はもうでんと《電灯》、消してしまいましてん。これで」

男の店員の衣ずれの音がかしゃかしゃと聞こえ、かちりという音が聞こえ、ぽっと円形に物品や棚が見えた。

「懐中電灯、持ってますさかい、選んでください」

光の円形が移動し、それに親と私はついてゆく。

「ここの棚がおもちゃですわ」

問六　傍線部⑤「色合いをつけるフィルターにもなる」とありますが、どういうことですか。説明として最も適当なものを次の中から一つ選び、記号で答えなさい。

ア　初期条件の与える印象によって、外部の信念をまっすぐに受け取ることができないということ。

イ　初期条件が、外部から取り入れる信念を識別する機能を果たすということ。

ウ　私たちは初期条件に依存しているため、その条件が関係ない信念にも無意識に影響するということ。

エ　私たちが外部の信念に出会ったとき、初期条件が解釈や判断に影響するということ。

問七　傍線部⑥「人という単位が…与えていく」とありますが、これと同様の内容を述べた箇所を文中から四十二字で探し、初めの五字を答えなさい。

問八　空欄 X に当てはまる語として最も適当なものを次の中から一つ選び、記号で答えなさい。

ア　思想　　イ　個性　　ウ　情報　　エ　影響

問九　この文章には、次の一文が抜けています。文中の【Ⅰ】～【Ⅳ】から最もよく当てはまる箇所を探し、番号で答えなさい。

そしてそういった身体的なものだけではなく、性格などにもある程度の影響を与えると考えていいでしょう。

問十　本文の内容と**一致しない**ものを次の中から一つ選び、記号で答えなさい。

ア　私たちが外部の信念に出会うのは生まれた後のことだが、その信念は生まれる前の出来事である場合もある。

イ　人間が他人を評価する場合、人それぞれのやり方で複数の特徴を互いに関連付けることがある。

ウ　信念のネットワークが次第に複雑化することによって、社会状況の変化がもたらされる。

エ　信念を手放しても自分の持つ信念の合計数が一つ減るとは限らず、その過去が新たな信念となることがある。

二

次の文章を読んで、後の問いに答えなさい。

以下の文章は、新幹線の開通する前の大阪を舞台としている小説の、冒頭の場面である。

まっくらな中、店の棚から私は電車を掴《つか》んだ。

「これで気ィすんだかいな。こだまやで」

背後から大人の声がする。

「こだまやな。これがこだまやな」

私はふりかえり、車体の名称を確認する。

「そや、こだま号や」

答えた大人の表情は暗くて見えない。玩具《がんぐ》の車体だけが懐中電灯に照らされている。こだまといえば、卵豆腐色《たまごどうふいろ》の車体に赤い窓枠の特急だった時代のことである。

こだまが欲しい。こだまが欲しい。こだま買《こ》うて。夜に叫んでそうねだったのは、決してこだまが欲しいわけではなかった。

わがまま。ひとりっ子の私に、後年もずっと接着剤で貼《は》られたこのレッテルが、正しいかどうか自分にはわからない。人はおしなべて各人のこだわる事柄に関してはわがままだともいえるし、ある特定の人間――たとえばひとりっ子のような――だけがわがままだともいえる。

だが少なくとも、夜中にこだま号を買いに行ったことに関しては、こだわったのでも我を通そうとしたのでもない。

「おおさかちぇんならまだ開いたるかもしれん」

父が言い、そこへ夜道、自転車で行くことになった。私を荷台に乗せて店まで連れて行き、店員に交渉したのも父だったのかは記憶にない。店へ行ったのは母だったのだろうか。ふた親そろっての夜道でなかったことだけはたしかだ。

これまで書いてきたことは、eたんなる初期状態だけではなく、そのほとんどが私たちが成長していくうえで、影響し続けるものです。もっとも、初期状態として与えられたものがいつも同じものだということはないでしょう。家庭の経済状況、私たちの身体や知的能力、教育者の思想、そういったものは絶えず変化していくものです。そして、私たちが成長していく中で、私たちは初期状態とは言えないような多くのものに出会います。行動範囲の拡大にともなう新しいものや人との出会いといった身近なものだけではなく、社会状況の変化、つまり、世界の細かな変化、そういったものと出会う中で、今まで知らなかった多くのことを学び、取り入れていきます。そして、私たちの信念のネットワーク自体が、どんどんと変化し、複雑になり、いわば拡大していくのです。中には放棄される信念もあるかもしれません。しかし、かつてある信念をもっていたけれども、それをもつのをやめたということが、私の歴史という新たな信念を作るように、それぞれの信念はたんなる足し算や引き算でできているものではありません。そして、拡大する私の信念のネットワークが、つまりひとつのローカル・ネットワークが、よりグローバルなネットワークへと影響を及ぼしていくということも普通にあるのです。

それは、私だけではなく、別の人にも言えることでしょう。つまり、⑥人という単位が、それぞれにローカル・ネットワークをもち、まわりから影響を受けつつ、そのネットワークを成長させながら、またまわりに影響を与えていくわけです。それぞれのネットワークの成り立ちは、おそらくひとつのものとして同じものはないでしょう。それこそ、私たち一人一人が［ X ］をもつと言われるものだと私は思います。

（戸田剛文『世界について』による）

問一　傍線部①「世界は信念のネットワークであり」とありますが、筆者の考えの説明として適当なものを次の中から**二つ**選び、記号で答えなさい。

ア　信念とは、その人が信じているものだけを指すので、噂や勘は含まない。

イ　信念とは、その人が感じたこと、知っていることを指す。

ウ　信念とは、自分が認識していないことでも、他者の頭の中に存在していれば、自分のものであると言える。

エ　ネットワークは、世界の多くの人や物と出会うことで得た信念で形成される。

オ　ネットワークは、信念を外部から取り入れて形成されるので、高齢の人間ほど複雑なネットワークを持っている。

カ　ネットワークは、信念を外部から取り入れて形成されるので、他者の意見を拒否している限り拡大しない。

問二　傍線部②「初期条件」に**当てはまらないもの**を次の中から一つ選び、記号で答えなさい。

ア　両親の血液型

イ　生まれ育った地域に伝わる風習

ウ　養育者の交友関係

エ　語学留学先の環境

問三　傍線部③「カエルの子はカエルだったり、トンビがタカを産んだり、その逆もまたしかり……」とありますが、これはどのようなことをたとえた表現ですか。「初期条件」という言葉を用いて、二十五字以上三十五字以内で答えなさい。

問四　傍線部a～eから同じ品詞の言葉を**二つ**選び、記号で答えなさい。

問五　傍線部④「したたかさ」とありますが、この言葉の本文中での意味として、最も適当なものを次の中から一つ選び、記号で答えなさい。

ア　計算高いさま。

イ　困難に屈しないさま。

ウ　鍛練を欠かさないさま。

エ　機転が利くさま。

しかり……。

今、おおざっぱに知的能力と性格というふうに分けましたが、ほかにもこういったものはあると思われます。私たちが感性とか言ったりするもの、芸術的な素質とかいうものもあるでしょう。そして、こういったものは、別に独立したものだというわけではないでしょう。すでに述べた身体的な特徴などと合わせて、それぞれに影響を与えあうと考えたほうがいいものです。実際に、私たちはこれらのものをいろんな仕方で結びつけた話し方をします。例えば、男前な人がいた場合に、男前だから、まわりにちやほやされて性格がわるいとか、逆に、あいつは男前だから、まわりにいじめられたりしたことがないから、いいやつだとかそういったことが考えられます（もっとも、後者の場合は、そうだとしてもわざわざ口にしたくないようなものですが……私はひねくれものなのです）。【Ⅳ】

身体的・心理的なもの以外にも、私たちがどのような人から生まれたのかということは、aいろいろな影響を私たちに及ぼすでしょう。両親がどのような国で生まれたのか、そしてどのような国で私を生んだのかということも重要な要素です。日本で生まれたから両親も日本人だとはまったくかぎりませんしね。場合によっては、さらに小さい地域にそれは区分することができるかもしれません。東北地方だとか、関西地方だとか、九州地方だとか、そういったこともまた、私の成長に違いをもたらすでしょう。

ほかにも、重要な要因はたくさんあります。

今の日本を見てもわかるように、両親の経済的要素は私の成長にかなり大きな影響を与えるでしょう。両親に経済力がbあることによって、恵まれた教育をうけることができるかもしれません。授業料の高い塾などに行って、進学率の高い私立の中学や高校に行けるかもしれません。お金持ちなら成績が良くなるというのは幻想だと思っていたのですが、cやはり偏差値が高い学校と言われるところの生徒の親の所得はだいたい高い傾向にあるようです。ですが、自分の家が貧しいのだと自覚することによって、強い闘志、この場合、ハングリー精神と、お金をかけずにいかに工夫して勉強するのかという④したたかさが身につき、さらにそれを利用して勉強もできるようになるかもしれません。逆に家がお金持ちだったために、ついつい甘やかされて勉強しなくなるということもあるかもしれません。また、お金がないので、そもそも勉強する機会があまりなく、その素質を十分に開花させることができないということもあるでしょう。

初めに書いたいわゆる遺伝的な要素以外のことについて、両親だけを取り上げる必要はないでしょう。場合によっては事情によって、両親と一緒に暮《くら》すことのできない人たちもたくさんいるからです。ですから、誰から生まれたかということよりも、どのような環境で育ったかというべきでしょう。

生活する環境として今、経済的なものを取り上げましたが、ほかにも、信仰にかかわるもの、つまり、まわりにどのような信仰をもっている人がいるのかということも重要な要因となるでしょう。場合によっては、あるかなり極端な信仰をもつ人々がいる環境（もちろんそのひとつの例が家庭なのですが）で育つことによって、dある特定の考えをもち、それによって別の考えを拒否するということもあるかもしれません。例えば、すでに取り上げた進化論を受け入れるかどうかということなどは、この事例にあてはまると言えるでしょう。日本では少ないかもしれませんが、キリスト教の教えを強く信じることによって、人が動物から進化してできてきたのだということを認めないということが実際に起こるわけです。

こういった要因は今まで取り上げたもの以外にもたくさん考えられるでしょうし、それらをすべてあげていく必要はないでしょう。両親をはじめとして、養育者の職業、信条、交友関係、それが比較的に初期の条件として与えられるのです。そして、そのような条件下で、私たちは自分の信念のネットワークを形成していくのです。それらは、それら自体が私たちに信念を与えるみなもとになるでしょうし、またそれに直接かかわっていない信念を私たちが受け取ったときに、それに⑤色合いをつけるフィルターにもなるのです。

二〇二〇年度 獨協埼玉高等学校（第二回）

【国　語】（五〇分）〈満点：一〇〇点〉

一　次の文章を読んで、後の問いに答えなさい。

①世界は信念のネットワークであり、「私」という領域もまた、その中の一部であり、それ自体ひとつのローカルなネットワークを作っています。そして、それはあなたを含めたほかの多くの人もそうです。私は、世界にいる多くの人や物から多くの（たぶん）ものを学び、いろいろな信念をもっています。京都駅の北には京都タワーがあるとか、ウィンドウズ7はビスタよりも快適になったとか、はたまた豊田さんは甘い物が好きらしいとか。これらの信念は、事実だと言われるものもあれば、たんに私がそう思っているだけだと言われるものもあり、いろいろです。また、現代という時間的区分に属しているものもあれば、過去についてのもの、未来についてのものなどいろいろです。ですが、私が生まれてすぐのときには、おそらくほとんどなにも信念らしきものをもってはいないと思います。そのときは、私はほとんどネットワークと言えるようなものをもっていません。それでも私たちは成長するにしたがっていろいろな信念を外部から取り入れるうちにそのネットワークを複雑なものにしていきます。そしてそのネットワークは、私たちがどのような経験をするかによって、違う広がりを見せることになります。

　私たちが成長していく過程で、どのようなものが影響を与えているかということを考えてみましょう。

　先ほど言ったように、どのような経験を積むかということは、もちろん一つの大きな要因です。でも、それだけでないのは言うまでもないでしょう。誰から生まれたのか、どのような家庭で育ったのかということも、私たちの成長に大きな影響を与えるでしょう。どのような親から生まれたのかということは、まず遺伝的な影響を私たちに与えます。体や顔の特徴、健康的要因などの生物学的な基本的特徴が与えられています。【Ⅰ】人間の場合、いろいろな要因がかなり複雑に絡み合っているため性格などはあまり目立たない場合もあるでしょうが、犬などの場合、よく、犬の図鑑などを見てみても、犬種による性格の違いが書いてあることがあります。勇敢《ゆうかん》な犬種、気性の激しい犬種、穏やかな性格の犬種などといった具合です。こういったことは、性格が作られるうえで、遺伝的要因が無関係ではないことを示している一例です。

　今私たちの多くの人々にとってなじみのある進化論の考え方を使えば、こういったいろいろな動物にあてはまることは、私たちにもあてはまるだろうと考えられるでしょう。つまり、私たちが誰から生まれたかということは、私たちがどのような私になるのかということの②初期条件とでも言えるようなものを決定すると考えられるわけです。【Ⅱ】

　それじゃあ、僕が今臆病《おくびょう》なのは親のせいなのか！　と思う人がいるかもしれません。ですが、そうだという必要はもちろんありません。私たちは、生まれてからすぐに、いろいろな教育をうけ、いろいろな経験をし、いろいろな人たちと出会います。その過程で、私たちはいろいろな考え、感情をもち、そして私の性格が作られていくのです。もっとも、先ほど言った初期条件は私たちが思っている以上に強い影響力をもっているという考えもあります。ただしそれがすべてを決定するわけではありません。

　どのような親から生まれるのかということは、性格だけではなく、私たちが知的能力と言ったりするようなものにも影響を与えるでしょう。ですが、それも先ほど言ったことと同じことが言えると思われます。【Ⅲ】そしてここで言っているようなことは、特に私が書かなくても、当たり前のように私たちが思っていることだと言ってもいいでしょう（実際のところ、私がこの本で書いていることのほとんどは、たんに当たり前なことだとも言えるのですが）。③カエルの子はカエルだったり、トンビがタカを産んだり、その逆もまた

2020年度／獨協埼玉高等学校（第２回）

英語解答

1 Part１　１…(C)　２…(A)　３…(C)
４…(B)　５…(A)
Part２　１　Taylor　２　Dover
３　5972　４　Animal
５　Two〔２〕
Part３　１…(F)　２…(A)　３…(C)
４…(B)　５…(H)

2 １　vacation　２　museum
３　birthday　４　date
５　breakfast

3 １　keep in touch
２　different from
３　be late for
４　important for us
５　take off

4 １　イ　２　ウ　３　エ　４　ア
５　イ

5 １　A cup of coffee will make you feel better
２　The child will be taken care of by the nurse
３　I would like you to marry that person
４　I haven't heard from him for two years
５　She ran fast enough to catch the bus
６　The street leading to the station was full of cars

6 問１　イ
問２　A…ウ　B…エ　C…ア
問３　ア　問４　点字　問５　ウ

7 問１　エ　問２　ア　問３　エ
問４　イ　問５　ウ　問６　ア
問７　イ　問８　イ

1〔放送問題〕放送文未公表

2〔対話文完成─適語補充〕

１．A：この冬の予定はありますか？／B：はい。北海道に行く予定です。私はさっぽろ雪まつりを訪問するのを楽しみにしています。／A：それはいいですね。／B：毎冬，200万人を超える人々がそれを訪れるんですよ。／A：へえ。すてきな冬休みを過ごしてください。∥Bは冬に旅行する予定だと言っているので，Aはすてきな winter vacation「冬休み」を過ごしてくれと伝えたのだとわかる。

２．A：私の息子は自然史にとても興味があるんです。／B：彼を博物館に連れていってはどうでしょう？　恐竜が展示されていますよ。∥恐竜が展示されている場所に連れていくのだから，museum「博物館」が適切。

３．A：お母さんの誕生日に何を買ったらいいかわからないの。／B：彼女は何歳になるの？∥Aは母に買う物を悩んでおり，Bは彼女の年齢を尋ねているのだから，birthday「誕生日」の贈り物が話題になっているとわかる。

４．A：彼らは何日に夕食に来るのですか？／B：１月27日に来ます。∥Bの答えから，Aは date「日づけ」を尋ねたのだとわかる。

５．A：あなたは朝食に何を食べますか？／B：私はふだん毎朝シリアルを食べます。∥毎朝食べているものを答えているので，breakfast「朝食」が適切。

3〔和文英訳─部分記述〕

1．「連絡を取り合う」は keep in touch で表せる。

2．「～と異なる」は be different from ～ で表せる。

3．「～に遅れる」は be late for ～ で表せる。

4．「〈人〉が～することは…だ」は‘it is … for＋人＋to ～’で表せる。

5．「～を脱ぐ」は take off ～ で表せる。

4〔対話文完成―適文選択〕

≪全訳≫❶A：キャシーのドレス，見た？❷B：いや。$_{1}$どうだったの？❸A：すごくひどいと思った。彼女は２つのドレスで迷っていて，どちらもひどかったのよ。❹B：$_{2}$それじゃ，彼女にどうしてそう言わなかったの？❺A：ただ言えなかっただけ。キャシーはパーティーのことでとても興奮してて，彼女が選べるドレスは50着あったのよ。❻B：$_{3}$彼女はそれを全部試着したってこと？❼A：そういうこと。それで，私にその２着のどっちの方が好きかって尋ねたのよ。❽B：どっちの方がいいって言ったの？❾A：紫色の方が似合ってるって言ったわ。

1．直後でAは「ひどかった」と答えているので，How ～「どのような～，どんなふうに～」で感想を尋ねたのだとわかる。　2．ただできなかっただけだというAの言葉は，何かをしなかったことの理由になっていると判断できる。　3．この問いかけに対してAは，彼女はそうしたと答えている。「そう」はドレスを全部試着したことを指している。

≪全訳≫❶A：君のおばさんにお花を買っていこう。❷B：いいね。$_{4}$バラの方がチューリップよりもいいと思う？❸A：うーん，チューリップが彼女のお気に入りだと思う。❹B：わかった。駅の近くの花屋でそれを買おう。❺A：$_{5}$そこまで歩いてどのくらいかかる？❻B：30分くらいだよ。❼A：あまり時間がないね。❽B：そうだね。バスに乗ろう。

4．直後でおばさんのお気に入りの花はチューリップだと答えているので，バラとチューリップを比べたのだとわかる。　5．直後のBの答えは，所要時間だと判断できる。How long does it take to ～ で「～するのにどれくらい(時間が)かかるか」。

5〔整序結合〕

1．語群に make と feel があるので，‘make＋目的語＋動詞の原形’「～に〔を〕…させる」を用いる。すると，「１杯のコーヒーがあなたをよりよい気分にさせるだろう」と読み換えられるので，A cup of coffee を主語として will make 以下を続ければよい。

2．「～の世話をする」は take care of ～。語群に be や by「～によって」があるので，be taken care of「世話される」の受け身形で「その子どもは看護師によって世話される」という文をつくればよい。take care of はひとまとまりで「～の世話をする」なので of の後ろに by がくる。

3．「〈人〉に～してほしいと思っている」は‘would like＋人＋to ～’で表せる。

4．「〈人〉から便りがある」は hear from ～。「２年間便りがない」なので，‘継続’の現在完了(have/has＋過去分詞)の否定形を用いる。「２年間」は for two years。

5．語群に enough「十分な〔に〕」があることから，「彼女はそのバスに乗れるほど十分に速く走った」と読み換えられる。「～するほど十分に…」は‘… enough to ～’で表せる。「バスに乗る」は catch the bus。

6．「～でいっぱいだ」は be full of ～ で表せる。the street「道路」が leading to the station「駅に通じる」で修飾されているので，the street の後に leading to the station を置く(現在分詞の形容詞的用法)。

6〔長文読解総合─伝記〕

≪全訳≫❶ルイ・ブライユは1809年にフランスの田舎の小さな家で生まれた。父親は馬具をつくっていた。ルイは彼の仕事を手伝うのが好きだった。ある日，ルイは父親をまねて道具を使った。手が滑って，その道具が彼の顔にぶつかった。❷この事故のせいで，ルイは視力を失った。彼は盲学校に通った。ルイはとても賢く，学校でとてもよくできたが，目が見えなかったせいで何かができないとすぐに怒った。卒業後，彼は目の見えない子どもたちを教え始めた。彼は，目の見えない人たちはおろかでもないし，鈍くもないことを人々に理解してもらいたかった。❸「私たちは人々に哀れだと感じてもらう必要はないのです」と彼は言った。「人々は私たちを同等に扱わなければなりません」❹ルイはナイトライティングのことを知った。兵士は戦場で声を出さずにメッセージを送った。兵士は声を出して言う代わりにメッセージを書き，指で感じられる盛り上がった点やダッシュを使っていたのだ。❺ルイは思いついた。彼はフランス軍の兵士が使ったのと同じアイデアを使った。彼は紙に小さな点をつけ始めた。人々はそれらを使って文字や数字を簡単に読むことができた。このシステムは点字と呼ばれている。それは書くのも読むのもとても簡単で，本の中で使うのも簡単だった。❻今では世界中の目の見えない人たちが点字を使っている。有名な音楽家も点字を使って楽譜を読めるようになった。それを使った新しい本も出版され，それはお店のレジや信号機にもつけられている。ルイ・ブライユのおかげで，目の見えない人たちには他の人々と同じように生きる自由ができたのである。

問１＜英文解釈＞lose one's eyesight で「視力を失う」という意味なので，イ.「ルイには何も見えなかった」が適切。

問２＜適語選択＞A．直後に did very well at school「学校でとてもよくできた」とあるので，smart「賢い」が適切。　B．not 〜 or … で「〜でも…でもない」を表せる。stupid と並べる語として，slow「鈍い」が適切。　C．直後で，ルイは目の見えない人を同等に扱わなければならないと主張しているのだから，目の見えない人も人々に自分を sorry「哀れだ」と感じてもらう必要はない，とすると自然な流れになる。

問３＜語句解釈＞night writing については直後で，兵士が戦場で声を出さずにメッセージを送る方法だと説明されている。これに合う説明はア.「兵士は戦場でお互いにコミュニケーションをとるためにそれを使った」である。

問４＜要旨把握＞第５段落ではそのシステムを，紙の上の小さな点のことで，文字や数字を簡単に読めるものだと説明している。これは「点字」を指している。

問５＜内容真偽＞ア.「目の見えない人たちはルイがつくったシステムで読むことができるが，それを使って書くことはできない」…×　第５段落最終文参照。簡単に書けたとある。　イ.「ルイは父親のようになりたかったので教師になった」…×　第１段落第２文参照。　ウ.「ルイがつくったシステムは世界中の目の見えない人たちを助けてきた」…○　最終段落第１文参照。　エ.「ルイはそのシステムをつくり，本の中でそれについて書き，裕福になった」…×　このような記述はない。

7〔長文読解─内容一致─説明文〕

≪全訳≫❶トップロック，ダウンロック，パワームーブ，フリーズはブレイクダンスの４つの主要な動きだ──それはひざや手，頭で回るような技を使ったストリートダンスの一種だ。まもなく，それはオリンピックに登場するかもしれない。2024年のパリオリンピックの組織運営者は，そのスポーツにオリンピック大会をもっと現代的かつ芸術的にしてほしいと思っている。ブレイクダンスはすでに2018年，アルゼンチンで開かれたユースオリンピック大会に登場し，そこの観客に非常に人気があった。しかし，ブレイクダンスには独自の文化と歴史があるというファンもいる。それはオリンピックにはなじまない。それは危険でもある。ブレイクダンスはオリンピック種目になるべきなのだろうか。❷ブレイクダンスは世界中で人気がある。多くの人が参加したり観戦したりして楽しんでいる。ブレイクダンスを知らない人々に向けて，オリンピックでそれを披露することは，それを知らしめるのに完璧な場所となる。そのうえ，オリンピック大会はもっと現代的になる必要がある。ブレイクダンスは，協調，創造性，技術そして多くの練習を必要とする難しい競技スポーツだ。若者たちが，楽しいことをやりながら体を鍛えるのに優れた方法だ。特別なクラブの会員になったり，高価な装備を持ったりする必要はないし，ほとんどどこででも誰にでもできる。そんなわけで，ブレイクダンスはオリンピックのような行事には最適のスポーツであり，世界中の何百万もの人たちに披露されている。❸一方で，それはオリンピックには向かないと思っている人もいる。ストリートダンスには特別な文化や歴史があるし，競技大会はたいていそれをどう演じるべきかを理解しているブレイクダンス界の人たちによって運営されている。オリンピックの審判はそのことについて十分にわかっていないかもしれない。ブレイクダンスは危険になりかねない。たくさんの人がその動きをやろうとしてけがをする。もしそれがオリンピック大会の一部としてテレビで放映されれば，視聴者は，正確なやり方を理解せずに挑戦したりまねしたりするかもしれない。オリンピックではごく少数のスポーツだけが認められている。もしブレイクダンスが含まれた場合，スカッシュや空手のようなスポーツが選ばれなくなってしまうかもしれない。

問１．「2024年のパリオリンピックの組織運営者はブレイクダンスをオリンピックの公式種目の１つにしたいと思っている。なぜならば(　　)」―エ．「彼らはオリンピックのスタイルを変えたいと思っているからだ」　第１段落第３文参照。オリンピックをより現代的かつ芸術的にしたいという組織運営者の希望が述べられている。

問２．「ブレイクダンスはオリンピックにはなじまないと考える人もいる。なぜならば(　　)」―ア．「それには独自の文化と歴史があるからだ」　第１段落終わりから３，４文目参照。

問３．「もしブレイクダンスがオリンピック種目に含まれると，(　　)」―エ．「それは多くの人がブレイクダンスとは何かを理解するのに最適な場所になるだろう」　第２段落第３文参照。

問４．「あなたがブレイクダンスをやりたければ，(　　)」―イ．「骨を折らないように注意すべきだ」　第３段落第４，５文参照。ブレイクダンスは危険で，けが人が多く出ると述べられている。

問５．「ブレイクダンスはオリンピックには向かないと考える人がいる。なぜならば(　　)」―ウ．「審判が得点のつけ方を理解するのが難しいからだ」　第３段落第１～３文参照。

問６．「もしブレイクダンスがオリンピック種目に含まれると，危険かもしれない。なぜならば(　　)」―ア．「動きをまねする人がいて，事故につながるかもしれないからだ」　第３段落第４～６文参照。

問７．「『もしブレイクダンスが含まれた場合，スカッシュや空手のようなスポーツが選ばれなくなってしまうかもしれない』という文の後，次の文は(　　)となるはずだ」―イ．「それは他の競技の選手に公平ではなくなる」　ブレイクダンスの代わりに選外になる種目が出た場合，その種目の競技者には不公平感が生じると考えられる。

問８．「この話の最適な題名は(　　)だ」―イ．「『ブレイクダンスはオリンピックのスポーツになるべきか』」　本文ではブレイクダンスをオリンピック種目にすることの是非が論じられているので，第１段落最終文を見出しにしたイが適切。

2020年度／獨協埼玉高等学校(第２回)

数学解答

1 (1) $\dfrac{7x-2y}{6}$　(2) $x=0,\ 11$
(3) $2(a-5)(a+1)$
(4) $x=\dfrac{1}{3},\ y=\dfrac{1}{2}$
(5) $y=-\dfrac{1}{2}x-\dfrac{5}{12}$　(6) $5x-6y$
(7) 20個　(8) 46°
(9) ① $64\pi\text{cm}^3$　② $72\pi+48\text{cm}^2$

2 (1) ②，⑤　(2) ②，⑤
(3) ① $\dfrac{1}{12}$　② $\dfrac{5}{12}$

3 (1) $0\leqq y\leqq 16a$　(2) $y=2ax+8a$
(3) 2

4 (1) 60°　(2) 1　(3) $\dfrac{35}{3}\pi\text{cm}^2$

1〔独立小問集合題〕

(1)＜式の計算＞与式$=\dfrac{3(3x-4y)-2(x-5y)}{6}=\dfrac{9x-12y-2x+10y}{6}=\dfrac{7x-2y}{6}$

(2)＜二次方程式＞$x^2-11x=0,\ x(x-11)=0$　$\therefore x=0,\ 11$

(3)＜因数分解＞与式$=2(a^2-4a-5)=2(a-5)(a+1)$

(4)＜連立方程式＞$x+y=\dfrac{5}{6}$……①，$x:y=2:3$……②とする。②より，$2y=3x$，$y=\dfrac{3}{2}x$……②′　②′を①に代入して，$x+\dfrac{3}{2}x=\dfrac{5}{6}$，$\dfrac{5}{2}x=\dfrac{5}{6}$　$\therefore x=\dfrac{1}{3}$　これを②′に代入して，$y=\dfrac{3}{2}\times\dfrac{1}{3}$　$\therefore y=\dfrac{1}{2}$

(5)＜関数―直線の式＞平行な２直線の傾きは等しいから，直線$y=-\dfrac{1}{2}x+3$に平行な直線の式は$y=-\dfrac{1}{2}x+b$とおける。点$\left(-\dfrac{3}{2},\ \dfrac{1}{3}\right)$を通るから，$\dfrac{1}{3}=-\dfrac{1}{2}\times\left(-\dfrac{3}{2}\right)+b$，$b=-\dfrac{5}{12}$となる。よって，求める直線の式は$y=-\dfrac{1}{2}x-\dfrac{5}{12}$である。

(6)＜式の計算＞$5(A-B)-3(A-2B)=5A-5B-3A+6B=2A+B=2(2x-y)+(x-4y)=4x-2y+x-4y=5x-6y$

(7)＜場合の数＞円周上の６点Ａ，Ｂ，Ｃ，Ｄ，Ｅ，Ｆの中からどのように３点を選んでも，その３点を頂点とする三角形は必ずできる。６点の中から３点を順番に選ぶとすると，１つ目は６通り，２つ目は５通り，３つ目は４通りより，３点の選び方は$6\times5\times4=120$(通り)となるが，この中には，例えば，３点Ａ，Ｂ，Ｃを選ぶ場合が(１つ目，２つ目，３つ目)＝(Ａ，Ｂ，Ｃ)，(Ａ，Ｃ，Ｂ)，(Ｂ，Ａ，Ｃ)，(Ｂ，Ｃ，Ａ)，(Ｃ，Ａ，Ｂ)，(Ｃ，Ｂ，Ａ)のように６通り含まれている。ほかの３点を選ぶ場合についても同じ選び方が６通りずつ含まれている。よって，６点の中から３点を選ぶ選び方は$120\div6=20$(通り)となるので，三角形は20個できる。

(8)＜図形―角度＞右図１のように，点Ａ～点Ｆを定め，点Ｂと点Ｅを結ぶ。$\overset{\frown}{\text{AB}}$に対する円周角より，$\angle\text{AEB}=\angle\text{AFB}=29^\circ$だから，$\angle\text{BEC}=75^\circ-29^\circ=46^\circ$となる。よって，$\overset{\frown}{\text{BC}}$に対する円周角より，$\angle x=\angle\text{BEC}=46^\circ$となる。

図１

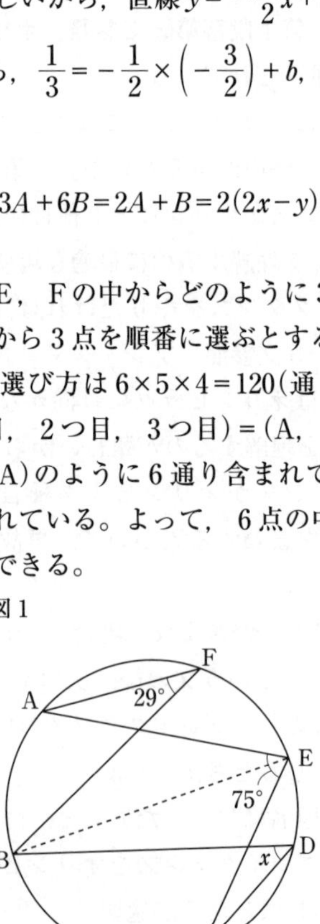

図２

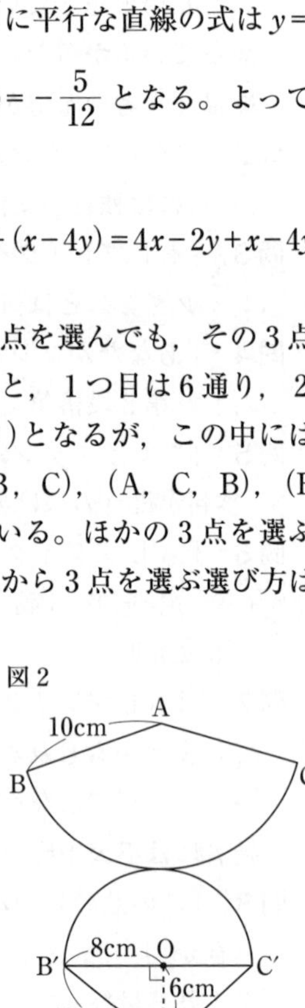

(9)＜図形―体積，面積＞①底面の半径８cm，高さ６cmの円錐を２等分した立体だから，

体積は，$\frac{1}{3}\times\pi\times8^2\times6\div2=64\pi\,(\mathrm{cm}^3)$である。　②立体を展開すると，前ページの図2のようになる。図2のように，各点を定める。おうぎ形ABCの$\overset{\frown}{\mathrm{BC}}$の長さは半円の$\overset{\frown}{\mathrm{B'C'}}$の長さと等しいから，$\overset{\frown}{\mathrm{BC}}=\overset{\frown}{\mathrm{B'C'}}=2\pi\times8\times\frac{1}{2}=8\pi$である。これより，$\overset{\frown}{\mathrm{BC}}$の長さは，半径10cmの円の周の$\frac{8\pi}{2\pi\times10}=\frac{2}{5}$だから，おうぎ形ABCの面積は$\pi\times10^2\times\frac{2}{5}=40\pi$となる。半円の面積は$\pi\times8^2\times\frac{1}{2}=32\pi$，$\triangle\mathrm{A'B'C'}=\frac{1}{2}\times\mathrm{B'C'}\times\mathrm{A'O}=\frac{1}{2}\times(8\times2)\times6=48$だから，求める表面積は$40\pi+32\pi+48=72\pi+48\,(\mathrm{cm}^2)$となる。

2〔独立小問集合題〕

(1)＜**図形—平行四辺形になるための条件**＞①∠A＝∠C，∠B＝∠Dがいえないので，常に平行四辺形になるとはいえない。　②$\mathrm{OA}=\frac{1}{2}\mathrm{AC}$，$\mathrm{OB}=\frac{1}{2}\mathrm{BD}$より，点Oは対角線AC，BDの中点である。対角線がそれぞれの中点で交わるから，平行四辺形である。　③右図1のような台形が考えられる。　④対角線AC，BDがそれぞれの中点で交わることがいえないので，常に平行四辺形になるとはいえない。　⑤1組の対辺が平行でその長さが等しいから，平行四辺形である。

図1

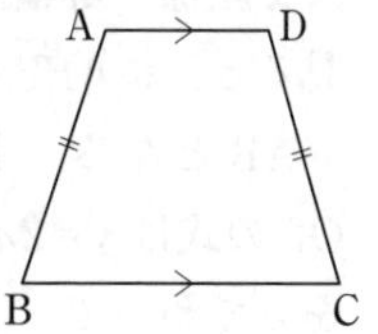

(2)＜**図形—切り口**＞右図2のように，3点D，E，Fを定める。辺BCを含む平面が辺ADと交わるとき，辺ADとの交点をPとすると，切り口は△PBCとなる。AB＝AC，AP＝AP，∠PAB＝∠PAC＝90°より，△PAB≡△PACだから，△PBCはPB＝PCの二等辺三角形である。また，辺DE，辺DFと交わるとき，その交点をそれぞれQ，Rとすると，切り口は四角形QRCBとなる。〔面DEF〕∥〔面ABC〕より，QR∥BCとなるから，四角形QRCBは台形である。

図2

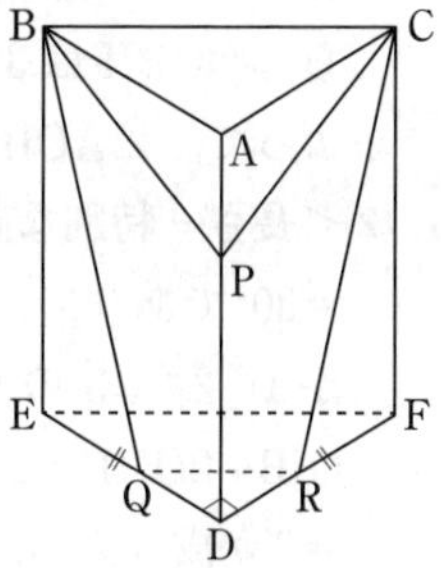

(3)＜**確率**＞①大小2つのさいころを1回ずつ投げるとき，それぞれ6通りの目の出方があるから，目の出方は全部で6×6＝36(通り)あり，a，bの組は36通りある。このうち，直線$y=\frac{b}{a}x$がA(3, 6)を通るのは，$6=\frac{b}{a}\times3$より，$\frac{b}{a}=2$となるときである。これを満たすa，bの組は$(a,\ b)=(1,\ 2)$，(2, 4)，(3, 6)の3通りだから，求める確率は$\frac{3}{36}=\frac{1}{12}$となる。　②直線$y=\frac{b}{a}x$がB(4, 4)を通るとき，$4=\frac{b}{a}\times4$より，$\frac{b}{a}=1$となる。①より，点Aを通るとき$\frac{b}{a}=2$だから，直線$y=\frac{b}{a}x$が線分ABと交わるのは，$1\leqq\frac{b}{a}\leqq2$を満たすときである。36通りの$a$，$b$の組のうち，$1\leqq\frac{b}{a}\leqq2$を満たすのは，$a=1$のとき$b=1$，2の2通り，$a=2$のとき$b=2$，3，4の3通り，$a=3$のとき$b=3$，4，5，6の4通り，$a=4$のとき$b=4$，5，6の3通り，$a=5$のとき$b=5$，6の2通り，$a=6$のとき$b=6$の1通りより，2＋3＋4＋3＋2＋1＝15(通り)ある。よって，求める確率は$\frac{15}{36}=\frac{5}{12}$である。

3〔関数—関数$y=ax^2$と直線〕

≪**基本方針の決定**≫(3)　OPとABの位置関係に着目する。

(1)＜変域＞$a>0$であるから，xの変域$-2\leqq x\leqq 4$において，関数$y=ax^2$は，xの絶対値が最小の$x=0$のときyの値は最小となり，$y=0$である。また，xの絶対値が最大の$x=4$のときyの値は最大となり，$y=a\times 4^2=16a$である。よって，yの変域は$0\leqq y\leqq 16a$となる。

(2)＜直線の式＞右図で，2点A，Bは放物線$y=ax^2$上にあり，x座標がそれぞれ-2, 4だから，$y=a\times(-2)^2=4a$, $y=a\times 4^2=16a$より，A$(-2,\ 4a)$，B$(4,\ 16a)$である。これより，直線ABの傾きは$\dfrac{16a-4a}{4-(-2)}=2a$と表されるので，直線ABの式は$y=2ax+b$とおける。点Aを通ることより，$4a=2a\times(-2)+b$, $b=8a$となるから，直線ABの式は$y=2ax+8a$である。

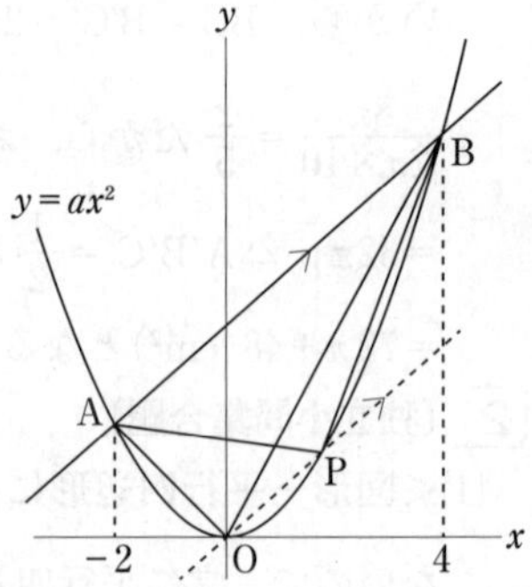

(3)＜x座標―等積変形＞右図で，△ABP，△OABの底辺を辺ABと見ると，△ABP＝△OABとなるとき，高さが等しくなるから，OP∥ABとなる。よって，(2)より直線ABの傾きが$2a$だから，直線OPの傾きも$2a$であり，直線OPの式は$y=2ax$となる。点Pは放物線$y=ax^2$と直線$y=2ax$の交点だから，$ax^2=2ax$より，両辺をaでわって，$x^2=2x$, $x^2-2x=0$, $x(x-2)=0$　$\therefore x=0,\ 2$　したがって，点Pのx座標は2である。

4〔平面図形―円〕

(1)＜角度―特別な直角三角形＞右図1で，直線lが円Oの接線より，∠OHB＝90°であり，OH：OB＝3：6＝1：2だから，△OBHは3辺の比が$1:2:\sqrt{3}$の直角三角形である。よって，∠AOH＝60°である。

図1

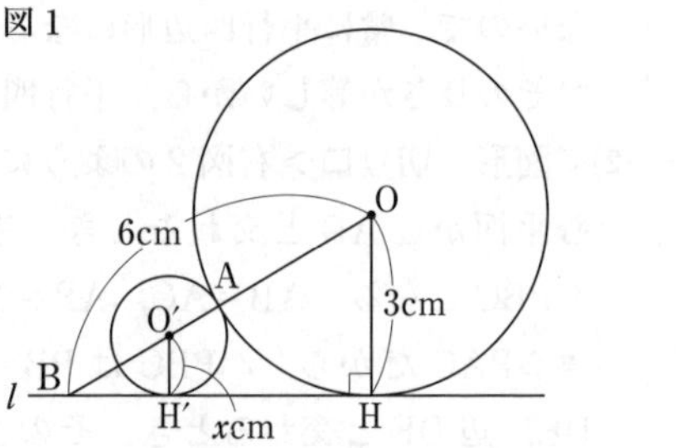

(2)＜長さ―特別な直角三角形＞右図1で，(1)より，∠O′BH′＝30°であり，∠O′H′B＝90°だから，△O′BH′も3辺の比が$1:2:\sqrt{3}$の直角三角形となる。O′A＝OH′＝xより，O′B＝2O′H′＝$2x$，AB＝O′A＋O′B＝$x+2x=3x$となる。また，AB＝OB−OA＝6−3だから，$3x=3$が成り立ち，$x=1$(cm)となる。

(3)＜面積＞右図2のように，3点A′，C，C′を定める。円O′が通過した部分は，おうぎ形OCC′からおうぎ形OAA′を除いた部分と，線分ACを直径とする半円，線分A′C′を直径とする半円を合わせた図形である。∠A′OH＝∠AOH＝60°だから，おうぎ形OCC′，おうぎ形OAA′の中心角は360°−60°×2＝240°である。また，円O′の半径は1cmであり，OC＝OA＋O′A＋O′C＝3＋1＋1＝5，OA＝3である。よって，求める面積は，$\left(\pi\times 5^2\times\dfrac{240^\circ}{360^\circ}-\pi\times 3^2\times\dfrac{240^\circ}{360^\circ}\right)+\pi\times 1^2\times\dfrac{1}{2}+\pi\times 1^2\times\dfrac{1}{2}=\left(\dfrac{50}{3}\pi-6\pi\right)+\dfrac{1}{2}\pi+\dfrac{1}{2}\pi=\dfrac{35}{3}\pi$ (cm²)となる。

図2

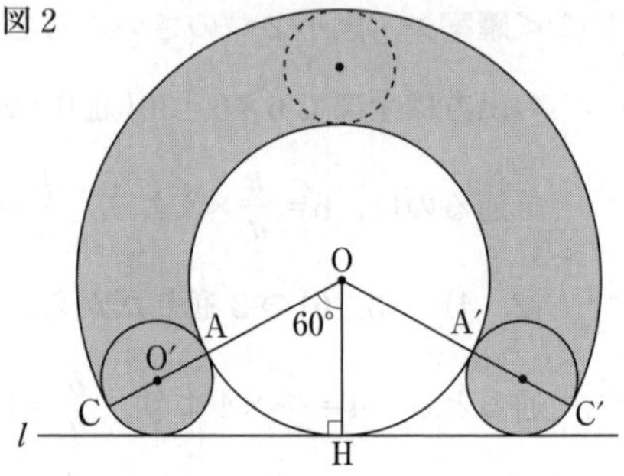

国語解答

一 問一 イ，エ　問二 エ

問三 親からの初期条件が子の全てを決定するわけではないということ。（30字）

問四 d，e　問五 イ　問六 エ

問七 ひとつの口　問八 イ

問九 I　問十 ウ

二 問一 ア

問二 A…ウ　B…イ　C…ア

問三 諦念

問四 ひとりっ子である「私」のわがままによって店に来ていると，親も店員たちも理解しているということ。（47字）

問五 イ　問六 ア　問七 ウ

問八 二人の結婚が幸せでないように見えたということ。（23字）

問九 ア

三 ① つぐな　② そしな

③ へいがい　④ しょうほん

⑤ ほうがく　a 儒教

b 紳士　c 据　d 爪

e 欠如

一〔論説文の読解―社会学的分野―コミュニケーション〕出典；戸田剛文『世界について』。

≪本文の概要≫世界は信念のネットワークであり，「私」という領域も，その中の一部で，成長過程で外部からいろいろな信念を取り入れながらローカルなネットワークをつくっていく。どのような親から生まれ，どのような家庭で育ったのかは，私たちの成長過程に大きな影響を与える要因であり，自己形成の初期条件を決定する。他にも，両親の生まれた国や，両親が私を生んだ国または地域，経済的環境，信仰など，たくさんの要素が重要な初期条件となり，これらの条件下で，私たちは，自分の信念のネットワークを形成していくのである。ただし，初期条件が全てを決定するわけではなく，成長し，行動範囲が拡大するとともに，私たちは初期状態とはいえないものにも出会う。新しいものや人，社会状況の変化などに出会う過程で，私たちはいろいろな考えや感情を持ち，性格や知的能力，感性などを形成する。そして今まで知らなかった多くのことを学び，取り入れていくことで，信念のネットワーク自体が変化し，複雑になっていく。この個々の信念のネットワークが，周りから影響を受けて成長しながら，周りに影響を与えていくのである。

問一＜主題＞信念は，「世界にいる多くの人や物」から学ぶことで得た知識や考えであり（…イ），私たちは，「成長するにしたがっていろいろな信念」を外部から取り入れて，「ローカルなネットワークを作って」いく（…エ）。

問二＜文章内容＞私たちは生まれてすぐ，親からの「遺伝的な影響」や（…ア），どのような国や地域で「生まれ」て育つのかということや（…イ），「養育者の職業，信条，交友関係」などの「初期条件」を与えられる（…ウ）。「語学留学先の環境」は，初期条件ではなく，「成長していく過程」で，私たちが積んでいく「経験」である。

問三＜表現＞「どのような親から生まれるのか」などの「初期条件」は，子の身体や性格の形成に「強い影響力をもっている」が，「すべてを決定するわけでは」なく，親の遺伝を強く受け継いだ子になることもあれば，親と似ていない子になる場合もある。「カエルの子はカエル」は，子は親に似るということ。「トンビがタカを生む」は，普通の親から優れた子が生まれる，という意味。

問四＜品詞＞ｄの「ある」とｅの「たんなる」は，自立語で活用がなく，体言を修飾する連体詞。ａの「いろいろな」は，形容動詞「いろいろだ」の連体形。ｂの「ある」は，動詞「ある」の連体形。ｃの「やはり」は，主に用言を修飾する副詞。

問五＜語句＞「したたか」は，外からの圧力に屈せず，手ごわいさま。「自分の家が貧しい」という初期条件であっても，「ハングリー精神」や，「お金をかけずにいかに工夫して勉強するのか」という困難に負けずに挑んでいく前向きな考え方が身につき，そのおかげで勉強ができるようになることもある。

問六＜表現＞「自分の信念のネットワーク」にまだ組み込まれていない信念を受け取ったとき，私たちは，「フィルター」で必要なものと不要なものを判断して分けるように，自分の初期条件に基づいて，その信念がどのようなものかを解釈したり，その価値を判断したりするのである。

問七＜表現＞一つのネットワークが「まわりから影響を受けつつ」成長して，「またまわりに影響を与えていく」ということは，つまり個人の「信念のネットワーク」が「拡大」して，より規模の大きい，「グローバルなネットワークへと影響を及ぼしていく」ということである。

問八＜文章内容＞「それぞれのネットワークの成り立ち」は，「ひとつのものとして同じものは」なく，一人ひとり独自の性質や特徴を持っている。

問九＜文脈＞「どのような親から生まれたのかということ」は，子の「体や顔の特徴，健康的要因などの生物学的な基本的特徴」に「遺伝的な影響」を与えるが，「そういった身体的なものだけではなく，性格などにもある程度の影響を与える」とも考えられる。人間の場合は，「性格など」への影響はあまり目立たないが，犬の場合は，「犬種による性格の違い」が図鑑に書いてあることがある。

問十＜要旨＞私たちは，「世界にいる多くの人や物」からさまざまなことを学び，「いろいろな信念をもって」いるが，その信念は「現代という時間的区分に属しているもの」だけでなく，「過去についてのもの，未来についてのもの」もある(ア…○)。私たちは，「知的能力」や「性格」や「身体的な特徴など」の複数の要素を「いろんな仕方で結びつけた」うえで相手を評価し，「男前だから，まわりにちやほやされて性格がわるい」などと判断する(イ…○)。「社会状況の変化」と出会う中で，私たちは「今まで知らなかった多くのことを学び，取り入れて」いくが，それによって「信念のネットワーク自体」が「変化し，複雑に」なって拡大していくのである(ウ…×)。「ある信念」を「もつのをやめた」としても，信念が減るわけではなく，信念を「もつのをやめたということが，私の歴史という新たな信念を作る」こともあり，信念は「たんなる足し算や引き算でできているもの」ではない(エ…○)。

二 〔小説の読解〕出典；姫野カオルコ『特急こだま東海道線を走る』。

問一＜表現＞「私」を店に連れていったのが，「父だったのか」，「母だった」のかは「記憶にない」一方で，「私」は，店員が男だったことだけは覚えている。

問二＜表現＞Ａ．「私」の親に声をかけられたときは，店員はまだ事情がわからず，相手に対して何ら特別な感情を持っていない。　Ｂ．「私」は，店員が「私」を「わがままな子」だと不快感を抱き，「険しい目」で見ていたと感じている。　Ｃ．「私」の「三歳十か月」の「小さな肉体」を見て，店員は「わがまま」を言う年頃だと受け止めて「私」を許し，優しい表情になった。

問三＜心情＞店員は，「私」の「わがまま」な行為を，「ひとりっ子」で「まだ小さい」のだからしかたがないと，あきらめて許しているのである。

問四＜文章内容＞「私」が「こだま買うて」と「夜に叫んで」ねだり，閉店時刻の店に連れてきてもらったことに対して，店員の一人は，「かわいかわいのひとりっ子さん」で，「まだ小さい」ので，「わがまま」なのもしかたがないと考え，親も「へえ，ほんまに」とその考えに同調している。店員も親も「私」がわがままを言っていると考えていることに，「私」は「ちがう」と感じたのである。

問五＜表現＞店に子どものいない時間，「暗いなかで懐中電灯に照らされる」という，ふだんと違う状況下では，本来，子どもにとって魅力的なはずの玩具が，「私」には荒れて粗末なものに見えたのである。

問六＜文章内容＞「私」は，「こだまが欲しいわけでは」なく，ひとりっ子のわがままと受け止める親や店員に対しても，内心で「ちがう」と反発している。「欲しい」と言ったことを確認すれば，「ひとりっ子」の自分が，こだま欲しさに「わがまま」な行動をしたことを認めてしまうことになると，「私」は感じたのである。

問七＜文章内容＞幼児であった「私」は，年上の相手の正確な年齢がわからず，「学校の制服を着ている」や「白髪になっていたり杖をついていたりする」などの外見の特徴から，「中・高校生の『おねえさん』と，高校生以上の『おばさん』」と，「おばあさん」と，大まかに「分類」していた。

問八＜文章内容＞「私」の目には，父と母の結婚が「幸せそう」には映らず，「ふたりいっしょにいるとき」は「辛そうに」見えていた。そのため，父の死後，母がそのつらさから解放されて，「若々しくなった」ように，「私」には思えたのである。

問九＜文章内容＞本文は，「私」が，時がたって「女の店員と同じくらいの年齢になった今」の視点から，幼い頃の出来事を振り返る形で進められている。「私」を店に連れていったのが両親のどちらだったかわからないといった，「記憶にない」部分と，「店員の性別」や「私」に対する言葉など，覚えている部分とを織り交ぜながら，両親や店員，赤川さんといった大人の様子や，その大人と「私」とのやりとりが描かれている。

三〔漢字〕

①音読みは「補償」などの「ショウ」。　②「粗品」は，粗末な品物のこと。　③「弊害」は，人々に害を与える悪い要素のこと。　④「抄本」は，書類などの中から必要な部分を抜き書きしたもののこと。　⑤「邦楽」は，日本古来の音楽のこと。　a．「儒教」は，孔子の教えをもとにした道徳や政治などの思想のこと。　b．「紳士」は，礼儀作法や教養を身につけた立派な男性のこと。　c．「腰を据える」は，しっかりと落ち着いて事に当たる，という意味。　d．「爪」の他の訓読みは，「爪先」などの「つま」。　e．「欠如」は，何かが欠けて不足していること。

2019年度　獨協埼玉高等学校(第１回)

【英　語】（50分）〈満点：100点〉

1　リスニング問題　＜編集部注：放送文は未公表につき掲載してありません。＞

Part 1　これから流れる英語を聞き，１～５の質問に対する答えを１つ選び，記号で答えなさい。英文は２度読まれます。

1　(A)　His son　　(B)　His brother　　(C)　His father

2　(A)　In the early 1940s
　(B)　In the mid 1940s
　(C)　In the late 1940s

3　(A)　The world's first racing car company
　(B)　The world's largest racing car company
　(C)　The world's fastest company

4　(A)　To put the engine in front of the driver
　(B)　To put the engine behind the driver
　(C)　To put the engine on top of the driver

5　(A)　A sports car　　(B)　A family car　　(C)　A big car

Part 2　これから短い会話文を聞きます。下の１～５の空欄に適切な語句や文字，数字などを書きなさい。英文は１度だけ読まれます。

First name :	1. ________
Last name :	2. ________
Date of Birth(Day/Month) :	3. ____________, 1970
Address(number/name) :	4. _____ ______ Street, Nottingham
Mobile number :	5. ____________

2　次の会話が成立するように(　)に適切な１語を入れなさい。ただし，答えは全て(　)内に示された文字で書き始めなさい。

1　A : Where did you go for dinner with him?
　B : I took him to an Italian (r　　).

2　A : What time does your plane leave?
　B : It leaves at 12:15.
　A : When do you have to be at the (a　　)?
　B : I have to be there two hours before takeoff.

3　A : How are you?
　B : I can't eat or sleep.　I have a really bad (p　　) in my tooth.
　A : How long have you had this toothache?
　B : For about a week.

4　A : Hi, Tom.　How are you doing?
　B : I'm fine.　How about you?

A： I'm fine too.　I heard an exchange student is staying at your house.
B： Yes.　This is the student.
A： Will you (i　　) him to me ?
B： Yes, of course.　This is Steve.　He is from New Zealand.

5　A： What are you going to do during this trip ?
B： I'm going (s　　) in Kyoto today.
A： Sounds nice.　There are a lot of beautiful temples in Kyoto.　Have a nice trip.
B： Thanks a lot.

3　日本語の意味に合う英文になるよう，____に適切な英語3語を入れなさい。

1　彼女はピアノを弾くのが上手です。
She is __________ the piano.

2　私は教員になるつもりです。
I am __________ a teacher.

3　市内をあちこち案内しましょう。
I will __________ the city.

4　この机は木でできています。
This desk __________ wood.

5　今までに北海道へ行ったことがありますか。
Have you __________ Hokkaido ?

4　2つの会話文の空欄に当てはまる英文を下の選択肢から選び，会話文を完成させなさい。ただし，英文は1度だけ使うこと。

A： I can't believe how hot it is.
B： It's not even noon yet.
A： (　1　)
B： I am dying from the heat.
A： Turn on the air conditioner.
B： It doesn't work.
A： (　2　)
B： I don't know.
A： (　3　)
B： Of course.
A： When is he coming ?
B： He's busy.　He said next week.

ア　Did you call the repairman ?　　イ　What do you want ?
ウ　What happened ?　　エ　Did you want another one ?
オ　That means it will get hotter.

A： What do we need to buy ?
B： Let me look at our list.
A： Here you are.　I know that we need milk.

B： Nonfat.
A： (　4　)
B： We need cheese, bread, and ham.
A： What kind of cheese?
B： Swiss, of course.　The cheese with holes in it.
A： I never used to buy Swiss cheese.
B： (　5　)
A： I didn't want to pay for the holes.

ア　Of course.　What else?　　　　イ　Why not?
ウ　Let's go to the supermarket.　　エ　What is 'nonfat'?
オ　Do you like Swiss cheese?

5　日本語の意味に合うように与えられた語句を並べかえなさい。文頭に来る語も小文字になっているので，大文字にして書きなさい。

1　ここからあなたの家までどのくらいの距離ですか？
(it / far / here to / from / how / is) your house?
2　彼は数学がほかのどの教科よりも好きです。
He likes (than / math / other / any / more / subject).
3　彼女は公園で私を１時間待たせました。
She (me / for / waiting / kept / an hour) in the park.
4　私が先週訪れた町は，とても美しくて静かでした。
(last week / visited / very beautiful / was / and quiet / the town / I).
5　私はあの女性が誰か覚えていません。
(remember / who / I / that / is / woman / don't).
6　１人で買い物に行くと私は幸せになります。
(makes / me / by / going / happy / shopping / myself).

6　次の文章には文法的または内容的に誤っている箇所が４つある。下線部(1)～(6)から４つ番号を書き出し，それぞれを正しく直しなさい。

Red panda Futa, who has caught the nation's attention for the way he stands on two legs, will turn 15 years old on Thursday at Chiba Zoo Park.　Red pandas are also known as lesser pandas.

※According to a zoo official, Futa is in his 70s or 80s in human years and has great-great-grandchildren.　Even now, Futa's unique way of standing (1)<u>attracts</u> visitors to the zoo.　His birthday party will (2)<u>hold</u> on Thursday.

Futa was born in July 2003 at Nihondaira Zoo in Shizuoka and (3)<u>comes</u> to Chiba Zoo Park the following year.　In Spring 2005, newspaper articles about Futa excited people all around the nation.　Futa liked standing for a little while after (4)<u>eat</u> bamboo grass and this attracted a good deal of interest, with about 7,000 visitors a day.

"There are (5)<u>many</u> visitors to see Futa," zookeeper Masahira Hamada said.　"I want Futa to stay healthy for as (6)<u>short</u> as possible."

※　according to ～：～によると

7　次の英文を読み，以下の設問に答えなさい。

(1)People around the world are getting bigger.　The number of people in most countries who are ※overweight is getting higher.　One of the things which make people ※gain body fat is sugar and it is in lots of different foods and drinks.　Doctors have studied what happens to a person's body when they eat lots of sugar and they think people should eat less of (2)it.

Around the world the number of people who are overweight is getting higher.　The country with the most overweight and (3)obese people is the USA.　38.2% of people are obese there. Doctors and scientists think this number will rise in the future.　Politicians and doctors have been trying to ※lower the number of obese people by telling them about better ※diets, exercise, and eating less sugar.

One of the most common ways people ※consume sugar is by drinking sweet soda drinks.　In countries like the USA and Mexico people drink one or two cans of soda every day.　Each can of soda can have around eight or nine ※teaspoons of sugar in it.　One teaspoon of sugar is about five grams.　Doctors say that people should only consume six to nine teaspoons of sugar each day but in America people consume about 21, which is two or three times the limit.

When a person eats or drinks something full of sugar, (4)it affects their brain.　It makes remembering things more difficult because sugar stops important chemicals in the brain from working well.　Sugar can also damage teeth and cause diseases like ※diabetes.　Finally, too much sugar can make you gain large amounts of fat which put pressure on the body and its ※organs.

Doctors say people should have a healthy diet with little or no added sugar and they say people should not drink sweet soda drinks.

※　overweight：重量超過の　　gain：増す　　lower：下げる
　diet(s)：食べ物　　consume：消費する　　teaspoon(s)：小さじ
　diabetes：糖尿病　　organ(s)：臓器

問１　下線部(1)が表す内容として，最も適当なものを１つ選びなさい。

ア　The world's population is still growing.
イ　People are getting taller in many countries.
ウ　Many people are gaining weight in most countries.
エ　People around the world want bigger soda drinks.

問２　下線部(2)が指し示すものを，同じ段落の中から１語で抜き出しなさい。

問３　下線部(3)はどのような意味と推測できるか，最も適当なものを１つ選びなさい。

ア　very large　　イ　very sweet
ウ　very healthy　　エ　very important

問４　下線部(4)の具体例として，最も適当なものを１つ選びなさい。

ア　もの忘れ　　イ　記憶喪失　　ウ　虫歯　　エ　糖尿病

問５　本文の内容に合うように，空欄に当てはまる最も適当なものを下の選択肢から１つずつ選びなさい。

Many people are consuming lots of sugar through (　　5　　).　Doctors think that people should not eat as much sugar as they do now.

Doctors also think that the number of people who are overweight will rise in the future and they are helping people by (　　6　　).

Drinking sweet soda drinks is one of the main reasons people gain weight. Americans and Mexicans drink one or two cans of soda every day. A can of soda has (7) grams of sugar in it.

Consuming too much sugar affects our brain and other parts of our body. It changes into (8) which can damage our body and organs.

Doctors say people should have a healthy diet without sweet soda drinks.

ア large amounts of fat
イ making better diets
ウ eight or nine
エ giving them information for healthier lives
オ different foods and drinks
カ more than 40
キ selling sugar free products
ク about five
ケ the body and its organs

8 次の英文を読み，問1～8の英文に続くものとして最も適切なものをそれぞれ1つ選び，記号で答えなさい。

Good Night Stories for ※*Rebel Girls* is for people who want something different from ※fairy tale princesses. Here you can read the stories of one hundred amazing women from the past and present.

We all know how fairy tales go. A beautiful girl waits for a prince to find her. Then she gets married to him and becomes a princess. But what if the girl was clever or strong instead of beautiful? What if she wanted to be an astronaut, a politician, or a ※pirate instead of a princess? And what if she didn't need a prince to do it? That's the idea behind the book *Good Night Stories for Rebel Girls*. It's a book of fairy tales with a difference: all the stories are true.

The book tells the stories of one hundred amazing women from 1500 BC to today. But, the stories aren't just boring biographies. Instead, they're like fairy tales. You probably won't know the names of most of the women, but when you finish reading, you'll ask yourself why. Sometimes, it's because people tried to remove them from history. Like Hatshepsut, one of the most important queens of Egypt. After she died, some men broke her statues and removed her name from ※documents. Other times, it's because a man's name became more famous. For example, Charles Babbage is called the 'father of computers' but a woman, Ada Lovelace, wrote the first computer program.

Why haven't we learned about these women before? Often history remembers men more than women. If you close your eyes and think of a war hero and a pilot, you probably think of men. If you read the book, those pictures might start to become women of all colors and ages. The women in the book did things because they wanted to and they didn't listen when people told them not to.

One problem with the book, ※unfortunately, is its name, because it gives the idea it's a book for girls. It's a great idea to show young girls what women can do. But the stories are also interesting for boys to read. And it's also important that boys can think of women in jobs like doctor, Formula One race car driver, and president.

Not all the women included are 'good girls.' One woman, Jingū, Empress of Japan, decided to start a war with Korea because of a dream. Is it a problem that the book doesn't say that was a bad thing? Another example is pirates. The two women pirates in the book are unusual heroes because pirates were dangerous and they killed other people. It's good to see a variety of women but why not show a bad ending to their story sometimes? We can understand that just because they're female, they're not always good people.

You could read one story every night but you probably won't want to stop with one. If you finish quickly, don't worry because there are now two *Rebel Girls* books. The writers, Elena Favilli and Francesca Cavallo, found the money to make both books from ※crowdfunding on Kickstarter. In 2016 they got one million dollars from 13,454 people from 75 countries. For the second book, in 2017, they did it again. This time they found another $866,000. The first book sold a million copies in 36 different languages and the second book will probably do the same.

※ rebel：反逆の　fairy tale：おとぎ話　pirate：海賊
document：公文書　unfortunately：不運にも
crowdfunding：不特定多数の人が通常インターネット経由で他の人々や組織に財源の提供や協力などを行うこと

問１ *Good Night Stories for Rebel Girls* is for readers who like reading . . .

ア fairy tales with a prince.
イ the stories of princesses.
ウ fairy tales with amazing women.
エ the stories of an astronaut.

問２ The word biographies is closest in meaning to . . .

ア life stories.　イ science.
ウ Japanese comics.　エ legends.

問３ Ada Lovelace wrote the first computer program but Charles Babbage is called the 'father of computers' because . . .

ア a woman's name became more famous.
イ a man's name became more popular.
ウ a woman's name became more popular.
エ a man's name became more famous.

問４ When you think of a war hero and a pilot, you probably think of men because . . .

ア history often remembers men more than women.
イ history always remembers women more than men.
ウ history sometimes forgets men more than women.
エ history always forgets women more than anything else.

問５ *Good Night Stories for Rebel Girls* is important for boys to read because . . .

ア they should read as many books as possible to know many things.
イ they can understand that women can't become doctors and president.
ウ it is very important for them to become good adults in the future.
エ it gives them an idea of women in jobs like doctor, race car driver and president.

問6　After reading *Good Night Stories for Rebel Girls*, . . .
ア　you can find another interesting point.
イ　you can read another book in the same series.
ウ　many people discuss it.
エ　there are pages in the book to write something by yourselves.

問7　In 2016, to write the *Rebel Girls* book, Elena Favilli and Francesca Cavallo . . .
ア　studied 36 languages.
イ　made a Website to introduce the book.
ウ　got a lot of money from many countries.
エ　read a few books to get some ideas.

問8　The second *Rebel Girls* book . . .
ア　was sold in America and became popular all over the world.
イ　is going to be written by Elena Favilli and Francesca Cavallo.
ウ　has already sold and become popular all over the world.
エ　will be sold only in English and become popular.

【数　学】 (50分) 〈満点：100点〉

(注意)　定規は使用してもかまいませんが，分度器は使用してはいけません。

1　次の各問に答えなさい。

(1)　$\dfrac{4a-b}{3}-\dfrac{a+3b}{2}$ を計算しなさい。

(2)　2次方程式 $2x^2+3x-1=0$ を解きなさい。

(3)　$x(y-2)+2-y$ を因数分解しなさい。

(4)　$a=\sqrt{7}+\sqrt{5}$，$b=\sqrt{7}-\sqrt{5}$ のとき，$(a+b)^2-(a^2+b^2)$ の値を求めなさい。

(5)　関数 $y=-3x^2$ について，x の値が -2 から 6 まで増加したときの変化の割合を求めなさい。

(6)　大小2つのさいころを同時に投げるとき，大きいさいころの出た目の数を a，小さいさいころの出た目の数を b とします。$\dfrac{b}{a}$ が整数となる確率を求めなさい。

(7)　$7<\sqrt{x}<8$ をみたす整数 x の個数を求めなさい。

(8)　次の図のように△ABCの辺BC上に点Dをとります。AD＝BD＝CD，∠ACD＝50°のとき，∠x の大きさを求めなさい。

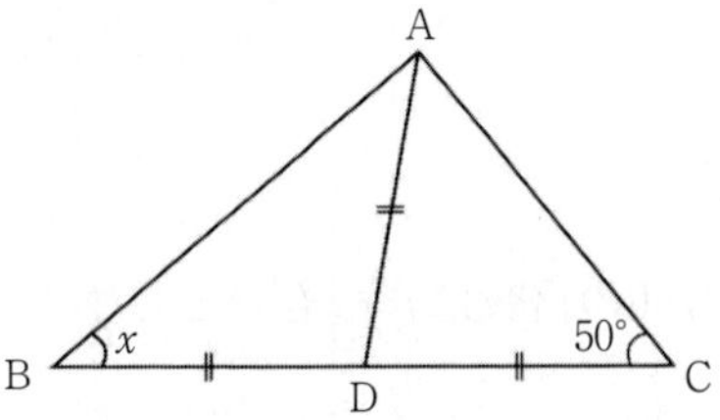

(9)　次の図は母線の長さが 9 cm，底面の半径が 3 cm の円錐の展開図です。

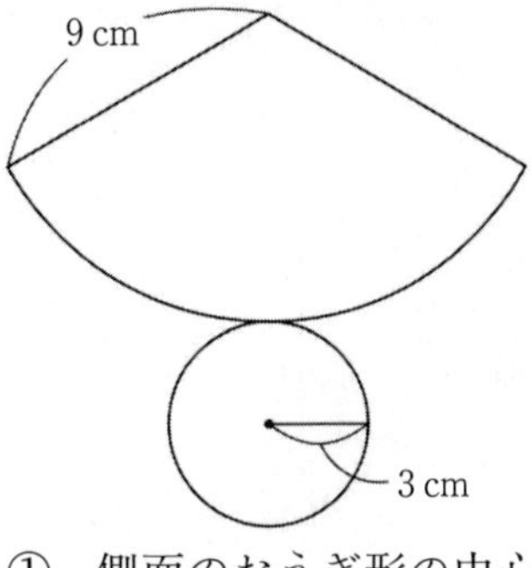

①　側面のおうぎ形の中心角を求めなさい。

②　側面積を求めなさい。

2　図のように放物線 $y=ax^2$ と直線が2点P$(-4,\ 6)$，Q$(2,\ b)$で交わっています。このとき，次の各問に答えなさい。

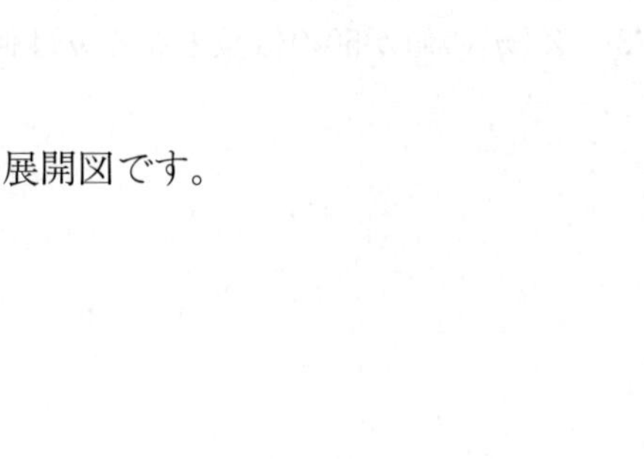

(1)　a および b の値を求めなさい。

(2)　直線PQの式を求めなさい。

(3)　放物線上に点Rをとります。△PQRの面積が△OPQの面積の2倍となるとき，点Rの x 座標をすべて求めなさい。ただし，点Rは直線PQの上側にあるものとします。

3　1辺の長さが6 cmである立方体ABCD-EFGHについて，次の各問に答えなさい。

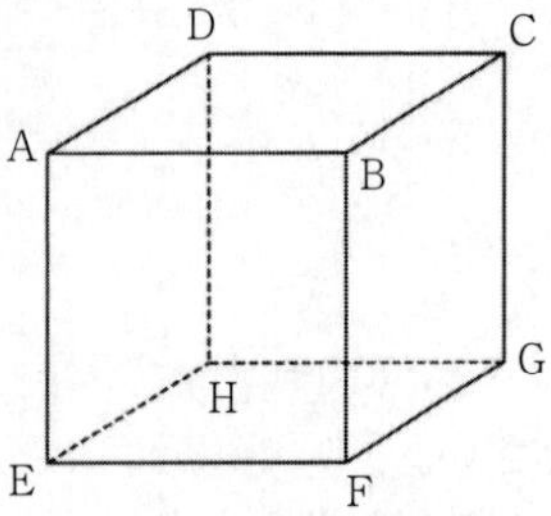

(1) 線分FHの中点をＩとするとき，線分GIの長さを求めなさい。

(2) 辺BC，辺CDのそれぞれの中点を，Ｊ，Ｋとし，線分JKの中点をＬとします。このとき，線分ALの長さを求めなさい。

(3) 線分ILと線分AGとの交点をＭとします。このとき，線分AMの長さを求めなさい。

4　3桁の自然数nにおいて，各位の数の積を$Z(n)$とします。

例えば，$Z(234)=2\times3\times4=24$です。

このとき，次の各問に答えなさい。

(1) $900\leqq n<1000$のとき，$Z(n)=18$となるnの値をすべて求めなさい。

(2) $Z(n)$の値が奇数となるnは何個ありますか。

(3) $Z(n)$の値が50の倍数となるnは何個ありますか。ただし，０も50の倍数に含むものとします。

つのグループに分けることができます。分け方として最も適当なものを、次の中から一つ選び、記号で答えなさい。

ア 〔a／bcd〕
イ 〔ab／cd〕
ウ 〔ac／bd〕
エ 〔abc／d〕

問八 傍線部③「世間の人々がもっているステレオタイプに対して、視点をずらす」とありますが、この方法についての具体例を示した部分を文中から**一続きの二文**で探し、最初の五字を答えなさい。

問九 傍線部④「私たちの視聴者、読者としてのありかた」とありますが、筆者が望ましいと考えるのはどのような姿勢ですか。文中の言葉を用いて六十字以内で具体的に説明しなさい。

問十 傍線部⑤「メディアの質を変える」とはどういうことですか。説明として最も適当なものを、次の中から一つ選び、記号で答えなさい。

ア 人々が迷わずに判断できるように、世論が望んでいる内容の報道をしようとするメディアに変えるということ。
イ 人々の判断の支えとなるように、物事を様々な視点から検討し報道しようとするメディアに変えるということ。
ウ 人々の中でも少数派の人間たちだけに賛同されるよう、特化した内容を報道するメディアに変えるということ。
エ 人々の思考が偏らないようにするために、常に様々な分野の報道をしようとするメディアに変えるということ。

三

次の①～⑤の傍線部のカタカナを漢字に直して書きなさい。また、a～eの傍線部の漢字の読みをひらがなで書きなさい。

① 前例のないカイキョを達成する。
② 研究にマイボツする。
③ 他者の作品をモホウする。
④ 臨時窓口をモウける。
⑤ 計画をスイシンする。
a 甚大な被害を被る。
b 食材の善し悪しを吟味する。
c 示唆に富む発言。
d 新しい企画に携わる。
e 交通規則を遵守する。

で必ずしも成功していないことを伝える論説も見つかります。そうした作業をすることで視点をずらすこともできます。

大勢の市民がそれぞれ少しずつ視点をずらせば、ステレオタイプが崩れ、世論が一色に染まらないという効果が期待できます。④私たちの視聴者、読者としてのありかたが、民主政治を支える⑤メディアの質を変えるのです。

（山口二郎『政治のしくみがわかる本』による）

※1　インフレ…貨幣の価値が下がり、物価の上昇が続く現象のこと。

※2　小泉政権…第八十七代内閣総理大臣である小泉純一郎が運営した政権。

※3　小さな政府…政府の役割をできるだけ小さくした方が経済の発展や国民生活の向上につながるという考え。具体的には国家公務員や政府予算の規模を縮小することなどが挙げられる。

問一　[I] に入る表現として最も適当なものを、次の中から一つ選び、記号で答えなさい。

ア　坊主憎けりゃ袈裟《けさ》まで憎し

イ　情けは人のためならず

ウ　魚心あれば水心あり

エ　仏の顔も三度まで

問二　傍線部①「私たちは思考の手間を省くために、ステレオタイプに依存せざるを得ない」とはどういうことですか。説明として最も適当なものを、次の中から一つ選び、記号で答えなさい。

ア　私たちは、深く物事を思考することを避けるため、ステレオタイプを用いて物事を理解するのは都合がよいということ。

イ　私たちは、理解するのが難しいことを少しでも理解しようとして、手助けにするためにステレオタイプを用いているということ。

ウ　私たちは、物事に対する完全な知識を集めることはできないので、ステレオタイプによって理解するしかないということ。

エ　私たちは、理解するのに多くの時間がかかりそうな物事に対して、他者の作ったステレオタイプに頼るしかないということ。

問三　（1）～（3）に入る語の組み合わせとして最も適当なものを、次の中から一つ選び、記号で答えなさい。

（1）―（2）―（3）

ア　しかし　ますます　とはいえ

イ　もちろん　しかし　たとえば

ウ　また　だから　たとえば

エ　しかし　つまり　とはいえ

問四　【X】に入る見出しとして最も適当なものを、次の中から一つ選び、記号で答えなさい。

ア　世に出まわる情報はうそだらけ

イ　単純なイメージが世界を変える

ウ　ものをみるときは眼鏡をかけている

エ　ありのままにものを見るのは実は簡単

問五　傍線部②「たいへん危険なこと」とありますが、次のア～エについて、本文中で述べられている「たいへん危険なこと」に当てはまるものには「○」を、当てはまらないものには「×」をそれぞれ答えなさい。

ア　ステレオタイプをもとに、人々が思考することなく目の前の事物を理解したと思うこと。

イ　個々人が持つステレオタイプが多様化し、社会全体としての方向性を見失うこと。

ウ　被支配者である民衆が、共通のステレオタイプを用いて支配者に脅威を与えようとすること。

エ　個々人が、秩序を乱す可能性がある存在を、熟慮することもなく悪の対象として非難すること。

問六　[II] に入る語として最も適当なものを、次の中から一つ選び、記号で答えなさい。

ア　複雑　イ　無意味　ウ　具体　エ　単純

問七　破線部a～dの表現は、本文の内容に沿って考えた場合、二うゆがんだイメージでした。ヒトラーは、ユダヤ人を攻撃することによって、ドイツ人のナショナリズムをくすぐり、※1インフレによる経済的困窮にあえいでいた国民から支持を獲得しました。もちろん、ユダヤ人と称される人々を個々に見れば、ドイツ人と同じくさまざまな人がいて、とてもステレオタイプによってくくれるものではありません。ステレオタイプは多様な事物を[II]化し、自ら思考することなしに事物を理解できるという感覚を与えてくれます。そこに大きな機能があったのです。

ステレオタイプには、もう一つ大事な機能があります。それは、ステレオタイプを共有することによって、自分の所属する集団に同調することができるということです。

ドイツ社会全体がユダヤ人の抑圧に荷担していたときに、「ユダヤ人にもいい人はいる」と主張したら、その人はどのような処遇を受けたでしょうか。社会の多数派が共有しているステレオタイプに対して異論を唱えたら、その人は社会の異端者となり、迫害を受けたことでしょう。社会の中で平穏な生活を営むためには、人は時としてａ自らの良心を放棄してもステレオタイプを共有するという選択をおこなうものなのです。

ステレオタイプに異論を唱えられたとき、多数派の側が異論を圧殺しようとするのは、ステレオタイプが多数派の人々にとってｂ秩序の基盤となっているからです。私たちは、ふだん自分自身を善良な人間だと思って生活しているでしょう。善良であることを支える根拠は、悪や不正を憎むという点にあります。ステレオタイプは、手っ取り早く憎むべき悪者を示してくれる、便利なものです。たとえば、9・11事件の後の「イスラム教徒」や、拉致《らち》事件発覚以後の「北朝鮮」についてのステレオタイプを思い浮かべれば、このからくりがわかるはずです。

ｃ自分が信じている価値体系を揺るがすような議論に対して、人はしばしば不寛容な反応を示すものです。犯罪を処罰したり、他国の不法行為に対して謝罪や補償を要求したりするのは当然ですが、悪者のイメージを安易に膨らませ、これをバッシングすることでｄ自分の正しさを確認するという行動を多くの人がとると、犠牲者を生み、社会は息苦しいものになります。この点は、ナチス時代のドイツに限った話ではありません。

（中略）

視点をずらすこと

メディアと政治の関係はとても難しいものです。メディアを批判することは容易ですが、私たちはメディアなしに政治を考えることはできません。また、報道機関には言論の自由、表現の自由が保障されています。そして、視聴率や部数をめぐる競争が現に存在します。新聞社やテレビ局も営利を追求する企業である以上、メディアが売れる番組を作ることに必死になることは避けられません。

私たちは、なるべくいろいろなメディアから、さまざまな角度の情報を集め、自分なりに物事に対する見方を作らなければなりません。そのときに大事なのは、③世間の人々がもっているステレオタイプに対して、視点をずらすことです。

視点をずらすのは、そんなに難しいことではありません。常識だと思われていることに、ちょっと素朴な疑問を自分なりに投げかけることが、視点をずらすことです。※2小泉政権の時代には、改革はよいもので、それに反対する政治家は抵抗勢力として切り捨てられました。改革とはいったい何なのだろう。改革は自分にとって本当によいものだろうか。そういう疑問を投げかけ、自分なりに考えることが、視点をずらすことにつながるのです。

民営化を進めて※3小さな政府を作ることが改革と言われ、多くのテレビや新聞がそれに同調しました。しかし、インターネットの検索エンジンを使って調べれば、公務員数の対人口比、税負担の対GDP比などのデータにてらして日本がすでに小さな政府であることがわかります。またインターネットでさがせば、民営化が諸外国

問十　この文章の登場人物に関する説明として最も適当なものはどれですか。次の中から一つ選び、記号で答えなさい。

ア　小市航太の視点から出来事が語られ、努力する河野日向子には好意的な反面、斎和彦にはしっかりしてほしいとじれったく思っている。

イ　斎和彦は、河野日向子に気を遣っている小市航太とは違い、先輩に対しても気後れせず、思ったことを素直に言える無邪気な人物である。

ウ　河野日向子の俳句甲子園出場への熱意は高まったが、来島京の警戒心が消えなかったため、前向きな気持ちがくじけそうになっている。

エ　来島京は短歌に対するこだわりがあるうえに、文芸部員が自分しかいないことで、河野日向子から俳句甲子園に誘われても参加できない。

二　次の文章を読んで、後の問いに答えなさい。

【Ｘ】

さまざまな物事についての情報がたびたび報道され、蓄積されていくと、それについて一つのイメージが形成されるようになります。あの政治家は庶民的で、あの政治家は腐敗している、あの国は友好的で、あの国は脅威だといった具合に、みなさんが日ごとテレビや新聞を通して世の中を見る時、必ずこうしたイメージに遭遇するはずです。

「ありのままにものを見る」などとよく言いますが、実はそれは不可能なことです。人間が自分のまわりの物事を眺めるとき、つねに正確に見取って、正しい判断をおこなうということはありえません。人間は、比喩的に言えば、みんななにがしかの眼鏡をかけてものを見ているのです。俗に、「　I　」ともいいますし、「惚《ほ》れた目にはあばたもえくぼ」ともいいます。私たちが人やものに対して抱いている愛着、嫌悪、恐怖、侮蔑などの感情や情緒はものを見る時につきまとうのです。イメージはこうした感情の作用と密接に結びつくのです。

イメージが固定化されると、ステレオタイプが生まれます。ステレオタイプとは、私たちが部分的にしか知らない事物を理解し解釈するために用いる固定化されたイメージのことです。

私たちは自分を取り巻く環境について、自分なりの秩序を作って、そのなかで安心して生きています。隣のおじさんは親切な人で、英語の先生は意地悪というように、日々接する人たちについて一つのイメージを作り、それをもとにして、無益な衝突を起こさないように、また、困った時に容易に助けてもらえるように、相手を見ながら行動しています。

このようにだれが正しく、何が間違っているか、だれを信頼すべきで、何に警戒すべきかなど、私たちが判断を下したり態度を形成したりするうえで基準となる知識が必要です。こうした知識の多くは、事物についての完全な知識ではなく、ステレオタイプに基づくものです。そもそも事物に関連してあらゆる情報を集めて、それを摂取することは不可能です。①私たちは思考の手間を省くために、ステレオタイプに依存せざるを得ないのです。

みなさんにとっておなじみのステレオタイプといえば、校風というのがあります。「A高校の生徒はちょっとワル、B高校の生徒はカワイイ」というのがステレオタイプです。（１）、学校のなかにはいろいろな生徒がいるので、一概に決めつけるのは不正確です。（２）、私たちはついそうした単純なイメージで他の人や組織などについて語りがちです。

ステレオタイプの危険

一つの社会全体に特定のステレオタイプが流布《るふ》すると、②たいへん危険なことも起こります。（３）、ヒトラーが独裁支配をおこなったドイツには、ユダヤ人についてのステレオタイプがありました。「ユダヤ人はずるくて、けちで、ドイツ人から搾取している」とい

ア　金切り声　　　　　イ　涙声
ウ　蚊の鳴くような声　エ　猫なで声

問三　傍線部①「思いがけない方向からパスが飛んできたという顔になった」の理由として最も適当なものを、次の中から一つ選び、記号で答えなさい。
ア　仲間に誘った相手の反応として、俳句を詠んだことがないからと控え目に断ってくることは想定していたが、予想外に積極的に接してきたから。
イ　仲間に誘った相手に、俳句を詠んだことがないからと断られることは想定していたが、加えて全く予想していなかった内容で断ってきたから。
ウ　仲間に誘った相手の反応として、関心がないので俳句は詠めないと拒絶してくることを想定していたが、予想外に詳しくて深い説明だったから。
エ　仲間に誘った相手に、俳句は詠めないとただちに拒絶されることは想定していたが、意外にも前もって用意していたような理由だったから。

問四　[B]に入る語として最も適当なものを、次の中から一つ選び、記号で答えなさい。
ア　思いのほか　イ　あんがい
ウ　もはや　　　エ　やっぱり

問五　次の一文は、本文の【1】～【4】のどこに入れるのが最も適当ですか。一つ選び、番号で答えなさい。
短歌を馬鹿にしてるの？

問六　傍線部②「来島京はいつのまにか、河野女史をまっすぐに見ていた」とありますが、ここまでの来島京の様子として最も適当なものを、次の中から一つ選び、記号で答えなさい。
ア　そっけない態度だった来島京だが、河野日向子に歌を見られたことが分かるとやや反応が変わり、更に内容を素直にほめられたことで、日向子に向き合うようになった。
イ　そっけない態度だった来島京だが、河野日向子に勝手に歌を見られて少し態度が変わり、一方的に内容を評価されたことで、日向子への対決姿勢が明らかになった。
ウ　そっけない態度だった来島京だが、河野日向子の勢いに巻き込まれて多少対応するようになり、ついには歌が好きだと熱心に言われたことで、日向子へのわだかまりが消えた。
エ　そっけない態度だった来島京だが、河野日向子が話しかけ続けるのでつい返事をし、次に面と向かって歌の内容を解説されたことで、恥ずかしくなって気持ちがひるんだ。

問七　傍線部③「斎和彦がのんびりした声で割って入った」とありますが、この後の斎和彦の発言にはどのような効果がありましたか。説明として最も適当なものを、次の中から一つ選び、記号で答えなさい。
ア　来島京のかたくなな気持ちが河野日向子の機嫌を損ねて、紹介した斎和彦の責任が問われそうになる前に、おどけてその場を和ませる質問となった。
イ　斎和彦は来島京と同じ意見だが、味方をすると河野日向子に怒られると思った結果、どっちつかずでピントがずれたその場を混乱させる質問となった。
ウ　来島京との話し合いがまとまらなくなりそうになったのを、斎和彦がいったん止めて、河野日向子が話したかった方向に話を進める質問となった。
エ　来島京の態度が河野日向子に対して失礼だったので、斎和彦がわざと丁寧な口調で尋ねることにより、礼儀正しくするように気づかせる質問となった。

問八　傍線部④「来島さんに判定してもらう、もちろん」とありますが、第三者ではなく来島京に判定してもらうのはなぜですか。理由を五十字以内で説明しなさい。

問九　[C]に最もよく当てはまる漢字二字を答え、四字熟語にしなさい。

すべて愛《いと》しき日々年終はる

「一年を振り返っての歌、なのかな。私、すごく好きだ。好きというか、じーんとくる。何かにぶつかったり迷ったり全然進めなかったり、そんなことばっかりの一年でも、自分にとっては愛しい大事な時間だった、そういう気持ちがすごくよくわかる」

「……どうも」

②来島京はいつのまにか、河野女史をまっすぐに見ていた。

河野女史が体を乗り出す。

「でもね、俳句だって思いを表現することができる。ね、来島さん。私がそのことを証明してみせたら、俳句を始めることを考えてくれない？」

来島京の表情がまた用心深くなった。

「証明って、どういうことです？【3】」

河野女史は、部誌に手を置いた。

「あなたのこの歌。この歌と同じ思いを、私が俳句にする」

「はあ？」

来島京がなんとも言えない声を出した。「短歌と同じ内容を俳句にするって言うんですか？」

「もちろん、意味は正確には同じじゃないかもしれないけど、短歌と同じ心を俳句で詠《よ》む」

「それって、思いを表現するのに短歌の長さは必要ない、俳句で足りるって、そういうこと？【4】」

来島京の声がとがる。そこへ、なだめるつもりがあるのかないのか、③斎和彦がのんびりした声で割って入った。

「それで、『同じ心』かどうかは、どうやって決めるんですか？」

河野女史は斎和彦に向き直る。

「④来島さんに判定してもらう、もちろん」

「へえ」

斎和彦は面白そうな顔で、来島京をのぞき込んだ。

「ねえ、来島さん、だったら、トライしてもらってもいいんじゃない？　うん、ぼく、それ見てみたい。短歌と俳句で同じ心をどう詠めるのか。面白そうだもん」

——こいつ、高校生にもなって小学生みたいな無邪気な顔するんだな。

航太が内心あきれているのも知らず、斎和彦の顔はどんどん来島京に寄って行く。

「ね？　どう、来島さん？」

その勢いに負けたのか、来島京がしぶしぶとうなずいた。

河野女史は勢いよく立ち上がる。

「よし、決まり。じゃあ来島さん、また明日ね」

三年一組の教室に戻った河野女史は、そのまま自分の机に直行すると、寸暇を惜しむように小さな辞書を開いた。次にはノートを広げ、次々と言葉を書きなぐっていく。まだまとまった句になっているわけではなさそうだ。

辞書をぱらぱらとめくってはまたシャーペンを動かす。しばらくすると、天井を見る。

そこで河野女史は、航太がまだつき合っているのにやっと気づいたらしい。

「ちょっと一人にしてくれる？　色々と C 錯誤しているから」

それから、女史にしては穏やかな口調でねぎらってくれた。

「二年生に引き合わせてくれて、ありがとう」

（森谷明子『南風吹く』による）

※女史…地位や教養のある女性に敬意を表す語。河野日向子はクラス委員をし、成績も良いのでこう呼ばれている。

問一　二重傍線部1～4の中から、形容詞の「ない」を含むものを一つ選び、番号で答えなさい。

問二　A に入る表現として最も適当なものを、次の中から一つ選び、記号で答えなさい。

航太はあわててさえぎる。今の発言は、たぶん、来島京だけではなく、河野女史もむっとさせる。

「全然違うだろうが。俳句は十七音、短歌は、ええと」

「三十一音」

「そうそう、女史、サンキュー」

斎和彦はそれを聞きながらも、まだ納得していないようだ。

「どっちにしても短いですよね。交通標語みたいなもんでしょ」

「うん、『赤信号誰か渡ってくれないか』、作者おれ。……いや、違うだろ」

河野女史の手前、航太は力を込めて主張するが、斎和彦も反論する。

「短歌を作れる人間なら、俳句だっていけると思うんだけどなあ」

航太はまた焦って河野女史を見る。妙におとなしいが、さすがにこれには怒るんじゃないか。

でも、河野女史は意外にも冷静だった。

「うーん、文芸のジャンルとしたら、似たようなものって思われても仕方ない。活字にすると似通っているし、国語の教科書にだって短歌と俳句はまとめて載っている。私にとっては全然違うものだし、さっきの来島さんも、私とは逆の意味でそう考えているとは思うけど」

「そうだ。じゃあ、河野先輩が逆に短歌やるって選択肢はないんですか？」

斎和彦がいきなりそんな提案をしたものだから、航太はまたあわてる羽目になった。

（中略）

「そうか。じゃあ、ほかの奴に声をかけてみます？」

斎和彦がそう提案すると、女史はきっぱりと言った。

「それも大事だけど、私、もう一度来島さんと話がしたい」

「え？」

航太は驚いて口を挟んだ。「彼女、相当頑固そうだったよ」

「それでもとにかく彼女は俳句に反応した。拒絶反応でも、反応は反応。まるで無反応な奴よりも、手応えがある」

「なんか、河野先輩、すごい楽観的な思考ですね」

感心する斎和彦に、河野女史は大きくうなずく。

「それに、俳句が不完全だなんて言われたままにしておけない」

[B]、こだわりの根っこはそこらしい。

「斎君、この部誌、しばらく借りるよ」

女史は斎和彦にそう断ると、二年生の教室を再び出た。なんとなく、航太も、そしてなぜか斎和彦までが、そのあとに続く。

「また来たんですか【1】」

来島京は、うんざりした表情を隠そうともせず、手にした文庫本から目を上げようともしない。タイトルが見えた。『地球幼年期の終わり』という本だった。

それでも、航太と斎和彦を後ろに従えた河野女史は、ひるまなかった。

「時間は取らせない。その本を読んだままでもいい。でも、耳だけは貸してくれる？」

「どうぞ」

「来島さん、いい歌作るのね。見せてもらった」

来島京の、ページをめくろうとした手が膝に降りた。

「何を見たんです？【2】」

「斎君が貸してくれた、去年の部誌。そこにあなたが載せた、この歌」

河野女史は、その部誌のあるページを広げて、一首の歌を指さした。

迷ふ日々涙して立ちすくむ日々

二〇一九年度 獨協埼玉高等学校（第一回）

【国　語】（五〇分）〈満点：一〇〇点〉

一　次の文章を読んで、後の問いに答えなさい。

〔瀬戸内海の島の高校に通う、三年生の河野日向子《こうのひなこ》は、俳句で対戦をする俳句甲子園に出場したいと考えているが、必要なメンバーである五人がなかなか集まらない。そんな時、クラスメイトの小市航太《おちこうた》から、顔が広い一学年後輩の斎和彦《いつきかずひこ》を紹介される。斎和彦は来島京《くるしまみやこ》と同学年である。〕

斎和彦に教えてもらった来島京は、お人形のような女の子だった。一筋も乱れていない真っ黒なおかっぱ頭。島育ちとは1思えないほど白い肌。整いすぎていて、航太ごときが声をかけてもいいのかと尻込みしたくなるほどだ。だが、部室の机の上に広げた文庫本から目も離さぬまま、見かけに似合わない、2かわいくない声でこう言った。

「お断りします。私、俳句の経験はありませんから」

「そうなの？　でも、小学校や中学校で俳句作った経験くらいあるでしょ？　しかも文芸部員なら、大丈夫だって」

相手の機嫌を取るように、河野※女史《じょし》が [A] でそう誘っても、彼女の表情は3変わらない。

「作ったことありません。やってみようとも思いません。だって、私、俳句のような不完全なものじゃ自分を表現できません」

河野女史が、①思いがけない方向からパスが飛んできたという顔になった。

「来島さん、それ、どういう……？」

「だって、不完全でしょう？　自分を表現するには不充分です」

「俳句が不充分って、そうかなあ？」

河野女史は気を遣っているんだろう、[A] のままだ。だが、来島京は遠慮しなかった。

「不充分じゃないですか。そもそも短すぎる。おまけに、季語とか、決まりが多すぎる。あれじゃ、自分が4出せない。私、俳句では何も表現できません」

そして来島京は、自分を挟んで見下ろしている三年生二人には一《いち》瞥《べつ》もくれずに、読書を続けた。

（中略）

「ええと、作ってなかったかなあ。ぼく、去年の文芸部の部誌で見たと思うんだけど」

「その部誌、今も持ってる？　見せて」

河野女史の求めに応じて、斎和彦は自分のロッカーへ歩いていった。さんざん引っ掻《か》き回した挙句、一冊の冊子を持って戻ってくる。

「去年はまだ二つ上の学年がいたんで、なんとか部誌も作れたらしいですよ。でも今年は彼女一人だもんなあ。無理なのかなあ。ぼく、こういうのコレクションするの、趣味だったんだけど」

のんびりと語る斎和彦の横で、河野女史は手早くページをめくり、やがてすぐにその手を止めた。

「これか、彼女の作品」

のぞき込んだ航太は、あきれて和彦を見やった。

「おい、斎、これはないだろ。大違いじゃないか」

「え、そうですか？」

なんと、彼女が作っていたのは俳句ではない、短歌だったのだ。

それを指摘されても、斎和彦はまだのんびりとしたものだ。

「ああ、本当だ。でもそんなに気にすることですか？　短歌も俳句も、似たようなもんでしょ」

「おい」

2019年度／獨協埼玉高等学校（第１回）

英語解答

1 Part１　１…(A)　２…(C)　３…(B)　４…(B)　５…(B)

Part２　１ Geoff　２ Black
３ 8th September
４ 94, Hill
５ 07781677688

2 １ restaurant　２ airport
３ pain　４ introduce
５ sightseeing

3 １ good at playing
２ going to be〔become〕
３ show〔guide, take〕 you around
４ is made of
５ ever been〔gone〕 to

4 １ オ　２ ウ　３ ア　４ ア
５ イ

5 １ How far is it from here to subject
２ math more than any other subject
３ kept me waiting for an hour
４ The town I visited last week was very beautiful and quiet
５ I don't remember who that woman is
６ Going shopping by myself makes me happy

6 番号…(2), be held
番号…(3), came
番号…(4), eating
番号…(6), long

7 問１ ウ　問２ sugar　問３ ア
問４ ア
問５ ５…オ　６…エ　７…カ　８…ア

8 問１ ウ　問２ ア　問３ エ
問４ ア　問５ エ　問６ イ
問７ ウ　問８ イ

1〔放送問題〕放送文未公表

2〔対話文完成─適語補充〕

１．Ａ：彼とどこに夕食に行ったの？／Ｂ：彼をイタリア料理のレストランに連れていったよ。∥夕食に行った場所なので，レストランが適切。

２．Ａ：飛行機は何時に出発するの？／Ｂ：12時15分に出発だよ。／Ａ：いつ空港にいなくちゃいけないの？／Ｂ：離陸の２時間前にはそこにいないといけないんだ。∥飛行機に乗ることが話題となっているので，いなくてはいけない場所は空港とわかる。

３．Ａ：調子はどう？／Ｂ：食べることも眠ることもできないんだ。歯に本当にひどい痛みがあるんだよ。／Ａ：この歯痛はどれくらい続いているの？／Ｂ：１週間ぐらいだよ。∥toothache「歯痛」の話をしていて，歯にひどい(　　)があると言っているのだから，pain「痛み」が適切。

４．Ａ：あら，トム。元気？／Ｂ：元気だよ。君は？／Ａ：私も元気よ。あなたの家に交換留学生が滞在しているんだってね。／Ｂ：うん。こちらがその生徒さん。／Ａ：彼を私に紹介してくれる？／Ｂ：ああ，もちろん。こちらはスティーブだよ。ニュージーランド出身なんだ。∥直後でＢが留学生を紹介しているので，紹介してほしいと頼んだとわかる。

５．Ａ：この旅行中に何をする予定ですか？／Ｂ：今日は京都に観光に行くつもりです。／Ａ：いいですね。京都には美しいお寺がたくさんありますよ。楽しい旅を。／Ｂ：どうもありがとう。∥何をする予定かという質問に対する答えで，直後には京都で見られるものが挙げられているので，「観光」が適切。

3〔和文英訳─部分記述〕

１．「～が上手だ」は be good at ～ で表せる。前置詞 at の後ろには名詞がくるので，動詞 play は

playing という動名詞にする。

2．「〜するつもり」は be going to 〜 で，「〜になる」は be あるいは become で表せる。

3．「(あちこち)案内する」は‘show＋人＋around’で表せる。guide「案内する」や take「連れていく」を使うこともできる。

4．「〜でできている」というとき，素材が見てわかる場合は be made of 〜で表す。これに対し，原料が加工され，別の物になる場合は be made from 〜「〜からつくられる」を使う。　(例) Cheese is made from milk.「チーズは牛乳からつくられる」

5．「今までに〜したことがありますか」は‘経験’を表す現在完了の疑問文‘Have/Has＋主語＋ever＋過去分詞…?’で表せる。一般に，「〜に行ったことがある」は have/has been to 〜 で表し，動作の‘完了’を示す have/has gone to 〜「〜に行ってしまった(今ここにはいない)」と区別するが，文脈上意味が明らかな場合，have/has gone to 〜 を使うこともある。

4〔対話文完成―適文選択〕

≪全訳≫❶A：こんなに暑いなんて信じられない。❷B：まだ正午にもなっていないよ。❸A：1それはつまりもっと暑くなるということね。❹B：暑さで死にそうだ。❺A：エアコンをつけてよ。❻B：それが動かないんだよ。❼A：2何が起きたの？❽B：わからないんだ。❾A：3修理屋に電話した？❿B：もちろん。⓫A：彼はいつ来るの？⓬B：彼は忙しいんだ。来週と言ってたよ。

＜解説＞1．まだお昼にもなっていない，という直前の言葉を受け，これからさらに暑くなることを予想したのだと考えられる。　2．直前でエアコンが動かないと言っており，直後では「わからないんだ」と言っているので，エアコンに何が起きたのかを尋ねたのだとわかる。　3．直後の「もちろん」という返事に続けて「彼」はいつ来るのかという話をしているので，repairman「修理屋」に電話をしたかを尋ねたのだとわかる。

≪全訳≫❶A：何を買う必要があるかな？❷B：リストを見せて。❸A：どうぞ。牛乳が必要なのは知ってるよ。❹B：無脂肪のね。❺A：4当然だよ。他には何がいる？❻B：チーズとパンとハムがいるわね。❼A：どんな種類のチーズ？❽B：もちろんスイスチーズよ。穴の開いたチーズ。❾A：スイスチーズは買ったことがなかったな。❿B：5どうして？⓫A：穴のためにお金を払いたくなかったからね。

＜解説＞4．必要な物について話しており，空欄の直前まで話題にしていた牛乳に加え，他に買うべき物を空欄の後で挙げている。つまり，Aは他に何か買うべき物があるかと尋ねたのである。　5．空欄の直前ではスイスチーズを買ったことがなかったと言っており，直後ではその理由を述べているので，どうして買わなかったのかを尋ねたのだとわかる。

5〔整序結合〕

1．「〜から…までどのくらいの距離ですか」と‘距離’を尋ねる表現は，‘How far is it from 〜 to …?’で表せる。

2．まず，He likes math「彼は数学が好きです」というまとまりをつくる。「他のどの…よりも〜だ」は‘比較級 than any other＋単数名詞’で表せる。

3．主語の She の後に動詞の過去形 kept を置く。kept の後は‘keep＋人＋〜ing’「〈人〉に〜させておく」の形を使って kept me waiting とまとめ，後ろに for an hour「１時間」を続ける。

4．「(その)町はとても美しくて静かでした」が文の骨組みで，The town was very beautiful and quiet. とまとめられる。「私が先週訪れた」は「町」を修飾しているので，I visited last week とまとめて The town の直後に置く。town と I の間には目的格の関係代名詞 which〔that〕が省略されている。

5．まず,「私は覚えていません」を I don’t remember と並べる。remember の目的語となる「あの女性が誰か」は,‘疑問詞＋主語＋動詞…’という間接疑問の語順で who that woman is とする。

6．語群の動詞が makes なので,‘make＋人＋形容詞’「〈人〉を～(の状態)にする」を使うと予想して makes me happy「私を幸せにする」とまとめる。すると,「1人で買い物に行くことは私を幸せにします」と読み換えられるので，Going shopping「買い物に行くこと」の後に「1人で」の by ～self を使って by myself と続け，主語として文頭に置く。

6〔長文読解―誤文訂正―ノンフィクション〕

≪全訳≫❶レッドパンダの風太は，2本足で立つ様子が国中の注目を集めてきたが，木曜日に千葉市動物公園で15歳を迎える。レッドパンダはレッサーパンダとしても知られている。❷動物公園の職員によると，風太は人間の年齢でいうと70代か80代で，やしゃご(ひ孫の子)がいる。今でも，風太の独特な立ち方は動物公園に来園者を引きつけている。彼の誕生日パーティーは木曜日に開催される。❸風太は静岡の日本平動物園で2003年7月に生まれ，翌年千葉市動物公園にやってきた。2005年の春，風太についての新聞記事が国中の人たちを興奮させた。風太はササを食べた後少しの間立っているのが好きで，これが1日約7000人の来園者というかなり多くの興味を引きつけたのだった。❹「風太を見に来る来園者がたくさんいます」と飼育員の浜田昌平氏は言った。「私は風太にできるだけ長く健康でいてほしいと思っています」

＜解説＞⑵は，主語が「彼の誕生日パーティー」なので,「開催される」となるよう‘be動詞＋過去分詞’の受け身形にする必要がある。助動詞 will があるので，原形の be を使う。⑶は，主語の Futa に続く動詞が was という過去形で，文も過去の話なので，過去形にする。⑷の直前の after は前置詞として使われているので，直後の動詞は ～ing という動名詞にする必要がある。⑹について，健康でいてほしいという文脈なので，long「長い」がふさわしい。 as ～ as possible「できるだけ～」

7〔長文読解総合―説明文〕

≪全訳≫❶世界中の人々はしだいに大きくなってきている。ほとんどの国で，体重が超過している人の数が増えている。人に体脂肪を増やさせる物の1つは砂糖で，それは多くのさまざまな食べ物や飲み物に含まれている。医師たちは砂糖を大量に食べると人体に何が起きるのかを研究しており，人は砂糖をとる量を減らすべきだと考えている。❷世界中で，体重が超過している人の数が増えている。最も体重超過と肥満の人が多い国はアメリカ合衆国だ。そこでは38.2%の人が肥満だ。医師や科学者は，この数字が将来上がるだろうと考えている。政治家や医師は，食生活の改善や運動，砂糖の摂取量を減らすことについて教えることで，肥満者の数を減らそうと努めている。❸人が砂糖を消費する最も一般的な方法の1つが，甘い炭酸飲料を飲むことだ。アメリカ合衆国やメキシコのような国で，人は毎日1，2缶の炭酸飲料を飲む。炭酸飲料1缶には小さじ約8，9杯の砂糖が入っている可能性がある。砂糖小さじ1杯は約5グラムだ。医師たちは，人が1日で消費する砂糖は小さじ6～9杯だけにすべきだと言うが，アメリカ人は約21杯消費しており，これは上限の2～3倍に当たる。❹砂糖が大量に含まれるものを食べたり飲んだりすると，脳が影響を受ける。砂糖は脳内の重要な化学物質が正常に機能するのを止めてしまうので，物事を思い出すことがより難しくなるのだ。砂糖はまた，歯に悪影響を及ぼし，糖尿病のような病気を引き起こす可能性がある。最後に，砂糖をとりすぎると，体と臓器に負荷をかける大量の脂肪がつく可能性がある。❺医師たちは，砂糖がほとんど，あるいは全く含まれていない健康的な食事をするべきで，甘い炭酸飲料を飲むべきではないと言っている。

問1＜英文解釈＞「世界中の人々はしだいに大きくなってきている」とは，直後の文などでも説明されているとおり，ウ．「ほとんどの国で多くの人の体重が増えている」ということである。

問２＜指示語＞eat「食べる」の目的語となるもので，it は直前に出てきた単数名詞や数えられない名詞を受けることから，sugar「砂糖」が適する。第１段落第３文以降が砂糖の話題になっていることも，手がかりになる。

問３＜語句解釈＞「最も体重超過と(　　)の人が多い国はアメリカ合衆国だ」と，overweight and obese がセットになっているので，ア.「非常に大きい」が適切とわかる。 obese「肥満の」

問４＜要旨把握＞it は直前の sugar を指す。大量に砂糖を摂取した場合に砂糖が brain「脳」に与える影響については，直後の文で，物事を思い出すのがより困難になると説明されている。

問５＜要約文完成＞《全訳》多くの人々はさまざまな食べ物や飲み物を通じて大量の砂糖を消費している。医師たちは，人は今ほど多くの砂糖を食べるべきではないと考えている。／医師たちはまた，体重が超過している人の数は将来増えるだろうと考えていて，より健康的な生活のための情報を提供して人々を助けている。／甘い炭酸飲料を飲むことが，人の体重が増える主な理由の１つだ。アメリカ人やメキシコ人は毎日１，２缶の炭酸飲料を飲む。炭酸飲料１缶には砂糖が40グラム以上含まれている。／砂糖の過剰消費は，我々の脳や体の他の部分に影響を及ぼす。それは我々の体や臓器に損傷を与える大量の脂肪に変わるのだ。／医師たちは，人は甘い炭酸飲料抜きの健康的な食生活を送るべきだと言っている。

５．第１段落第３文参照。　６．第２段落終わりの２文参照。information for healthier lives とは，本文中の「食生活の改善や運動，砂糖の摂取量を減らすことについて教えること」を指すと判断できる。　７．第３段落第３，４文参照。炭酸飲料には，１缶につき砂糖が小さじ８，９杯含まれていて，砂糖小さじ１杯は約５グラムなのだから，１缶に最低約40グラムの砂糖が含まれている計算になる。　８．第４段落最終文参照。 fat「脂肪」

８〔長文読解―内容一致―説明文〕

《全訳》❶「反逆的な少女のための寝る前の物語」は，おとぎ話のお姫様とは違う何かを求める人のための本だ。ここでは過去と現代の，100人のすばらしい女性の物語を読むことができる。❷我々は皆，おとぎ話がどんなふうに進むかを知っている。美しい少女は，王子様が彼女を見つけてくれるのを待つ。そして彼と結婚してお姫様になる。しかしその少女が，美しい代わりに賢かったり強かったとしたらどうなるのか。もし彼女が，お姫様ではなく宇宙飛行士や，政治家や，海賊になりたかったとしたらどうなるのか。そしてもし，そうするのに王子様が必要でなかったらどうなるのか。それが「反逆的な少女のための寝る前の物語」という本の背後にある考え方だ。それはひと味違ったおとぎ話の本で，全ての物語が実話だ。❸本には紀元前1500年から現在までの100人のすばらしい女性の物語が語られている。だが，その物語はただの退屈な伝記ではない。それどころか，それらはおとぎ話のようだ。あなたはおそらく，ほとんどの女性の名前を知らないだろうが，読み終えたときには，なぜ知らなかったのだろうかと自問することだろう。ときにそれは，人々が彼女たちを歴史から排除しようとしたからだ。エジプトの最も重要な女王の１人であるハトシェプストのように。彼女が亡くなった後，何人かの男たちが，彼女の像を破壊し，彼女の名前を公文書から抹消した。他の場合には，男性の名前の方がより有名になったからということもある。例えば，チャールズ・バベッジは「コンピュータの父」と呼ばれているが，エイダ・ラブレスという女性が，最初のコンピュータプログラムを書いたのだ。❹なぜ我々は，これらの女性について以前に学んでいないのだろうか。歴史というものは，女性より男性を記憶することが多い。目を閉じて戦争の英雄やパイロットを思うとき，あなたが思い浮かべるのはおそらく男性だろう。もしあなたがその本を読めば，それらの映像があらゆる肌の色をした，あらゆる年代の女性になり始めるかもしれない。本に出てくる女性たちは，自分がしたかったから何かをして，また人がするなと言うときには耳を貸さなかった。❺その本の１つの問題は，残念ながら題名だ。なぜならそれは少女向けの本だという印象を与えるからだ。年若い女の子たちに，女性に何ができるかということを示すのはすばらしい考えだ。しかしその物語は，男の子が読んでもおもしろい。そしてまた男の子たちが，医師やF１レースのドライバーや大統領のような職業につく女性のことを考えることができるのも大切なことだ。❻書かれている女性の全てが「よい少女」というわけではない。ある女性，日本の神功皇后は，夢を理由に朝鮮との戦争を開始することを決めた。それが悪いことだったと本に書いていないのは問題だろうか。もう１つの例は海賊だ。本に出てくる２人の女海賊は普通の英雄ではない。なぜなら海賊は危険で，人を殺したからだ。さまざまな女性を見るのはよいとして，ときには物語に悪い結末を示してもよいのではないだろうか。単に女性だからといって，彼女たちが常にいい人だとは限らないということが理解できる。❼あなたは毎晩１つの物語を読むこともできるが，おそらく１つではやめたくなくなるだろう。すぐに読み終えてしまっても心配はいらない。というのも今や「反逆的な少女」の本は２冊あるのだ。作者のエレナ・ファヴィッリとフランチェスカ・カヴァッロは，両方の本をつくるためのお金を，キックスターター社の行うクラウドファンディングを通じて手に入れた。2016年，彼女たちは75か国の１万3454人から100万ドルを受け取った。２冊目の本のために，2017年に彼女たちは再びそれを行った。今回はさらに86万6000ドルを得た。最初の本は36の異なる言語で100万部を売り上げたが，２冊目もおそらく同じようになるだろう。

問１．「『反逆的な少女のための寝る前の物語』は(　　)を読むのが好きな読者のためのものだ」―ウ．「すばらしい女性が出てくるおとぎ話」　第１段落および第２段落最終文参照。

問２．「biographies という単語は(　　)に最も意味が近い」―ア．「人生の物語」　第２段落最終文から第３段落第２文参照。この本の物語は全て実話だが単なる biographies ではない，とあるので，「伝記」だとわかる。　legend「伝説」

問３．「エイダ・ラブレスは最初のコンピュータプログラムを書いたが，チャールズ・バベッジが『コンピュータの父』と呼ばれている。なぜなら(　　)からだ」―エ．「男性の名前の方がより有名になった」　第３段落終わりの２文参照。

問４．「戦争の英雄やパイロットを思うとき，あなたはおそらく男性を思い浮かべる。なぜなら(　　)からだ」―ア．「歴史はしばしば女性より男性を記憶する」　第４段落第２，３文参照。

問５．「『反逆的な少女のための寝る前の物語』は男の子が読むことが重要だ。なぜなら(　　)からだ」―エ．「彼らが医者やカーレースのドライバーや大統領のような職業につく女性のことを考えられる」　第５段落終わりの２文参照。

問６．「『反逆的な少女のための寝る前の物語』を読んだ後，(　　)」―イ．「あなたは同じシリーズの別の本を読むことができる」　第７段落第２文参照。

問７．「2016年，『反逆的な少女』の本を書くため，エレナ・ファヴィッリとフランチェスカ・カヴァッロは(　　)」―ウ．「多くの国から多額のお金を得た」　第７段落第３，４文参照。

問８．「２冊目の『反逆的な少女』の本は(　　)」―イ．「エレナ・ファヴィッリとフランチェスカ・カヴァッロによって書かれる予定だ」　第７段落第２文に，シリーズの本は２冊あると書かれているが，２冊目については，第７段落終わりから３文目に，作者が再びクラウドファンディングで資金を募ったことと，最終文に，２冊目も多くの言語に翻訳されて売られるだろう，ということが書かれているだけなので，同じ作者によってこれから出版されるのだろうと判断できる。

数学解答

1 (1) $\dfrac{5a-11b}{6}$　(2) $x=\dfrac{-3\pm\sqrt{17}}{4}$

(3) $(x-1)(y-2)$　(4) 4

(5) -12　(6) $\dfrac{7}{18}$　(7) 14個

(8) 40°　(9) ① 120°　② $27\pi \mathrm{cm}^2$

2 (1) $a=\dfrac{3}{8}$，$b=\dfrac{3}{2}$　(2) $y=-\dfrac{3}{4}x+3$

(3) -6，4

3 (1) $3\sqrt{2}$cm　(2) $\dfrac{9\sqrt{2}}{2}$cm

(3) $\dfrac{18\sqrt{3}}{5}$cm

4 (1) 912，921　(2) 125個

(3) 183個

1〔独立小問集合題〕

(1)＜式の計算＞与式 $=\dfrac{2(4a-b)-3(a+3b)}{6}=\dfrac{8a-2b-3a-9b}{6}=\dfrac{5a-11b}{6}$

(2)＜二次方程式＞解の公式より，$x=\dfrac{-3\pm\sqrt{3^2-4\times2\times(-1)}}{2\times2}=\dfrac{-3\pm\sqrt{17}}{4}$ となる。

(3)＜因数分解＞与式 $=x(y-2)-(y-2)$ とし，$y-2=Y$ とおくと，与式 $=xY-Y=(x-1)Y=(x-1)(y-2)$ となる。

(4)＜式の値＞与式 $=a^2+2ab+b^2-a^2-b^2=2ab=2(\sqrt{7}+\sqrt{5})(\sqrt{7}-\sqrt{5})=2\{(\sqrt{7})^2-(\sqrt{5})^2\}=2\times(7-5)=2\times2=4$

(5)＜関数―変化の割合＞関数 $y=-3x^2$ において，$x=-2$ のとき $y=-3\times(-2)^2=-12$，$x=6$ のとき $y=-3\times6^2=-108$ となる。よって，このときの変化の割合は，$\dfrac{-108-(-12)}{6-(-2)}=\dfrac{-96}{8}=-12$ となる。

(6)＜確率―さいころ＞大小２つのさいころを投げるとき，出た目の組 $(a,\ b)$ は全部で $6\times6=36$（通り）ある。このうち，$\dfrac{b}{a}$ が整数となるのは，b が a の倍数になるときであり，$(a,\ b)=(1,\ 1)$，(1，2)，(1，3)，(1，4)，(1，5)，(1，6)，(2，2)，(2，4)，(2，6)，(3，3)，(3，6)，(4，4)，(5，5)，(6，6)の14通りある。よって，求める確率は $\dfrac{14}{36}=\dfrac{7}{18}$ である。

(7)＜数の性質＞$7=\sqrt{7^2}$，$8=\sqrt{8^2}$ であるから，$7<\sqrt{x}<8$ より，$\sqrt{7^2}<\sqrt{x}<\sqrt{8^2}$，$7^2<x<8^2$，$49<x<64$ となる。したがって，整数 x は50以上63以下の整数だから，整数 x の個数は，$63-50+1=14$（個）となる。

(8)＜図形―角度＞右図１で，△DAB は AD＝BD の二等辺三角形だから，∠DAB＝∠DBA＝∠x となる。また，△DCA は AD＝CD の二等辺三角形だから，∠DAC＝∠DCA＝50°となり，∠ADC＝180°－(∠DCA＋∠DAC)＝180°－(50°＋50°)＝80°である。よって，△DAB で内角と外角の関係より，∠x＋∠x＝80°が成り立つから，∠x＝40°である。

図１

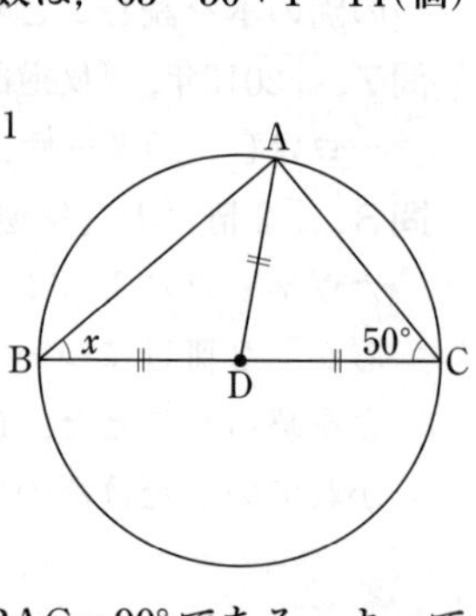

≪別解≫図１のように，AD＝BD＝CD より，点Dは，３点A，B，Cを通る円の中心となり，∠BAC は半円の弧に対する円周角なので，∠BAC＝90°である。よって，△ABC の内角について，∠x＋90°＋50°＝180°が成り立つから，∠x＝40°となる。

(9)＜図形―円錐＞①次ページの図２のように，おうぎ形の中心をP，弧の両端をA，B，底面の円の

中心をOとすると，$\overset{\frown}{\mathrm{AB}}$ の長さは底面の円周の長さと等しく，$2\pi\times3=6\pi$ となる。また，母線PAを半径とする円の周の長さは $2\pi\times9=18\pi$ なので，$\overset{\frown}{\mathrm{AB}}$ の円周全体に対する割合は，$\dfrac{6\pi}{18\pi}=\dfrac{1}{3}$ となる。よって，おうぎ形PABの中心角は，$360^\circ\times\dfrac{1}{3}=120^\circ$ である。　②円錐の側面積は，図2のおうぎ形PABの面積である。よって，$\pi\times9^2\times\dfrac{1}{3}=27\pi$ (cm^2)となる。

図2

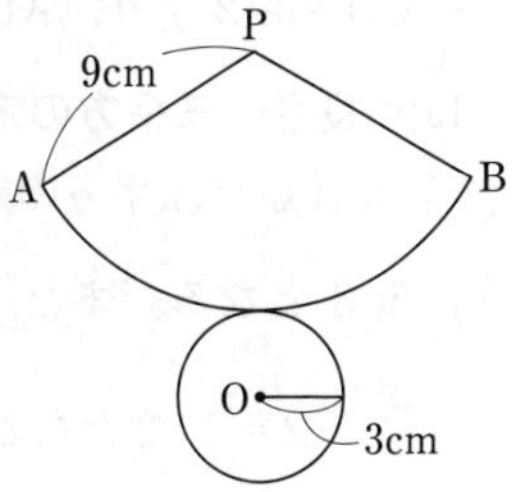

2〔関数―関数 $y=ax^2$ のグラフと直線〕

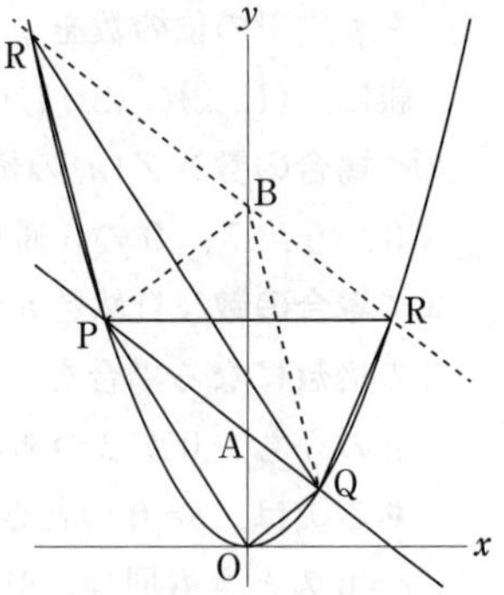

(1)**<比例定数，点の座標>** 右図で，P(−4，6)は放物線 $y=ax^2$ 上の点なので，$y=ax^2$ に $x=-4$，$y=6$ を代入すると，$6=a\times(-4)^2$ より，$a=\dfrac{3}{8}$ となる。よって，放物線の式は $y=\dfrac{3}{8}x^2$ となり，この式に，点Qの座標から $x=2$，$y=b$ を代入すると，$b=\dfrac{3}{8}\times2^2=\dfrac{3}{2}$ となる。

(2)**<直線の式―2点を通る直線>** (1)より，$\mathrm{Q}\left(2,\ \dfrac{3}{2}\right)$ だから，直線PQの式を $y=mx+n$ とすると，P(−4，6)より，$6=m\times(-4)+n$，$-4m+n=6$……①，$\mathrm{Q}\left(2,\ \dfrac{3}{2}\right)$ より，$\dfrac{3}{2}=m\times2+n$，$4m+2n=3$……②が成り立つ。①，②の連立方程式を解くと，①+②より，$n+2n=6+3$，$3n=9$　$\therefore n=3$　これを②に代入して，$4m+2\times3=3$，$4m=-3$　$\therefore m=-\dfrac{3}{4}$　よって，直線PQの式は，$y=-\dfrac{3}{4}x+3$ である。

(3)**<点の座標―等積変形>** 右上図のように，直線PQと y 軸との交点をAとし，y 軸上にOA：AB＝1：2となる点Bをとると，OA：OB＝1：(1+2)＝1：3となり，(2)で求めた直線PQの切片よりOA＝3，OB＝3OA＝3×3＝9となり，B(0，9)となる。また，辺PQを底辺としたときの△PQBの高さは△OPQの高さの2倍となるので，面積も△OPQの2倍になる。また，点Bを通り直線PQに平行な直線が放物線と交わる点をRとすると，△PQR＝△PQBとなる。直線BRの式は $y=-\dfrac{3}{4}x+9$ であり，放物線の式が $y=\dfrac{3}{8}x^2$ より，2式から y を消去して，$\dfrac{3}{8}x^2=-\dfrac{3}{4}x+9$，$3x^2=-6x+72$，$x^2+2x-24=0$，$(x+6)(x-4)=0$ より，$x=-6$，4となる。

3〔空間図形―立方体〕

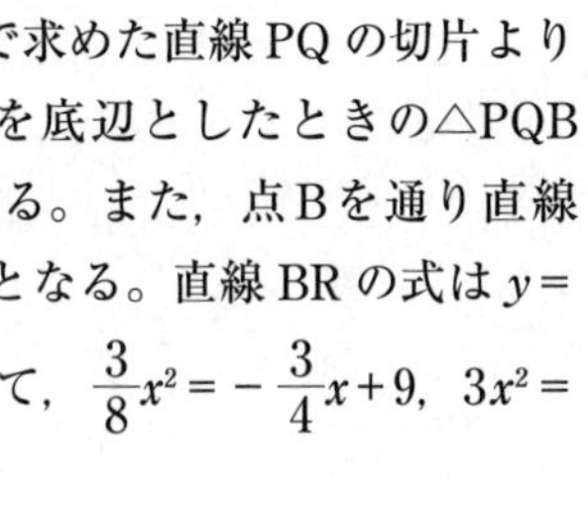

(1)**<長さ―特別な直角三角形>** 右図で，四角形EFGHは正方形だから，2本の対角線EG，FHは互いの中点で垂直に交わる。よって，点Iは対角線EG，FHの交点であり，2本の対角線によって，正方形EFGHは4つの合同な直角二等辺三角形に分けられるから，$\mathrm{GI}=\dfrac{1}{\sqrt{2}}\mathrm{FG}=\dfrac{1}{\sqrt{2}}\times6=\dfrac{6\times\sqrt{2}}{\sqrt{2}\times\sqrt{2}}=\dfrac{6\sqrt{2}}{2}=3\sqrt{2}$ (cm)である。

(2)**<長さ―中点連結定理>** 右図のように，正方形ABCDの対角線の交点をOとすると，$\mathrm{CO}=\mathrm{GI}=3\sqrt{2}$ となる。また，2点J，Kはそれぞれ辺BC，CDの中点なので，△BCDで中点連結定理より，JK∥BDとなり，点Lは線分COの中点である。よって，$\mathrm{OL}=\dfrac{1}{2}\mathrm{CO}=\dfrac{1}{2}\times3\sqrt{2}=\dfrac{3\sqrt{2}}{2}$，AO＝

$CO=3\sqrt{2}$ より，$AL=OL+AO=\frac{3\sqrt{2}}{2}+3\sqrt{2}=\frac{9\sqrt{2}}{2}$(cm)となる。

(3)**＜長さ―三平方の定理―相似＞**前ページの図で，AE⊥〔面EFGH〕より，$\angle AEG=90^\circ$となるから，△AEGに三平方の定理を用いると，$AG=\sqrt{AE^2+EG^2}=\sqrt{AE^2+(2GI)^2}=\sqrt{6^2+(2\times3\sqrt{2})^2}=\sqrt{108}=6\sqrt{3}$となる。また，AL∥IGより，△ALM∽△GIMとなる。これらの相似比は，$AL:GI=\frac{9\sqrt{2}}{2}:3\sqrt{2}=3:2$となるので，$AM:GM=3:2$より，$AM=\frac{3}{3+2}AG=\frac{3}{5}\times6\sqrt{3}=\frac{18\sqrt{3}}{5}$(cm)である。

4 〔場合の数―整数〕

(1)**＜場合の数＞**$900\leqq n<1000$を満たす3けたの自然数nの百の位は9となる。そこで，十の位の数をp，一の位の数をqとすると，$Z(n)=9\times p\times q=18$より，$pq=2$となる。これを満たす$(p,\ q)$の組は，(1，2)，(2，1)の2通りなので，$n=912$，921となる。

(2)**＜場合の数＞**$Z(n)$の値が奇数になるのは，各位の数が全て奇数のときである。1けたの奇数は1，3，5，7，9の5通りあるから，求めるnは$5\times5\times5=125$(個)ある。

(3)**＜場合の数＞**自然数nの百の位の数をa，十の位の数をb，一の位の数をcとして，abcの値が50の倍数になる場合を考える。まず，$abc=0$になるとき，少なくとも1つの数は0である。a，b，cのうち，0が2つある数は100の倍数だから，100から900までの9個ある。また，0が1つだけある数は，$b=0$のとき，a，cはそれぞれ1から9までの9通りあるので，$9\times9=81$(通り)あり，$c=0$のときも同様に81通りある。よって，$abc=0$になるnは$9+81+81=171$(個)ある。次に，$50=2\times5^2$より，a，b，cのうち，2つが5で，残りの1つが0でない2の倍数のときも，abcは50の倍数となる。$a=b=5$のとき，cは2，4，6，8の4通りあり，$a=c=5$のときも，$b=c=5$のときも同様に4通りあるので，このときのnは$4\times3=12$(個)ある。以上より，$Z(n)$の値が50の倍数となるnは，$171+12=183$(個)ある。

国語解答

一 問一 2　問二 エ　問三 イ
問四 エ　問五 4　問六 ア
問七 ウ
問八 俳句を詠んでもらうためには，俳句でも自分が表現できることを，本人に納得してもらう必要があるから。(48字)
問九 試行　問十 イ

二 問一 ア　問二 ウ　問三 イ
問四 ウ
問五 ア…○　イ…×　ウ…×　エ…○
問六 エ　問七 ア
問八 しかし，イ
問九 常識とされていることに対して疑問を持ち，そのうえでメディアから情報を集めて，自分なりの考えを持つという姿勢。(54字)
問十 イ

三 ① 快挙　② 埋没　③ 模倣
④ 設　⑤ 推進　a こうむ
b ぎんみ　c しさ　d たずさ
e じゅんしゅ

一〔小説の読解〕出典；森谷明子『南風吹く』。

問一＜品詞＞「かわいくない」の「ない」は，上の「かわいく」という文節を補助している補助形容詞。「思えない」と「変わらない」と「出せない」の「ない」は，打ち消しの意味を表す助動詞。

問二＜表現＞「猫なで声」は，機嫌を取るためのこびるような声。河野女史が，来島京の「機嫌を取るよう」な声で誘っても，京の表情は変わらなかった。

問三＜文章内容＞京が「俳句の経験はありません」,「やってみようとも思いません」などという理由で断ることまでは，河野女史も予想できたが,「俳句のような不完全なものじゃ自分を表現できません」という思いもしない理由まで付け加えてきたので，河野女史は戸惑ったのである。

問四＜文章内容＞河野女史が「俳句が不完全だなんて言われたままにしておけない」と言い，京ともう一度話がしたいと思っているように，女史は,「俳句のような不完全なもの」や「俳句では何も表現できません」といった京の発言に対して，やはり「こだわり」を持っていたのである。

問五＜文脈＞京は，短い俳句では十分な表現ができないと考えているので,「短歌と同じ心を俳句で詠む」という河野女史の発言を聞いて,「思いを表現するのに短歌の長さは必要ない」と言われたと思い,「短歌を馬鹿にしてる」と感じ，京の声には怒気が含まれたのである。

問六＜文章内容＞再びやってきた河野女史を見て，京は「うんざりした表情」になり，本を読み続けたが，河野女史が自分の短歌をほめ，そこに込められた思いを言い当てたので，無意識のうちに女史に向き合っていたのである。

問七＜文章内容＞京が感情的になり，その声が鋭くなったときに，和彦が「同じ心」かどうかについての判定の仕方を尋ねたので，いったんは緊迫した空気が緩んだ。和彦に「なだめるつもりがあるのかないのか」はわからないが，結果として，和彦の「のんびりした声」による質問には，張り詰めた雰囲気を緩める効果があり，話題をもとに戻すことができたのである。

問八＜文章内容＞河野女史の目的は，京に俳句甲子園のメンバーに加わってもらうことであるから，俳句でも短歌と同じ心を表現できるということを京自身に納得してもらう必要があると，考えたのである。

問九＜四字熟語＞「試行錯誤」は，いろいろな試みを繰り返していきながら見通しを立てて成功に近づいていくこと。河野女史は，京の短歌に込められた思いを俳句で表現するために，辞書を引いたり，「言葉を書きなぐって」みたりしているのである。

問十＜文章内容＞斎和彦は，「短歌も俳句も，似たようなもんでしょ」や「短歌を作れる人間なら，俳句だっていけると思うんだけどなあ」などと，自分が思ったことを率直に言う人物であるが，小市航太は，そのような和彦の発言のたびに河野女史の顔色をうかがうような，細かい気遣いをする人物である。

二〔論説文の読解―社会学的分野―マスコミ〕出典；山口二郎『政治のしくみがわかる本』。

≪本文の概要≫物事についての情報が報道され，蓄積されると，それについてのイメージが形成されるようになり，そのイメージが固定化されると，ステレオタイプが生まれる。私たちは，物事についての判断を下したり，態度を形成したりするうえで基準となる知識を必要とするが，そうした知識の多くは，事物についての完全な知識ではなく，ステレオタイプに基づくものである。ステレオタイプには，自ら思考することなしに事物を理解できるという感覚を与えてくれたり，ステレオタイプを共有することで，自分の所属する集団に同調できたりするという機能があるが，歴史を顧みると，ステレオタイプには危険な側面もあることがわかる。だから，私たちはいろいろなメディアからさまざまな情報を集め，ステレオタイプに対して視点をずらすことが必要となる。大勢の市民が少しずつ視点をずらせば，ステレオタイプが崩れ，世間が一色に染まらないという効果が期待できるのである。

問一＜文章内容＞「人間が自分のまわりの物事を眺めるとき」には，正しい判断はできず，必ず愛着や嫌悪などの「感情や情緒」がつきまとうのである。「坊主憎けりゃ袈裟まで憎し」は，その人を憎むあまりにその人に関係しているもの全てに憎しみを感じるようになる，という意味。「情けは人のためならず」は，人に情けをかけるとそれはよい報いとなって自分に返ってくる，という意味。「魚心あれば水心」は，相手が好意を示せばこちらも相手に好意を持って接することができるようになる，という意味。「仏の顔も三度まで」は，どんなに温和な人でも何度もひどいことをされると怒り出す，という意味。

問二＜文章内容＞人間は，「だれが正しく，何が間違っているか」などを判断するとき，「基準となる知識」を必要とするが，知りたい「事物に関連してあらゆる情報を集めて，それを摂取することは不可能」なので，固定化されたイメージであるステレオタイプに頼ることになるのである。

問三＜接続語＞1．高校名によって，そこの生徒が「ちょっとワル」だとか「カワイイ」などと判断することはあるが，当然のことながら「学校のなかにはいろいろな生徒がいる」のである。　2．「学校のなかにはいろいろな生徒が」いて「一概に決めつけるのは不正確」ではあるが，「私たち」は「単純なイメージで他の人や組織など」について判断を下してしまうのである。　3．「一つの社会全体に特定のステレオタイプが流布」したときに起こる「たいへん危険なこと」の一例として，「ヒトラーが独裁支配をおこなったドイツ」における「ユダヤ人についてのステレオタイプ」が挙げられる。

問四＜文章内容＞人間が「ものを見る」ときは，「人やものに対して抱いている愛着，嫌悪，恐怖，侮蔑などの感情や情緒」がつきまとう。つまり，「みんななにがしかの眼鏡をかけてものを見ている」のである。

問五＜文章内容＞ステレオタイプは,「自ら思考することなしに事物を理解できるという感覚を与え」たり(ア…○),「多数派の人々にとって秩序の基盤」となることで「手っ取り早く憎むべき悪者を示し」たりする機能がある(エ…○)。だから,ヒトラーは「ゆがんだイメージ」に基づくユダヤ人についてのステレオタイプを利用し,被支配者たちの支持を集め(ウ…×),社会全体を一つの単純な方向へと動かしたのである(イ…×)。

問六＜文章内容＞人間には,多様な事物を理解するために「あらゆる情報を集めて,それを摂取することは不可能」である。ステレオタイプは,自分で思考することなしに事物を理解したかのような感覚を与えるために,複雑な事物を簡単なものであるかのように人々に提示して見せるのである。

問七＜文章内容＞ステレオタイプは,その集団の多数派の人々にとっての秩序の基盤であり(…ｂ),自分が正しいと信じ込んでいる価値体系でもある(…ｃ)。だから,ステレオタイプの指し示す悪者をバッシングすることで,自分が正しいということを確認できるのである(…ｄ)。しかし,ステレオタイプを共有することは,自分の良心さえ捨てることになりうるのである(…ａ)。

問八＜文章内容＞民営化を進めて小さな政府をつくることが改革だとテレビや新聞が報じており,それがステレオタイプになっていたが,「インターネットの検索エンジンを使って調べれば,公務員数の対人口比,税負担の対GDP比などのデータにてらして日本がすでに小さな政府であること」がわかるし,「またインターネットでさがせば,民営化が諸外国で必ずしも成功していないことを伝える論説」も見つかるのである。

問九＜文章内容＞ステレオタイプが正しいと信じ込むことは危険なので,「常識だと思われていること」について,自分なりに疑問を投げかけ,「なるべくいろいろなメディアから,さまざまな角度の情報」を集め,「自分なりに物事に対する見方」をつくることが必要なのである。

問十＜文章内容＞視聴者や読者が,「さまざまな角度の情報」を集めて,自分なりに判断し,自分なりの考え方を持てるように,さまざまな視点から報道するようなメディアにしていくことが大切なのである。

三〔漢字〕

①胸のすくような見事な行為のこと。　②没頭して他のことを顧みないこと。　③他のものをまねること。　④音読みは「設立」などの「セツ」。　⑤目的に向かって,おし進めること。

ａ．音読みは「被害」などの「ヒ」。　ｂ．物事を念入りに調べて確かめること。　ｃ．それとなく示して教えること。　ｄ．音読みは「連携」などの「ケイ」。　ｅ．法律などを守り,従うこと。

Memo

2025年度用

高校スーパー過去問

■編集人　声の教育社・編集部
■発行所　株式会社　声の教育社
〒162-0814 東京都新宿区新小川町8-15
☎03-5261-5061㈹ FAX03-5261-5062
https://www.koenokyoikusha.co.jp

獨協埼玉高等学校

別冊 解答用紙

丁寧に抜きとって、別冊としてご使用ください。

注意

- ○ 解答用紙は、収録の都合により縮小したものや、小社独自に作成したものもあります。
- ○ 学校配点は学校発表のもの、推定配点は小社で作成したものです。
- ○ 無断転載を禁じます。
- ○ 解答用紙を拡大コピーする場合、表示した拡大率に対応する用紙サイズは以下のとおりです。

101%～102%＝B5　103%～118%＝A4　119%～144%＝B4　145%～167%＝A3

（タイトルと配点表は含みません）

２０２４年度　獨協埼玉高等学校・第１回

英語解答用紙

番号		氏名		評点	／100

1

Part 1

1		2		3		4		5	

Part 2

1		2		3	
4		5			

Part 3

1		2		3		4		5	

2

1	u	2	a	3	s
4	t	5	n		

3

1			
2			
3			
4			
5			

4

1		2		3		4		5	

5

1	(A)	(B)	2	(A)	(B)
3	(A)	(B)	4	(A)	(B)
5	(A)	(B)	6	(A)	(B)

6

問1		問2	

問3 　25　50

問4		問5		問6		問7		問8	

7

問1		問2		問3		問4	
問5		問6		問7		問8	

（注）この解答用紙は実物を縮小してあります。A3用紙に159%拡大コピーすると、ほぼ実物大で使用できます。（タイトルと配点表は含みません）

学校配点		計
	1, 2　各１点×20　　3～5　各２点×16　　6, 7　各３点×16	100点

２０２４年度　獨協埼玉高等学校・第１回

数学解答用紙

番号		氏名		評点	／100

1

(1)	(2)	(3)	(4)
(5)	(6)	(7)	(8)

(9)	
①	②

2

(1)	
①	②

(2)		
①　(ア)	(イ)	②

3

(1)	
(2)	
(3)	〈考え方・式〉 答 ＿＿＿＿＿＿＿＿

4

(1)	ア	イ
	ウ	
(2)	(傾き)＝	(切片)＝
(3)	〈説明〉	

(注) この解答用紙は実物を縮小してあります。Ａ３用紙に164%拡大コピーすると、ほぼ実物大で使用できます。(タイトルと配点表は含みません)

学校配点		計
	1, **2**　各４点×15 **3**　(1), (2)　各５点×２　(3)　10点 **4**　(1)　各２点×３　(2)　各３点×２　(3)　８点	100点

二〇二四年度　獨協埼玉高等学校・第一回

国語解答用紙

番号		氏名		評点	／100

一

問一

問二

問三

問四

問五　15

問六

問七　C　D　E

問八　80　60

問九

問十

二

問一

問二

問三

問四

問五　Ⅰ　Ⅱ

問六

問七

三

問八　初め　終わり

問九　80　60

問十

①　②　③

④　⑤　うじて

a　b　c　う

d　e　む

（注）この解答用紙は実物を縮小してあります。Ａ３用紙に156％拡大コピーすると、ほぼ実物大で使用できます。（タイトルと配点表は含みません）

学校配点		計
	一　問一　3点　問二　4点　問三，問四　各3点×2　問五，問六　各4点×2 問七　各2点×3　問八　6点　問九　3点　問十　4点 二　問一　各1点×2　問二，問三　各4点×2　問四　各2点×2　問五　各3点×2 問六　4点　問七　2点　問八　4点　問九　7点　問十　3点 三　各2点×10	100点

2０2４年度　　　獨協埼玉高等学校・第２回

英語解答用紙

番号		氏名		評点	／100

1

Part 1

1		2		3		4		5	

Part 2

1		2		3	
4		5			

Part 3

1		2		3		4		5	

2

1	a	2	m	3	c
4	r	5	p		

3

1			
2			
3			
4			
5			

4

1		2		3		4		5	

5

1	(A)	(B)	2	(A)	(B)
3	(A)	(B)	4	(A)	(B)
5	(A)	(B)	6	(A)	(B)

6

問1		問2	

問3 （20）（40）

問4		問5		問6		問7		問8	

7

問1		問2		問3		問4	
問5		問6		問7		問8	

（注）この解答用紙は実物を縮小してあります。Ａ３用紙に154％拡大コピーすると、ほぼ実物大で使用できます。（タイトルと配点表は含みません）

学校配点	1，2　各１点×20　　3～5　各２点×16　　6，7　各３点×16	計 100点

２０２４年度　獨協埼玉高等学校・第２回

数学解答用紙

番号		氏名	

評点	／100

1

(1)	(2)	(3)	(4)
(5)	(6)	(7)	(8)
(9)	(10)		

2

(1)①	(1)②
(2)①	(2)②

3

(1)	
(2)	
(3)	〈説明〉 答

4

(1)	①		②	
	③			
(2)	①		②	
(3)	〈説明〉 答			

（注）この解答用紙は実物を縮小してあります。Ａ３用紙に159％拡大コピーすると、ほぼ実物大で使用できます。（タイトルと配点表は含みません）

学校配点		計
	1　各４点×10　**2**　各５点×４ **3**　(1), (2)　各５点×２　(3)　10点 **4**　(1)　各２点×３　(2)　各３点×２　(3)　８点	100点

二〇二四年度　獨協埼玉高等学校・第二回

国語解答用紙

番号		氏名		評点	／100

一

問一

問二　↓　↓　↓

問三

問四

問五

問六　X　Y

問七

問八

問九　C　D

問十

二

問一　A　B

問二

問三　a　b

問四　X　Y

問五

三

問六

問七

問八

問九

問十

①　　き　②　③　　かす　④　⑤

a　b　c　　げ　d　　える　e

（注）この解答用紙は実物を縮小してあります。B4用紙に141%拡大コピーすると、ほぼ実物大で使用できます。（タイトルと配点表は含みません）

学校配点		計
	一　問一～問三　各3点×3　問四　4点　問五，問六　各3点×3　問七　5点　問八，問九　各3点×3　問十　4点 二　問一　各2点×2　問二　3点　問三　各2点×2　問四　X　3点　Y　2点　問五，問六　各4点×2　問七　5点　問八　3点　問九，問十　各4点×2 三　各2点×10	100点

2023年度　獨協埼玉高等学校・第1回

英語解答用紙

番号		氏名		評点	／100

1

Part 1

1		2		3		4		5	

Part 2

1		2		3	
4		5			

Part 3

1		2		3		4		5	

2

1		2		3	
4		5			

3

1			
2			
3			
4			
5			

4

1		2		3		4		5	

5

1	.
2	.
3	Do you know ?
4	.
5	?
6	.

6

問1	(1)	問1	(4)	問2	
問3	20				
	40				
問4		問5		問6		問7	

7

問1		問2		問3		問4	
問5		問6		問7		問8	

（注）この解答用紙は実物を縮小してあります。A3用紙に164%拡大コピーすると、ほぼ実物大で使用できます。（タイトルと配点表は含みません）

学校配点		計
	1, 2　各1点×20　　3～5　各2点×16　　6, 7　各3点×16	100点

２０２３年度　獨協埼玉高等学校・第１回

数学解答用紙

番号		氏名		評点	／100

1

(1)	(2)	(3)	(4)

(5)	(6)	(7)	
		①	②

(8)	
①	②

2

(1)	
調査	母集団：
(2)	
メニュー：	人数：
(3)	
ア	イ

3

(1)	B（　，　）	C（　，　）	D（　，　）
(2)	①	②	
(3)	〈説明〉		
(4)	〈考え方・式〉 答		

4

(1)	①	②
(2)	$(a,\ b,\ c)=$	
(3)	〈考え方・式〉 答	

（注）この解答用紙は実物を縮小してあります。Ａ３用紙に167％拡大コピーすると、ほぼ実物大で使用できます。（タイトルと配点表は含みません）

学校配点		計
	1 各４点×10 **2** (1) 各３点×２　(2) ６点　(3) ８点 **3** (1), (2) 各２点×５　(3) ４点　(4) ６点 **4** (1) 各３点×２　(2) ６点　(3) ８点	100点

二〇二三年度　獨協埼玉高等学校・第一回

国語解答用紙

番号　　氏名　　評点 /100

一

問一

問二（10）

問三（20・25）

問四（15・25）

問五　　問六

問七（60）

問八　　問九

問十　ア　イ　ウ　エ　オ

二

問一　問二　問三　問四　問五　問六

問七（25・35）

問八　　問九　　問十

三

①　②　③　④　⑤　る

a　える　b　c　d　e

学校配点	
一 問一　3点　問二～問六　各4点×5　問七　6点 問八、問九　各3点×2　問十　各1点×5 二 問一　3点　問二～問五　各4点×4　問六　3点　問七　6点 問八～問十　各4点×3 三 各2点×10	計 100点

（注）この解答用紙は実物を縮小してあります。A３用紙に152%拡大コピーすると、ほぼ実物大で使用できます。（タイトルと配点表は含みません）

２０２３年度　獨協埼玉高等学校・第２回

英語解答用紙

番号		氏名		評点	／100

1

Part 1

1		2		3		4		5	

Part 2

1		2		3	
4		5			

Part 3

1		2		3		4		5	

2

1		2		3	
4		5			

3

1			
2			
3			
4			
5			

4

1		2		3		4		5	

5

1	.
2	German.
3	.
4	.
5	I can't remember　　　a long time ago.
6	I think　　　.

6

問1		問2		問3		問4	
問5		問6					

問7 （20）（40）

問8

7

問1		問2		問3		問4	
問5		問6		問7		問8	

（注）この解答用紙は実物を縮小してあります。Ａ３用紙に164％拡大コピーすると、ほぼ実物大で使用できます。（タイトルと配点表は含みません）

学校配点	1，2　各１点×20　　3～5　各２点×16　　6，7　各３点×16	計 100点

2023年度　獨協埼玉高等学校・第2回

数学解答用紙

番号		氏名		評点	／100

1

(1)	(2)	(3)	(4)

(5)	(6)	(7)	(8)

(9)	(10)

2

(1)	(2)

(3)	(4)

3

(1)	
(2)	
(3)	〈考え方・式〉 答

4

(1)				
(2)	①		②	
(3)	〈考え方・式〉 答			

(注) この解答用紙は実物を縮小してあります。A３用紙に167％拡大コピーすると、ほぼ実物大で使用できます。(タイトルと配点表は含みません)

学校配点		計
	1　各４点×10　　2　各５点×４ 3　(1)，(2)　各５点×２　(3)　10点 4　(1)，(2)　各４点×３　(3)　８点	100点

二〇二三年度　獨協埼玉高等学校・第二回

国語解答用紙

番号		氏名		評点	/100

一

問一

問二　X　Y

問三　X　Y　Z

問四

問五　→　→　→

問六　50　60

問七　A　B

問八

問九

問十

二

問一　A　B　C

問二　a　b

問三　20　25

問四

問五

問六

問七　40　50

問八

問九　X　Y

問十

三

①	②	③	④ しく	⑤

a める	b	c	d	e

（注）この解答用紙は実物を縮小してあります。A3用紙に154%拡大コピーすると、ほぼ実物大で使用できます。（タイトルと配点表は含みません）

学校配点		計
	一　問一、問二　各3点×3〔問一は完答〕　問三　各2点×3　問四　3点 問五　4点　問六　6点　問七　各2点×2　問八　3点　問九　2点　問十　3点 二　問一、問二　各2点×5　問三　4点　問四～問六　各3点×3 問七　6点　問八　3点　問九　各2点×2　問十　4点 三　各2点×10	100点

２０２２年度　獨協埼玉高等学校・第１回

英語解答用紙

番号		氏名	

評点	／100

1

Part 1

1		2		3		4		5	

Part 2

1		2	□ Single ／ □ Double	3	
4		5			

Part 3

1		2		3	
4		5			

2

1		2		3	
4		5			

3

1			
2			
3			
4			
5			

4

1		2		3		4		5	

5

1	You　　　　.
2	Have　　　　?
3	I was　　　　.
4	This　　　　.
5	It　　　　a lot of famous places.
6	You always　　　　.

6

問1		問2	(1)		(2)		問3		問4	
問5		問6					問7			

7

問1		問2		問3		問4	
問5		問6		問7		問8	

（注）この解答用紙は実物を縮小してあります。A３用紙に159％拡大コピーすると、ほぼ実物大で使用できます。（タイトルと配点表は含みません）

学校配点		計
	1, 2　各１点×20　　3～5　各２点×16　　6, 7　各３点×16	100点

２０２２年度　獨協埼玉高等学校・第１回

数学解答用紙

番号		氏名		評点	／100

1

(1)	(2)	(3)	(4)
	x =	x = 　　, y =	
(5)	(6)	(7)	(8)
a = 　　, b =			：
(9)			
①	②		

2

(1)	(2)	(3)	(4)

3

(1)	点Bのx座標
	点Cのx座標
(2)	
(3)	〈考え方・式〉 答

4

(1)	
(2)	
(3)	〈考え方・式〉 答

(注) この解答用紙は実物を縮小してあります。Ａ３用紙に161%拡大コピーすると、ほぼ実物大で使用できます。(タイトルと配点表は含みません)

学校配点		計
	1　各４点×10　　2　各５点×４ 3　(1), (2)　各６点×２　(3)　８点 4　(1), (2)　各６点×２　(3)　８点	100点

二〇二二年度　獨協埼玉高等学校・第一回

国語解答用紙

番号　氏名　評点 ／100

一

問一

問二　A　B

問三

問四

問五

問六　C　D

問七

問八（60字）

問九

問十

二

問一

問二

問三（50字）

問四

問五

問六

問七

問八

問九

問十（20字）

問十一

三

①　②　③　④　⑤

a　b　c　d　e　う

（注）この解答用紙は実物を縮小してあります。Ａ３用紙に149％拡大コピーすると、ほぼ実物大で使用できます。（タイトルと配点表は含みません）

学校配点	計
一 問一　３点　問二　各２点×２　問三、問四　各３点×２　問五　４点 問六　各２点×２　問七　４点　問八　７点　問九、問十　各４点×２ 二 問一、問二　各３点×２　問三　６点　問四　３点　問五　４点 問六～問八　各３点×３　問九～問十一　各４点×３ 三 各２点×10	100点

2022年度　獨協埼玉高等学校・第2回

英語解答用紙

番号		氏名		評点	／100

1

Part 1

1		2		3		4		5	

Part 2

1		2	□ Single ／ □ Double	3	
4		5			

Part 3

1		2		3	
4		5			

2

1		2		3	
4		5			

3

1			
2			
3			
4			
5			

4

1		2		3		4		5	

5

1	.
2	.
3	!
4	Don't　　　　in trouble.
5	yesterday?
6	.

6

問1		問2	(2)		(3)		問3		問4	
問5		問6								

7

問1		問2		問3		問4	
問5		問6		問7		問8	

（注）この解答用紙は実物を縮小してあります。A３用紙に159％拡大コピーすると、ほぼ実物大で使用できます。（タイトルと配点表は含みません）

学校配点		計
	1, 2　各１点×20　　3～5　各２点×16　　6, 7　各３点×16	100点

２０２２年度　獨協埼玉高等学校・第２回

数学解答用紙

番号		氏名	

評点	／100

1

(1)	(2)	(3)	(4)
(5)	(6)	(7)	(8)

(9)	
①	②

2

(1)	(2)
(3)	
①	②

3

(1)

(2)

(3) 〈考え方・式〉

答

4

(1)

(2)

(3) 〈考え方・式〉

答

（注）この解答用紙は実物を縮小してあります。A３用紙に159％拡大コピーすると、ほぼ実物大で使用できます。（タイトルと配点表は含みません）

学校配点		計
	1 各４点×10　2 各５点×４ 3 (1), (2) 各６点×２　(3) ８点 4 (1), (2) 各６点×２　(3) ８点	100点

二〇二二年度　獨協埼玉高等学校・第二回

国語解答用紙

番号　　氏名　　評点 /100

一

問一 （20字）

問二

問三 A　B

問四 （40字）

問五 初め　終わり

問六

問七 (1) X （20字）　Y （20字）　(2)

問八

問九

問十

二

問一 a　b

問二 （25字）

問三 A　B

問四

問五

問六 （20字）

問七

問八 (1) 初め　終わり　(2)

問九

三

① め　② 　③ 　④ 　⑤

a える　b 　c 　d 　e

（注）この解答用紙は実物を縮小してあります。Ａ３用紙に154％拡大コピーすると、ほぼ実物大で使用できます。（タイトルと配点表は含みません）

学校配点	
一 問一 3点　問二、問三 各2点×4　問四 4点 問五～問九 各3点×7　問十 4点 二 問一 各3点×2　問二 4点　問三、問四 各3点×3　問五 各2点×2 問六、問七 各3点×2　問八 (1) 3点 (2) 4点　問九 4点 三 各2点×10	
100点	計

２０２１年度　獨協埼玉高等学校・第１回

英語解答用紙

番号		氏名	

評点	／100

1

Part 1

1		2		3		4		5	

Part 2

1	□ A　／　□ B	2		3	
4		5			

Part 3

1		2		3		4		5	

2

1		2		3	
4		5			

3

1			
2			
3			
4			
5			

4

1		2		3		4		5	

5

1	as a souvenir.
2	school?
3	before.
4	free next Sunday.
5	He is　　the world.
6	?

6

問1		問2			
問3		問4		問5	→
問6		問7			

7

問1		問2		問3		問4	
問5		問6		問7		問8	

（注）この解答用紙は実物を縮小してあります。Ａ３用紙に156％拡大コピーすると、ほぼ実物大で使用できます。（タイトルと配点表は含みません）

学校配点		計
	1, 2　各１点×20　　3～5　各２点×16 6　問１　３点　問２　４点　問３，問４　各３点×２ 問５　４点　問６　３点　問７　４点 7　各３点×８	100点

2021年度　獨協埼玉高等学校・第1回

数学解答用紙

番号		氏名		評点	／100

1

(1)	(2)	(3)	(4)
	$x=$		$x=$　　　, $y=$
(5)	(6)	(7)	(8)
	$x=$	$a=$	
(9)			
①	②		

2

ア	イ	ウ			エ
オ	カ	キ	ク	ケ	コ

3

(1)	Aプラン	Bプラン
(2)		
(3)	①	
	②〈考え方・式〉 答 ＿＿GB以上＿＿GB以下	

4

(1)	
(2)	
(3)	③
	④

(注) この解答用紙は実物を縮小してあります。A３用紙に156%拡大コピーすると、ほぼ実物大で使用できます。(タイトルと配点表は含みません)

推定配点	計
1 各４点×10　**2** 各２点×10 **3** (1) 各３点×２ (2) ４点 (3) ① ４点 ② ６点 **4** (1) ４点 (2) ６点 (3) 各５点×２	100点

二〇二二年度　獨協埼玉高等学校・第一回

国語解答用紙

番号		氏名		評点	/100

一

問一　問二

問三（14字）

問四　問五

問六（15字）

問七　問八

問九（30〜40字）ことができるから。

問十

二

問一　問二　問三

問四（30〜40字）

問五　問六

問七

問八　問九　と

問十

三

① れる　②　③　④　⑤

a　b　c した　d　e む

（注）この解答用紙は実物を縮小してあります。A3用紙に149%拡大コピーすると、ほぼ実物大で使用できます。（タイトルと配点表は含みません）

学校配点		計
	一 問一　3点　問二、問三　各4点×2　問四　3点 問五〜問八　各4点×4　問九　6点　問十　4点 二 問一　4点　問二、問三　各3点×2　問四　5点　問五　4点 問六　2点　問七　4点　問八〜問十　各3点×5 三 各2点×10	100点

2021年度　獨協埼玉高等学校・第2回

英語解答用紙

番号		氏名		評点	／100

1

Part 1

1		2		3		4		5	

Part 2

1	□ A　／　□ B	2		3	
4		5			

Part 3

1		2		3		4		5	

2

1		2		3	
4		5			

3

1			
2			
3			
4			
5			

4

1		2		3		4		5	

5

1	.
2	.
3	German.
4	every day.
5	.
6	.

6

問1		問2	A		B		C		D	
問3		問4		問5						

7

問1		問2		問3		問4	
問5		問6		問7		問8	

（注）この解答用紙は実物を縮小してあります。A3用紙に152%拡大コピーすると、ほぼ実物大で使用できます。（タイトルと配点表は含みません）

学校配点		計
	1, 2 各1点×20　3～5 各2点×16　6, 7 各3点×16	100点

２０２１年度　獨協埼玉高等学校・第２回

数学解答用紙

番号		氏名		評点	／100

1

(1)	(2)	(3)	(4)
(5)	(6)	(7)	(8)
(9)			
①	②		

2

(1)	(2)
(3)	
①	②

3

(1)	
(2)	
(3)	〈考え方・式〉 答＿＿＿＿＿＿＿

4

(1)	
(2)	
(3)	〈考え方・式〉 答＿＿＿＿＿＿＿

（注）この解答用紙は実物を縮小してあります。Ａ３用紙に167％拡大コピーすると、ほぼ実物大で使用できます。（タイトルと配点表は含みません）

推定配点		計
	1 各４点×10　**2** 各５点×４ **3** (1), (2)　各６点×２　(3)　８点 **4** (1), (2)　各６点×２　(3)　８点	100点

二〇二一年度　獨協埼玉高等学校・第二回

国語解答用紙

番号　　氏名　　評点　/100

一

問一　問二　問三

問四　初め　終わり

問五

問六

問七

問八　問九

二

問一　A　B　C　問二　問三　問四

問五

問六

問七

問八

問九　問十

三

①　く　②　③　④　⑤

a　れる　b　c　d　e

（注）この解答用紙は実物を縮小してあります。A３用紙に147％拡大コピーすると、ほぼ実物大で使用できます。（タイトルと配点表は含みません）

学校配点	
一 問一　各２点×２　問二、問三　各４点×２　問四、問五　各５点×２　問六　４点　問七　６点　問八、問九　各４点×２ 二 問一、問二　各２点×４　問三、問四　各３点×２　問五　６点　問六　３点　問七　５点　問八～問十　各４点×３ 三 各２点×10	計 100点

２０２０年度　獨協埼玉高等学校・第１回

英語解答用紙

番号		氏名	

評点	／100

1

Part 1

1		2		3		4		5	

Part 2

1		2		3	
4		5			

Part 3

1		2		3		4		5	

2

1		2		3	
4		5			

3

1		2	
3		4	
5			

4

1		2		3		4		5	

5

1	.
2	yesterday?
3	Please .
4	I .
5	.
6	.

6

問1		問2		問3		問4	
問5						問6	
問7							

7

問1		問2		問3		問4	
問5		問6		問7		問8	

（注）この解答用紙は実物を縮小してあります。A３用紙に149％拡大コピーすると、ほぼ実物大で使用できます。（タイトルと配点表は含みません）

学校配点		計
	1, 2 各１点×20　3～5 各２点×16　6, 7 各３点×16	100点

２０２０年度　獨協埼玉高等学校・第１回

数学解答用紙

番号		氏名	

評点	／100

1

(1)	(2)	(3)	(4)
(5)	(6)	(7)	(8)

(9)	
①	②

2

(1)	(2)
(3)	
①	②

3

(1)	
(2)	
(3)	〈考え方・式〉 答 ＿＿＿＿＿＿

4

(1)	
(2)	
(3)	〈花子さんの考え方・式〉 答　$x =$ ＿＿＿＿＿＿, $y =$ ＿＿＿＿＿＿ う の図形の名称 〈理由〉

（注）この解答用紙は実物を縮小してあります。Ａ３用紙に164％拡大コピーすると、ほぼ実物大で使用できます。（タイトルと配点表は含みません）

学校配点		計
	1　各４点×10　　2　各５点×４ 3　(1), (2)　各６点×２　(3)　８点 4　(1)　４点　(2)　６点　(3)　10点	100点

二〇二〇年度　獨協埼玉高等学校・第一回

国語解答用紙

番号　　氏名

評点　／100

一

問一　問二　問三　問四

問五

問六

問七

問八

問九　問十

二

問一

問二　A　B　C

問三　にはどうしたらよいか。

問四

問五

問六　問七　問八　問九　問十

三

①　②　③　④　⑤

a　b　c　d　e かす

(注) この解答用紙は実物を縮小してあります。Ｂ４用紙に141%拡大コピーすると、ほぼ実物大で使用できます。(タイトルと配点表は含みません)

学校配点	
一 問一～問三　各３点×３　問四　４点　問五　６点　問六　４点 問七、問八　各５点×２　問九　４点　問十　３点 二 問一　３点　問二　各２点×３　問三　４点　問四　３点　問五　８点 問六　４点　問七　２点　問八　３点　問九　４点　問十　３点 三 各２点×10	
計	100点

２０２０年度　　獨協埼玉高等学校・第２回

英語解答用紙

番号		氏名		評点	／100

1

Part 1

1		2		3		4		5	

Part 2

1		2		3	
4		5			

Part 3

1		2		3		4		5	

2

1		2		3	
4		5			

3

1		2	
3		4	
5			

4

1		2		3		4		5	

5

1	.
2	.
3	.
4	.
5	.
6	.

6

問1		問2	A		B		C	
問3		問4				問5		

7

問1		問2		問3		問4	
問5		問6		問7		問8	

（注）この解答用紙は実物を縮小してあります。Ａ３用紙に147％拡大コピーすると、ほぼ実物大で使用できます。（タイトルと配点表は含みません）

学校配点		計
	1, 2　各１点×20　　3～5　各２点×16 6　問１～問３　各３点×５　問４　５点　問５　４点 7　各３点×８	100点

２０２０年度　獨協埼玉高等学校・第２回

数学解答用紙

番号		氏名		評点	／100

1

(1)	(2)	(3)	(4)

(5)	(6)	(7)	(8)

(9)	
①	②

2

(1)	(2)

(3)	
①	②

3

(1)	
(2)	
(3)	〈考え方・式〉 答 ＿＿＿＿＿＿

4

(1)	
(2)	〈考え方・式〉 答 ＿＿＿＿＿＿
(3)	〈考え方・式〉 答 ＿＿＿＿＿＿

(注)　この解答用紙は実物を縮小してあります。Ａ３用紙に164％拡大コピーすると、ほぼ実物大で使用できます。(タイトルと配点表は含みません)

学校配点		計
	1　各４点×10　2　各５点×４ 3　(1),(2)　各６点×２　(3)　８点 4　(1)　４点　(2),(3)　各８点×２	100点

二〇二〇年度　獨協埼玉高等学校・第二回

国語解答用紙

番号		氏名		評点	/100

一

問一　問二

問三（25、35）

問四　問五　問六

問七

問八　問九　問十

二

問一　問二 A　B　C　問三

問四（40、50）

問五　問六　問七

問八（20、25）

問九

三

①　②　③　④　⑤

a　b　c　d　e

（注）この解答用紙は実物を縮小してあります。Ｂ４用紙に141％拡大コピーすると、ほぼ実物大で使用できます。（タイトルと配点表は含みません）

学校配点	計
一　問一、問二　各3点×3　問三　6点　問四　4点　問五、問六　各3点×2　問七　4点　問八　3点　問九、問十　各4点×2 二　問一　4点　問二　各2点×3　問三　4点　問四　6点　問五～問九　各4点×5 三　各2点×10	100点

２０１９年度　獨協埼玉高等学校・第１回

英語解答用紙

番号		氏名		評点	／100

1

Part 1

1		2		3		4		5	

Part 2

1		2		3	
4		5			

2

1		2		3	
4		5			

3

1			
2			
3			
4			
5			

4

1		2		3		4		5	

5

1	your house?
2	He likes .
3	She in the park.
4	.
5	.
6	.

6

番号		番号		番号		番号	

7

問1		問2		問3		問4	
問5 5		6		7		8	

8

問1		問2		問3		問4	
問5		問6		問7		問8	

（注）この解答用紙は実物を縮小してあります。A３用紙に149％拡大コピーすると、ほぼ実物大で使用できます。（タイトルと配点表は含みません）

学校配点		計
	[1], [2] 各１点×15　[3]～[6] 各２点×20 [7] 問１　２点　問２　３点　問３，問４　各２点×２ 問５　各３点×４ [8] 各３点×８	100点

2019年度　獨協埼玉高等学校・第1回

数学解答用紙

番号		氏名		評点	/100

1

(1)		(2)	
(3)		(4)	
(5)		(6)	
(7)		(8)	
(9)	①		②

2

(1)	a = 　　b =
(2)	
(3)	〈考え方・式〉 答

3

(1)	cm
(2)	cm
(3)	〈考え方・式〉 答

4

(1)	
(2)	
(3)	〈考え方・式〉 答

（注）この解答用紙は実物を縮小してあります。182%拡大コピーすると、ほぼ実物大で使用できます。（タイトルと配点表は含みません）

学校配点
1 各4点×10
2 (1)、(2) 各6点×2　(3) 8点
3 (1)、(2) 各6点×2　(3) 8点
4 (1)、(2) 各6点×2　(3) 8点
計　100点

二〇一九年度　獨協埼玉高等学校・第一回

国語解答用紙

番号　　氏名　　評点　／100

一

問一　問二　問三

問四　問五　問六　問七

問八（50字）

問九　問十

二

問一　問二　問三　問四

問五　ア　イ　ウ　エ

問六　問七　問八

問九（60字）

問十

三

①　②　③

④　　ける　⑤

a　　る　b　c

d　　わる　e

(注) この解答用紙は実物を縮小してあります。Ｂ４用紙に143%拡大コピーすると、ほぼ実物大で使用できます。（タイトルと配点表は含みません）

学校配点	
一 問一、問二　各３点×２　問三　４点　問四　３点　問五　４点　問六、問七　各５点×２　問八　６点　問九　３点　問十　４点 二 問一～問四　各３点×４　問五　各２点×４　問六、問七　各３点×２　問八　４点　問九　６点　問十　４点 三 各２点×10	
計	100点

Memo

Memo

高校スーパー過去問　抜群の解説・解答!!　声の教育社版

合格必需品

定価2,200～2,530円（税込）

各都県狭域版
高校受験案内

定価2,310円（税込）

公立高校
過去問シリーズ

定価1,100円（税込）

高校面接ブック

定価1,320円（税込）

「今の説明、もう一回」を何度でも
web過去問
ストリーミング配信による入試問題の解説

①優秀な解説・解答スタッフが執筆!!　②くわしい出題傾向分析と対策　③解答用紙が別冊、自己採点ができる

No.　学校名
★はリスニングアクセスコード付

●東京都

ア
T 17 青山学院高等部★
T 40 足立学園高校
T 111 岩倉高校★
T 102 上野学園高校
T 91 江戸川女子高校
T 38 桜美林高校
T 4 お茶の水女子大附高校

カ
T 5 開成高校★
T 113 関東第一高校
T 88 共栄学園高校
T 80 錦城高校
T 46 錦城学園高校
T 10 慶應義塾女子高校
T 64 京華高校
T 66 京華商業高校
T 65 京華女子高校
T 109 工学院大附高校
T 36 佼成学園高校
T 47 佼成学園女子高校
T 24 国学院高校
T 25 国学院大久我山高校
T 16 国際基督教大高校
T 93 国士舘高校
T 41 駒込高校
T 51 駒沢学園女子高校
T 58 駒澤大高校
T 50 駒場学園高校

サ
T 105 桜丘高校
T 59 実践学園高校
T 63 十文字高校
T 75 淑徳高校
T 67 淑徳巣鴨高校
T 42 順天高校
T 98 潤徳女子高校
T 78 城西大附城西高校★
T 13 城北高校
T 115 昭和第一学園高校
T 83 女子美術大付高校
T 45 巣鴨高校
T 108 杉並学院高校
T 70 駿台学園高校
T 18 成蹊高校
T 73 正則高校
T 49 青稜高校
T 26 専修大附高校

タ
T 94 大成高校
T 76 大東文化大第一高校
T 81 拓殖大第一高校
T 56 多摩大目黒高校
T 39 中央大高校
T 23 中央大杉並高校★
T 22 中央大附高校
T 2 筑波大附高校
T 1 筑波大附駒場高校
T 107 貞静学園高校
T 53 東亜学園高校
T 37 東海大付高輪台高校
T 55 東京高校
T 3 東京学芸大附高校
T 101 東京家政大附女子高校
T 9 東京工大附科学技術高校
T 116 東京実業高校
T 79 東京成徳大高校
T 35 東京電機大高校
T 71 東京立正高校
T 7 桐朋高校
T 74 東洋高校
T 72 東洋大京北高校
T 95 豊島学院高校

ナ
T 34 二松学舎大附高校
T 103 日本工大駒場高校
T 52 日本学園高校
T 30 日本大櫻丘高校★
T 27 日本大第一高校
T 28 日本大第二高校
T 29 日本大第三高校
T 31 日本大鶴ヶ丘高校
T 32 日本大豊山高校★
T 33 日本大豊山女子高校

ハ
T 100 八王子学園八王子高校
T 68 広尾学園高校
T 96 藤村女子高校
T 60 文化学園大杉並高校★
T 69 文京学院大女子高校★
T 77 文教大付高校
T 21 法政大高校
T 106 豊南高校
T 112 朋優学院高校★
T 85 保善高校★
T 87 堀越高校

マ
T 82 明星学園高校
T 48 武蔵野大学高校
T 15 明治学院高校
T 6 明治大付中野高校
T 20 明治大付八王子高校
T 19 明治大付明治高校★
T 86 明星高校（府中）
T 54 目黒学院高校
T 110 目黒日本大高校
T 97 目白研心高校

ヤ
T 90 安田学園高校★

ラ
T 114 立正大付立正高校

ワ
T 14 早稲田実業高等部
T 11 早稲田大高等学院

●神奈川県
K 8 慶應義塾高校
K 18 相模女子大高等部
K 11 湘南工科大附高校
K 16 相洋高校
K 13 鶴見大附高校
K 1 桐蔭学園高校
K 6 東海大付相模高校★
K 7 桐光学園高校
K 2 日本女子大附高校
K 4 日本大高校（日吉）★
K 5 日本大藤沢高校
K 17 武相高校
K 9 法政大国際高校
K 3 法政大第二高校★
K 15 山手学院高校
K 14 横浜高校★
K 19 横浜隼人高校

●千葉県
C 6 市川高校★
C 17 市原中央高校
C 34 植草学園大附高校
C 18 木更津総合高校
C 25 敬愛学園高校
C 33 光英VERITAS高校
C 31 国府台女子学院高等部
C 20 志学館高等部
C 9 芝浦工大柏高校
C 15 渋谷教育学園幕張高校★
C 36 秀明八千代高校
C 10 昭和学院高校
C 23 昭和学院秀英高校★
C 29 西武台千葉高校
C 2 専修大松戸高校
C 21 拓殖大紅陵高校
C 12 千葉英和高校
C 11 千葉敬愛高校
C 24 千葉経済大附高校
C 8 千葉商科大付高校
C 5 千葉日本大第一高校
C 28 千葉明徳高校
C 19 中央学院高校
C 7 東海大付浦安高校
C 26 東京学館高校
C 27 東京学館浦安高校
C 37 東葉高校
C 35 成田高校★
C 14 二松学舎大柏高校
C 30 日本体育大柏高校
C 4 日本大習志野高校
C 13 八千代松陰高校
C 16 流通経済大付柏高校★
C 32 麗澤高校
C 3 和洋国府台女子高校

公立高校版　定価1,100円～2,420円（税

東京都立高校	都立日比谷高校
埼玉県公立高校	都立西高校
神奈川県公立高校	都立八王子東高校
神奈川県特色検査	都立国立高校
千葉県公立高校	都立戸山高校
栃木県公立高校	都立国分寺高校
茨城県公立高校	都立立川高校
群馬県公立高校	都立新宿高校
	都立青山高校

●埼玉県
S 33 秋草学園高校
S 21 浦和学院高校
S 26 浦和実業学園高校
S 38 浦和麗明高校
S 31 叡明高校
S 2 大宮開成高校
S 14 開智高校
S 10 春日部共栄高校★
S 13 川越東高校
S 4 慶應義塾志木高校
S 29 国際学院高校
S 16 埼玉栄高校
S 20 埼玉平成高校
S 36 栄北高校★
S 9 栄東高校
S 27 狭山ヶ丘高校
S 40 秀明高校
S 37 秀明英光高校
S 5 淑徳与野高校★
S 3 城西大付川越高校
S 34 正智深谷高校
S 18 昌平高校
S 7 城北埼玉高校
S 11 西武学園文理高校
S 25 西武台高校
S 15 聖望学園高校
S 28 東京成徳大深谷高校
S 23 東京農大第三高校
S 8 獨協埼玉高校
S 22 花咲徳栄高校
S 39 東野高校
S 24 武南高校
S 12 星野高校
S 30 細田学園高校
S 19 本庄第一高校
S 32 本庄東高校
S 17 武蔵越生高校
S 35 山村学園高校
S 1 立教新座高校
S 6 早大本庄高等学院

●茨城県
I 11 茨城高校★
I 12 茨城キリスト教学園
I 16 岩瀬日本大高校
I 4 江戸川学園取手高
I 5 霞ケ浦高校★
I 2 常総学院高校
I 8 水城高校
I 14 大成女子高校
I 7 つくば国際大高校
I 15 つくば秀英高校
I 1 土浦日本大高校
I 3 東洋大附牛久高校
I 10 常磐大学高校
I 6 水戸葵陵高校★
I 9 水戸啓明高校
I 17 水戸女子高校
I 13 明秀学園日立高校

●栃木県
To 4 足利大附高校
To 5 宇都宮短大附属高校
To 8 宇都宮文星女子高
To 1 國學院大栃木高校
To 6 作新学院（英進）
To 7 作新学院（総進・
To 2 佐野日本大高校
To 3 白鷗大足利高校
To 9 文星芸術大高校

●群馬県
G 1 関東学園大附高校
G 4 桐生第一高校
G 2 樹徳高校
G 9 高崎健康福祉大高崎
G 3 高崎商科大附高校
G 5 東京農大第二高校
G 7 常磐高校
G 6 前橋育英高校
G 8 明和県央高校

●全国共通
T 8 国立高等専門学校

声の教育社　〒162-0814 東京都新宿区新小川町8-15
TEL 03(5261)5061㈹　FAX 03(5261)5062
https://www.koenokyoikusha.co.jp

高校後見返し